KB122545

근대 한국 **신여성**의 성장과 **미국유학**

근대 한국 **신여성**의 성장과 **미국유학**

초판 1쇄 발행 2023년 8월 31일

지은이 | 김성은
펴낸이 | 윤관백
펴낸곳 | 선인
등 록 | 제5-77호(1998.11.4)
주 소 | 서울시 양천구 남부순환로 48길 1(신월동 163-1) 1층
전 화 | 02) 718-6252 / 6257
팩 스 | 02) 718-6253
E-mail | sunin72@chol.com

정가 25,000원
ISBN 979-11-6068-835-1 93910

근대 한국 신여성의 성장과 미국유학

김성은 지음

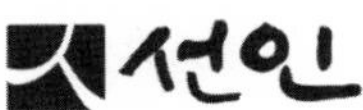

책을 내면서

누구나 어린 시절에는 이야기를 좋아합니다. 그렇게 출발했습니다. 구경하고 놀러 다니느라 걷는 것 마다하지 않았고, 신기하고 재미있으니 읽는 것 마다하지 않았습니다. 넓은 하드커버 동화책 시리즈로 집 만들기하고 놀았고, 궁금하고 재미있어서 한 권씩 읽어 나갔습니다. 커가면서 좀 더 그림이 없고 작은 글자로 가득한 명저 시리즈로 바뀌었지만, 여전히 재미있는 이야기를 찾아 책을 펼치면 시간 가는 줄 몰랐습니다. 이야기책을 읽는 중에는 바로 옆에서 뭐라고 말을 걸어도 듣지 못했습니다. 이제 보니 그 순간이 집중이고 몰입이었습니다.

고등학교 3학년이 되어 진학을 앞두고 고민했습니다. 어디로 가야 하나? 쿼바디스 도미네? 당시 떠오르던 나라가 중국이었기에 중국어과 진학을 생각해보기도 하고, 실용적이고 학문적인 측면에서 간호학 전공을 권유받기도 했습니다. '인디애나 존스' 영화 시리즈 덕분에 고고학과에 진학하기를 원했지만, 결국 선택한 학과는 역사학과였습니다. 지금 와서 생각하니 철이 없었습니다. 장래 뭘 먹고 살지 하나도 생각해보지 않고, 단순히 이야기와 답사가 재미있다는 이유로 선택한 전공이 역사학이었습니다.

대학 다닐 때도 역시나 철이 없었습니다. 친구들이 졸업 후를 생각하며 다양한 취업 준비를 하고 있을 때 저는 별다른 고민 없이 대학원에 진학했습니다. 박사학위를 받고 대학교 교수로 재직 중이었던 어머니 영향이 컸던 것 같습니다. 근현대 여성 문학가들과 작품세계에 관심이 많았던 어머니는 글 쓰는 틈틈이 이들의 삶에 대해 이야기보따리를 풀어놓으셨죠. 경청하고 정독하시던 아버지 모습이 제일 기억에 남습니다. 대학원에 진학해서 의문이 생겼습니다. 어떻게 조선시대를 거쳐 갑자기 근대 한국 신여성들이 탄생할 수 있었을까.

그즈음 결혼 · 육아 · 공부 다 재미있었습니다. 한편으로 멀티태스킹하기 힘들었습니다. 박사학위과정에 진학했지만 자신감이 부족했습니다. 지금 와서 돌아보면 확신을 가지고 밀어붙여도 좋았는데 말입니다. 자신감은 쫄고 쫄아서 구슬이 되어 이리 저리 굴러다녔습니다. 제대로 잘해야 한다는 욕심과 죄책감, 무지와 불안이 문제였습니다. 그러다 조선 여성에서 신여성 사이를 이어주는 무언가가 있어야 말이 되지 않을까 생각했고, 당시 한국사학계에서는 거의 관심을 가지지 않았던 내한 서양 여선교사에 대해 공부하기 시작했습니다.

그 다리를 건너다가 미국유학생 한국여성들과 만나게 되었습니다. 그때만 해도 신여성에 대한 말은 많았지만 제대로 된 역사연구는 없었죠. 소문만 무성하고 실체가 없었어요. 그래서 찾아보게 되었습니다. 민족을 위해서든 여성을 위해서든 스스로를 위해서든, 움직이는 여성에 관심을 두고 자료를 당겨보니 무언가 주렁주렁 달려 나왔습니다.

덕분에 박사학위논문을 쓸 수 있었어요. 쉽지 않은 길 돌고 돌아서 참 오랜 시간이 걸렸습니다. 기록(연구)되지 않으면 역사로 인정받기 어렵습니다. 역사의 한 페이지에 여성들을 살려내게 되어 참 다행입니다.

돌아보니 기쁜 일도 많고 고마운 분도 많습니다. 일일이 언급하지 못하더라도 그 은혜 잘 간직하고 있겠습니다. 서강대 지도교수님과 도와주신 여러 선생님들, 영감을 주신 어머니와 모교 이화여대, 함께 공부한 동료·선배·후배님들, 어려운 여건에서도 흔쾌히 쾌속 출판을 맡아주신 선인 여러분, 지켜봐주고 응원해주신 아버지, 남편, 민기와 정현이, 가족들과 친구들에게 감사한 마음 전해드립니다. 운명은 질문하고 답을 찾아가는 길, 목표를 향해 오늘 여기 이 순간 충실하게 살아가는 사람의 미래, 선택에 확신을 가지고 계속 나아가겠습니다.

이 책이 역사책에 한 문장을 보태고 한국사의 한 장을 풍성하게 하는 데 기여할 수 있기를, 누군가에게 재미있는 이야기로 다가가 영감의 원천이 되기를 바라봅니다.

2023년 8월
경산 성암산 자락에서

김 성 은

차 례

표 차례

제1장

머리말

제 1 장

머리말

1. 기존 연구 성과와 문제제기

일제강점기 해외유학생에 대한 연구는 당대 지식인의 동향을 파악하고 이들이 한국근대사회에 끼친 영향을 살펴보는 데 의의가 있다. 이 시기 해외유학생은 일본유학생이 제일 많았고 그 다음으로 미국유학생이 많았다. 그동안 해외유학생에 대한 연구는 주로 일본유학생을 중심으로 이루어졌다. 일본유학생에 대한 연구는 시기별로는 개화기와 한말, 1910년대에 집중되어 있다. 이 가운데 일제시기 일본유학생에 대한 연구로는 일본유학생의 전반적인 실태, 단체 활동, 민족운동, 인식 또는 의식, 근대지식의 수용을 다룬 논문이 있다.[1)]

미국유학생은 수적으로 일본유학생보다 적었지만, 해방 이후 미군정기를 거쳐 이승만 집권기에 국가 건설의 중심 역할을 담당하면서 비중과 영향력이 커지게 되었다. 미국유학생에 대한 초기 연구는 주로 미국유학 지식인 개인에 대한 연구를 중심으로 진행되었다. 개항기 미국유학 지식인 연구는 유길준 · 서재필 · 윤치호 · 변수 · 이계필의 개화사상, 근대인식과 활동을 중심으로 이루어졌다.[2] 일제시기 미국유학 지식인 연구는 이대위 · 이훈구 · 신흥우 · 조병옥 · 한승인 · 이대위 등의 인물과 이들의 사상과 인식 · 활동 · 민족운동과 사회운동을 중심으로 진행되었다.[3]

---

1) 박영규, 「3 · 1운동이후 재일한인학생의 독립운동」, 『3 · 1운동 50주년 기념논집』, 동아일보사, 1969 ; 김한구, 「일제시대 일본유학생의 실태와 의식갈등」, 『식민지시대의 사회체제와 의식구조』, 한국정신문화연구원, 1988 ; 김인덕, 「학우회의 조직과 활동」, 『국사관논총』 66, 국사편찬위원회, 1995 ; 정혜경, 「1910년대 재일유학생의 경제문제인식」, 『청계사학』 13, 1996 ; 류시현, 「1910~20년대 일본유학 지식인의 국제정세 및 일본인식」, 『한국사학보』 7, 1999 ; 박정애, 「1910~1920년대 초반 여자일본유학생 연구」, 숙명여대석사학위논문, 1999 ; 김인덕, 「일본지역 유학생의 2 · 8운동과 3 · 1운동」, 『한국독립운동사연구』 13, 1999 ; 박찬승, 「식민지시기 도일유학과 유학생의 민족운동」, 『아시아의 근대화와 대학의 역할』, 한림대출판부, 2000 ; 박찬승, 「식민지시기 도일유학생과 근대지식의 수용」, 『지식변동의 사회사』, 문학과 지성사, 2003 ; 박찬승, 「1910년대 도일유학과 유학생활」, 『호서사학』 34, 2003 ; 박선미, 『근대여성, 제국을 거쳐 조선으로 회유하다 : 식민지 문화지배와 일본유학』, 창비, 2007 ; 백옥경, 「근대 한국여성의 일본유학과 여성현실인식 : 1910년대를 중심으로」, 『이화사학연구』 39, 2009.

2) 이광린, 「유길준의 개화사상 : 서유견문을 중심으로」, 『역사학보』 75 · 76, 1977 ; 이광린, 「서재필의 개화사상」, 『동방학지』 18, 1978 ; 이광린, 「한국 최초의 미국 대학 졸업생 변수」, 『한국천주교회 창설 200주년 기념 한국교회사 논문집』 1, 1984 ; 유영열, 「중 · 미유학기의 윤치호 연구」, 『숭실사학』 2, 1984 ; 박지향, 「유길준이 본 서양」, 『진단학보』 89, 2000 ; 한철호, 「최초의 미국 대학졸업생 이계필의 일본 · 미국유학과 활동」, 『동국사학』 37, 2002 ; 이정식, 『구한말의 개혁 · 독립투사 서재필』, 서울대출판부, 2003 ; 장규식, 「개항기 개화지식인의 서구체험과 근대인식 : 미국유학생을 중심으로」, 『한국근현대사연구』 28, 2004.

3) 채현석, 「이대위의 기독교사회주의에 관한 연구」, 『한국사학논총』 하, 수촌박영석교수화갑기념논총간행위원회, 1992 ; 방기중, 「일제하 이훈구의 농업론과 경제자립사상」, 『역사문제연구』 1, 1996 ; 김상태, 「일제하 신흥우의 '사회복음주의'와 민족운동론」, 『역사문제연구』 1, 1996 ; 김권정, 「1920~30년대 신흥우의 기독교 민족운동」, 『한국민족운동사연구』 21, 1999 ; 이수일, 「1920년대 중후반 유석 조병옥의 민족운동과 현실인식」, 『龜泉원유한교수정년기념논총』 상, 혜안, 2000 ; 이수일, 「미국 유학시절 유석 조병옥의 활동과 '근대'의 수용」, 『전농사론』 7, 2001 ; 오진석, 「일제하 · 미군정기 한승인의 정치활동과 경제인식」, 『연세경제연구』 8-1, 2001 ; 방기중, 「일제하 이훈구의 한국토지제도사론」,

일제강점기 한국인의 미국유학생에 대한 본격적인 연구는 통계 자료를 통해 시기별 유학생 수의 추이, 학교와 전공별 실태를 분석한 홍선표의 논문으로 시작되었다. 이후 미국유학 지식인들의 경제인식에 주목하여 자립경제론을 생산증대와 분배개선으로 나누어 살펴본 연구가 나왔다.[4] 또한『우라키』잡지에 게재된 미국유학생들의 논문을 분석하여 이들이 미국대학에서 배운 근대학문이 어떤 것이었나를 살피고, 이를 배경으로 이들이 구상한 국민국가의 모습이 사회복음에 기초한 자유주의 국가, 효율성에 기초한 자본주의 경제, 사회주의에 대한 비판의식으로 형성되었음을 밝혔다. 대학생활과 고학, 인종차별, 다양한 인종체험, 유학생회의 조직과 활동, 미국문명에 대한 인식을 중심으로 미국유학생의 근대체험에 대한 연구도 이루어졌다.[5] 전체 미국유학생의 모습과 활동에 대한 연구로 일제강점기 지성사와 생활사의 지평이 확대되었다. 다만 여자 미국유학생의 경우 그 면모가 단편적으로만 나타날 뿐, 다수를 점했던 남자 유학생의 모습에 가려 규모와 활동이 규명되지 못한 아쉬운 점이 있었다.[6]

한국여성의 해외유학에 대한 연구는 신남주의 논문을 계기로 본격적으로 시작되었다.[7] 이 논문에서는 한국여성의 중국 · 일본 · 미국 유

『동방학지』 127, 2004 ; 김상태, 「일제하 개신교 지식인의 미국인식 : 신흥우와 적극신앙단을 중심으로」, 『역사와 현실』 58, 2005 ; 김권정, 「1920~30년대 이대위(李大偉)의 기독교 사회운동」, 『한국민족운동사연구』 57, 2008 ; 김권정, 「일제하 조병옥의 민족운동과 기독교사회사상」, 『한국민족운동사연구』 64, 2010 ; 최기영,「1910년대 이대위(李大爲)의 재미민족운동」, 『진단학보』 111, 2011.

4) 홍선표, 「일제하 미국유학 연구」, 『국사관논총』 96, 2001 ; 방기중, 「일제하 미국유학 지식인의 경제인식」, 『미주 한인의 민족운동』, 혜안, 2003.

5) 장규식, 「일제하 미국유학생의 근대지식 수용과 국민국가 구상」, 『한국근현대사연구』 34, 2005 ; 장규식, 「일제하 미국유학생의 서구 근대체험과 미국문명 인식」, 『한국사연구』 133, 2006.

6) 본고에서 '미국유학 여성지식인'은 일제강점기 미국유학을 다녀온 한국 여성지식인을 총체적으로 일컫는 말이며, '여자미국유학생'은 미국유학 당시의 한국 여성지식인을 가리키는 말이다.

학을 조명하였다. 이에 따라 유학생들의 유학 유형과 절차, 당대 중국·일본·미국 사회의 여성사적 배경, 해외유학 현지에서 유학생의 활동, 귀국 후의 활동을 포함하여 광범위한 연구가 이루어졌다. 다만 중국·일본·미국 유학이 함께 다루어지다보니, 각 나라별 여자유학생의 규모와 활동을 구체적으로 보여주지 못해 아쉬운 점이 있었다. 이후 이러한 문제의식을 가지고 한국여성의 미국유학에 대한 연구가 진행되었다. 여자미국유학생의 명단과 규모, 학교·전공·학위별 분포, 미국유학의 동기와 목표, 고학의 경험과 대학생활, 미국사회와 미국여성을 보는 시각에 대해 알게 되었다.[8] 일제강점기 여자 일본유학생에 대한 연구가 책으로 출판된 상황에서, 여성의 일본유학 다음으로 많은 여성의 미국유학 실태가 더욱 궁금하고 필요한 시점에 나온 연구였다.

신여성의 서구체험에 대한 연구가 진행되면서 미국유학시기의 경험이 조명되었다. 조선의 내외법 관습으로 인해 집안에 갇혀 살던 한국여성이 용기를 내어 세계를 향해 발을 내딛고 견문을 넓혀가는 체험과 인식 과정을 볼 수 있다. 다만 개별인물에 대한 구체적인 연구가 부족하여 총체적인 모습이 밝혀져 있지 않은 상황에서 여러 인물을 비교와 대조의 방법으로 연구하다 보니, 개별 인물의 인식이나 활동이 심도 있게 다루어지지 못해서 아쉬운 측면이 있다.[9]

이제까지 미국유학 여성지식인에 대한 개별 연구는 대부분 차미리사와 김활란을 중심으로 진행되었다.[10] 김활란에 대한 연구는 교육학

---

7) 신남주, 「1920년대 지식인 여성의 등장과 해외유학」, 『여성과 역사』 3, 2005.

8) 김성은, 「1920~30년대 여자미국유학생의 실태와 인식」, 『역사와 경계』 72, 2009.9 ; 정병준, 「일제하 한국여성의 미국유학과 근대경험」, 『이화사학연구』 39, 2009.12.

9) 우미영, 「서구체험을 통한 신여성의 자기 구성 방식 : 나혜석, 박인덕, 허정숙의 서양여행기를 중심으로」, 『여성문학연구』 12, 2004 ; 김경일, 「식민지시기 신여성의 미국 체험과 문화수용 : 김마리아, 박인덕, 허정숙을 중심으로」, 『한국문화연구』 11, 2006.

계 · 여성학계 · 역사학계 등 다양한 분야에서 진행되었다. 교육학계에서는 김활란의 교육사상을 중심으로 연구되었으며, 일제강점기 김활란의 삶에서 교육활동과 사회활동을 조명한 연구도 있다. 또한 일제강점기 김활란의 여권의식과 여성교육론에 대한 연구도 이루어졌다.[11)]

이후 다양한 개별 인물에 대한 연구가 이루어졌다. 박인덕이 미국유학 · 순회강연 · 세계여행을 통해 농촌문제와 여성문제에 관심을 가지고 서구사회를 시찰했으며, 이러한 경험을 토대로 귀국 후 농촌여자사업회와 조선직업부인협회를 조직하여 농촌계몽과 여성운동을 전개했음을 조명했다. 또한 박인덕의 『세계여행기』를 분석해 세계문화와 근대문명 인식에 대한 연구도 진행되었다.[12)]

고황경은 일제강점기 미국에서 박사학위를 받은 3명의 한국여성 가운데 한 사람이다. 고황경은 귀국 후 이화여전 교원으로 근무하면서, 언니 고봉경과 함께 개인 차원의 사회사업이라는 획기적인 사회운동을 전개한 인물이다. 그럼에도 고황경에 대한 연구는 해방 이후 교육활동을 조명한 교육학계의 논문이 있을 뿐이었다.[13)] 이후 일제강점기

---

10) 박용옥, 「차미리사의 미주에서의 국권회복운동」, 『한국민족운동사연구』 25, 2000 ; 한상권, 「일제강점기 차미리사의 민족교육운동」, 『한국독립운동사연구』 16, 2001 ; 안형주, 「차미리사 연구」, 『인문과학연구』 11, 덕성여자대학교 인문과학연구소, 2007.

11) 김혜경, 「우월사상의 비교교육학적 연구, 새로운 여성의 길」, 『한국여성교육사상연구』, 1975 ; 이명숙, 「교육자 우월 김활란 연구 : 1930년대를 중심으로」, 서울대석사학위논문, 1985 ; 조경원, 「우월 김활란의 교육사상 연구」, 『교육철학』 10, 1992 ; 정소영, 「김활란 : 한국여성교육의 선구자」, 『기독교교육논총』 3, 1998 ; 이혜정, 「식민지시기 김활란의 삶과 활동」, 서울대석사학위논문, 2004 ; 이배용, 「김활란, 여성교육 · 여성활동에 새 지평을 열다」, 『한국사 시민강좌』 43, 일조각, 2008 ; 김성은, 「일제시기 김활란의 여권의식과 여성교육론」, 『역사와 경계』 79, 2011.

12) 김성은, 「박인덕의 사회의식과 사회활동 : 1920년대 말~1930년대를 중심으로」, 『역사와 경계』 76, 2010 ; 김성은, 「일제시기 박인덕의 세계인식 : 『세계일주기』(1941)를 중심으로」, 『여성과 역사』 15, 2011.

13) 이희수, 「고황경의 성인교육사상」, 한준상 외, 『근대한국성인교육사상』, 원미사, 2000 ; 지연숙, 「고황경의 삶에 대한 심리전기적 분석」, 연세대석사학위논문, 2003 ; 박주한, 「바롬 고황경의 교육사상과 체육」, 『한국체육학회지』 42-6, 2003 ; 이원명 외, 『바롬교육으로의 초대』 1, 2, 정민사, 2009.

고황경의 인식과 활동에 대한 연구가 이루어졌다.[14)]

한편 일제강점기 여성지식인에 대한 연구 가운데는 일제협력과 관련된 논문이 비교적 많은 편이다. 친일행위만을 조명한 연구도 있었다. 그러나 인물에 대한 단편적인 접근을 지양하고 총체적인 삶의 맥락과 사회변화과정에서 일제 말기 이들의 일제협력과정에 접근한 연구도 있었다.[15)] 김지화의 연구는 민족의 잣대로만 역사 속의 여성을 바라보던 시각에서 탈피하여 여성의 눈을 통해 여성인물을 조명하고, 이 시기 여성지식인의 삶을 가로지르는 기독교 · 민족 · 여성 · 교육의 의미를 맥락화하고자 했다. 저자는 이 연구를 통해 여성지식인들이 민족주의와 여성주의를 연결하려고 부단히 시도했음을 재조명할 필요가 있다고 지적했다. 예민한 문제를 마주해 한국사와 여성사의 숙제를 풀고자 했다는 데 의의가 있다. 하지만 제목에 친일문제라는 단어가 부각되다 보니 나머지 다른 긍정적인 부분들이 간과되거나, 내용은 그렇지 않은데도 제목만으로도 편향적이고 부정적인 느낌을 준다는 아쉬움이 있었다.

일제강점기 여성지식인 가운데 거의 유일하게 친일논란에서 벗어나 있는 인물은 황애시덕이다. 1935년 자신이 활동하던 모든 사회단체에서 물러나 만주시찰을 떠났고, 중일전쟁의 발발로 귀국한 후에도 시골

---

14) 김성은, 「일제시기 고황경의 근대체험과 사회사업」, 『이화사학연구』 41, 2010 ; 김성은, 「일제시기 고황경의 여성의식과 가정 · 사회 · 국가관」, 『한국사상사학』 36, 2010.

15) 장하진, 「고황경, 황도정신 선양에 앞장선 여성 사회학자」, 반민족문제연구소 엮음, 『친일파 99인』 2, 돌베개, 1993 ; 강정숙, 「김활란, 친일의 길 걸은 여성지도자의 대명사」, 반민족문제연구소 엮음, 『친일파 99인』 2, 돌베개, 1993 ; 강정숙, 「박인덕, 황국신민이 된 여성계몽운동가」, 반민족문제연구소 엮음, 『친일파 99인』 2, 돌베개, 1993 ; 이혜정, 「일제말기 김활란의 일제협력 배경과 논리」, 『여성학논집』 21-2, 2004 ; 예지숙, 「일제시기 김활란의 여성론과 대일협력」, 서울대석사학위논문, 2004 ; 김지화, 「김활란과 박인덕을 중심으로 본 일제시대 기독교 여성지식인의 '친일적' 맥락 연구」, 이화여대석사학위논문, 2005.

며 미래의 새로운 사회건설을 위해 민족과 여성을 함께 연결시키고자 끊임없이 노력했다. 여자 미국유학생은 여자 일본유학생에 비해 수적으로 적었지만, 귀국 후 이들의 사회활동은 그 의미와 영향력에서 여자 일본유학생에 필적할 만하다는 점에서 의의가 있다. 또한 한국여성에 의한 한국여성을 위한 활동의 원천이 되었다는 점에서 미국유학 여성 지식인의 인식과 활동에 대한 연구는 의미가 있다.

일제강점기 여성지식인에 대한 조명은 1886년 설립된 이화학당을 비롯한 여러 여학교에서 교육의 기회를 어떻게 이수하고 활용했느냐 하는 여성교육의 성과에 대한 점검이다. 또한 해방 이후 남한의 정부 수립과 국민국가 건설과정에서 중요한 역할을 담당했던 여성들을 파악하기 위해서는 이들이 배우고 활동했던 그 전 시기에 대한 이해가 필요하다.

본고에서 미국유학 여성지식인에 주목한 것은 우선 일제시기 활발한 사회활동을 전개한 여성들 가운데 미국유학 여성지식인이 많았기 때문이다. 일본유학 한국여성의 수가 미국유학보다 훨씬 많았고 교직에 더 많이 진출했음에도, 사회적 반향은 그만큼 미치지 못했다. 1920년대를 거쳐 1930년대 한국사회의 현실적 요구에 부응하여 민족의식과 여권의식에서 나아가 다양한 활동을 전개했던 이들은 미국유학 여성지식인 그룹이었음에 주목해볼 필요가 있다. 이들 가운데는 3·1만세시위와 대한민국애국부인회 조직 등 독립운동을 하다 투옥되어 수년간 감옥살이로 고통받았고, 한국인들 사이에 민족운동가·독립투사로 알려져 사회적으로 많은 기대를 받았던 인물도 있었다. 이들이 3·1독립운동의 좌절과 1920년대 조선총독부의 문화정치라는 환경 변화에 따라 독립운동의 대안으로 무엇을 추구하고 실현했나를 점검해보고자 한다.

2. 연구 자료와 글의 구성

한국의 근대여성교육은 1885년 조선에 입국한 기독교인 서양 여선교사들이 이화학당(1886년 설립)을 설립하면서 시작되었다. 근대여성교육은 한말 국권회복운동의 일환으로 전개된 사립학교 설립과 여성교육운동으로 확대되었다. 교육을 받은 여성들은 교직으로 진출하여 여성교육을 담당했다. 여학생과 여교사 · 전도부인 · 간호사 등 교육받은 여성의 활약이 두드러지게 나타나기 시작한 것은 학교와 교회의 여성 네트워크를 매개로 1919년 3 · 1만세시위와 비밀결사단체인 대한민국애국부인회의 조직과 활동에서부터였다. 여성들의 독립운동은 사회일원으로서 여성의 책임의식, 사회활동 역량, 교육의 효과를 사회적으로 인정받는 계기가 되었다. 여성들도 스스로의 능력을 자각하고, 자아실현과 함께 민족과 사회를 위해 일겠다는 자신감과 사명감을 가지게 되었다. 그러나 1919년 3 · 1운동과 대한민국애국부인회의 독립운동이 좌절되면서, 여성지식인들은 민족운동의 새로운 방향을 모색하게 되었다. 이들 가운데는 일본유학을 떠나 그곳에서 사회주의를 수용하고, 귀국 후 사회주의 여성단체를 조직하고 활동한 여성들도 있었다. 한편 1920년대 일제의 문화정치로 미국유학의 문이 공식적으로 열리면서, 미국유학을 떠난 여성지식인들도 있었다.

일제강점기 한국인의 외국유학은 일본유학이 압도적으로 많았다. 지리적으로도 가깝고 비용도 상대적으로 저렴한 데다, 한국인을 현실적으로 지배하고 있던, 당대 동아시아 강국 일본을 통해 선진문물을 접하고 수용한다는 의미가 있었다. 그럼에도 왜 일부 여성지식인들은 일본에 비해 멀고 비용도 많이 드는 미국유학을 선택했을까. 또한 미국유학을 통해 무엇을 보고 배웠을까. 미국유학에서 돌아와 어떤 활동을 전개했을까. 본고는 이러한 의문을 해소해가는 과정에서 나온 산물이다.

필자는 여자 미국유학생에 대한 기본단계 연구로 먼저 일제시기 여자 미국유학생의 전체 규모와 가능한 인적사항을 파악하였다. 그리고 국내에서 활발한 활동을 전개하여 사회적으로 존재감이 뚜렷한 몇 명의 인물을 중심으로 미국유학 여성지식인에 대한 개별연구를 진행했다. 이를 바탕으로 미국유학 여성지식인에 대한 총체적인 연구를 진행해 갈 수 있었다.

미국유학 여성지식인들은 대부분 선교회 여학교나 교회를 통해 기독교를 접하고, 기독교를 매개로 서구문명과 접촉하며 근대의식에 눈뜨기 시작했다. 이들은 미국인 선교사들을 통해 미국과 서구문명에 호기심을 가지게 되었고, 미국유학으로 그 실체에 다가갈 수 있었다. 그리고 한국인의 장래를 위해 필요한 것이 무엇인지, 어떻게 해야 하는지, 배우고 연구하고 실행하고자 했다.

본고는 지금까지 파악한 일제시기 여자 미국유학생 가운데 귀국하여 국내에서 활동한 여성들, 이 가운데서도 글쓰기, 사회활동, 직업이나 사업을 통해 생각과 활동을 양껏 추출해 볼 수 있는 인물들을 중심으로 연구를 진행했다. 미국유학 여성지식인의 대다수는 귀국 후 교직에 종사했지만, 대외적으로 드러나는 사회활동이 미미했다. 이 가운데 황애시덕 · 박인덕 · 김활란 · 임영신 · 고황경 등은 교직에 안주하기보다는, 여성계의 중심인물로서 현실의 여러 사안에 대한 논의하는 동시에 현장에 뛰어들어 활동하기 시작했다. 이들의 논의와 활동은 주로 교육문제 · 농촌문제 · 여성문제에 집중되었고 그 바탕에는 민족문제와 사회문제에 대한 고민이 깔려있었다. 이들은 해외 유학을 마친 후 일제 치하의 고국에 돌아와 활동해야 했기 때문에, 독립이나 반일을 직접적으로 언급하거나 총독부 정치나 정책에 대한 비판을 공개적으로 하기 어려웠다. 더욱이 국내 출판물은 일제에 의해 검열과 삭제가 행해졌던 시기였기에 당대 민족독립문제에 대한 직접적인 논의가 이루어지기는 어려웠다. 때문에 당시의 출판물에서 민족독립문제에 대한 논의를 찾아보기는 어렵다. 다만 간접적인 방식으로 표현된 사회모순에 대한 비판과 민족의식을 찾아보거나, 해방 이후 출간된 자서전이나 회고록을 통해 일제시기 여성지식인들이 가졌던 민족문제에 대한 고민과 생각을 점검해 볼 수 있을 뿐이다.

이에 따라 자료는 주로 일제시기 발간되었던 신문 · 잡지 · 책, 여성지식인들의 기고문과 인터뷰 기사 · 책을 주 자료로 활용했다. 또한 해방 이후 출간된 회고록, 유고, 자서전, 그리고 이들에 대한 전기와 회고록을 전반적으로 참조하였다. 이 가운데는 잘 알려지지 않아 생소하거나 이제까지 활용되지 않은 자료들이 많이 있다. 특히 당대 여성지식인의 글쓰기를 대표하는 저작으로 김활란의 『정말인의 경제부흥론』(조선기독교청년회연합회, 1931, 『우월문집』 1, 1979)과 『한국의 부흥을 위한 농촌교육(*Rural Education for the Regeneration of Korea*)』(콜롬비아대학교 박사논문, 1931, 김순희 역, 『우월문집』 1, 1979), 박인덕의 『정말국민고등학교』(조선기독교청년회연합회, 1932), 박인덕 편역의 『예루살렘에서 예루살렘(*Jerusalem to Jerusalem* by Helen Barrett Montgomery)』(농촌여자사업협찬회, 1933), 박인덕의 『농촌교역지침(農村敎役指針)』(농촌여자사업협찬회, 1935), 박인덕의 『세계일주기』(조선출판사, 1941)와 같은 자료를 활용했다. 또한 해방 이후 회고록 또는 자서전으로 박인덕(Induk Park)의 『구월 원숭이(*September Monkey*)』(Harper & Brothers, New York, 1954), 『호랑이 시(*The Hour of the Tiger*)』(Harper & Row, New York, 1965), *The Cock Still Crows*(Vantage Press, 1977), 임영신의 『나의 40년 투쟁사(*My Forty Year Fight For Korea,* 1951)』(승당임영신박사전집편찬위원회, 1986)를 활용하였다. 이 책들은 현재 거의 번역이 되어 있지만, 먼저 영어로 제작되어 출판되었다는 점이 특징이며 이제까지 잘 활용되지 않던 자료들이다. 그리고 무엇보다 당시 일제의 지배력 밖에 있던 공간인 미국에서 발간된 *Korean Student Bulletin*(Korean Student Federation of North America, Committee on Friendly Relations Among Foreign Student / 해외의 한국독립운동사료 23, 미주편 5, 한국학생회보, 국가보훈처, 2000), *Korean Student Directory*, 『신한민보』, 『우라키』를 참조해 국내 출판물에서는 찾아보기 힘든 미국유학 여성지식인들의 인적사항과 활동상을 복원하는 데 큰 도움이 되었다.

본고에서는 일제강점기 한국인의 미국유학에서 그 실체가 규명되지 않았던 여자유학생의 실태를 파악하고, 귀국 후 이들의 활동을 교육활동·농촌활동·생활운동·사회사업으로 나누어 고찰해보았다. 이들은 미국유학을 통해 경험한 서구사회와 근대문명을 한국사회에 유익하고 적용 가능한 형태로 취사선택하여 받아들였다. 이들이 귀국 후 어떤 사회활동을 펼쳤는지 살펴보았다.

제2장에서는 일제강점기 여성지식인의 미국유학 실태를 중점적으로 살펴보고자 한다. 제1절에서는 여성의 미국유학이 증가하게 된 사회적 배경, 20~30년대 여자 미국유학생의 규모와 비중을, 여자 일본유학생과 남자 미국유학생과 비교해보았다. 또한 여성지식인의 미국유학 동기를 추적해 이들의 직업 진출, 자아실현 의지, 사회의식을 파악했다. 제2절에서는 여자 미국유학생의 학업현황에 대해 거주지·학교·전공·학위취득 분포, 출신학교와 출신지역, 가족의 종교를 중심으로 분석했다. 그리고 고학과 영어의 어려움, 결혼 사례를 중심으로 이들의 일상생활을 살펴보았다.

제3장에서는 미국유학 여성지식인들의 식민지 현실인식을 근대서양문명의 체험, 여권문제 인식, 농촌문제 인식을 중심으로 살펴보았다. 제1절에서는 이들이 근대서양문명·문화에 대해 어떻게 인식했는지, 민족문화 인식과 함께 민족의식의 심화는 어떻게 표출되고 있었는지 조명해보았다. 제2절에서는 이들이 여권문제를 어떻게 인식했는지, 여

권문제 해결책으로 제시했던 여성교육론은 어떤 것이고 어떤 방향으로 전개되었는지, 여성지식인들이 어떤 사명의식과 지도자의식에 대해 살펴보았다. 김활란과 임영신은 여학교 책임자로서 학교를 운영하며 교장의 지위에까지 올랐던 여성들이었다. 이들이 제시했던 학교 발전 방안을 검토해 이들이 가졌던 여성교육관과 여성교육의 궁극적 목표를 밝혔다. 이는 해방 이후 여성고등교육 발전의 토대가 된다는 점에서 의의가 있다. 제3절에서는 여성지식인들이 식민지 현실과 관련하여 농촌문제를 어떻게 진단하고 개선 방안을 제시했는지 살펴보았다. 특히 김활란과 박인덕은 농촌문제에 관한 책을 저술했는데, 이를 중점적으로 분석해보았다.

제4장에서는 여자 미국유학생이 귀국 후 전개한 사회활동을 고찰했다. 제1절에서는 여성지식인들의 귀국 상황과 이들이 전개한 일반적인 사회활동을 살펴보았다. 먼저 여성지식인의 교육활동을 전체적으로 살펴보고, 중앙보육학교 교장으로서 임영신의 교육활동을 집중적으로 조명했다. 제2절에서는 제3장 제3절의 농촌문제 인식을 바탕으로 여성지식인들이 전개한 농촌활동을 살펴보았다. 이들은 스스로 농촌지도자가 되어 신여성과 농촌여성을 대상으로 농촌여성지도자를 양성하고, 토지를 구입하여 모범촌 또는 이상촌 건설을 시도했으며, 강습회와 같은 계몽운동을 전개했다. 여기서는 김활란과 황애시덕을 중심으로 한 조선YWCA(여자기독교청년회)연합회, 박인덕이 조직한 농촌여자사업회 등 단체와 개인을 중심으로 한 농촌사업을 고찰하는 데 중점을 두었다. 제3절에서는 미국유학 여성지식인들이 구미의 여성계와 사회시설을 시찰하고 귀국 후 새로 조직한 여성단체를 중심으로 생활개선활동과 사회사업을 살펴보았다. 1920년대 말부터 1930년대 초 대표적인 여성단체로는 근우회 · 조선YWCA연합회 · 조선여자절제회가 있다. 미국유학 여성지식인은 주로 조선YWCA연합회 핵심 멤버로 활동했으며,

1920년대 말부터 농촌사업에 중점을 두기 시작했다. 이에 대해 제4장 제2절에서 기술했다. 제3절에서는 이들이 귀국 후 새로 조직한 여성의 생활개선단체로 농촌협동조합, 경성여자소비조합, 조선직업부인협회, 가정부인협회의 활동과 경성자매원의 사회사업을 조명했다.

이를 통해 일제강점기 여성지식인의 미국유학과 전후 인식과 활동의 전모를 밝히고, 이 가운데 귀국하여 국내에서 활발하게 활동했던 이들의 현실인식과 사회활동을 살펴보았다. 이들은 일제 식민지 지배체제와 남성중심 사회라는 이중적 억압, 대다수 한국인이 가난하고 무지하고 열악했던 현실에 기죽지 않고, 교사로서 안정된 직장인이라는 현실에 안주하지 않았다. 자아를 실현하고, 민족과 여성을 위해 일하겠다는 사명감으로 자신의 정체성을 형성하며, 끊임없이 노력했다.

본고는 연구 대상의 시기를 1920년대와 1930년대를 중심으로 하고 있다. 여성지식인들이 1920~30년대에 미국유학을 떠나, 귀국 후 본격적으로 활동을 전개했던 시기는 1920년대 후반부터 1930년대였다. 일부 여성지식인의 일제협력은 주로 일제말기인 1940년대에 행해졌고, 본고의 연구대상 시기에서 벗어나기 때문에 여기서는 다루지 않았다. 다만 이들 여성지식인들이 교직에 많이 종사했던 까닭에 전시체제가 강화되는 1930년대 말과 1940년대 자신들의 직업과 사회활동을 유지하기 위해서는 학교 운영과 관련하여 조선총독부의 교육정책에 일정 부분 협력이 불가피했던 측면이 있었다. 이 점은 여성지식인들의 사회활동에 한계로 남았다.

제2장

—

여성의 미국유학 실태

제2장 여성의 미국유학 실태

일제시기 여성지식인은 근대교육을 발판으로 적극적으로 사회에 진출하여 활동했다. 그러나 막상 이들의 구체적 모습에 대한 연구는 '풍요 속의 빈곤'이라고 할 만큼 알려진 바가 적다. 그만큼 이미지에 의해 좌우되는 면이 많은 실정이다. 이런 가운데 여자 일본유학생은 연구를 통해 어느 정도 규모가 파악되었지만 미국유학 출신 여성지식인에 대한 연구는 거의 이루어지지 않았다. 여자 미국유학생은 여자 일본유학생에 비해 적은 수였으나 다양하고 활발한 사회활동으로 일제시기 사회와 여성에 많은 영향을 끼쳤다. 이들의 실태를 파악하는 것은 일제시기 사회와 여성 연구에 매우 중요한 의의가 있다. 또한 해방 이후 미국이 한국의 정치 · 경제 · 사회 · 문화에 끼친 영향력을 생각할 때 그 이전 시기 미국유학생의 실태 파악은 해방 이후 남한 사회지도층의 원류와 연계성을 파악한다는 면에서도 의의가 있다.

제1절 여성의 미국유학

1. 미국유학 여학생의 증가

한국여성의 미국유학은 1895년 박에스더의 미국유학으로 시작되었다. 1910년 이화학당에 대학과가 설치되기 이전까지 국내에 여성고등교육기관(대학과정)이 없었기 때문에 고등교육을 받기 원했던 여성들은 해외유학을 떠나야 했다. 1900년 박에스더가 볼티모어의과대학을 졸업하고 의사(M.D.) 겸 선교사가 되어 귀국했다. 같은 해 하란사가 미국유학을 떠나 1906년 오하이오 웨슬리안대학을 졸업하고 한국여성 최초로 학사(B.A.)가 되어 귀국했다.

1910년대에는 미국유학 가기가 어려웠다. 일제강점 이후 조선총독부 교육정책에 의해 미국유학을 위한 여권 발급 자체가 거의 불가능했기 때문이다.[1] 따라서 1910년대 도미한 여성은 신마실라 등 10여 명에 불과했다. 이 시기 한국인이 미국에 건너가기 위해서는 중국을 거쳐가는 경우가 많았다.

3·1운동 이후 고조된 한국인의 교육열과 조선총독부의 유화정책을 배경으로 미국유학이 개방되면서, 1920년대 해외유학이 급증했고 여자유학생 수도 증가했다. 일제시기 해외유학은 일본유학생 수가 압도적으로 많았지만 그래도 미국유학생은 일본유학생 다음으로 많은 숫자와 비율을 점하고 있었다. 미국과 일본의 유학 상황을 비교해보면 다

---

1) 홍선표, 「일제하 미국유학 연구」, 『국사관논총』 96, 2001, 157·160쪽.

음과 같다. 1920년대 한국인 미국유학생 총수는 300여 명으로 이 가운데 여학생이 60여 명으로 20%가 여성이었다. 1930년대 한국인 미국유학생 총수 200여 명 가운데 여학생이 50여 명으로 25%가 여성이었다. 1920년대 한국인 일본유학생 총수는 약 4만 명으로 이 가운데 여학생은 2,000여 명으로 5% 비중을 차지했다. 1930년대 한국인 일본유학생 총수는 78,000명으로 여학생은 5,400여 명이었다.[2] 유의할 점은 미국유학생의 경우 대부분 고등교육기관으로의 유학인데 반해, 일본유학생의 경우 중등교육기관으로의 유학과 고등교육기관으로의 유학이 혼재된 통계라는 점이다. 미국유학생과 일본유학생 수와 규모를 단순히 나타난 통계 수치로만 비교할 수 없다는 한계가 있다. 일본유학생 수가 훨씬 많고, 일본유학과 미국유학 모두 남학생 수가 절대적으로 많다. 남녀 비율로 본다면 여성의 미국유학이 일본유학보다 좀 더 높게 나타나는 것이 특징적이다.

1920년대에서 30년대로 가면 일본유학생은 늘어나는 반면 미국유학생은 줄어들었다. 미국유학생이 20% 줄어든 반면 일본유학생은 2배로 늘어났다. 여학생의 경우 미국유학생은 16.7% 줄었던 반면 일본유학생은 2.7배로 늘었다. 시기별 미국과 일본 여자 유학생 수를 비교해 보면 일본유학생이 미국유학생보다 1920년대 33배, 1930년대 108배 많은 상황이었다. 비율로는 1920년대 여자 유학생의 2.9%, 1930년대 여자 유학

---

2) 미국유학생 자료는 홍선표, 「일제하 미국유학 연구」, 166~175쪽, 일본유학생 자료는 박선미, 『근대 여성, 제국을 거쳐 조선으로 회유하다』, 41쪽, 여자 미국유학생 자료는 Korean Student Bulletin, 『신한민보』, 『동아일보』, 『이화』, 『우라키』, *Korean Student Directory*, 김성은의 「1920~30년대 여자미국유학생의 실태와 인식」과 정병준의 「일제하 한국여성의 미국유학과 근대경험」을 참조하여 작성했다. 이후 본문에서 제시되는 일제강점기 한국여성 미국유학생 관련 도표는 이에 근거하며 각주는 생략하도록 하겠다. 아울러 한국여성 미주유학생의 명단과 인적 사항을 표로 정리하여 책의 끝부분에 수록하였다. 본고에서는 하와이 등에 거주하는 이민자나 재미교포 2세는 원칙적으로 제외했다. 명단은 유학을 위해 한국에서 미국으로 건너간 여성들을 주 대상으로 하되, 미국과 인접한 북미 영어 문화권이라는 점에서 캐나다유학생도 포함했다.

생의 0.9%가 미국유학생이었다. 시기별 남학생 수로는 일본유학생이 미국유학생보다 1920년대 133배, 1930년대 390배 많았고, 비율로는 1920년대 남자유학생의 0.74%, 1930년대 남자유학생의 0.25%가 미국유학생이었다.

미주 한국인 남녀유학생 수를 비교해보면 남학생이 여학생보다 1920년대 4배, 1930년대 3배 많았다. 1931년 재미조선학생 일람에는 총학생 수 300여 명 가운데 여학생이 40여 명으로 남학생이 여학생보다 6.5배 많았다.[3] 이는 당연한 결과이겠지만 여성의 미국유학이 그만큼 힘들고 드문 경우였음을 반증하는 수치라고 하겠다.

전체 유학생 수로 보더라도 미국유학생은 아주 적은 수였다. 그나마 1920년대 미국유학이 증가했지만 1930년대에는 줄어들었다. 그 이유를 살펴보면 다음과 같다. 첫째 여학생이 일본도 아니고 미국으로 유학간다는 것은 특별한 동기가 없는 한 커다란 모험이었다. 미국이 일본보다 거리상으로 훨씬 더 떨어져 있어 여학생이 가기에 불리했다. 그리고 미국유학이 일본유학보다 훨씬 비용이 많이 들었다. 둘째 미국에서 발생했던 1929년 경제대공황의 여파로 경제가 어려워지면서 부모로부터의 송금이 줄었다. 또한 미국에서의 일자리와 장학금이 줄어들어, 방학 때 일을 구하지 못해 학비 또는 생활비를 조달하기 힘들었고 장학금 역시 받기 어려웠다.[4] 더욱이 1931년 만주사변 등으로 원화 대비 달러 가치가 급락하여 국내로부터 송금을 받더라도 이전에 비해 재정적 압박이 심했다.[5] 셋째 조선총독부가 동화정책과 유학생 관리 차원

3) *Korean Student Bulletin*, Korean Student Federation of North America, Committee on Friendly Relations Among Foreign Student : 해외의 한국독립운동사료 23, 미주편 5, 한국학생회보, 국가보훈처, 2000) ; 박인덕, 「재미동포의 최근 상황」, 『신동아』, 1932.7, 10쪽.

4) 류형숙, 「여자와 미국유학」, 『동광』, 1931.2, 435쪽 ; 김폴린, 『주님이 함께 한 90년』, 보이스사, 1989, 143쪽.

5) 홍선표, 「일제하 미국유학 연구」, 174쪽.

에서 일본유학을 장려하는 한편, 1938년부터 사실상 미국유학을 봉쇄하는 조처를 취했다. 곧 상대적으로 가까운 지리적 위치와 저렴한 비용, 일제지배사회에서 필요한 학력과 자격 갖추기 등 모든 면에서 일본유학이 유리했다.

김마리아 · 황애시덕 · 박인덕 · 신준려 · 임영신과 같은 교사이자 여성지식인들은 1919년 3 · 1운동과 대한민국애국부인회 활동을 통해 조국의 독립과 민족문제에 대한 자신들의 의지를 행동으로 구현한 바 있었다. 이로 인한 투옥의 경험을 가지고 있었다. 이들은 시차는 있지만 출감 후 미국유학을 떠났던 1920~30년대 미국유학생들이기도 했다. 한편 김활란은 1919년 독립운동에 직접 참여하지는 않았지만, 대체 활동으로 1920년 7인 전도대를 조직해 지방으로 순회하며 계몽운동을 전개했다. 이후 1920년대와 1930년대 초 두 차례 미국유학으로 석사와 박사 학위를 취득했고 귀국 후 이화여전 학감과 부교장을 거쳐 교장 지위에까지 올랐다. 김필례는 3 · 1운동 당시 광주의 최영욱과 결혼하여 만삭의 몸이었으므로 3 · 1만세시위에 참가할 수 없었다.[6] 고황경은 3 · 1운동 당시 경성여고보 1학년(2학년 직전)이었으며 독립운동에 나서지 않았던 것으로 보인다. 이상의 여성들은 고황경을 제외하고 3 · 1운동과 미국유학 이전에 교사 경력이라는 공통점을 갖고 있다. 그리고 박인덕 · 신준려 · 김활란은 일본유학 없이 바로 미국유학을 떠났다. 김마리아 · 이은라 · 김앨리스 · 황애시덕 · 김필례 · 임영신 · 송복신 · 고황경은 일본유학 이후 다시 미국유학을 떠난 경우였다.[7] 1920년 이전 미국유

---

[6] 김필례는 1919년 3월 25일에 첫아이를 낳았다. 따라서 3 · 1만세시위 참가는 만삭의 몸으로 거의 불가능했을 것이다(이기서, 『교육의 길 신앙의 길 : 김필례 그 사랑과 실천』, 태광문화사, 1988, 120쪽).

[7] 이는 국내의 부족한 교육기관 때문이기도 했지만 진학할 상급학교 선택에 있어 교파별로 선교사의 방침이나 소개에 따라 같은 계통의 선교회학교가 있는 일본으로 진로가 결정되었기 때문이다.

학이 자유화되기 이전에는 선교회 학교 차원에서 일본유학을 보냈다. 이 경우 교파에 따라 진학하는 학교가 달랐다. 감리교 계통에서는 주로 나가사끼(長崎)여학교로, 장로교 계통에서는 도쿄여자학원으로 유학을 보냈다. 이에 이은라 · 김앨리스는 감리교 나가사끼 가쓰이여학교로, 김마리아 · 김필례는 장로교 도쿄여자학원으로 진학했다.[8)]

이러한 상황을 배경으로 다음 항에서는 미국으로 건너갔던 한국여성들의 유학 동기를 살펴보고자 한다.

2. 여성의 미국유학 동기

여성들이 해외유학의 목적지로 미국을 택했던 데는 이유가 있었을 것이다. 한국 여성지식인의 미국유학 유형은 크게 두 가지로 나누어 볼 수 있다. 하나는, 선교회 학교 차원에서 미국유학을 보낸 경우이다. 예를 들어 1920년대 미북감리교 여성해외선교회 소속의 여선교사로 구성된 이화학당은 조선총독부 정책에 따라 수 년 안에 이화학당 대학예과와 대학과를 합쳐 이화여자전문학교로 전환함과 동시에 조선총독부의 인가를 받아야 하는 상황에 처해 있었다. 이러한 사정이 이화학당 학교 차원에서 한국인 여교사를 미국으로 유학 보내 대학과정을 담당할 수 있도록 훈련시키게 되는 배경이 되었다. 학교 당국과 선교회 입장에서는 전문학교 체제로의 전환과 확충에 대비해 교원의 충원과 인력풀의 확대가 시급한 실정이었다. 이리하여 미국인 여선교사들은 1925년 이화여자전문학교 인가, 1928년 이화보육학교 인가를 앞두고, 기존의 이화학당 여교사들과 이화유치원 사범과 여교사들을 미국에 유학 보내 학문을 심화하도록 했다. 이전까지 이화학당 대학예

---

8) 김징자 엮음, 『우리 서은숙 선생님』, 이화여대 출판부, 1987, 84쪽.

과와 대학과, 유치원 사범과는 조선총독부 학무국의 공식 분류상 각종 학교 또는 잡종학교로 분류되었다. 특히 이화학당 대학과의 경우 전공 없이 대학교양과정으로만 운영되었다. 따라서 사회에 나갔을 때 공식적으로 학력과 자격을 인정받지 못해 정규교육기관인 공·사립 여자고등보통학교 교원이 될 수 없었다. 다만 선교회 여학교 교사로는 취직이 가능했다. 이 같은 상황에서 이화학당 대학과를 이화여자전문학교로 인가받는 일은 이화학당 선교사들뿐 아니라 학생들에게 중요한 의미가 있었다. 졸업생들이 공식적으로 사회에서 학력과 자격을 인정받을 수 있게 되었기 때문이다. 이러한 변화를 앞두고 있는 학교 당국과 여선교사들은 신설될 각 과와 과목을 전문적으로 담당할 한국여성 교원의 확보와 자질 향상이 필수적이라고 생각했다. 엘리스 아펜젤러 교장은 전문학교(college) 이상의 고등교육을 담당할 교사는 석사학위 정도의 자격을 갖추고 있어야 한다고 생각했다.[9] 선교사 교사들 가운데는 안식년을 활용하여 미국에서 석사학위를 취득하여 귀국하는 경우가 상당했다.

이와 같이 이화학당과 이화여전 출신 여성지식인들은 학교 차원의 인재양성 계획에 따른 선교사의 권유와 주선이 직접적 동기가 되어 미국유학을 떠나게 되었다. 이 경우 미국유학은 모교인 이화학당이나 이화전문학교에서 교사로 근무하며 학교를 이끌어가기 위한 자격을 갖추는 것, 곧 학위 취득과 전문지식 확보가 목표였다. 학교 차원에서 대학과정을 담당할 양질의 교사진 확보를 위해 졸업생이자 동료인 한국인 여교사들에게 안식년을 겸하여 미국유학 기회를 제공했다. 따라서 졸업 후 바로 유학을 떠나기보다는 교직에 종사하다가 안식년 개념으

---

9) Alice R. Appenzeller, "Ewha Haktang," *Annual Report of the Korea Woman's Conference of the Methodist Episcopal Church*(1928), p.45.

로 유학을 가는 경우가 대부분이었고, 자연히 미국유학에서 귀국한 후에는 대부분 교직에 복귀했다. 취직을 위해 미국유학을 했다기보다는 전문지식을 심화하고 학위를 취득하여, 전문학교 교사로서의 전문성과 자격을 갖추기 위해 미국유학을 했다고 하겠다. 대표적인 사례가 김활란이었다.

> 나의 유학문제는 1921년 초부터 선교사 선생님들 간에 제의되어온 문제였다. "한국인 지도자들도 좀 더 시야를 넓혀야 할 필요가 있다. 헬렌도 한 삼년간 미국에 가서 공부를 더 하고 견문을 넓혀 좀 더 폭넓은 지도자가 되는 것이 좋겠다."는 것이 그 분들의 일치된 의견이었다.… "현재 우리대학에서는 학위를 받은 교직원을 필요로 하오. 그것은 교직원 그 자신의 실력과 권위만을 위해서도 아니요, 이 학교의 권위만을 생각해서도 아닌, 이 나라 여성교육의 장래를 위해서 반드시 필요한 과정이라고는 생각지 않소?"(이화학당 교장이었던 엘리스 아펜젤러 선교사가 김활란에게 한 말)[10]

김활란에게 미국유학을 제의한 사람은 선교사였다. 전문학교 체제개편(1925)을 앞두고 학교 차원에서 석사학위를 받은, 곧 더 높은 단계의 고등교육을 이수한 교직원이 필요해진 상황이 한국여성을 미국으로 유학 보내는 직접적 동기가 되었다. 궁극적 목표는 한국여성교육을 위한 지도자 양성이었다.

이 경우 여성지식인들이 진학하는 학교는 주위 서양선교사들의 영향을 많이 받았다. 예를 들어 이화학당 출신의 여성지식인들이 콜롬비아대학교로 많이 진학했던 것은 이화학당 여선교사들의 학맥으로부터 받은 영향이 컸던 것으로 생각된다. 월터(Jeannette A. Walter)·파이(Olive Pye)·아펜젤러(Alice R. Appenzeller)·밴플리트(Edna Maria VanFleet)·모리스(Harriette Palmer Morris) 등이 모두 콜롬비아대학교에서 석사학위

---

10) 김활란, 『그 빛 속의 작은 생명』, 이화여대 출판부, 1965, 104·182쪽.

를 취득했다. 이들 여선교사들을 역할 모델로 삼았던 여성지식인들이 선교사들의 교육과정을 따르고자 했을 것이기 때문이다.[11)]

선교사의 권유로 미국유학을 갔던 이화학당 여교사들로는 이화학당 중등과 출신인 이은라, 이화학당 대학과 제1회 졸업생인 김앨리스, 그리고 김활란이 있다. 이들은 1920년, 1921년, 1922년 차례로 미국유학을 떠났고, 1925년 동시에 귀국했다. 이는 1925년 이화학당의 대학예과·대학과가 이화여자전문학교 문과·음악과로 인가받아 개편된 상황과 밀접한 관련이 있었다. 학교 차원에서 전문학교 문과와 음악과를 이끌고 나갈만한 한국인 여교사를 미리 유학 보내, 전문학교 인가를 받은 그 시점에 귀국하여 소임을 다할 수 있도록 준비시켰던 것이다. 이들은 귀국 후 이화여자전문학교 문과·음악과를 이끌어가고 교과내용을 정비하며 학교 발전에 중요한 역할을 담당했다.

이화학당 선교사들은 무엇보다 여학생에 대한 음악교육을 중시했다. 또한 부족한 교사문제를 해결하고 교사의 전문성 향상을 위해, 학교 차원에서 한국인 여교사들의 미국유학을 꾸준히 추진했다. 음악교사로 근무하던 윤성덕(1921년 대학과 8회 졸업)은 더욱 심화된 음악 전공 수업을 위한 실력을 갖추기 위해, 선교사 스승들의 기대와 후원을 받으며, 최초의 이화학교 교비생(맥도웰 장학금 수혜자)으로 미국유학을 떠났다. 1926년 미국유학을 시작해 피아노 음악을 전공했고 1929년 귀국하여 이화여전 음악과에 기악을 도입·보급하는 데 기여했다.[12)]

1928년 엘리스 아펜젤러 교장은 이화학당 유치원 사범과를 이화보육학교로 인가받아 개편하는 일정을 앞두고 이화보육학교를 이끌고 갈 인재를 양성하고자 기존 교사들의 미국유학을 추진했다. 서은숙(1922

---

11) 이화100년사편찬위원회, 『이화100년사』, 이화여대 출판부, 1994, 109~110쪽.
12) 「윤성덕 양의 미국유학, 이화학교 교비로」, 『조선일보』 1926년 7월 15일.

년 대학과 9회 졸업)은 밴플리트(Van Fleet, Miss Edna Marie, 반불이, 潘弗怡) 선교사를 도와 유치원 교사로 활동하면서 무엇보다 유치원교육이 중요하다고 생각했고, 심화된 유치원 교육과정을 이수하기 위해 미국유학을 떠나게 되었다. 그리하여 선교사들과 유학문제를 상의한 후 신시내티보육학교에 진학하기로 결정했다. 신시내티보육학교를 졸업하고 콜롬비아대학 대학원으로 진학했던 밴플리트 선교사의 교육과정을 따른 것이었다.[13] 이화유치원 사범과를 창설하고 유치원교육의 기초를 잡은 브라운리(Charlotte Georgia Brownlee)와 밴플리트 선교사 모두 신시내티보육학교를 졸업했다.[14] 서은숙과 김폴린은 대학과를 졸업하고 이화학당 교사로 근무하다 미국유학을 가서 유치원교육(유아교육, 보육)을 전공하게 되었다. 김애마는 원래 의사가 되고 싶었지만, 엘리스 아펜젤러 교장의 권유로 유치원교육을 전공하게 되었다. 1926년 유치원 사범과를 11회로 졸업하고 유치원 교사가 되었고, 이화에서 교사로 근무하다 1931년 미국유학길에 올랐다.[15] 이들 모두 학교 차원에서 보육학교 교육(유치원교사 양성) 담당 교원의 유아교육 심화과정 이수와 전문성 양성을 위해 미국유학을 보낸 경우였다.

김합라(대학과 8회 졸업생, 1921)는 이화학당 교사로 근무하다 이화여자전문학교 가사과 신설을 염두에 둔 선교사들의 계획에 따라 1925년 가정학 전공 이수를 위해 미국유학을 떠났다. 1927년 오레곤주립대 학사, 1928년 오레곤주립대 석사 학위를 취득하고 귀국한 후, 1929년 가사과를 창설하고 학생들을 교육하는 핵심인력이 되었다. 1933년까지 초대 가사과 과장으로 초창기 가사과를 이끌어 가는 데 중요한 역할을 담당

---

13) 김징자 엮음, 『우리 서은숙 선생님』, 85~86쪽.
14) 이화100년사편찬위원회, 『이화100년사』, 115~118쪽.
15) 안인희 · 이상금, 『애마 선생님 이야기』, 김애마 선생님 기념회, 정우사, 2003, 66~67쪽.

했다.[16] 김분옥의 경우 이화여전의 가사과 교원 양성이 시급해지면서, 이례적으로 졸업 후 교사로서 의무복무를 하지 않은 채, 졸업하자마자 오레곤주립대 가정학 장학금을 주선받아 미국유학을 떠나게 되었다.[17]

이외에도 이화여전 문과(영문과) 졸업생인 김갑순은 선교사 메이너(Mrs. Velma H. Maynor) 교수가 후계자로 키우기 위해 미국유학을 주선해준 덕분에 미국에 유학 간 경우였다. 귀국 후 이화여전 교수가 되었고 일제말기 미국인 선교사 철수로 영어 교원 자리가 비게 되었을 때 문과를 지켰다.

한편 이정애는 김활란의 주선으로 전공(유치원 사범과 졸)을 바꿔 간호학을 전공하기 위해 미국유학을 떠났다. 여기에는 보건 · 간호교육의 필요성과 강화를 염두에 둔 김활란의 비전이 작용했다.[18] 실제로 이정애는 해방 후 이화여대 간호학과 창설의 주역이 되었다.

이처럼 학교 차원에서 권유와 추천을 받고 미국유학을 가는 경우, 교비 지원이나 진학할 학교의 장학금 또는 선교사의 후원을 받고 비교적 학비나 생활비 걱정 없이 미국유학을 할 수 있었다.

한국 여성지식인의 미국유학 유형으로 다른 하나는 개인적 차원에서 미국유학을 결행한 경우이다. 이 가운데 박인덕처럼 선교사의 추천을 받아 진학할 학교의 장학금을 교섭해서 떠나는 경우가 있는가 하면, 황애시덕 · 임영신처럼 미국에 거주하는 가족이나 친척의 연고를 찾아 고학을 각오하고 미국유학을 감행한 경우도 있었다. 후자의 경우 박필

---

16) 이후 김분옥(1927년 이화여전 문과 1회 졸업)이 오레곤주립대에서 가정학을 전공하고 귀국하여 1930년부터 1933년까지 가사과 교원을 역임했다. 김메불(1924년 대학과 11회 졸업)은 이화여고보 교사와 사감으로 근무하다 1928년부터 1933년까지 미국유학(Mount Union College, Alliance, Ohio)을 거쳐 캐나다 토론토대학(3년간 가정학 전공)에서 수학했고, 1933년부터 1936년까지 가사과 교원을 역임했다.

17) 민숙현 · 박혜경, 『한가람 봄바람에 : 이화 100년 야사』, 지인사, 1981.

18) 김활란, 『그 빛 속의 작은 생명』, 이화여대 출판부, 1965, 194쪽.

연처럼 언니와 형부 등 가족이 학비를 지원하는 경우가 있었던 반면, 황애시덕 · 임영신처럼 학비를 후원하겠다는 오빠 등 가족의 제의를 거절하고 자신이 어느 정도 고학으로 돈을 버는 한편 자신이 진학할 학교를 찾아가 입학 허가와 함께 장학금 지원을 요청하여 허락받는 경우도 있었다. 또한 황애시덕 · 김폴린처럼 현지에서 연결된 미국기독교여성들의 모임을 통해 후원을 받기도 했다.

여성지식인이 개인적 차원에서 미국유학을 떠나게 되는 동기로는 이화학당 교사로 활동했던 미북감리교 여성해외선교회 소속 미국인 여선교사들에게 영향 받은 바도 상당했다. 미국인 여선교사의 영향이란 선교사의 권유, 때로는 선교사에 대한 반항, 미국 근대문명에 대한 동경과 호기심, 미국이 부강해진 비결을 알기 위해, 미국에 대해 선교사가 했던 말을 직접 확인해보기 위해 등이었다. 어떻게 보면 서로 상충되는 것도 있지만, 이는 개인의 심리나 시각에 따라 받아들이는 것이 다르기 때문이며 어떻든 미국인 여선교사의 영향이라는 점에서는 공통점이라고 하겠다.

이들은 미혼 또는 독신 미국여성으로서 선교사업을 위해 멀리 떨어진 한국 땅에 건너와 여성교육에 헌신했고, 한국인 여학생들에게 고등교육을 받은 여성의 사회활동이라는 면에서 역할모델이 되었다.[19] 선교사들은 미국인의 자부심을 가지고 한국학생들에게 민주주의와 근대문명의 발달, 성숙한 시민의식, 여성의 사회활동 등 선진국이자 강대국인 미국에 관한 이야기를 들려주었다. 이 과정에서 한국인 여학생들은 일본보다 미국에 더 많은 동경과 호기심을 가지게 되었고, 미국의 번영을 직접 눈으로 확인해 보고 싶다는 마음을 가지게 되었다.[20]

---

19) 박인덕, 『구월 원숭이(*September Monkey,* 1954)』, 인덕대학, 2007, 55 · 82쪽.

대학 교육과정에서는 한국어교재가 제대로 없어서 영어교재로 수업을 진행하는 경우가 많았다. 이런 불편함은 오히려 여학생들이 영어에 익숙해질 수 있는 환경으로 작용했다. 이화학당 대학과나 이화전문학교(특히 문과) 출신들은 미국인 선교사 교원들과의 의사소통을 통해 영어에 친숙해졌고, 영어로 진행하는 수업을 수강하며 일정정도 이상의 영어 실력을 갖추게 되었다. 박인덕 · 김활란의 경우 매우 뛰어난 영어 구사 실력을 가지고 있었다고 한다. 일본어로 공부하는 관공립학교 출신 학생보다 상대적으로 미국유학에 유리한 점이 있었다. 그러나 김활란 · 황애시덕 · 김메리 · 임영신 · 김필례 · 고황경의 경험에서 볼 수 있듯 미국유학 초기에는 누구나 남의 나라 언어인 영어로 진행되는 대학 수업을 따라가고 영어로 된 방대한 책을 읽고 과제를 수행하는 데 큰 어려움을 겪었다. 영어로 소통하고 공부하는 문제는 선교회 학교 출신 학생들에게도 난관일 정도로 큰 문제였다. 미국유학은 선교회 학교 출신이 아니면 시도하기 쉽지 않은 선택이었다.

황애시덕의 경우 한국인에 대한 차별과 비하가 만연한 일본 통치체제 에서 벗어나고자 하는 반일의식, 미국인 선교사들의 권위적 태도와 우월의식에 대한 저항과 비판, 한국인의 위상에 대한 고민을 계기로 미국유학을 떠나게 되었다.[21] 이화학당 교사였던 황애시덕은 학생에게 '인형이나 기계 같은 교육'을 넣어주려는 기독교 보수주의 교육정책에 맞서 여학생들에게 기숙사의 자치 · 자율을 허용하고, 극장 출입을 일률적으로 금지하는 대신 졸업을 앞둔 여학생들에게는 좋은 영화를 보여주어 사회경험을 쌓게 하며, 성경공부 대신 산에서 야외수업을 시행

---

20) 박화성, 『새벽에 외치다 : 송산 황애시덕 선생의 사상과 생활』, 휘문출판사, 1966, 125쪽 ; 임영신, 『나의 40년 투쟁사(1951)』, 승당임영신박사전집편찬위원회, 1986, 142쪽 ; 박인덕, 『구월 원숭이(*September Monkey,* 1954)』, 59쪽.

21) 박화성, 『새벽에 외치다 : 송산 황애시덕 선생의 사상과 생활』, 125쪽.

하는 등 새로운 방식으로 여성교육을 시도해 보고자했다. 그러나 학교 당국자인 선교사들이 황애시덕의 건의를 받아들이지 않고 보수적으로 운용하기를 고집하자, 이에 대한 불만으로 사직서를 내고 학교 측의 도움을 받지 않고 미국유학을 시도하게 되었다.

> 우월감을 가지고 내리누르는 서양인들의 꼴이 한껏 분해서 "어디, 너희들이 그렇게 잘난 체하니 대체 너희 나라는 얼마나 잘 되어가나 보자"하고 원망스러운 마음이 들기 시작했다.[22)]

황애시덕은 선진국의 실상과 실체를 직접 눈으로 확인하고 싶다는 마음, 더 나아가 부강한 선진국이 되는 길을 알아보고 싶다는 마음에서 미국유학을 떠나게 되었다.

미국유학은 미국선교회가 설립한 학교에 다니며 선교사의 영향으로 미국에 호감을 가진 학생이라면 누구나 한 번쯤 꿈꾸어보던 테마였다. 기독교 선진사회에 대한 호기심을 충족하고 더 큰 세상에 나아가 견문을 넓힐 수 있는 기회였기 때문이다.[23)] 미국에 대한 동경은 가난한 백성으로서 부국을 동경하고 알고자 하는 마음에서 비롯되었다.[24)] 한국 기독교인들은 미국을 천국과 같은 이상적인 나라로 여겼다.[25)] 미국을 동경하는 마음은 선진사회를 알고 싶고 배우고 싶다는 민족의식으로 발현되어 굳건한 목표의식으로 확대되었다.

임영신의 경우 인재 양성과 구국운동을 위해, 미국이 부강한 나라가 된 비결을 알아보고 돈을 벌어 학교 설립에 필요한 자금 확보라는 명

---

22) 황애시덕, 「항구로 들어온 배 : 나의 10년간 생활」, 『신동아』, 1933.1, 79쪽.
23) Induk Park, *September Monkey*(Harper & Brothers, New York, 1954), p.94.
24) 류형숙, 「여자와 미국유학」, 『동광』, 1931.2, 435쪽.
25) 림영철, 『고황경 박사 그의 생애와 교육 : 농촌·여성운동을 위한 교육』, 40쪽.

확한 동기와 목표의식을 가지고 있었다. 다음에는 임영신의 미국유학의 목표가 나타나있다.

> 비록 삼일운동이 실패로 돌아갔지만 그로 인해 용기를 잃지는 않았어요.… 제 생각으로는 군사적으로 일본을 이길 수는 없어요. 다른 방법으로 강해져야 하는데 저는 교육이라고 생각해요. 교육이야말로 우리들이 가질 수 있는 가장 강한 무기 중의 하나가 될 것입니다.… 전 미국인들 사이에서 살면서 일하고 공부하겠어요. 전 책에서만 배움을 얻지는 않겠어요. 미국인들 속에서 그들의 강한 힘의 비밀을 배워 한국으로 가지고 가겠어요. 그리고 힘껏 일해 이곳을 떠날 때는 제가 배운 바를 가르칠 수 있는 학교의 설립을 위한 돈을 마련해 가겠어요(임영신이 미국에서 재회한 오빠들에게 한 말).[26]

임영신은 미국유학으로 학문을 성취하고, 미국사회에서 실생활을 통해 미국이 부강한 선진국이 된 힘이 어디에 있는지 배워가겠다는 생각, 일을 하여 학교 설립 자금을 모아 가겠다는 목표를 가지고 있었다. 비슷한 맥락에서 황애시덕 역시 농촌사업을 하겠다는 목표를 가지고 미국유학을 결행했고, 미국에서 일을 하여 농촌계몽운동에 필요한 자금을 모아 가겠다는 목표를 세웠다.[27]

고황경 역시 전공 학문과 함께 사회시설과 사회사업 시찰을 통해 미국사회의 강점을 배워가고자 했다. 따라서 공부도 항일하는 심정으로 했다고 한다.[28] 그는 미국유학시절을 가리켜 '고뇌 가득찬 시절, 그 당시엔 공부하는 것도 조국을 위해서였고 모든 일들이 애국이라는 한 가지 초점으로 집약되었던 시절'이었다고 회고했다.

---

26) 임영신, 『나의 40년 투쟁사』, 141~142쪽.

27) 황애시덕, 「미국 컬럼비아대학, 미국의 남녀공학은 어떻게 하나」, 『만국부인』 1, 1932.10, 55쪽 ; 황애시덕, 「유고 : 황무지를 헤치며 4」, 『신여원』, 1972.7, 210쪽.

28) 고황경, 「공부도 항일하는 심정으로」, 강신재 외, 『나의 소녀시절』, 범우사, 1982, 44쪽.

> 학문에 대한 집착, 식민지 국가에서 온 유학생이 이국땅에서 겪는 어려움, 어려운 시기에 교육받은 여성으로서 조국과 민족에 대한 의무감 등은 자신을 완전히 정신적인 파산상태로 몰아넣을 정도로 심각한 것이었다.[29]

고황경의 머리에는 식민지정책으로 착취당하기만 하는 나라의 참상이 떠나지 않았고, 어차피 전쟁을 해서 일본을 이기지 못할 바에야 한국인이 받고 있는 피해만이라도 최소한으로 줄여야겠다는 생각에 사로잡혔다. 이를 위해서는 공부하는 길이 첩경이라고 생각했다.[30]

특히 여성지식인의 경우, 여권의식에 입각하여 자아를 실현하고, 여성지도자로서 자격과 능력을 구비하기 위해 미국유학을 떠나는 경우가 많았다. 황애시덕은 "앞으로 독신생활로 조선여자교육에 종사코자 굳세게 뜻을 결단하고 먼저 많은 학식을 연구하고자" 미국유학을 떠난다는 포부를 밝혔다.[31] 김활란은 자신의 미국유학 동기와 목적에 대해 "현재 조선을 구하는 첩경은 여자교육이 무엇보다도 필요하다는 것을 간파, 이 포부를 완전히 실현하기 위해 좀 더 알아야겠다는 철저한 자각으로 미국유학을 떠났다"[32]고 말했다. 한국사회의 발전을 위해서는 무엇보다도 여성교육이 필요하다고 생각했고, 이를 위해 자신의 실력부터 기르고자 미국유학을 단행했다는 것이다. 여성이 고등교육을 받는다는 것 자체가 여성해방을 상징하던 시기에 여성의 미국유학은 여성해방을 향한 당찬 걸음인 동시에 여성교육에 헌신하기 위한 준비과정이기도 했다. 김활란은 대학과 졸업 무렵 여성의 지위 향상을 위해

---

29) 고황경, 「여성지위 향상 위해(김선애 기자의 1973년 7월 28일 인터뷰)」, 경향신문사 편, 『내가 겪은 20세기 : 백발의 증언, 원로와의 대화』, 경향신문사, 1974, 364쪽.

30) 고황경, 「여성지위 향상 위해(김선애 기자의 1973년 7월 28일 인터뷰)」, 364쪽.

31) 「황애시터양 양행, 독신생활로 교육계에 헌신할 결심」, 『조선일보』 1925년 8월 19일.

32) 「여류교육가의 생애와 포부 1, 이화전문학교의 철학사 김활란 교수담」, 『시대일보』 1926년 5월 25일.

여성교육에 일생을 바치겠다는 확고한 사명의식을 가지고 되었고, 졸업 후 교직에 종사하다가 미국유학까지 가게 되었다. 다음은 김활란이 자신의 20대를 회고한 글이다.

> 그때가 1차 대전이 끝날 무렵으로, 이화학당 대학과 졸업반이었습니다. 저의 당시 심정은 지금 생각해도 울고 싶을 만치 안타까운 꿈과 엉클어진 현실에 시달렸습니다.… 이 당시 어린 저의 가슴에 뼈저리게 박힌 것은 무도하고 몰이해한 가정과 사회와 남성들로부터 이 땅의 우리 여성형제들을 구원하고, 삼종과 침수와 부엌으로부터 배움의 학창으로 해방시켜야겠다는 것이었습니다. 나의 일생은 여성을 위해 십자가를 지리라는 일념이 어린 제 심장을 피 끓게 했습니다. 그리하여 졸업 후 '좋은 데로 가정을 꾸며야지'하는 부모님의 강권과 당시 사회의 저속한 비방을 무시 초월하고 모교에서 교편을 잡았습니다. 미국유학을 한 것도 20대에 싹튼 마음의 결실이요 연장이었습니다.[33]

여성들은 미국유학으로, 이전까지 여성을 옭아매던 한계를 뛰어넘어 학문적인 호기심과 고등교육에의 열망, 지적 상승 욕구를 실현하고자 했다. 미국유학은 자아실현을 위한 삶의 전환점이 되기도 했다. 비교적 이른 시기 미국유학을 떠난 차미리사는 '혜성과 같이 출현한 여의사 박에스터'에 자극받은 데다, 조신성의 권유를 계기로 '외국유학열이 가슴에 탱중하여' 있던 중 선교사의 소개로 유학을 떠나게 되었다.[34]

김활란의 경우 원래 미국유학을 하는 김에 학사, 석사, 박사학위까지 취득하고 귀국하는 것이 목표였다. 그러나 이화학당이 이화전문학교

---

33) 「나의 20세 청년시대 (1) 20때 가슴에 박힌 일념 여성 위해 질 십자가, 스물 때를 말하는 김활란씨」, 『동아일보』 1940년 4월 2일.

34) 김미리사, 「춘풍추우(春風秋雨) 50년간에 다루다한(多淚多恨)한 나의 역사」, 『별건곤』 11, 1928.2, 55~56쪽 ; 「광무융희시대(光武隆熙時代)의 신여성 총관」, 『삼천리』 15, 1931.5, 69쪽.

로 확장되면서 학사업무를 맡아볼 유능한 인물이 필요해졌다. 어서 학교로 돌아와 도와달라는 교장 엘리스 아펜젤러 선교사의 간절한 요청을 받고 학교로 귀환해야만 했다. 때문에 김활란은 자신의 계획을 접고 귀국할 수밖에 없었다. 이후 김활란은 두 번째 미국유학에서 박사학위를 취득하여 '최초의 여성 철학박사'라는 타이틀과 함께 유명 인사가 되었다. 당시 한국여성의 90%이상이 문맹이고, 전체 인구 또는 여성인구 가운데 교육받은 여성은 극소수였던 교육현실에서, 여성의 박사학위 취득은 남성 못지않은 여성의 능력, 여성고등교육의 효과를 증명하는 기념비였다는 데 큰 의의가 있었다.[35]

고황경의 경우 일본에서 법학부 경제학 전공으로 졸업했음에도, 일본유학으로 채워지지 않던 학문적 열정과 자아실현 의지를 발휘해 연이어 미국유학을 떠나게 되었다.[36] 최이순 역시 장래를 위해 보다 깊은 학문에 접할 수 있는 계기가 필요하다고 생각하던 중 형부인 백낙준 박사의 강력한 권유와 주선으로 미국유학을 결심하게 되었다.[37] 김메리의 경우 자기의 이상을 위해 미국유학을 결심했고, 그런 만큼 죽음을 각오하며 미국유학의 어려움을 극복했다.[38] 이화여전 문과와 유치원 사범과 출신이었던 이정애는 이혼한 뒤 실용적인 학문을 공부하여 삶의 전기를 찾고 싶다는 생각이 들었다. 이에 김활란이 장학금을 주선해 하와이 호놀룰루 퀸병원 부속 간호학교에서 간호학을 전공하고 돌아와 간호사로서 새로운 삶을 살게 되었다.[39] 다음은 미국유학을 결

---

35) 김활란, 『그 빛 속의 작은 생명』, 174~185쪽.

36) 림영철, 『고황경 박사 그의 생애와 교육 : 농촌·여성운동을 위한 교육』, 41쪽.

37) 김문환, 「'신촌고등학교' 담임선생님 : 대한 적십자사 전 부총재 최이순의 평생」, 최이순, 『살아온 조각보』, 581쪽.

38) 김메리, 「세계대학풍경 : 미시간대학의 녹색의 꿈」, 『신인문학』 2-1, 청조사, 1935.1, 26~29쪽.

심하게 된 배경을 설명하는 박인덕의 회고이다.

> 내 결혼생활은 지금 여기서 이야기하기도 싫습니다. 6년을 사느라고 사는 사이에 나는 내 자신까지 아주 까맣게 잊어버리도록 정신을 차릴 수 없었습니다.… 하루에 14시간 노동(시간 강사로 여기저기서 가르치며 아무 일도 하지 않는 남편과 시댁 식구들을 경제적으로 부양하는 일 : 필자 주)으로 몸은 피로할 대로 피로하고 마음도 또한 그 이상으로 피곤하고 우울하고 괴롭고 했습니다. 지옥에서 사는 것이었습니다.… 나를 살리자. 아랫돌을 빼어 웃목에 박고 웃돌을 빼어 아랫목에 막는 밤낮 마찬가지인 공허한 생활에서 뛰쳐나가자. 결국 나는 이렇게 결단을 짓고 여장을 꾸려 미국에로 떠났던 것입니다. 남들이야 별별 소리를 하거나 말거나 나는 천당이었습니다. 무거운 쇠사슬이 내 발목에 항상 얽혀 내 걸음을 방해하던 것이 툭 끊겨 나간 듯 했습니다.[40]

자신의 이상과 너무나 먼, 불행한 결혼생활을 하던 박인덕에게 미국유학은 결혼으로 유보해 두었던 자아실현, 꿈의 실현, 재도약이라는 의미가 있었다.[41] 불행한 현실에서 탈출이자, 남편과 거리를 두고 마음을 정리하는 숙려기간이었으며, 잃었던 자신의 궤도를 되찾는 삶의 전환점이 되었다.[42]

다음은 일제강점기 미주 한국여자유학생의 출신지역과 출신가정을 살펴봄으로써 여성들의 미국유학이 집안 형편이나 환경과는 어떠한 관련을 갖고 있었는지 알아보고자 한다. 여기에서는 여성 미국유학생들의 출신학교를 정리해보았다.

---

39) 김활란, 『그 빛 속의 작은 생명』, 194쪽.

40) 박인덕, 「파란 많은 나의 반생」, 『삼천리』, 1938.11, 207~212쪽.

41) Induk Park, *September Monkey*, p.92.

42) 「조선의 노라로 인형의 집을 나온 박인덕씨」, 『삼천리』 5-1, 1933.1, 73~74쪽.

〈표 2-1〉 미주 한국여자유학생의 출신 학교(초등·중등·고등교육기관 중복 포함)

교파	출신 학교 이름	학생수(명)
감리교	이화학당 사범과 또는 이화보육학교, 이화학당 대학과 또는 이화여전	39
감리교	이화학당 보통과, 고등과 또는 이화여고보, 중등과(대학예과)	36
감리교	경기 인천 영화여학교	4
감리교	평남 평양 정의여고보	1
감리교	경기 개성 호수돈여고보	1
감리교	함남 원산 루씨여고보	1
감리교	협성여자신학교 또는 협성신학교 또는 감리교신학교	3
감리교	배화여학교	1
감리교 · 장로교 연합	평양 기독병원 간호부양성소	1
감리교 · 장로교 연합	세브란스병원 간호부양성소	2
감 · 장 연합, 1920년대 이후 장로교	평남 평양 숭의여학교	8
장로교	정신여학교	9
장로교	평북 선천 보성여학교	3
장로교	함북 함흥 영생여고보	1
장로교	함북 함흥 영생여학교 보통과	1
장로교	전북 전주 기전여학교	1
장로교	목포 정명여학교 고등과	1
선교회	평남 평양 정진소학교	1
선교회	평북 영변 숭덕여학교	1
공립	평남 평양여고보	1
공립	경성여고보	4
사립	중앙보육학교	1
사립	진명여학교	1
사립	숙명여학교	1
사립	함남 원산 진성여학교	1
사립	평북 용천 용암포 병원 간호학교	1
해외	미국학교(조기 유학, 이민, 교포 2세)	3
해외	중국 경유 또는 중국유학생	12
해외	일본유학생	25
총 계		165

〈표 2-1〉에서 보면 여자 미국유학생들의 출신 학교는 초등·중등·고등교육과정을 포함하여 이화가 가장 많았다.[43] 이는 단계별 교육과정에서 중복된 경우까지 포함한 통계이다. 중복된 경우를 제외하고, 식민지시기 여자 미국유학생 가운데 일생의 교육단계에서 이화학당 또는 이화여전 교육과정을 한 번이라도 거친 사람 수로 산정하면, 48명이 이화 출신이다. 여자 미국유학생의 약 반수를 차지했다. 이는 여자 미국유학생의 50%가 이화의 선교사나 교육환경으로부터 어떤 식으로든 영향을 받았음을 나타낸다. 이 가운데 이화에서 중등교육과 고등교육을 함께 받은 경우, 곧 이화에서 단계별 교육과정을 2번 이상 이수한 경우가 24명이다. 이화의 교육과정을 한 번이라도 거쳐 간 학생의 반수가 이화의 교육과정을 2번 이상 이수했고, 이화에서 중등교육과 고등교육을 함께 이수한 학생들이 여자 미국유학생의 25%를 차지했다. 이들은 그만큼 오랜 동안 이화에서 교육받으며, 선교사와 교육과정, 학교와 기숙사 생활에서 받은 영향이 더욱 컸을 것이다.

다음으로 일본유학생 출신이 많았다. 전문(고등)교육을 이수한 19명과 중등교육 이수자까지 합하면 일본유학생 출신이 25명으로, 일제강점기 여자유학생 가운데 25%를 차지했다. 이들은 일본 도쿄(東京)여자의학전문학교·도쿄제국음악학교·도쿄여자학원·도쿄여자전문학교·도쿄체조학교·도쿄 영화의숙·도쿄 청산학원 신학부·고베(神戶)여자학원·고베여자고등학원·요코하마(橫濱)신학교·나가사키(長崎)가쓰이(活水)여학교 대학부 또는 가쓰이여자전문학교, 히로시마(廣島)

---

[43] 조선총독부의 학제 변경과 그에 따른 인가문제로 인해 학제가 중간에 바뀌게 되면서 이화학당의 고등과, 중등과, 대학예과 간의 교육단계에 구분이 쉽지 않다. 그러나 일반적으로 일제강점기 여학생들은 일반적으로 보통학교(보통과, 지금의 초등학교), 여자고등보통학교(고등과, 지금의 중학교), 보육학교(사범과) 또는 여자전문학교(중등과가 대학예과로, 대학예과와 대학과가 전문학교로 바뀜)의 차례로 진학했다(이화100년사편찬위원회 편, 『이화100년사』, 126쪽 학제 변천표 참조).

여자전문학교, 교토(京都) 도시샤(同志社)여자전문학교 · 도시샤대학 · 와세다(早稻田)대학 출신이었다.

한편 중국을 경유한 경우는 12명이었다. 단순히 중국을 경유한 사람이 4명이었고, 중국에서 학교를 다니다 미국으로 건너간 중국유학생 출신이 8명이었다. 이들은 소주 남감리교 버지니아여학교, 난징 금릉대학과 호강대학, 베이징 협화여자의학전문학교, 상하이 메리판암여학교를 다녔다.

여자 미국유학생 가운데 이화학당 대학과 또는 이화여전 출신이 제일 많았다. 이는 여학생들이 교사 겸 선교사로 활동했던 미국여성들로부터 받은 영향이라고 생각해 볼 수 있다. 선교회와 학교 차원에서 모교 출신 교사들에게 미국유학을 주선했고, 한국인 여교사들도 선진국이자 근대학문의 본고장인 미국 대학에서 더 공부해보고 싶다는 열망을 가지고 있었으며, 학생시절 이화에서 공부하면서 미국인 선교사들 덕분에 최고의 영어실력을 닦을 수 있었다. 이런 점이 여성지식인들의 미국유학에 많은 영향을 미쳤을 것이다.

무엇보다 국내 각 지방에 설립된 선교회 여학교가 여러 개 있었지만 중등정도의 교육기관이었다. 이들 학교를 졸업한 여학생들이 국내에서 고등교육을 받기 위해서는 서울에 있는 이화학당 대학과 또는 이화여전으로 진학하는 것이 당연한 수순이었다. 준고등교육기관 또는 직업교육기관으로 경성보육학교 · 중앙보육학교 · 이화보육학교가 있었지만, 일제 말기 숙명여전과 경성여의전이 설립되기 전까지, 이화학당 대학과 또는 이화여전이 국내 유일한 여자고등교육기관이었다. 중등교육을 받고 바로 미국유학을 가기는 어려운 일이었고, 그런 경우도 거의 없었다. 이화에서 대학과정을 거치면서 학문적 · 언어적 준비를 하고, 교사로서 모교에서 봉직하면서 사회경험도 쌓고, 얼마간의 저금도 한 다음, 선교사의 추천을 받아 장학금과 입학 허가를 얻어 미국유학을 가는 수순을 거쳤다.

여자 미국유학생 가운데 일본유학을 하고도 또 미국유학을 한 경우가 26명으로 비교적 많았던 것은 여러 가지 원인을 찾아볼 수 있다. 조선총독부 교육정책으로 미국유학이 자유화되어 본격화되기 전까지, 선교회 학교 출신 여학생들은 상급학교 진학을 위해 이화학당 대학과나 일본에 설립된 선교회 여학교로 가는 경우가 많았다.[44] 일본으로 유학 갈 경우 일반적으로 미북감리회 이화학당 출신들은 미북감리교 학교인 나가사키의 가쓰이여학교 또는 가쓰이여자전문학교에 진학했다. 이은라 · 김앨리스 · 추애경이 그랬다. 장로교계 정신여학교 출신인 김마리아, 장로교 기전여학교(전주) 출신인 임영신은 히로시마여학교로 진학했다. 한편 정신여학교 출신인 김마리아 · 김필례 · 한소제는 도쿄여자학원으로 진학했다. 선교회 여학교 출신들이 일본유학을 할 경우 일정한 학교로 진학했음을 알 수 있다. 그러나 이후 선교회 여학교 출신 일본유학생들이 진학하는 학교가 다양해지는 현상을 보이고 있다. 예를 들어 정신여학교 출신인 차경신은 요코하마신학교로, 이선행은 도쿄 천대제여학교를 거쳐 와세다대학으로, 박은혜는 후쿠오카고등여학교에 다니다가 이화여전에 진학했다. 숭의여학교 출신 길진주는 시모노세키에서 유학했다. 이화학당 출신인 박화숙은 고베여학원으로, 숭의여학교 출신 정애나는 고베여자고등학원으로 진학했다. 숭의여학교 출신 송복신, 이화학당 출신 황애시덕, 정신여학교 출신 한소제는 모두 평양 출신으로 도쿄여자의학전문학교에 진학했다. 한편 공립 경성여고보 출신 미국유학생 4명 가운데 고봉경만 이화여전으로 진학하고, 임아영, 김양, 고황경은 일본으로 유학했다. 이는 학교에서 일본어를 쓰는 경성여고보 출신이 일본어에 능숙해 일본유학에 유리했기 때문일

---

44) 박선미, 『근대 여성, 제국을 거쳐 조선으로 회유하다 : 식민지 문화지배와 일본유학』, 56~60쪽.

것이다. 한편 김필례 · 임아영 · 고황경은 일본유학 중에 영문학을 전공하여 장래 미국유학의 발판을 다졌다. 이 점에서 이은라 · 김앨리스 · 추애경 · 박화숙은 이화학당 출신으로 일본어에 능숙하지 못했더라도, 음악 전공이고 또 선교회 학교였기 때문에 일본어 장벽을 크게 느끼지 않았을 것이다. 이처럼 여성지식인 가운데는 일본유학을 했더라도 미국유학을 다시 원하게 되는 경우가 많았다. 여자 미국유학생 가운데 25명이 일본유학 경험이 있는 여성들로 여자 미국유학생의 25%를 차지했다. 한국인에게 미국은 서구식 근대교육과 근대문명의 본고장이었고, 강력한 제국으로 떠오르고 있던 일본과 대적할 수 있는 유일한 대안이었다. 이러한 점이 학생들의 미국유학에 대한 호기심과 열정을 유발한 측면도 있었을 것이다.[45] 1920년대 미국유학이 해금되면서, 이러한 요소들이 복합적으로 작용하여 일본유학 출신 여성지식인 가운데 상당수가 다시 미국유학 가게 된 것이라 하겠다.

중국유학을 거쳐 미국유학을 가는 경우가 12명이었다. 이는 미국유학이 자유화되기 전에 미국유학을 가기 위해서는 중국을 거쳐서 가야만 했기 때문이었다. 신마실라 등이 그랬다. 또한 상하이 임시정부를 중심으로 독립운동을 하던 여성들이 독립운동이 소강상태에 빠지면서 미국으로 건너가기도 했다. 이화숙 · 정애경 · 차경신 · 김연실(일명 김정숙) · 이봉순 · 김마리아가 그랬다. 이 경우 학업보다는 미주에서 독립운동단체 활동 그리고 결혼으로 체류하는 경우가 많아 이주 또는 망명이라는 의미가 컸다.

미주 여자유학생들의 대표적 출신지는 평양과 평안도, 서울과 경기

---

45) 미국은 당시 세계의 강대국이었다. 국제정세 변화와 외교적 방법을 통한 한국의 독립을 생각하고 있던 국외교포들 사이에서는, 한국이 독립하기 위해서 미국과 일본이 한판 전쟁을 벌이게 되는 기회를 활용해야 한다는 의견이 있었다.

도였다. 평양 · 평안도 23명, 서울 · 인천 · 경기도 21명, 황해도 3명, 충청도 2명, 전라도 2명, 경상도 2명, 함경도 2명, 강원도 1명으로, 출신지가 확인되는 인원은 총 56명이었다. 황애시덕 · 박인덕 · 윤성덕 · 송복신 · 김합라 · 한소제 · 김애희는 평안도 출신이었고, 김활란 · 김메불 · 서은숙 · 김애마 · 김영의는 인천 출신이었으며, 김마리아 · 김필례 · 최이순은 황해도 출신이었다. 가장 많은 여자미국유학생을 배출한 지역이 평안도인 것은 평양, 평안도 지역 사람들이 일찍부터 기독교를 받아들여 개화되었던 데다 전통적으로 이 지역 여성들의 기질이 매우 진취적이고 활달했던 점이 배경으로 작용했다. 그 다음으로 서울과 경기 지역 출신이 많은 것은 각 선교회가 서울에 선교지를 마련해 전도와 선교사업을 활발하게 전개하느라 선교회 여학교들이 서울에 집중되어 비교적 기독교의 영향이 더 크기 때문이었다. 인천은 선교 초기 조선에 입국하는 선교사들을 비롯해 외국인이 제일 처음 도착하는 항구였기에 외국 문물의 영향이 컸고, 영화여학교라는 선교회 초등학교가 있어서 기독교의 영향이 크기 때문이었다. 황해도 장연 마을 사람들은 일찍이 자발적으로 기독교를 수용하면서 기독교 영향력이 큰 지역이었다.

다음으로 여자 미국유학생이 많은 지역은 서울 · 경기와 평양 · 평안도 출신이었다. 이들 가정이 소수의 개화파 인사를 제외하고 대부분 서양선교사들의 한국어 · 한글 교사나 통역과 보조 일을 하던 중인 또는 평민 계층이고, 보수 양반계층에 비해 기독교와 함께 구미문명과 시대 조류를 일찍 받아들이고 터득했던 집안이라는 것을 의미한다. 이들 집안의 가족 구성원 가운데 많은 수가 목사 · 장로 · 전도부인 · 권사 등 한국교회의 핵심인력으로 활동했다.

반면 경상 · 함경 · 강원 지역의 여자 미국유학생이 매우 적었던 이유는 지역 특성상 보수적 경향을 띠었던 데다 이 지역에 전파된 장로교 또한 보수적이어서, 여성교육에 소극적이었기 때문이라고 하겠다. 강원도 강릉에서 태어난 박마리아도 교역자 어머니를 따라 개성으로 이주하여 학창시절을 보냈던 덕분에 호수돈여고보, 이화여전을 거쳐 미국유학까지 갈 수 있었다.

여자 미국유학생들의 지역적 편중 현상이 나타나는 이유는 그 지역에 선교회 여학교가 있었는지, 이들 선교회가 일제지배하의 사회에서 공식적으로 학력과 자격을 인정받을 수 있는 여자고등보통학교 형태로 자신들이 경영하던 여학교를 승격시켰는지를 살펴보면 더욱 분명하게 드러난다. 미북감리교, 미남감리교 선교회는 여성교육에 적극적이어서 재원과 힘을 기울여 자신들이 경영하는 여학교를 정규학교인 여자고등보통학교로 승격시켰다. 반면 미북장로회와 미남장로회는 여성의 교육이나 사회진출에 소극적이어서 여학교를 각종학교 또는 잡종학교 상태로 두는 편을 택했다. 교육에 대한 투자보다는 기독교 선교에 더욱 관심을 가졌던 것이다.[46]

이와 같은 맥락에서 미국에 유학한 기독교 여성지식인들의 출신지나 출신 학교의 교파를 보면 이들의 특성을 짐작할 수 있다. 조선에 진출한 개신교 선교사들은 교파별로 선교 대상지역을 분할하여 선교사업을 전개했다. 서울·경기와 평양·평안도의 경우, 미북장로교와 미북감리교가 함께 진출해 기독교의 전파와 선교사업이 가장 활발했다. 여성교육사업, 특히 여성고등교육에 가장 적극적이었던 선교사들은 미북감리교 여성해외선교회 선교사들이었다. 이들은 이미 1910년에 여자종합대학교 설립을 목표로 정했고, 그 과도기 단계로 대학과를 설치했으며, 1925년 여전히 목표는 여자종합대학교였지만 현실적으로 조선총독부에서 인가한 여자전문학교 체제로 전환하여 여성고등교육을 실시

46) 김성은, 「1920년대 동맹휴학의 실태와 성격 : 선교회 여학교를 중심으로」, 『여성과 역사』 14, 2011 참조.

음과 같다. 미국이 부강한 나라, 선진사회가 된 비결을 알아보고 학문 연구를 통해 민족의 나아갈 바를 찾고자 함이었다. 미국유학은 여성지식인이 넓은 세계에 대한 견문과 학문적 성취를 통해 지도자로서 능력과 자격을 갖추기 위한 준비과정이었다. 또한 미국유학은 여성이 학문적 성취를 통해 가정과 사회에 남녀동등을 증명해 보이고 자아를 찾고 실현하는 전환점이 되었다.

제2절 학업현황과 유학생활

1. 학업현황

여기서는 한국 여성지식인들이 미국 어느 지역에서 어떤 학교를 다녔는지 살펴보고자 한다. 미국유학 한국여성들의 지역별 학교별 분포는 〈표 2-2〉와 같다.

〈표 2-2〉 미국유학 한국여성들의 지역·학교별 분포(재적 변경, 입학 예정, 중복 포함)

지역	학생수	주요 학교	학생수
뉴욕	26	콜롬비아대학교	11
		비브리컬 세미너리 인 뉴욕(성서신학교)	3
		시라큐스대학교	3
		줄리어드 뮤직 스쿨(음악학교)	2
		뉴욕성경학교 또는 뉴욕성경학원	2
		여자의과대학	1
		가탈네피아대학	1
		유니온신학교	1
		내셔널 아카데미 오브 알츠 또는 디자인(예술학원, 디자인학원)	1
		YWCA 내셔널 트레이닝 스쿨(여자기독청년회 간부수양학교)	1

지역	학생수	주요 학교	학생수
뉴저지주	3	프린스턴대학교	1
		프린스턴 웨스터민스터 교회음악학교	1
		뉴저지(?)시티병원 의학 연구	1
일리노이주	22	시카고대학	7
		내셔널 칼리지 오브 에듀케이션(교육대학, 에반스톤)	3
		노쓰웨스턴(서북)대학교	3
		웨슬리안대학교(시카고)	2
		무디성경학원(시카고)	2
		시카고 아메리칸 음악학교	1
		시카고 라잉인병원 간호과	1
		센트대학(시카고)	1
		루이스대학(시카고)	1
		락포드대학	1
캘리포니아주	15	사우쓰캘리포니아(남가주)대학교(로스앤젤레스)	3
		로스앤젤레스 성경선교학원	2
		샌프란시스코 내셔널 또는 바이블 트레이닝 스쿨(성경학교)	2
		로마린다 화이트 기념병원 간호과	2
		샌프란시스코 여자신학교	1
		샌프란시스코 사범대학	1
		스탠포드대학교	1
		캘리포니아대학	1
		퍼시픽 칼리지 오브 릴리젼(태평양종교대학, 버컬리)	1
		파세디나대학(로스앤젤레스 근교)	1
아이오와주	11	듀북대학교	9
		코넬대학	1
		아이오와주립대	1
오하이오주	10	오벌린대학	4
		웨슬리안대학교(델라웨어)	3
		오벌린 컨서버토리 오브 뮤직	1
		마운트유니온대학	1
		신시내티보육학교	1
매사추세츠주	9	보스톤대학교	3
		뉴잉글랜드 컨서버토리 오브 뮤직(보스톤)	2
		마운트홀리요크대학	2
		노드필드신학교	1
		스미스대학	1
미시간주	8	미시간대학교	7
		알비온대학	1

지역	학생수	주요 학교	학생수
오레곤주	7	오레곤주립대학(Oregon State College)	4
		윌리어메트 대학교(세일럼)	1
		오레곤대학교(U of Oregon)	1
		앨리슨화이트 컨서버토리 인 포틀랜드	1
미주리주	7	파크대학(파크빌)	4
		스캐리트성경학교(캔자스시)	2
		호너음악학원(Honer's Institute of Fine Art)	1
조지아주	7	웨슬리안대학(메이콘)	2
		아그네스스콧대학	2
		조지아 웨슬리안 컨서버토리	1
		조지아대학	1
		앤드류대학	1
테네시주	6	스캐리트대학(내슈빌)	5
		피바디대학(내슈빌)	1
		벤더빌트대학교(내슈빌)	1
펜실바니아주	6	템플대학(필라델피아)	1
		필라델피아여자의과대학	1
		바이블 트레이닝 스쿨(성경학교)	1
		펜실바니아 아카데미 오브 파인 아트(예술학원)	1
		펜실바니아대학교(필라델피아)	1
		펜실바니아주립대학(필라델피아)	1
캐나다	6	토론토대학교	3
		알마대학(온타리오)	1
		토론토 컨서버토리(음악학교)	1
		온타리오 레이디스 칼리지	1
알라바마주	3	알라바마대학	1
		아덴스대학	1
		알라바마 바이블 칼리지	1
하와이	2	퀸즈병원 간호학교(호놀룰루)	2
메릴랜드주	2	피바디음악학원(볼티모어)	1
		볼티모어여자의과대학	1
켄터키주	1	베레아대학	1
텍사스주	1	텍사스 테크니컬 칼리지	1
네브라스카주	1	오마하신학교	1
워싱턴시	1	조지워싱턴대학	1

지역	학생수	주요 학교	학생수
불명	8	샤를워싱턴대학 그린브리어대학 드류 인스티튜트 워싱턴대 소아과 연수 루이스 벅 신학교 얼스킨여자대학 루이스 인스티튜트 산안젤모신학교	1 1 1 1 1 1 1 1
합 계			159

〈표 2-2〉에서 보면 미국유학 한국여성의 거주지는 크게 서부 · 동부 · 중서부 · 남부로 구분되고, 이는 다시 대도시와 중소도시로 나누어진다. 다양한 대학이 있고 접근성이 좋으며 교포들이 많이 사는 뉴욕 · 시카고 같은 대도시, 그리고 배를 타고 태평양을 건너와 제일 먼저 도착하는 곳으로 교포들이 많이 사는 캘리포니아주에 머무르는 경우가 많았다. 또한 아이오와주 · 오하이오주 · 미시간주 · 메사추세츠주 · 오레곤주 · 펜실바니아주 · 테네시주 · 미주리주 · 조지아주 등 중소 대학도시에 거주했다.

미국유학 한국여성이 뉴욕과 뉴저지, 시카고와 에반스톤에 있는 학교에 한 번이라도 적을 두고 재학했던 경우가 50여 회로, 미국유학 한국여성들이 다녔던 학교 수의 3분의 1을 차지했다. 뉴욕과 시카고를 중심으로 움직이는 여자 유학생 수가 상당했음을 알 수 있다. 뉴욕과 시카고에는 한국학생회 지부와 한국인교회가 있어서 이를 중심으로 한국인 간에 모임이 활발하게 이루어지고 있었다. 학문적인 발전 이외에도 유학생활이 힘들고 외롭기 때문에 한국학생들이 많이 모여 있는 뉴욕이나 시카고를 선호하는 경향이 있었을 것이다. 반면 캘리포니아주에 있는 학교에 진학한 한국여성의 수는 의외로 적었다. 한국에서 건너간 미국유학생들 전체로 보자면 캘리포니아주에 가장 많이 머물렀고 또 그 주에 있는 학교에 가장 많이 진학했던 것과는 대조적이다. 이는 남자미국유학생의 경우 서부 캘리포니아주에 있는 학교에 많이 진학했음을 의미한다.[48] 캘리포니아주에 교포가 많이 살고 또 배를 타고 한국 땅을 떠나 제일 먼저 도착하는 미국 땅이라는 점에서 당연한 현상이기도 했다. 남녀유학생 사이에 왜 이런 차이가 생겼는지 그 이유를 알 수는 없지만, 이러한 특징이 있는 것은 사실이다.

한국인 미국유학생들이 미국에서 경험한 교육방식 가운데 특이한 점은 지역에 관계없이 학생의 전학, 곧 다른 대학으로의 편입이 가능하다는 점이었다. 따라서 미국유학생의 경우 소도시의 작은 학교에서 현지적응과정을 거쳐 대도시로 옮겨가는 경향이 있었다. 이런 까닭에 미국유학 한국여성의 수는 100여 명이지만, 이들이 재학했던 학교 수는 160여 개로 나타난다. 편입 예를 들자면 최예순 · 윤종선의 경우 테네시주 내슈빌에 있는 스캐리트대학에서 재학 중 시카고에서 열린 만국학생대회에 참가하기 위해 시카고에 머물게 된 것을 계기로, 시카고대학교로 편입하여 졸업까지 했다. 다른 한편으로 중소대학도시의 학교에서 졸업 때까지 계속 머무르는 경우도 있었다. 듀북대 · 오하이오 웨슬리안대 · 오벌린대에 재학한 여학생 16명 가운데 재학 중 대도시로 옮겨간 이는 3명뿐이고 대부분 거의 이동이 없었다. 다만 한국여성이 대학원 과정에 진학할 경우, 중소대학도시의 중소규모 학교에서 학업을 마치고 난 후 대도시의 큰 학교로 옮기는 경우가 많았다. 실제로 오레곤주립대와 미시간대에서 장학금을 받는 경우를 제외하고, 석사학위를 받은 한국여성 대부분이 뉴욕 · 로스엔젤레스 · 보스톤에 있는 학교에서 대학원 과정을 이수했다.

---

48) 홍선표, 「일제하 미국유학연구」, 169쪽, 표8 참조.

미국유학 한국여성들이 가장 많이 다녔던 학교는 콜롬비아대학교 / 듀북대학교 / 시카고대학교, 미시간대학교 / 스캐리트대학 / 오레곤주립대학, 파크대학, 오벌린대학 순이었다. 이 가운데 한국여성고등교육에서 가장 의미 있는 학교로는 콜롬비아대학교 사범대학 · 미시간대학교 · 오레곤주립대를 들 수 있다. 콜롬비아대학교 · 미시간대학교에는 한국여성 재학생 수도 많았고 전공 · 학위 등 내용적인 측면에서도 의의가 크다. 오레곤주립대 경우 대학에서 가정학 전공 도입과 가사과 설치의 모델이 된 학교라는 점에서 의미가 있다.

한국여성들이 뉴욕에 있는 콜롬비아대학교 사범대학에 많이 진학했던 것은 당시 이 학교가 외국인 유학생 유치와 교육을 적극적으로 실시하여, 외국인 유학생들에게 비교적 많은 편의를 제공했기 때문이었다. 한국여성의 석사학위 취득도 콜롬비아대학교에서 가장 많이 이루어졌고, 귀국 후 활발하게 사회활동을 전개한 여성 가운데는 콜롬비아대학교 출신들이 많았다. 콜롬비아대학교 브루너 교수는 한국에 많은 관심을 가지고 한국인유학생들과 교류했다. 한국농촌을 방문하고 농촌사정을 조사 · 연구하여 보고서를 발표하기도 했다. 김활란은 신흥우의 소개로 브루너 교수를 알게 되었는데, 브루너 교수가 한국농촌 방문을 위해 입국했을 때였다. 이는 이후 김활란이 콜롬비아대학교에 진학하여 한국농촌을 주제로 박사논문을 쓰게 된 계기가 되었다. 콜롬비아대학교 사범대학의 학풍은 존 듀이의 실용주의 교육사상과 브루너 교수의 한국경제와 농촌문제에 대한 관심에 영향 받은 바가 컸다. 많은 한국 여성지식인들과 미국인 여선교사들이 이 대학에서 공부하며 실용교육과 농촌교육의 필요를 확신 또는 재확인하고 그 방법을 모색하고자 했다.

콜롬비아대학교 사범대학에는 여러 다른 나라에서 온 학생들이 많이 있었다. 박인덕이 유학하던 1930년 콜롬비아대학교의 인터내셔널 하우스에는 60개 이상의 국적과 다양한 문화적 배경을 가진 학생들이 기거하고 있었다. 이들은 귀국 후 자기 민족의 생활수준을 향상시키기 위한 전문지식을 배울 목적으로 유학와있던 학생들이었다. 박인덕은 이들과 함께 자신들의 포부와 희망, 문제를 탐구하고 의견을 개진하며 서로에 대해 알게 되었다. 유학생들은 콜롬비아대학교에서 수학하며 세계 각국에서 온, 자신들과 비슷한 처지의 학생들 사이에서 공부하고 의견을 교환하면서 민족문제를 되돌아보는 계기가 되었다.[49]

김활란 역시 다양한 국적을 가진 학생들과 함께 하는 세미나를 통해 교육문제를 연구하면서 많은 것을 얻을 수 있었다. 콜롬비아대학교 사범대학의 교육은 다른 학교에서는 볼 수 없는 독특한 과정이었다.[50] 학교 차원에서 유학생들에게 미국 내 여러 교육기관들을 견학하도록 적극적으로 주선하고 후원했다. 황애시덕의 경우 사전에 아무런 소개나 수속 없이 콜롬비아대학교 교수국을 찾아가 입학허가와 장학금을 요청해 허락을 받았다.[51] 김필례의 경우 콜롬비아대학교에서 수학할 때 실험 위주의 학풍에 깊은 인상을 받았다. 생물을 공부하면서 생물실에 즐비했던 실험 도구, 쥐와 토끼를 기르고 현미경을 들여다보면서, 실험을 통하지 않은 지식의 허구와 실험을 통한 살아있는 지식 습득의 중요성을 동시에 깨달았다.[52] 게다가 콜롬비아대학교는 외국어 이수에 있어서 한문이나 일본어를 선택할 수 있었다.[53] 콜롬비아대학교의

---

49) Induk Park, *September Monkey*, 135쪽.

50) 김활란, 「나의 교육 반생기」, 60쪽.

51) 박화성, 『새벽에 외치다 : 송산 황애시덕 선생의 사상과 생활』, 147쪽.

52) 이기서, 『교육의 길 신앙의 길 : 김필례 그 사랑과 실천』, 태광문화사, 1988, 204쪽. 이 경험은 해방 이후 김필례가 정신여학교에 과학관을 설립하는 데 영향을 미쳤다.

53) 미시간대학교는 불어와 독일어를 필수적으로 이수해야 했기 때문에 장학금과 관계없는 외국학생들은 다른 대학으로 옮기는 경우가 많았다(림영철, 『고황경 박사 그의 생애와 교육』, 44쪽).

이런 장점들이 많은 유학생을 끌어들였고, 유학생들에게 고국의 사회문제와 교육문제에 대해 고민하고 해결책을 모색해보는 기회를 제공했다.

한국인여학생들은 미시간대학교에도 많이 진학했다. 미시간대학교에서 아시아 학생들에게 지급했던 바버장학금이 있었기 때문이다.[54] 미시간대학교 한국여자유학생은 석사학위 6명, 박사학위 2명으로 여러 대학 가운데 가장 많은 수가 석사와 박사 학위를 취득했다. 또한 미시간대학교 한국인여학생들은 다른 학교 여학생들에 비해 다양한 학문적 모색을 했다는 점이 특징적이었다. 음악 · 교육 · 기독교(종교, 성경, 신학)라는 전형적인 전공에서 벗어나 체육학 · 보건학 · 영문학 · 음악 · 경제학 · 사회학 등 학문의 다양성을 추구했다. 콜롬비아대학교 사범대학에 진학한 한국여성 대부분이 교육학 전문가로 한국여성의 발전에 기여했다면, 미시간대학교 출신 한국여성들은 체육학 · 보건학 · 영문학 · 음악 · 경제학 · 사회학 등 다양한 분야에서 전문가로 활동하며 한국여성 발전에 기여했다. 콜롬비아대학교와 미시간대학교는 한국여학생이 가장 많이 진학한 학교라는 점뿐 아니라 석사와 박사학위를 가장 많이 취득했던 학교이다. 이 두 학교는 전문성을 갖춘 한국여성 인재양성에 크게 공헌한 학교라는 점에서 주목할 만하다.

오레곤주립대학의 경우 한국여학생 수가 많지는 않았지만, 대학의 학문으로서 가정학 전공과 고등교육과정으로 가사과 신설을 위한 모델이 되고 길을 안내하는 역할을 했다는 점에서 의미가 깊다. 오레곤주립대학에 4명의 한국여성이 진학했고, 이 가운데 2명은 석사학위까지 취득했다. 이들은 오레곤주립대학 가정학과 차원에서 아시아 지역

---

54) 림영철, 『고황경 박사 그의 생애와 교육 : 농촌 · 여성운동을 위한 교육』, 41쪽.

의 가정학 활성화와 가정학 전공 인재를 육성하기 위해 신설한 장학금의 수혜자이기도 했다. 오레곤주립대학은 이화여전 가사과 창설의 공신이자 인재 공급처 역할을 수행했다. 이화에서 가사과 설립문제가 구체화된 것은 캔사스대학에서 가정학을 공부한 모리스(Miss Harriette Palmer Morris) 선교사가 1921년 이화학당에 부임해오면서부터였다. 1923년 미국 오레곤주립대학 가정학과 교수인 마일럼(Ava B. Millam)이 아시아 여행길에 이화학당을 방문해 전문적인 가정학 교육의 필요성을 강조하며 모리스 선교사와 이화학당 가사과 설립을 논의하였다. 미국에 돌아간 마일럼은 동양여성의 지위향상은 가정생활의 합리화에 있다고 역설하며, 동양 여러 나라의 가정학 교육을 담당하게 될 학생들에게 지급할 장학금을 모금하여, 장학제도를 마련했다. 이화 졸업생 가운데 김합라 · 김분옥 · 최이순이 이 장학금을 받고 도미하여 가정학을 공부하고 돌아와 이화여전 가사과 신설과 운영에 큰 도움이 되었다.[55] 일본유학생 출신 가정학자들이 대세를 이루었던 국내 가정학계에 석사학위를 가진 미국유학생 출신 가정학 전공자가 등장해 전문교육과정으로 가정학이 발전하게 되었다. 굳이 일본유학이나 미국유학을 가지 않더라도, 국내 전문학교 정도의 고등교육기관에서도 가정학을 배울 수 있는 기회가 열리게 되었을 뿐 아니라 조선총독부가 인정하는 사립학교 가사 교사자격증을 취득하여 사립 중등학교 교사로 나갈 수 있는 길이 열리게 되었다.

한국 여성지식인들의 미국유학 경험은 귀국 후 전문학교 설립과 학과 신설에 큰 영향을 끼쳤다. 해방 이후 이정애는 이화여대 간호학과, 고황경은 사회학과 창설에 공헌했다. 박인덕은 북미 순회강연 중에 들

---

55) 이화100년사편찬위원회, 『이화100년사』, 173쪽.

렀던 베레아대학을 모델로, 해방 이후 인덕공고와 인덕전문학교를 설립했다. 김필례는 자신이 다녔던 아그네스 스콧대학을 모델로 전교생이 기숙사생활을 통해 기독교정신을 함양하며 전인교육을 실시하는 적은 규모의 대학을 이상적으로 생각했다. 이는 해방 이후 서울여대 설립과 교육방침에 큰 영향을 끼쳤다.[56)]

미국의 여러 대학으로 유학한 여학생들은 여러 방면의 전공을 선택했다. 한국여자유학생의 전공을 미국유학 당시의 전공, 귀국 후 교직 담당 과목으로 나누어 정리해 보면 〈표 2-3〉과 같다.

〈표 2-3〉 미국유학 한국여성의 전공별 분포(전과 등 중복 포함)

전공	학생수
성경 · 신학 · 종교	24
음악	19
교육	13
사회학	6
간호	5
가정 · 가사	5
영문	4
의학	3
역사	2
철학	2
농학	2
미술 · 디자인	2
공중보건	1
경제	1
정치	1
체육	1
심리	1

56) 이기서, 『교육의 길 신앙의 길, 김필례 그 사랑과 실천』, 237 · 250쪽.

전공	학생수
기술 · 과학	1
사회 · 윤리	1
합 계	94

〈표 2-3〉에서 보면 미국유학 한국여성의 전공과 귀국 후 교직 담당 과목은 주로 성경 · 신학 · 종교(성경학원, 성경학교, 신학교, 종교, 종교교육 포함), 음악(교회음악, 성악, 피아노, 음악이론, 음악교육 포함), 교육(사범대, 교육학, 교육대, 유치원교육 포함) 분야에 집중적으로 분포했다. 이는 기독교(종교, 성경, 신학) · 음악 · 교육이 기독교인 여성지식인들에게 친숙하고 취미가 많은 분야였던 데다, 기독교 계통의 학교나 교회에서 활용하기에 좋은 과목이고, 비교적 여성의 진출이 활발한 교직에서 통념상 여교원이 담당하기 적당한 과목이며, 여성의 교직 진출에 유리한 과목이라는 점이 많이 작용했기 때문이라고 하겠다.

음악을 전공한 한국여성이 많았던 것은 미국 중산층 출신 지식인으로서 정체성을 가졌던 여선교사들이 여성의 음악교육을 중시했던 영향이다. 성악 · 피아노 · 음악은 영어 실력이 부족해도 언어적 제약이 적어서 상대적으로 다른 과목에 비해 적응하는 데 어려움이 적었던 측면도 있었다. 이화여전 문과 출신 김메리는 원래 영문학을 전공하고자 했으나, 교과과정 따라가기가 너무 어려워서 음악으로 전공을 바꾼 경우였다. 그러나 음악도 만만하지만은 않았다. 성악이나 피아노 연습을 너무 열심히 하여 건강을 해칠 정도까지 이르거나 죽음을 각오하고 연습을 하기도 했다. 이은라는 교회음악 전공으로, 김메리는 음악이론으로 석사학위까지 취득했다. 음악 석사학위는 음악을 학문으로 전공한다는 이미지를 형성하는 데 기여했다.

성경학원 또는 성경학교로의 진학이 많이 보이는 것은 그 자체가 목적인 경우도 있겠지만, 본격적으로 학문이나 전공을 시작하기 전에 영어로 된 공부에 적응하는 기초단계로 적당했기 때문이다. 일제강점기 미국유학 한국여성들 대부분은 기독교인으로서 성경이라는 주제가 친숙한 덕분에, 낯선 영어에 익숙해지는 데 많은 도움이 되는 측면이 있었다. 이화여전 문과 출신인 민덕순의 경우 원래 영문학이나 종교교육을 전공하고자 했다. 미국에 도착해서 성경학원에 다녔는데, 이 역시 영어에 대한 적응과정이었을 것으로 생각된다. 다만 뉴욕의 성서신학교(Biblical Seminary)·네브라스카주의 오마하 신학교(Theological Seminary)는 고급단계의 신학교이며, 초급단계의 바이블 인스티튜트나 중급단계의 바이블 트레이닝 스쿨과는 구분이 필요하다. 뉴욕 비브리컬 세미너리에서 종교교육을 전공한 한국여성으로는 김마리아가 학사학위, 박은혜가 석사학위를 취득했다. 김활란은 보스톤대학에서 종교철학 전공으로, 박인덕은 콜롬비아대에서 종교교육 전공으로, 임영신은 남가주대학에서 종교 전공으로 석사학위를 취득했다. 이와 같이 상급·고급단계의 종교·신학을 전공한 여성지식인들도 있었다. 어떻든 여자 유학생들은 대체로 유학 전 학교 교사로서 자신이 가르치던 과목과 관련하여 같거나 비슷한 계통을 전공으로 선택하는 경우가 많았다. 실제로 이들의 유학 전후 재직 분야를 살펴보면, 이화여전을 비롯하여 선교회 학교에서 근무하는 교사가 제일 많았다. 한국여학생 상당수가 신학 전공을 택하게 된 데에는 자신의 직장이 필요로 하고 환영하는 과목이라는 측면도 있었다.

특이한 점으로 농학을 전공 또는 청강한 여학생이 2명 있다. 이선행의 경우 베레아대학에서 농학을 전공했고, 황애시덕은 펜실바니아주립대학 농과에서 청강을 했다. 이들은 귀국 후에 자신들이 전개할 활동을 미리 염두에 두고 농학을 선택해 공부했다. 이선행은 남편 최윤호와 함께 부부가 농촌에서 농민교육에 종사하겠다는 계획을 세우고 있었고, 귀국 후 이를 실행에 옮겼다. 황애시덕 역시 미국유학 전부터 농촌계몽에 관심이 많았기에 콜롬비아대학교에 등록해 농촌교육을 공부했다. 졸업 후 농촌 실습을 위해 펜실바니아주립대학 농과에서 몇 개월간 청강을 하는 한편 농민들과 함께 생활하며 농촌생활을 직접 경험해보았다. 이러한 지식과 경험을 바탕으로 귀국 후 농촌에서 농장을 운영하고 농촌계몽운동을 전개하는 한편 농촌 활동가 양성을 계획하고 실행에 옮겼다. 이 여성들이 미국유학에서 농학을 공부한 것은 귀국 후 농촌활동에 종사하기 위한 준비 작업이었다.

고황경의 경우 미국유학 중 석사과정에서 정치경제학, 박사과정에서 사회학을 전공했다. 사회현상을 연구하며 사회문제에 대한 해결방법을 모색하고자 했다. 당시 사회학은 미국에서 새롭게 떠오르는 학문분야였다.

가정학·가사 전공자 4명은 모두 이화여자전문학교 가사과 교원이 되었다. 텍사스주립과학전문대학(텍사스 테크니컬 칼리지)를 나온 송낙균 역시 이화여전 가사과 교원으로 활동했다. 가사과에서는 가정학뿐만 아니라 화학과 같은 과학도 가르쳤는데, 대부분 과학을 전공한 남자 교원들이 담당했다. 송낙균의 경우 가정학과 관련하여 과학에 관계된 과목을 가르쳤을 것이다.

한편 경제학과 사회학을 전공했던 고황경은 이화여전 가사과 교원이 되었는데, 가사과와 자신의 전공 사회학이 일치하지 않은 경우였다. 일제말기 전시체제가 강화되는 상황에서 일본 도시샤대학 유학 경력으로 일본어에 능숙하고 일본인 인맥을 가진 점을 고려해 정책적으로 임용된 측면이 있었다. 일제말기에는 미국유학생 출신 여성지식인 가운데 안식년 또는 연구년 1년 동안 일본 연수를 다녀오는 경우가 꽤 있었다.[57] 미국유학생 출신 교사들이 학교에서 교직을 유지하기 위해서는 일본연수와 일본어 사용을 장려하는 일제 정책에 따라야 했던 측면이 있었다.

고황경의 가사과 임용은 경제학 전공 석사학위, 사회학 전공 박사학위를 가진 여성이 취직할 만한 마땅한 자리가 없었던 현실을 반영한다. 그때까지도 여자전문학교에 개설된 전공 또는 과들이 다양하지 못했다. 고황경은 해방 후 이화여대에 사회학과를 창설하고, 학생들에게 사회학을 가르치고 연구할 수 있게 된다. 다만 일제강점기 이화여전 가사과 과목 가운데 소비경제와 관련된 지식을 학생들에게 가르치며 자신의 전공인 경제학 지식을 어느 정도 응용할 수 있었을 것이다.

체육 전공으로 석사학위를 취득한 김신실은 미국유학 전후 이화여전의 체육 담당 교원으로 근무하며 여자체육 보급에 이바지했다. 해방 이후 이화여대에 체육과를 신설하며 체육교육의 주축이 되었다.

간호학과 의학 전공 여성들은 귀국하여 병원, 태화복지관 · 경성자매원과 같은 사회복지관, 동대문부인병원에 개설된 탁아소에서 근무하며, 한국인들에게 건강을 위한 예방의학과 보건 · 위생을 계몽하는 데 큰 역할을 했다. 송복신은 일본유학에서 의학을 전공한 의사로서 미국으로 건너가 공중보건학을 전공했다. 한국여성 최초로 공중보건학을 전공해 한국여성 최초로 박사학위를 취득했다. 다만 미국에서 결혼하고 정착했기에 귀국 후 활동이 전무하다. 이금전도 보건간호과에서 간호학을 전공했다. 당시 의학과 간호학은 단순히 병을 진단하고 치료하는 것에서 나아가 사전에 질병을 예방하는 데 중점을 두는 방향으로 발전하고 있었다. 한국여성들은 어린이와 여성을 대상으로 의료, 위생, 보건 분야에서 활동하며 실질적인 지식을 전달하고 계몽하는 데 중요한 역할을 담당했다.

---

57) 최이순 · 서은숙 · 김폴린 · 김신실 등이 일본에서 연수를 했다.

이정애 · 이금전 · 강유두와 같이 이화학당 · 이화여전에서 고등교육을 받은 여성들이 당시 사회적으로 낮게 평가되고 근무 환경이 고된 분야로 인식되던 간호학을 전공했다는 점에 주목할 필요가 있다. 이정애는 이화학당 대학과, 유치원 사범과 출신이고, 이금전과 강유두는 이화여전 문과 출신이었다. 이들은 미국유학에서 간호학을 전공하고 귀국하여 간호학 발전과 보건위생 계몽에 기여했다. 국내에서 간호학이 학문으로 정립되고 좋은 이미지를 구축하는 데 주요한 동력이 되었다. 이정애가 미국유학으로 간호학을 전공했던 것은 간호학의 유용성에 대해 적극적으로 인식하고 관련 학과의 설립을 구상하고 있던 김활란의 영향이 컸다. 해방 후 이정애는 김활란을 도와 이화여대 간호학과를 창설하는 데 기여했다. 이금전의 경우 선교사 서서평(徐舒平, Elizabeth J. Shepping)과 함께 캐나다에서 개최된 만국간호부협회에 참석한 후 캐나다에 남아 간호학을 공부했다. 서서평은 세브란스병원 간호학교에서 간호교육을 담당하며 한국사회에서 간호학과 간호사의 위상을 높이기 위해 노력했던 인물이었다. 서서평 선교사는 간호학에 대한 소명의식과 자부심을 가지고 있었고, 세브란스병원 간호학교 졸업생 이금전의 진로에도 영향을 미쳤을 것이다.

식민지시기 한국여성 가운데 영문학 전공이 적은 것은 이화여전 문과 출신인 김메리가 영문학에서 음악으로 전공을 바꾸었던 사례에서 알 수 있듯이, 영어로 방대한 문헌을 빠른 시간에 읽어 내며 영문학을 전공한다는 것이 매우 어려웠기 때문이다. 게다가 이화여전의 경우 미국인 여선교사들이 영문학 수업을 담당하여 한국인 여교사가 그다지 필요하지 않았고, 일본지배사회에서 영문학이 별로 쓰일 데가 없었다는 점도 작용했을 것이다. 특별히 김갑순처럼 선교사 선생님이 자기 후임 또는 후계자로 지목하여 미국유학을 적극 지원해 영문학을 전공한 경우도 있었다.

음악은 전공자수와 취업자 수에 차이가 많이 난다. 전공자는 많은데 비해 취업자 수가 적었다. 이들 음악 전공자들의 경우 귀국 후 음악으로 취업을 하지 못했더라도 자신의 전공을 살려 교회에서 음악으로 봉사활동을 했을 가능성이 많다.

반면 일본유학 한국여성의 경우 가정과 · 가사과 · 기예과(재봉, 자수, 편물 등)를 포함하여 가정학 관련 전공이 제일 많았고, 다음으로 미술 · 의학 전공이 많았다.[58] 특이한 점은 미술학교 내에 기예를 전공하는 과가 있어서, 미술학교 출신이라고 다 미술 전공이 아니라 기예 전공인 경우도 있었다. 이렇게 볼 때 일본유학, 미국유학 한국여성들 모두 나름대로 실용적 측면에서 전공을 선택하고 학문을 추구했으되, 미국유학 한국여성들의 학문적 경향이 좀 더 강했다고 하겠다. 미국유학생들도 당대 미국교육계에 광범한 영향을 미치고 있던 존 듀이의 실용주의 영향력 아래 있었다. 미국유학 한국여성들은 선교회 학교에서 교육을 받는 과정에서 외국인 여선교사들의 영향을 많이 받았다. 음악 · 종교 · 교육은 이화학당과 이화여전 여선교사들이 한국여성교육에 있어 중점을 두었던 분야였기 때문이다. 한편 일본유학 한국여성의 가정학 · 기예 · 의학 전공은 그 자체로 실용성이 뚜렷이 드러난다. 이는 또 다른 측면에서 실용을 강조하던 일본식 교육의 영향이라고 하겠다. 한국여성들의 해외유학에서도 미국유학생과 일본유학생의 전공 선택 경향은 좀 다른 특징을 띠고 있었다.

한편 남자 미국유학생 경우 전공이 공학, 경제 · 경영, 교육, 신학, 의학 순으로 많았다.[59] 한국인 미국유학생 가운데 남자는 취직에 실질적

---

58) 박선미, 『근대 여성, 제국을 거쳐 조선으로 회유하다 : 식민지 문화지배와 일본유학』, 49~50쪽.

59) 홍선표, 「일제하 미국유학 연구」, 167~168 · 175~177쪽.

으로 도움이 되는 공학과 경제 · 경영을 선호했음을 알 수 있다. 반면 여성의 경우 텍사스주립과학전문대학(텍사스 테크니컬 칼리지)를 나온 송낙균 이외에 공학이나 경영학 전공은 거의 없었고, 음악 · 기독교 · 교육 분야 전공이 많았다. 같은 미국유학생이라도 전공 선택에서 성별 차이가 확연하게 드러나는 부분이다. 이렇게 볼 때 미국유학생들은 자기가 처한 상황에서 졸업 후 현실적으로 취직여건이 비교적 나으며 쓰임새가 많은 분야, 자기 적성에 맞거나 친숙한 과목, 사회통념상의 성별 역할에 맞는 분야를 중심으로 전공을 선택했다고 하겠다.

이화학당 또는 이화여전의 경우 학과 신설과 확장, 교원 충원 계획 등 학교가 당면한 필요에 따라 학교 차원에서, 모교 출신 현직 여교사들의 미국유학과 전공 선택을 적극 유도했다. 성경과목 담당교원 김활란, 음악과 교원 이은라 · 김앨리스 · 윤성덕, 보육학교 교원 서은숙 · 김애마, 체육담당 교원 김신실, 가사과 개설과 가정학 전공 교원 확보를 위한 김합라 · 김분옥 · 김메불, 문과(영문과) 교원 확보를 위한 김갑순의 미국유학과 영문학 전공이 그 예이다.

반면 개인 차원의 유학일 경우 개인의 다양한 취미와 필요에 따라 새롭고 실험적인 전공을 선택했다. 신마실라와 김필례는 역사 전공, 신준려는 사회윤리 전공, 박인덕은 철학 · 심리학 전공과 사회학 부전공, 고황경은 경제학과 사회학 전공, 의사 송복신은 공중보건학 전공, 송낙균은 기술(과학) 전공, 이정애 · 이금전 · 강유두, 유순한은 간호학 전공, 이선행은 농학 전공, 황애시덕은 농촌교육 전공 또는 농학 청강, 임영신은 정치학 전공, 최정림은 비교종교학을 전공했다. 최정림의 경우 비교종교학에 대한 관심을 문화인류학 또는 고고인류학으로 확장하여 해방 이후 이 분야에서 박사학위를 취득했다. 그러나 외교관 부인 역할에 충실하다보니 전공 분야에 업적을 남기지 못했다.

다음은 여자미국유학생들의 교육정도를 직업학교 졸업과 대학의 학위취득 분포를 중심으로 살펴보겠다. 학업 상황이 파악되는 여자미국유학생 가운데 학사 학위 취득자가 51명, 석사 학위 취득자가 19명, 박사학위 취득자가 3명이었다. 이를 통해 한국여성들은 미국유학 동안 대학에서 학사·석사·박사 학위과정을 이수하며 학문적으로 자신의 전공을 심화하는 경우가 많았다. 학위 구성에서 학사가 제일 많은 것은 대학 졸업을 목적으로 유학한 경우도 많았지만, 한국이나 일본에서 이수했던 대학과정(대학과 또는 전문학교)을 미국에서 인정받지 못했던 사정과 관련이 있다. 석사과정 진학을 위해서는 1년 반~2년의 보충적인 대학과정을 이수하여 미국에서 인정하는 학사학위를 취득한 다음에야 미국의 석사과정에 입학할 수 있었기 때문이었다.[60] 한국여성들의 미국유학은 고등교육과정 이수와 학문 연구라는 측면이 공존했다. 대학을 졸업하고 학사학위를 취득하기 위한 목적과 대학원 연구과정을 통해 석사·박사학위를 취득하기 위한 목적이 반반이었다고 하겠다.

미국유학 한국여성들은 신학교, 성경학교, 성경학원, 음악원(컨서버토리), 음악학교, 예술학교, 디자인학원, 간호부양성소, 간호학교, 보육학교(유치원교사 양성소) 등 실용교육, 직업교육을 실시하는 학교에 진학했다. 음악·간호·유치원교육·성경을 가르치는 학교는 실제 직업교육을 목적으로 한 교육기관으로, 여자 유학생들은 학위 취득은 안 되더라도 필요에 따라 각종 직업학교에서 공부하기도 했다.

미국유학 한국여성들이 대학원 과정에서 취득한 학위, 연구과정, 학교를 정리하여 그 분포와 특징을 살펴보았다.

---

60) 김폴린, 『주님이 함께 한 90년』, 144쪽.

〈표 2-4〉 1920~30년대 미국유학 한국여성 석·박사학위자, 대학원 연구과정생의 학부, 전공 이수 상황

이름	취득 연도	학사 학위	대학원 연구과정	취득 연도	석사 학위	취득 연도	박사 학위
박영애	?	?	1925 펜실바니아 아카데미 오브 파인 아트(미술)				
김애희	1921	중국 북경 협화여자의학전문학교	1927 여자의과대학(뉴욕 또는 필라델피아)				
이은라	1924	보스톤대(음악)		1925.6	보스톤대(교회음악)		
김활란	1924.6	오하이오 웨슬리안대		1925.6	보스톤대(종교철학)	1931	콜롬비아대(교육학)
신준려	1925.6	오하이오 웨슬리안대		1927	보스톤대(사회윤리)		
김신실	1926.9	오벌린대(교육학)	1927 오벌린대	1937	미시간대(체육학)		
김필례	1926.6	아그네스스콧대(역사)		1927.6	콜롬비아대(중등교육행정)		
김합라	1926	오레곤주립대(가정학)		1928.4	오레곤주립대(가정학)		
김마리아	1927.5 1929 1931.7	파크대학, 콜롬비아대(교육행정), 뉴욕성서신학교(종교교육)	1927 시카고대(사회학)	1929.4	콜롬비아대(교육행정)		
황애시덕	1927.6	콜롬비아대(교육)	1928 펜실바니아주립대(농촌교육)	1928.6	콜롬비아대(교육)		
김정숙	1927	오벌린대	1929 오벌린대				
주영순	1928.1	오벌린대(사회학)	1929 콜롬비아대(사회학)				
박인덕	1928.6	조지아 웨슬리안대(철학·심리학 전공, 사회학 부전공)		1930.12	콜롬비아대(종교교육)		
송복신	1922	일본 동경여의전(의학)		?	미시간대(공중보건학)	1929.6	미시간대(공중보건학)
정애경	1929.1	듀북대(교육학)	1929 콜롬비아대(교육학 또는 음악)				
박화숙	1929	시라큐스대(음악)	1929 시라큐스대				
임영신	1929	남가주대(정치학, 종교)		1930	남가주대(종교)		
서은숙	1930.6	신시내티 보육학교 또는 사범학교(유치원교사 양성)		1931.7	콜롬비아대(아동교육)		
김동준	1930.6	미시간대(영문학)		1932	미시간대(영문학)		

이름	취득 연도	학사 학위	대학원 연구과정	취득 연도	석사 학위	취득 연도	박사 학위
박마리아	1932	마운트홀리요크대 스캐리트대(테네시주 네쉬빌)		1932.12	피바디대 (사범대)		
김메리	1933	미시간대(음악)		1934	미시간대 (음악이론)		
고황경	1931	일본 동지사대 법학부(경제학)		1933.2	미시간대 (경제학)	1937	미시간대 (사회학)
박은혜	1933.6 1934	듀북대, 뉴욕성서신학교(종교교육)		1936.6	뉴욕성서신학교		
최이순	1937	오레곤주립대 (가정학)	미시간주 디트로이트 메릴 팔머 스쿨(아동학, 가족관계)	1938	오레곤주립대 (가정학)		
최정림	1938	시라큐스대	1939~1940 스미스대 (비교종교학)	1939	시라큐스대 (영문학)		
김갑순	?	1938 알라바마대		1940?	스탠포드대 (영문학)		
정애나	?	1938 락포드대 (사회학)	1941 시카고대 (사회학)	?			
총 27명			대학원 연구과정 12명		석사학위 20명		박사학위 3명

〈표 2-4〉에서 보면 석사학위자가 20명, 박사학위자가 3명이고, 대학원에서 연구과정을 이수한 경우도 12명이다. 대학원 연구과정은 보통 1년이었다. 석사학위 취득은 보통 1년에서 1년 반이 걸렸다. 추가 학점을 더 취득해야 하거나 다른 이유가 있는 경우 조금 늦어지기도 했다. 고황경의 경우 일본 도시샤여자전문학교에서 영문학을, 도시샤대학교 법문학부에서 경제학을 전공했다. 미시간대학교에서는 정치경제학을 전공하여 석사학위를 취득했다. 그런데 박사과정에서 사회학으로 전공을 바꾸게 되면서 이와 관련된 보충과목을 더 이수해야 했고, 미시간대학교 학칙에 따라 한국인에게는 생소한 불어와 독일어를 필수적으로 이수해야 했기 때문에, 박사과정을 이수하고 박사논문에 필요한 자료를 모으는 데 2년 6개월이 걸렸다. 박인덕의 경우 2년 동안 학생자원운동의 순회간사로 정식 임명되어 활동하면서 학기 중에는 학업을 진행할 수 없었기 때문에 콜롬비아대학교 여름학교(여름 계절학기)에서

강좌를 수강하고 나머지 한 학기는 학기 중 정규강좌를 수강하느라 석사과정에 2년 반이 걸렸다.[61]

미국유학 한국여성들의 학사학위 취득은 다양한 학교에서 이루어지고 있었다. 한국여성이 석사학위 취득을 가장 많이 한 학교는 미시간대(5명), 콜롬비아대(5명), 보스톤대(3명), 오레곤주립대(2명) 순이었다. 한국여성으로 박사학위를 취득한 학교는 미시간대 2명, 콜롬비아대 1명이었다. 한국여성 최초의 박사학위 취득자는 송복신으로 1929년 'Difference of Growth in Different Races'란 논문으로 미시간대학교 공중보건학 박사학위를 취득했다.[62] 송복신은 평양 숭의여학교를 나와 도쿄여자의학전문학교를 졸업했고, 다시 미국으로 건너가 1924년 9월 바버장학생으로 미시간대학교 공중보건학과(D. of Public Health) 대학원에 진학했다. 송복신은 1929년 한국여성 최초로 박사학위를 받았지만, 미국인과 결혼하고 미국에 계속 살았기 때문에 한국인들 사이에 잘 알려져 있지 않았다. 이런 연유로 1931년 김활란이 콜롬비아대학교에서 교육학 전공으로 철학박사학위를 취득하자 비로소 한국여성의 박사학위 취득이 한국사회에 센세이션을 일으키게 되었다. 때문에 김활란은 '한국여성 최초의 철학박사'로 한국 최초의 여박사라는 수식어와 함께 더욱 유명인사가 되었다. 이후 1937년 고황경이 미시간대학교에서 사회학 전공으로 박사학위를 취득했다. 특징적인 점은 미시간대학교에 진학한 송복신과 고황경이 석사학위 취득 후 4년여 만에 박사학위를 받았던데 비해, 콜롬비아대학교에 등록한 김활란은 1년 2개월 정도의 짧은 기간에 박사학위를 취득하는 신기록을 세웠다.

---

61) Induk Park, *September Monkey*, p.135.

62) *Korean Student Bulletin*(1929.12), p.167 ; 김자혜, 「평양이 낳은 새 여성 : 의학박사 송복신씨」, 『신가정』, 1933.3, 118쪽.

2. 유학생활

1924년 개정된 미국이민법 '동양인 배척법(Oriental Exclusion Act)'으로 유학생이 생활비를 벌기 위해 학업을 중단할 경우 이민법 위반으로 간주해 즉각 본국으로 추방당하게 되었다. 여름방학기간 외에는 전업노동이 법적으로 허락되지 않았다. 뉴욕에서 학비를 벌던 황애시덕도 이민국으로부터 학교에 재적하지 않고 계속 장사만 할 경우 본국으로 귀국하라는 독촉장을 여러 번 받고서 초조한 심정으로 귀국과 체류의 갈림길에서 갈등했던 경험이 있었다. 미국유학 한국인들은 극심한 재정적 압박과 심리적 압박을 받았다. 미국유학을 위해 1년에 최소 700달러가 든다고 할 때 미국유학 경비는 일본유학보다 3~4배 이상 들었다.[63] 해마다 여름이 되면 유학생들은 일자리를 찾아 떠났다. 여름방학 3달 동안 학비를 벌었다 하더라도, 학기 중 숙식비를 벌기 위해 또 일해야 했다. 예를 들면 매일 3시간 음식점에서 일하면서 식사를 해결하거나, 매일 4시간 가정집 일을 해서 숙식을 해결할 수 있었다. 수업이 없는 토요일과 일요일, 크리스마스와 부활절 휴가를 이용해 집중적으로 돈을 벌었다. 고된 노동에 시달리며 유학생들은 심신의 피로와 당혹감을 느꼈지만, 노동의 신성함을 배우고 자조의 기풍을 기르는 기회로 삼았다.[64]

한편 미국유학 한국여성들은 하기방학동안 노동 이외에 하기학교 이수, 각 지역 북미한국유학생총회 참석, YWCA지도자 강습 연수 등으로 시간을 활용했다. 방학동안 돈을 벌지 않아도 될 상황이면 졸업에 걸리는 기간과 비용을 단축하기 위해 하기 계절학기 과정을 활용했다.

---

63) 홍선표, 「일제하 미국유학 연구」, 179쪽.
64) 장규식, 「일제하 미국유학생의 서구 근대체험과 미국문명 인식」, 151~152쪽.

황애시덕 · 박인덕 · 김활란 · 김폴린 · 고황경도 하기 계절학기 과목을 이수했다.[65)]

식민지시기 미국유학 한국여성 가운데 장학금을 받았다고 밝혀진 경우는 21명이다. 장학금을 받은 사실이 다 공개되지 않았거나 찾지 못한 경우도 있을 것이다. 장학금의 경우 미리 교섭하고 유학을 떠나는 것이 안정적인 방법이었지만, 여의치 않을 경우 현지에 가서 장학금을 교섭하거나 후원받게 되는 경우도 있었다. 여자 유학생 대부분이 근무하던 학교(예 : 이화학당), 진학할 미국 대학교, 미국 각 지역의 여선교회, 미국인 개인이 지급하는 장학금으로 유학비용을 조달했다. 장학금은 유학 전에 해당학교에 미리 교섭하여 확정된 경우와 일단 미국에 건너간 후 학교 또는 선교회와 교섭하여 받는 경우로 나누어진다.

전자의 예로 김활란은 오하이오 웨슬리안대학교 장학금, 박인덕은 조지아 웨슬리안대학 장학금, 윤성덕은 맥도웰 장학금, 김합라 · 김분옥 · 최이순은 오레곤주립대학 가정학과 장학금, 김메리 · 김동준 · 고황경 · 김신실은 미시간대학교 바버장학금을 받았다.[66)] 후자의 예로 김폴린 · 황애시덕 · 임영신의 경우를 들 수 있다. 황애시덕과 임영신은 각각 미국 현지에서 자신이 진학할 학교의 입학 담당자를 직접 찾아가 즉석에서 유학 동기나 목적 · 사정을 이야기하고 입학허가와 장학금을 요청해서 성공한 경우였다.[67)] 김폴린의 경우 미국 불경기의 영향으로 첫 학기에는 학교장학금을 받을 수 없었지만, 다음 학기부터 에반스톤 여선교연합회 장학금을 받을 수 있었다.[68)] 선교사의 후원을 받아 미국

---

65) 고황경, 「미국 부인감옥 방문기」, 『조광』 창간호, 1935.11, 344~347쪽. 고황경의 경우 1933년 미시간대학교 대학원 박사과정(사회학 전공) 중 하기학교 과정에서 범죄학 교수의 인도 아래 부인 감옥으로 견학을 갔다.

66) *Korean Student Bulletin*, p.243 사진.

67) 박화성, 『새벽에 외치다 : 송산 황애시덕 선생의 사상과 생활』, 147쪽 ; 임영신, 『나의 40년 투쟁사』, 148쪽.

유학을 하는 경우 장학금과 지원금 등을 받을 수 있어 비교적 경제적으로 고생을 덜 하며 공부에 전념할 수 있었다. 예를 들어 미국유학 후 이화여전 음악과 피아노 교원으로 재직했던 윤성덕의 경우 이화학교 차원에서 지급하는 맥도웰 장학금을 받고 미국유학을 떠난 데다, 유학 기간 동안 이화여전 음악과장이었던 메리 영 선교사의 후원으로 "조금도 고생을 모르고 그저 편안하게" 지낼 수 있었다.69)

학교 장학금을 받고 미국유학 간 경우, 귀국 후 모교나 재직 학교에서 일정기간 의무적으로 근무해야 했다. 황애시덕은 의무 근무 연한에 매이는 것이 싫어서 이화학당 앨리스 아펜젤러 교장이 제안한 장학금을 거절한 채 고학할 각오로 미국유학을 떠났다. 그러나 현실적으로 학비와 생활비 모두를 손수 벌어서 충당하기는 거의 불가능했다. 학업에만 전념해도 교과과정을 소화하기 벅찬 상황에서 학업과 일을 병행한다는 것은 매우 힘든 일이었다. 결국 황애시덕도 콜롬비아대학교 장학금과 펜실바니아주 스크랜튼지방 기독교절제회 부인들의 지원을 받아 학비와 생활비를 충당했고, 저녁식사는 식당에서 시간제로 일해주고 해결했다.70) 여학생이 고학으로 미국유학하기가 얼마나 어려운지를 보여주는 대표적인 사례이다. 고학으로 미국유학을 마치고 귀국한 류형숙(일명 신준려), 김마리아는 자신들의 경험에 비추어 외국여자의 몸으로 일을 하며 남들과 같이 공부한다는 것은 무리라고 결론 내렸다. 고학으로 미국유학을 하겠다는 생각 자체, 이를 꿈꾸는 여성들에 대해 강력한 경고를 날렸다.71)

---

68) 김폴린, 『주님이 함께 한 90년』, 143쪽.

69) 「당대 여인생활 탐방기 : 이전 교수 윤성덕씨 편」, 『신여성』, 1933.7, 62쪽.

70) 박화성, 『새벽에 외치다 : 송산 황애시덕 선생의 사상과 생활』, 140~148쪽.

71) 류형숙, 「여자와 미국유학」, 『동광』, 1931.2, 74쪽 ; 김마리아 담, 『신동아』, 1932.9, 161쪽 ; 박용옥, 『김마리아 : 나는 대한의 독립과 결혼하였다』, 홍성사, 2003, 366쪽.

지금까지 확인된 바에 의하면 일제강점기 미국유학 한국여성 가운데 22명이 장학금을 받았다. 미국유학 한국여성의 25%가 장학금을 받은 것이다. 그러나 장학금으로 학비 · 방세 · 식비 · 책값 · 잡비 등 미국유학생활에 드는 경비를 모두 충당하기는 어려웠다.[72] 대부분의 학생들은 장학생이든 고학생이든 부족한 경비를 벌기 위해 방학 때는 물론이고 학기 중에도 시간제 일을 해야 했다. 도서관 근무는 그런 대로 괜찮았지만, 가정집의 애보기(베이비시터), 가사도우미(식사준비, 접시닦이, 세탁과 다림질, 청소 등) 등은 힘들었다.[73] 방학에는 세탁소와 물건판매 등 온종일 일로 돈을 벌었다.[74]

한편 학교제도 자체가 일하면서 공부하게 되어 있는 대학도 있었다. 파크대학은 가난하지만 유망한 학생들이 일하면서 공부할 수 있도록 제도화된 반공별(半工別) 학교였다. 학생들이 하루에 3시간씩 교내 노동을 해서 숙식비와 학비를 스스로 벌어 충당하게 했다.[75] 베레아대학도 비슷한 체제로 운영되었다. 이러한 학교의 경우 학교제도 안에서 고학이 가능했다.

육체노동이 익숙하지 않은 고학력 여성들이 국내에서는 해보지 않았던 일을 한다는 거 자체가 익숙하지 않아 매우 힘들어서 오래 버티기 어려웠고, 자칫 고된 일로 건강을 상하거나 학업에 소홀해지기 쉬웠다. 물건 판매도 길거리나 공공장소에서 바쁘게 지나가는 사람들의 시선을 끌어야 한다는 점, 더구나 그 물건의 효능을 행인들에게 영어로

---

72) 김려식, 「미국대학과 유학예비에 대하여」, 『우라키』 1, 1925 ; 「미국유학안내요람」, 『우라키』 4, 1930 참조.

73) 김활란, 「나의 교육 반생기」, 『조광』 5-8, 1939.8, 54~57쪽.

74) Induk Park, *September Monkey*, pp.112~113.

75) 「김마리아가 고국의 친구에게 보낸 편지」, 『조선일보』 1925년 5월 22일 ; 박용옥, 『김마리아 : 나는 대한의 독립과 결혼하였다』, 315쪽.

설명해 사도록 설득해야 한다는 점에서 한국여성으로서는 대단한 용기를 필요로 하는 일이었다. 길거리에서 물건을 판다는 자체도 엄청난 용기를 필요로 하는 일이었지만, 미국인들을 대상으로 물건을 판매할 수 있을 정도로 설득력 있게 영어를 구사한다는 것도 어려운 일이었다.[76] 신마실라의 경우 학교에 다니면서 손수 하숙을 경영하는 동시에 부수입을 위해 학생들에게 샌드위치를 만들어 팔아서 학비와 생활비를 조달했다.[77] 임영신은 미국유학시절 스스로를 '기계'였다고 비유할 정도로 바쁘게 일하며 공부해야 했다.

> 하루가 언제 지나고 날들이 언제 가는지 모를 정도로 바쁘게 일했다. 그때를 기억하면 내가 인간이라기보다는 기계였던 것 같다. 주유소에 와 나를 놀려대던 젊은이들,… 학교 설립에 대한 나의 계획을 듣고 나를 돕고자 휘발유와 청과물을 사가던 사람들, 예금통장의 돈이 불어가던 기쁨 등이 지금도 생생하다. 하루하루의 일은 즐거움이 있었다. 그 즐거움은 고달픈 팔과 기운 없는 다리를 아무렇지도 않게 만들었다.[78]

미국유학에서 제일 난관은 일과 학업의 병행, 고학의 어려움, 금전 부족이었다. 특히 1929년 미국 경제공황 이후 1931~32년 즈음에는 일자리 부족으로 고학의 길이 막히게 되면서, 학비가 없어 학교에 적을 두지 못했던 까닭에 이민법에 의해 강제 추방되는 경우도 많았다. 여학

---

76) 김활란, 『그 빛 속의 작은 생명』, 122~123쪽 ; 박화성, 『새벽에 외치다 : 송산 황애시덕 선생의 사상과 생활』, 134~137쪽.

77) 김활란, 『그 빛 속의 작은 생명』, 118쪽. 신마실라는 1925년 6월에 역사 전공으로 학사학위를 취득했다. 이후 언론에는 뉴욕으로 거주지를 옮기고 상업에 종사한다고 보도되었다. 그러나 황애시덕이 목격한 바에 의하면 1926년 즈음에는 신제품을 파는 회사에 샘플을 보내달라고 편지를 보내 공짜로 받은 물건들을 거리에서 팔아 생계비를 벌고 있었다. '미국학계에 조선의 영재'라는 제목으로 언론에 보도될 정도로 고학하며 쉽지 않은 학문적 성취를 이루었음에도 동양인 여자유학생의 대학 졸업 후 취직이나 진로 역시 현실적으로 만만하지 않았음을 알 수 있다(「미국학계에 조선의 영재」, 『동아일보』 1925년 9월 29일).

78) 임영신, 『나의 40년 투쟁사』, 151~152쪽.

생이 미국에서 고학할 수 있는 기회라면 특별히 서양선교사의 소개를 받고 종교 계통 학교에 진학하는 경우에 한한 것이었다. 만약 자력으로 아무런 소개 없이 미국에 와서 고학하려고 하는 여성이 있다면 미국유학을 아예 생각지도 말라는 것이 고학을 해본 남녀 미국유학생들의 공통된 의견이었다.[79] 선교사의 소개로 장학금을 받고 미국유학을 가더라도 생활비를 벌기 위해서는 어느 정도 고학을 해야 했는데, 그렇지 못한 경우 고생이 심했음을 알 수 있다. 고황경의 경우 박사과정을 수료하고 박사논문 자료는 확보했지만, 논문은 쓰지 못한 상태에서 장학금 기한이 끝나 일단 귀국하게 된다. 박사학위 논문을 쓰기 위한 자료 조사와 수집은 되어 있었지만, 미국에 머무르며 박사논문을 완성하기에는 비용문제가 있었기 때문이다.[80]

미국유학생들이 일반적으로 고학의 어려움을 겪었던 반면, 서은숙은 뉴욕에서 공부하던 여자 유학생들의 경우 남자들만큼 학비를 벌어 써야 하는 고생은 적은 편이었다고 회고했다. 이는 서은숙 개인의 경험과 생각이겠지만, 정도나 빈도의 차이는 있을지라도 여자 유학생들은 미국의 기독교 단체와 교회에 나가 강연을 하고 사례금 · 수고비 · 모금으로 금전적인 도움을 받는 경우가 종종 있었다. 이 경우 육체적 노동보다 훨씬 많은 금액을 비교적 손쉽게 마련할 수 있었다.[81] 여성의 지위가 아주 낮은 아시아 한국사회에서 여성들이 기독교를 받아들이면서 자아실현과 지위향상을 위해 노력한 결과 미국유학까지 성취했다는 스토리는 미국기독교인들을 감동시키기에 충분한 소재였던 것 같다. 특별히 김활란의 경우 미국 기독교계와 여성계에 널리 알려진 인

---

79) 김창순, 「황금국(?) 미국으로 고학 오려는 여성에게」, 『신여성』, 1932.11, 25~28쪽.

80) 고황경은 미국에서 모은 자료를 가지고 귀국하여 이화여전 교원으로 근무하며 박사논문을 완성했고, 그 논문이 통과됨으로써 박사학위를 받게 된다.

81) Induk Park, *September Monkey*, pp.112~113.

물이었기에 어느 모임에나 한 번 초대되어 연설을 하면 적잖은 금액을 받을 수 있었다. 서은숙의 경우 뉴욕주 여선교회의 초청으로 연설 기회를 얻어 기독교를 처음 믿게 된 동기와 자신의 체험을 이야기했다. 이 신앙 간증을 듣고 감동한 미국인들이 학비에 보태 쓰라고 70달러를 모아 주었다. 당시 기숙사 한 달 방값이 8달러였으므로, 9개월 기숙사비로 충당할 수 있는 무척 많은 액수를 받은 것이었다. 기독교계 한국 여자 유학생들은 종종 미국 기독교여성들의 모임에 초청을 받고 간증이나 연설을 해서 금전적인 도움을 받기도 했다.[82)]

황애시덕의 경우 우연한 기회에 몇 명의 미국기독교여성들에게 한국과 기독교·독립운동·한국여성에 관한 이야기를 했다. 감동을 받은 미국여성들은 황애시덕의 유학기간 동안 학비와 생활비조로 일정한 금액을 지원했고, 귀국 비행기 값과 귀국 후 농촌선교사업을 위한 후원금까지 지원하게 되었다. 덕분에 황애시덕은 귀국 후에도 태평양전쟁 발발까지 이들로부터 계속 농촌선교 사업자금을 후원받아 농촌사업에 매진할 수 있었다.[83)] 한국여성들의 간증과 활동은 당대 세계복음화라는 사명감을 가지고 선교사업에 힘쓰던 미국기독교여성들에게 보람과 감동을 주었다. 이들의 모금 덕분에 한국여성들은 상당한 금액을 보조받으며 미국유학생활을 무난히 이어갈 수 있었다. 한국여성이 남성에 비해 불리하고 낮은 지위에 있었던 까닭에 역설적으로 한국여성의 경험을 이야기하는 강연의 설득력과 극적 효과가 컸기 때문이라고 하겠다.

여학생들은 미국유학생활에서 가장 힘들었던 점으로 첫째 금전의 부족, 둘째 영어 독서력의 부족, 셋째 건강 유의, 넷째 남녀교제 주의를

---

82) 김징자 엮음, 『우리 서은숙 선생님』, 90~91쪽.

83) 박화성, 『새벽에 외치다 : 송산 황애시덕 선생의 사상과 생활』, 141~149쪽.

꼽았다. 무엇보다 미국유학 전에 영어 준비를 철저히 해 가지고 가라는 충고였다. 그렇게 해도 영어책을 읽고 이해하는 데 미국학생들보다 시간이 많이 걸리기 때문에 학과를 따라가기 위해서는 미국학생들이 놀 때도 열심히 공부해야 했다.[84] 임영신 역시 대부분의 미국유학생들처럼 영어 실력 부족으로 학업에 고생이 많았다. 미국 도착 후 일을 하면서 영어학원에 다니기 시작했고 남가주대학교(University of Southern California)에 입학해서도 계속 영어와 씨름했지만 어떤 때는 낙제로 인한 학점 보충을 위해 여름 계절 학기를 들어야 했다. 임영신은 영어의 문리를 체득하는 과정에서 자신이 겪었던 어려움과 좌절에 대해 '대학에서 사용하는 하나하나의 교과서는 새로운 전쟁의 시작이었으며 내가 알지 못하는 말들에 대한 투쟁이었다.' '웹스터사전은 불행하게도 내가 고민에 못 견뎌 고함을 지를 때면 방바닥으로 날아갈 때가 많았다.'고 기술했다. 영어 공부하다가 짜증나서 사전을 집어던진 적이 많았다는 뜻이다.[85]

미국유학생활에서 유의할 점은 건강이었다. 학비를 벌기 위해 일하다가 무리하여 건강을 상한 경우가 많았다. 고달프고 분망한 미국생활에서 병이 나면 돈이 많이 들기 때문이었다. 한편 여학생의 경우 남학생과는 달리 남녀교제에 주의하라는 충고를 들었다. 남녀교제에 있어 부주의하면 남의 웃음거리가 되기 때문에, 남녀교제가 자유로울수록 자중하고 몸가짐을 바르게 하여 상대방의 존경을 받아야 한다는 것이다.[86] 김활란의 유학시절 회고에도 여성지도자가 될 중대한 임무를 가진 사람일수록 처신에 조심해야 한다는 스스로의 다짐과 선배 신마실

---

84) 김활란, 『그 빛 속의 작은 생명』, 124~125쪽 ; 황애시덕, 「미국 컬럼비아대학, 미국의 남녀공학은 어떻게 하나」, 『만국부인』 1, 1932.10, 55쪽.

85) 임영신, 『나의 40년 투쟁사』, 144~149쪽.

86) 류형숙, 「여자와 미국유학」, 74쪽.

라(이화학당 대학과 제1회 졸업생)의 충고가 등장한다. 남녀교제에서 신중한 처신은 한국여성들에게 큰 과제였다.[87] 남녀교제는 자유지만 여성은 자신의 본분과 절도를 지켜 자신을 보호해야 한다는 것이 주된 요지였다.

미국에서의 대학생활은 한국의 문화와 다른 점이 많았지만 남녀학생들에게 가장 생소했던 문화는 '데이트'였다. 남녀를 불문하고 미국학생들의 풍부한 사교성과 활발한 사교생활은 한국학생들 특히 여학생들에게 문화적 충격이었다. 그 문화에 익숙해지면서 미국학생 문화의 특징과 장점을 그대로 인정하게 되었다. 김신실 · 김메리 · 박마리아가 본 미국여학생들은 주말에 놀 때는 놀다가도, 주중에는 놀라운 지식열을 가지고 자율적으로 관심분야를 파고들어 학문 연구에 몰두하는 학구파였다. 또한 개인주의의 발달로 미국인이 모든 것을 자유롭게 하는 듯이 보이지만, 기숙사와 같은 공동생활에서는 엄격히 규칙을 지키고 남녀교제에서는 도의와 예절을 갖추어 자기를 절제할 줄 아는 문화인이 미국학생들이라고 높이 평가했다.[88]

> 남녀유별이 심한 우리 풍습에 젖은 우리의 안목에 먼저 뜨이는 것은 그들의 천진스럽고 자유로운 남녀교제입니다. 교실, 극장, 무도, 야유회, 산보에 동무함이 보통입니다. 어느 면에서는 그들의 교제가 너무 문란한 듯도 하고 위험성도 있어 보이나, 그런 환경에서 어려서부터 생장했고 거기에 대한 가정교훈, 학교교육이 상당함으로 모두 천진스럽고 또는 각자 예절을 갖추어 신사답고 숙녀답습니다.[89]

87) 김활란, 『그 빛 속의 작은 생명』, 147~148쪽.

88) 김신실, 「그리운 넷날의 학창시대 : 구미유학 10년 간」, 『삼천리』 4-1, 1932.1, 77쪽 ; 김메리, 「세계대학풍경 : 미시간대학의 녹색의 꿈」, 『신인문학』 2-1, 청조사, 1935.1, 28쪽 ; 김메리, 「해외생활 콩트집 : 명랑한 미시간대학의 풍경」, 『신인문학』 3-3, 1936.8, 29~31쪽.

89) 박마리아, 「쾌활과 사교성이 풍부한 미국여학생의 생활」, 『동광』, 1932.11, 472쪽.

유학생들은 타향에서 청년기의 고독과 성장통을 겪기도 했다. 학생들은 그러한 외로움을 한인교회에 출석하며 신앙생활과 노래를 통해 극복하고자 했다. 여학생들은 유학하는 지역의 한인교회에 나가 교포들과 유학생들과 정기적으로 만나 소식과 교제를 나누었고, 교회의 성가대로 봉사하기도 했다.[90] 1930년대 뉴욕에 살았던 150여 명 한국인 가운데 학생이 30여 명, 사업하는 이가 30여 명, 노동자가 30여 명, 나머지는 이들의 가족들이었다. 뉴욕한인교회 교인은 30여 명으로 뉴욕교포의 20%를 차지했다. 교회는 예배 이외에 한국인들의 사교장 · 집회소 · 기숙사 구실을 하며 동포들의 구심점 역할을 했다.[91]

미국유학 한국여성 가운데는 배우자와 자녀를 한국에 두고 단신으로 유학을 떠난 기혼여성(박인덕), 이혼 후 새로운 삶의 전환점으로 유학을 떠난 이혼여성(이정애), 부부가 각자 시간차를 두고 도미하여 미국에서 다시 만나는 경우(김필례, 한소제)도 있었으며, 아직 미혼도 있었다. 미혼 남녀학생들 간에 데이트와 교제 · 연애 · 구혼이 이루어졌고, 결혼으로 이어진 커플도 많았다. 특이한 점은 시차가 몇 개월이 되지 않더라도 대부분의 경우 꼭 약혼식을 하고 결혼식을 올렸다. 당시의 결혼문화라고 할 수 있겠다. 결혼 시기는 공부가 끝나고 귀국을 앞둔 시점이 많았다. 이들의 결혼이 연애결혼과 자유결혼으로 대부분 미국 현지에서 이루어지긴 했지만, 손진실의 경우 최종 결정은 양가 어른에게 맡기고 있었다.[92]

남녀 유학생들은 지역별 또는 학교별로 모이는 한국인유학생회나 한국인이 모이는 교회에서 만나 비교적 자연스럽게 교제를 할 수 있었

---

90) 김활란, 『그 빛 속의 작은 생명』, 135쪽.

91) 김징자 엮음, 『우리 서은숙 선생님』, 87쪽.

92) 「해외에서 맨든 가정 3 : 최후 결정은 부모에게, 손진실씨 가정」, 『동아일보』 1929년 12월 4일.

다. 공부하느라 한국인의 관습상 결혼 적령기로 간주되는 나이를 지나고 있던 여성들에게 적합한 배우자를 만날 수 있는 기회가 되었다. 미혼 남학생 역시 미국유학의 경험을 공유하고 문화와 가치관·감정이 서로 통할 수 있는 배우자를 만날 수 있는 기회가 되었다. 미국유학생 가운데 여성의 수가 적었기 때문에 어떤 면에서 여성은 희소가치를 누리는 측면이 있었다. 예를 들어 여학생 한 명이 뉴욕으로 유학 오면 여러 명의 남학생이 데이트를 신청했다. 이 경우 여학생이 우쭐해지게 되어 결국 성사가 잘 안되는 경우가 많았다. 여학생의 우월감을 미연에 차단하고 결혼 성사 가능성을 높이기 위해 미혼 남자들끼리 데이트 신청을 조정하자는 뜻에서 총각클럽이 결성되어 한 사람이 그 임무를 맡아 진행해야 할 정도였다.[93]

〈표 2-5〉 미국유학 한국여성의 결혼 사례

신부	신랑	결혼 장소	결혼 시기	비고
김낙희	백일규	미국	1916.5	샌프란시스코 거주
김에스더	허성	한국	1923	미국 출장 가는 길에 미국 체류(남편 YMCA체육교사)
노정면	조병옥	미국	1920.7	미국유학 전에 약혼, 귀국
우복자	남궁염	미국	1924	미국 거주?
김덕세	김형순	미국	?	캘리포니아주 리들리 정착
이화숙	정양필	미국	?	약혼자 자격 도미, 미시간주 디트로이트 거주(남편 정안회사 창립)
김앨리스	정일사	한국	1925	결혼 위해 교포인 정일사가 세브란스병원 방사선과 의사되어 귀국
김영도	송종익	미국	1924	?
정애경	김계봉	미국	1929	미국 거주(남편 뉴저지주 패터슨시 의사)
최자혜	송상대	미국	1930	캘리포니아주 산타 애너하임 거주(남편 상업)

93) 김징자 엮음, 『우리 서은숙 선생님』, 88쪽.

신부	신랑	결혼 장소	결혼 시기	비고
주영순	최순주	미국	1930.3	귀국(남편 조선기독교대학 상과 교수 예정)
신준려	류형기	미국	1927	귀국(남편 조선감리회 총리원 교육국 총무)
송복신	미국인	미국	1929?	미국 거주(남편 백화점 경영). 연구원으로 활동
임배세	김경	미국	1928	일리노이주 시카고 거주(남편 시카고 실업가)
홍에스더	이명원	한국	1935	1926 귀국 후 한참 뒤에 결혼
손진실	윤치창	미국	1929.4	유럽 경유 귀국
김연실	최능익	미국	1925.9	미국 거주(남편 상업), 미용실 경영
임영신	한순교	미국	1938	혼자 귀국 이후 독신
차경신	박재형	미국	1925.3	로스앤젤레스 거주(남편 노동자 소개업)
이봉순	강봉호	미국	1931	로스앤젤레스 거주(남편 상업)
안윤희	안정수	미국	?	미국 거주
이선행	최윤호	미국	1929	귀국, 부부가 농민교육사업 예정
김성실	오기은(오익은)	한국	1930	귀국
임아영	백남용	미국	?	미국 거주, 부부가 샌프란시스코 송도백화점 경영
김양, 김량	김형린	미국	1928	국내에서 약혼하고 미국에서 결혼, 귀국했다 재도미, 미 체류
김합라	박씨	한국	?	1928 귀국, 1933? 결혼 후 퇴직
황애(시)덕	박순(보)	한국	1930	1929 귀국, 다음해 결혼(남편 미국유학생 출신)
김애희	이용직	미국	1928	귀국(남편 목사)
김영선	차의석	미국	1928.6	미국 거주(남편 시카고 거주, 미국회사 근무)
윤성덕	차진주	미국	1939	뉴욕 거주, 뉴욕 대한인 음악구락부 조직, 음악고문
이인애	김동우	미국	1927.4	귀국
박화숙	이묘묵	미국	1929	귀국(남편 연희전문학교 교수)
추애경	김태술	미국	1928.8	미국 체류
김분옥	평양 실업가	한국	?	1930 귀국, 1934? 결혼
김메불	이계원	한국	1934	1933 귀국(남편 미유학생 출신 연희전문 교수), 결혼 후에도 재직
박마리아	이기붕	한국	1934	미국에서 만남, 1932 귀국
정옥분	김훈	미국	1930	귀국
김메리	조오흥	한국	1936	귀국
조은경	최황	한국	1935	1933 귀국(남편 미국유학생 출신)

신부	신랑	결혼 장소	결혼 시기	비고
송경신	윤두선	한국	?	평양에서 만나 결혼(남편 일본유학 출신 성악 전공)
박은혜	장덕수	한국	1937	미국에서 약혼, 귀국 후 결혼(남편 동아일보 부사장)
최이순	임재각	한국	1939	1938 귀국
최정림	한표욱	미국	1942	미 체류, 계속 공부, 해방 후 외교관 남편의 발령지 따라 해외 거주
이보배	임창영	미국	1940	뉴욕 거주(남편 뉴욕한인교회 목사)
이춘자	곽정순	미국	1942.5	시카고에서 뉴욕으로 거주지 변경(남편 우체국 근무지 따라)
정애라	하문덕	미국	1941	?
민덕순	김하태	미국	?	?
이순갑	홍르리취	미국	?	1940.12 결혼 발표

〈표 2-5〉에서 보면 일제강점기 미국유학 한국여성 가운데 48명이 미국유학에서 배우자를 만나 결혼하거나 귀국 후 배우자를 만나 결혼했다. 이들 가운데는 한국에서 약혼을 하고 미국에 건너와서 결혼한 경우도 있었고, 미국에서 약혼을 하고 한국에서 결혼한 경우도 있었다. 미국유학 중 만난 커플의 대부분은 학업이 마무리된 시점에 날을 잡아 미국에서 약혼과 결혼식까지 올린 뒤 귀국했다. 귀국 후 국내에서 배우자를 만나 결혼한 사례로 김에스더 · 홍에스더 · 황애시덕 · 김분옥 · 조은경 · 최이순 · 김합라 등 7명이 있다. 이 가운데 황애시덕과 조은경의 배우자는 미국유학생 출신이었다. 한편 김필례와 한소제는 미국유학 전에 이미 결혼한 상태였고, 남편이 먼저 미국유학을 떠나고 뒤따라 미국유학을 가는 형태로 부부가 함께 미국유학을 한 경우였다. 미국유학 한국여성의 50%가 유학 후에 그리고 유학 중에 결혼했다. 의외로 많은 여성들이 미국유학을 계기로 결혼했으며, 홍에스더와 황애시덕과 같이 미국유학에서 귀국 후 40대의 나이에 만혼을 하는

경우도 있었다. 여성이 미국유학으로 인해 혼기가 늦어져서 결혼을 못하게 되는 것은 아니었다. 오히려 미국유학은 남녀 유학생들이 공부와 고학으로 바쁜 가운데서도 학생회 활동, 교회 활동, 데이트를 통해 서로를 알아가며 연애결혼과 자유결혼을 실현할 수 있는 기회가 되었다. 이들이 국내에 있었다면 현실적으로 남녀가 자연스럽게 만날 수 있는 기회가 거의 없었을 것이고, 있다 하더라도 남녀교제를 조심스러워하고 심하게는 죄악시하는 관습과 문화로 인해 연애결혼과 자유결혼을 가능하게 하는 데이트나 남녀교제가 거의 불가능했을 것이다. 한편 김활란 · 고황경 · 서은숙 · 김애마처럼 여성교육 발전에 헌신하겠다는 소명의식을 가지고 구혼을 거절하거나 자발적으로 독신을 선택하는 경우도 있었다.

우리에게 독신으로 잘 알려진 김활란 · 서은숙 · 김애마 등 이화여전 핵심 교원들은 독신으로 학교에 헌신했다. 독신은 여성지식인들이 한국여성 발전이라는 대의와 사회활동에 충실하기 위해 암묵적으로 공유했던 가치관으로, 스스로 선택한 길이었다. 여학생들의 역할 모델이었던 독신 여선교사들로부터 받은 영향이 컸다.[94] 미북감리교 여성해외선교회 소속 여선교사로 파견받기 위한 조건이 독신이었다. 외국인 여선교사들과 김활란은 여성교육과 학교발전의 주축이 될 것을 기대하고 유학까지 보내 키웠던 제자들이 결혼으로 일을 그만두거나 학교일에 차질을 빚는 데 실망하는 경우가 많았다. 박인덕은 엘리스 아펜젤러 교장이 미국유학까지 주선하며 키우고자 했던 인재였지만 결혼으로 미국유학을 포기하는 등 실망을 안겨 주었다. 가사과의 핵심 교원이었던 김합라 · 김메불 · 김분옥은 미국유학 후 차례로 가사과를 이끌며 고등교육과정으로 근대 가정학의 전파에 이바지했으나 모두 몇

---

94) 김징자 엮음, 『우리 서은숙 선생님』, 56쪽.

년 지나지 않아 결혼하고 은퇴했다. 이들은 미국유학으로 인한 의무복무 기간을 채우고 얼마 되지 않아 학교 일선에서 퇴진한 것이다. 이화여전 음악과의 핵심교원이었던 윤성덕은 학교의 전폭적인 후원을 받고 미국유학을 갔다 와서 음악교육 발전에 이바지했다. 그러나 음악 시찰과 연구를 위해 다시 도미한 후 재미교포와 결혼하여 미국에 살게 되면서 학교에 복귀하지 못했다.

예외적으로 김앨리스는 미국유학시절 만난 재미교포 정일사와 결혼하여 미국에 영주할 수도 있는 상황이었음에도, 학교에서 맡은 바 자신의 사명을 완수하기 위해 사귀던 남자와 헤어지고 귀국했다. 결국 그 재미교포가 김앨리스와 결혼하기 위해 뒤따라 입국하면서, 이들은 이화여전 교장 엘리스 아펜젤러와 선교사들의 축복을 받으며 결혼식을 올렸다. 결혼하고 아이 둘을 낳고서도 '마주벌이'를 하며 이화여전 음악과 교수로서 학교일을 수행하며 학교와 선교사의 기대를 저버리지 않았고 의리를 지켰다. 특히 교장 엘리스 아펜젤러는 이러한 김앨리스의 행동을 매우 기특하고 자랑스럽게 여기며 의지의 인물이라고 높이 평가했다. 김앨리스는 이화학당 대학과 제1회 졸업생으로 학교의 주선으로 일본유학과 미국유학을 통해 음악을 전공했다. 미국유학 중 미국교포로부터 청혼을 받았지만 이화여전에 신설된 음악과의 일과 음악교육을 위해 결혼을 미루고 귀국했다. 결혼하고도 학교에서 맡은 바 자신의 역할을 충실히 수행하며 결혼생활과 사회활동을 병행했다. 엘리스 아펜젤러 교장은 선교보고서에 김앨리스의 사례를 한국여성고등교육의 바람직한 성과 사례로 보고했을 정도였다.[95] 김앨리스 스스로

---

95) Alice R. Appenzeller, "Changes at Ewha Haktang, 1925," *Annual Report of the Korea Woman's Conference of the Methodist Episcopal Church*(1925), p.49 ; Alice R. Appenzeller, "Ewha Haktang, Seoul," *Annual Report of the Korea Woman's Conference of the Methodist Episcopal Church*(1927), p.56 ; Alice R. Appenzeller, "Meet My Friends," *The Korea Mission Field*(1929.2), p.28.

도 이화학당 대학과 제1회 졸업생으로 모교 선교사 선생님들의 주선으로 일본유학과 미국유학을 거쳐 이화여전 음악과 한국인 교수로서 부임해야 하는 자신의 사명을 분명하게 의식하고 이를 최우선 순위로 생각했음을 알 수 있다. 김앨리스도 기자와의 인터뷰에서 만약 셋째 아이가 생긴다면 가정과 학교일을 병행하기 힘들 것이라고 대답했다. 실제로 살림하고 아이들을 키우면서 학교일에 매진하기는 쉽지 않았다. 이런 상황에서 자발적 독신은 자아실현뿐 아니라 학교 발전과 여성교육에 필요한 교수 인력을 고정적으로 확보한다는 차원에서 의미가 있었다.

제3장

—

식민지 현실인식

제 3 장

식민지 현실인식

총독부 교육정책으로 외국유학이 제한된 1920년대 이전시기 선교회 학교 출신 지식인들이 좀 더 높은 상급의 교육과정을 이수하고 근대화된 세계를 접할 수 있는 통로는 일본유학으로 같은 교파 선교회 학교에 진학하는 경우가 많았다. 이 시기 한국인들이 접한 서양문화는 기독교, 서양선교사, 일본을 통한 간접적인 것이었다. 그러나 미국유학이 자유화된 1920년대부터 1930년대 중반까지는 당대 최고 강대국인 미국에 유학하여 직접 근대학문을 배우고 근대서양문명에 접하고자 하는 열망이 있었다. 이들 미국유학 지식인들은 미국에서 공부하고 생활하며 또한 외국여행을 통해 미국의 서양문화와 근대문명뿐만 아니라 유럽과 러시아에 대한 견문도 넓힐 수 있었다. 이러한 견문을 통해 자신을 포함한 한국인의 처지를 돌아보고 나아갈 길을 모색하는 기회로 삼았다.

이 장에서는 미국유학 여성지식인들의 현실인식을 검토하되 먼저 서양문명 체험과 서양문화에 대한 인식, 민족의식의 심화를 살펴보고자 한다. 여성문제 인식에서는 여권문제와 여성교육론을 검토하며 여성지도자의식의 확립에 주목하고자 한다. 농촌문제의 진단과 개선안을 중심으로 농촌문제 인식에 관해서 살펴보고자 한다.

제1절 근대문명 체험

1. 서양문화 체험

일제시기 한국여성들이 배를 타고 태평양을 건너 처음 미국에 당도해 보고 느꼈던 경이로움은 어떤 경험과도 비교할 수 없다. 이들의 경험과 인식을 몇 가지로 분류하여 살펴보면 다음과 같다.

먼저 도시의 거대함, 미국의 풍요와 발달된 문명에 대한 놀라움이었다. 미국의 풍요는 농촌·의식주·자연자원·생산물 전반에 걸쳐 해당되는 사항이었다. 이화학당 대학과 제1회 졸업생(1914년) 김앨리스는 미국에 대한 첫인상으로 "모든 미국인이 잘 차려입고 잘 먹고 있는 것처럼 보였다. 어디에나 음식이 많이 있었고 웬만한 장소가 다 음식을 먹는 곳이거나 음식을 사는 곳으로 보였다. 그리고 많은 음식들이 손도 대지 않고 접시에 남겨지고 쓰레기통에 버려지는 것을 보았다."고 기술했다. 가난해서 끼니를 거르는 이가 많았던 고향의 현실과는 정반대의 별세계를 마주했다. 미국인의 부유한 차림새, 풍부한 음식, 낭비에 가까운 풍요로움에 큰 충격을 받았다. 심지어 "한국의 가난한 이들에 비하면 미국에서 자칭 가난한 이들은 전혀 가난한 축에도 들어가지 않는다."고 말할 정도였다.[1)]

미국유학 한국학생들은 대부분 배를 타고 샌프란시스코 항구를 통해 입국했다. 미국에 대한 첫 인상은 샌프란시스코에서 시작되기 마련이었다. 박인덕이 샌프란시스코에 처음 상륙하여 목격했던 미국에 대한 첫인상은 다음과 같았다.

> 미국의 따! 높고 웅장한 삘딩이 즐비한 도시 상항(샌프란시스코)을 꿰뚤러가며 보니 도로는 전부 포장하였고 그 위로 다니는 사람들은 활발하고 싱싱해 뵈이고 번들번들한 자동차 안에는 살쩌 뵈이는 남녀들이 타고 앉저서 한끝에서 한끝까지 잇다어서 다라나고 상점 상점에 진열한 물건은 튼튼하고도 아름답게 만들어진 것 같고 어데로 고개를 향하든지 끼끝하고 깨끝하고 추접스러운 것이 안뵈인다. 길에 나선 사람은 다 백만장자같이 차리고 나섰다.[2]

미국은 웅장한 건물들, 포장된 도로, 깨끗한 거리, 수많은 자동차, 풍족한 물질, 사람들의 부유함과 활기, 바쁜 걸음걸이로 요약되는 곳이었다.[3] 미국에 대한 놀라움은 이 정도로 끝나지 않았다. 미국에서 두 번째로 큰 도시 시카고에서는 "누가 나를 두 번도 아니고 세 번 네 번 쉬지 않고 핑핑 돌리는 것 같은 어지러움"을 느낄 정도로 거대한 도시와 물질문명에 또다시 놀랐다.[4] 미국에 대한 첫인상은 한 마디로 문화충격으로 요약된다.

박인덕은 미국 제1의 도시 뉴욕을 방문하고 이에 대해 감탄을 연발한다.

> 배가 뉴욕 항구에 거의 이를 때 갑판에서 바라보니 여러 십층의 빌딩이 공중에 솟았고 그 모양이 마치 토막을 여러 십 개 백 개 천 개 쌓아놓은 것

---

1) Alice Kim, "Impressions of America," *The Korea Mission Field*(1923.11), pp.225~226.

2) 박인덕, 『세계일주기』, 조선출판사, 1941, 17쪽.

3) 박인덕, 『세계일주기』, 15쪽.

4) 박인덕, 『세계일주기』, 22쪽.

> 같다. 그야말로 사람이 만든 일대 삼림원이다. 상륙하여 보니 돌아가며 부두가 몇 개나 되는지 알 수 없다. 마중 나왔던 친구들의 안내로 지하철도를 찾아 땅 속으로 난 층대로 내려가니 땅 속에 한 세상이 또 있다. 서점과 과자점이 있고 장의자가 정류장에 놓였다.… 유명한 삐쁘쓰 애비뉴로 들어선다. 길 좌우에 30, 40, 50층 굉장한 빌딩들이 하늘을 찌를듯하고 빌딩과 빌딩 새로 난 골목을 들여다보면 층암절벽의 굴 속 같다.[5]

뉴욕은 '20세기 물질문명 기계문명의 절정'을 맛볼 수 있고, 세계 각국의 민족이나 인종이 모여 각각 그들이 가지고 온 문화를 미국화하여 살며, 저마다 마음껏 배우고 재주껏 신개척한 것을 종합한 결정체라고 정의 내렸다.[6] 뉴욕은 인종, 민족, 문화의 다양성이 공존하며 발전하는 세계 제1의 국제도시였다.

미국유학 한국여성들은 도시문명뿐만 아니라 선진국 미국의 농촌생활과 농민에 대해서도 관심을 기울였다. 황애시덕은 귀국 후 전개할 농촌활동에 대한 준비과정으로 실습과 농촌생활을 경험하기 위해 몇 달 동안 펜실바니아주 농촌 마을에 머무르며 농민들과 함께 지냈다.[7] 미국은 농촌에서마저 농촌생활의 여유와 풍요를 느낄 수 있는 나라였다.[8] 박인덕의 경우 미국농촌의 거대한 삼림(땔감용), 수확하지 않고 버려둔 드넓은 하얀 목화밭(이불 및 옷감용), 땅바닥에 그냥 버려져 있는 수많은 땔감용 나무들, 광대한 농장을 보며 미국의 광대함과 풍요로움을 느꼈다.[9] 동시에 고국의 농촌과 동포의 가난을 생각하며 가슴 아파했다. 그러나 미국이라고 다 잘사는 것은 아니라는 사실도 인식했다.

---

5) 박인덕, 『세계일주기』, 33 · 35쪽.

6) 박인덕, 『세계일주기』, 37쪽.

7) 김성은, 「1930년대 황애시덕의 농촌사업과 여성운동」, 『한국기독교와 역사』 35, 2011.9, 147쪽.

8) 황애시덕, 「미국 컬넘비아대학, 미국의 남녀공학은 엇더케 하나」, 『만국부인』 1, 1932.10, 55쪽.

9) 박인덕, 『세계일주기』, 20쪽 ; 박인덕, 『구월 원숭이(*September Monkey*, 1954)』, 120쪽.

미국에도 벽촌, 빈민가, 무산계급의 빈곤이 있었고, 너무 가난하여 교육의 혜택이 미치지 못하는 지역도 있었다.[10]

한편 김활란과 박인덕은 유럽의 덴마크를 방문하고 농업 부국 덴마크의 농촌부흥에 강한 인상을 받았다. 그러나 외국의 농촌이라고 다 잘사는 것은 아니었다. 독일 · 프랑스 · 덴마크처럼 정돈되고 넉넉한 농촌이 있는 반면, 러시아 · 폴란드 · 인도와 같이 정돈되지 않고 가난한 농촌도 있다는 사실을 인식했다.[11]

미국유학 여성지식인들은 구미사회의 물질문명뿐만 아니라 정신문명에도 깊은 인상을 받았다. 구미의 풍요에 깊은 인상을 받았으되 그들의 부가 저절로 이루어진 것이 아니라는 점을 인식했고 그 비법을 알고자 했다. 이 과정에서 서양인들의 '근로와 근면'에 주목했다.[12] 노동을 신성시하는 서양인의 자세는 프로테스탄트 기독교정신에 바탕을 두고 있다. 덴마크 농촌부흥을 이끈 지도자들의 가르침도 근로와 근면이었다.[13] 근로와 근면은 농민뿐 아니라 도시민과 대학생의 일상생활이자 실천 덕목이었다.[14] 임영신은 노동의 가치와 근로를 중시하는 서양인들의 문화가 강대한 선진 서양문명을 이룬 원동력이라고 파악했다. 한국인이 근대화에 뒤진 것은 육체노동을 천시하는 유교적 사고방식 때문이라고 지적했다.[15]

---

10) 김메리, 「미국에서 보고 들은 것 상」, 『동아일보』 1934년 9월 15일 ; 고황경, 「나의 이사고난기 : 흑인가」, 『조광』 4-2, 1938.2, 202~203쪽 ; 박인덕, 『세계일주기』, 46쪽 ; 「십만평 평야에 건설되는 여인집단농장, 여성의 평화촌, 황해도 산골에 땅 십만평을 사드려 리상촌을 건설하고저 동서분주중」, 『삼천리』 4-3, 1932.3, 73~75쪽.

11) 박인덕, 『세계일주기』, 125쪽.

12) 김활란, 『정말인의 경제부흥론』, 조선기독교청년회연합회, 1931, 『우월문집』 2, 1979 ; 박인덕, 『정말국민고등학교』, 조선기독교청년회연합회, 1932 ; 박인덕, 「내가 본 독일농촌」, 『삼천리』 4-4, 1932.4, 68~69쪽 ; 박인덕, 『구월 원숭이』, 119쪽 ; 박인덕, 『세계일주기』, 130~131쪽.

13) 박인덕, 『정말국민고등학교』, 61~63쪽.

14) 박인덕, 『세계일주기』, 18쪽.

미국 땅을 처음 밟은 유학생들은 가장 먼저 '자유'의 공기를 느꼈다. 유학생들을 사로잡은 것은 물질문명보다 정신문명이었다. 임영신은 미국에 도착하여 제일 먼저 느낀 것이 '자유' '희망의 빛' '생동감'이었다고 기술했다. 황애시덕 · 박인덕 · 임영신 모두 무엇보다도 "미소 띤 친절한 경찰"의 모습에서 자유를 실감했고, 미국이 높은 문명국이며, 미국인이 고도의 문명생활을 영위한다고 인정하게 되었다.[16)]

여성지식인들이 구미에서 느꼈던 '자유'는 식민지, 노예, 여성의 '독립'과 '해방'을 뜻했다. 박인덕은 미국의 명소와 유적지 가운데 미국독립전쟁(미영전쟁)과 노예해방전쟁(남북전쟁) 관련 장소에 주목했다. 유럽에서는 식민지였다가 독립한 폴란드 · 아일랜드 · 덴마크의 농촌부흥운동, 유대인의 시오니즘 운동에 주목했다. 이들 나라들에게는 고유의 민족문화를 소중하게 여기고 계승하여 민족부흥의 원동력으로 삼았다는 공통점이 있었다. 독립과 자유는 어느 시대 어느 민족에게나 지상과제였다.[17)] 박인덕의 기행문에는 민족국가 건설, 독립과 자유를 열망했던 한국인의 관점이 반영되어 있었다.

자유와 민주주의 나라 미국에도 인종차별이 있었다. 여성지식인들은 각자의 경험에 비추어 인종차별문제에 대해 다양하게 반응했다. 인종차별을 거의 의식하지 못하거나 언급하지 않은 유학생들도 있었다.[18)]

---

15) 「하기방학을 당하야 상 : 학생께 드리는 말씀」, 『동아일보』 1935년 7월 18일 ; 「하기방학을 당하야 하 : 학생에게 보내는 말, 부모의 노력을 이해하자」, 『동아일보』 1935년 7월 19일 ; 임영신, 『나의 40년 투쟁사』, 158~160쪽.

16) 임영신, 『나의 40년 투쟁사(*My Forty Years Fight For Korea*, 1951)』, 136, 139~141쪽 ; 박화성, 『새벽에 외치다 : 송산 황애시덕 선생의 사상과 생활』, 138~139쪽 ; 박인덕, 『구월 원숭이』, 157~158쪽.

17) 박인덕, 『구월 원숭이』, 142쪽 ; 박인덕, 『세계일주기』, 30 · 60~61 · 98 · 133 · 115~116, 179~180쪽 ; 박인덕, 「미국 자유종각 방문기」, 『삼천리』 5-3, 1933.3, 46~47쪽.

18) 김신실, 「그리운 녯날의 학창시대 : 구미유학 10년간」, 『삼천리』 4-1, 1932.1, 75쪽 ; 김메리, 「세계대학 풍경 : 미시간대학의 녹색의 꿈」, 『신인문학』 2-1, 청조사, 1935.1, 26~29쪽.

그러나 대부분의 경우 인종차별과 관련된 직간접적인 경험을 가지고 있었다. 김마리아의 경우 경제적으로 어려움을 겪으며 인종차별을 민감하게 느꼈다.[19] 손진실 부부는 동양인에 대한 편견을 가진 백인 입주자들 때문에 살고 있던 아파트를 떠나 집을 옮겨야 했다.[20] 김메리도 비슷한 경험을 했다. 미시간대학교 구내에서 흑백인종으로 분리된 시설을 이용할 때만 해도 백인 학생들과 함께 썼기에 인종차별을 의식하지 못했다. 그러나 하숙할 방을 구하러 다니면서 동양인들은 더럽다는 모욕을 당하고 충격을 받았다.[21] 김폴린도 잠시 머물게 된 미국기독교인 가정에서 자신을 유학생 손님으로 대우하지 않고 하인으로 취급하는 데 충격을 받았다. 이들은 다양한 개인적인 경험을 통해 "미국과 같은 민주주의 국가에도 차별이 있음"을 실감하게 되었다.[22]

박인덕은 미국 남부의 모든 시설이 흑백 인종에 따라 구별되어 있는 광경을 목격했다. 이에 대해 기술하며 "흑인들이 피부색은 다르나 인정은 같아서 웃음이 있고 사랑과 희망과 관대성이 있고 어떤 것은 다른 인종보다도 우승하다."는 자신의 견해를 덧붙였다. 인종차별에 대한 직접적인 평가는 삼갔지만 간접적으로나마 차별에 대한 비판적 시각을 드러내고 있다.[23] 미국은 노예제도가 없어지고 노예가 해방되었음에도 사회 전반에 걸쳐 여전히 흑백 차별 또는 구별이 존재하는 사회였다. 이를 개선하기 위해 국가와 사회단체들이 많은 노력을 기울이고 있다는 점 또한 간과하지 않았다.[24]

---

19) 김경일, 「식민지시기 신여성의 미국체험과 문화수용 : 김마리아, 박인덕, 허정숙을 중심으로」, 59쪽.

20) 윤치호 저(김상태 편역), 『윤치호 일기』, 역사비평사, 2001, 313쪽.

21) 김메리, 「세계대학 풍경 : 미시간대학의 녹색의 꿈」, 26~29쪽 ; 김메리, 『학교종이 땡땡땡』, 현대미학사, 1996, 57~59쪽.

22) 김폴린, 『주님이 함께 한 90년』, 142~143쪽.

23) 박인덕, 『세계일주기』, 24쪽.

인종간의 차이를 학위논문의 주제로 연구해 인종차별과 우열문제에 대해 가장 적극적으로 접근한 이는 송복신이었다. 송복신은 1929년 미시간대학교에서 공중보건학 전공으로 박사학위를 받았다. 공중보건학을 전공한 최초의 한국여성이었고, 한국여성 최초로 박사학위를 받은 여성이다. 송복신은 박사논문에서 동양인과 서양인의 체격 차이는 선천적 요인이 아니라 경제적 결핍이나 상식의 부족 등 후천적인 면이 많이 작용한다고 보았다. 가설을 세우고 실험을 통해 입증해내어 동양인 아동도 성장요소를 완전히 얻으면 백인 아동 못지않게 성장하여 좋은 체격을 가질 수 있다는 결론을 도출했다.[25] 송복신의 박사논문은 인종과 관련된 선입관과 편견을 과학적 실험을 통해 반박한 것으로, 미국사회에 만연해 있던 인종차별 의식과 행위에 대한 비판과 저항의 의미가 담겨 있었다고 하겠다.

한편 여성지식인들은 미국인의 자유로운 남녀교제에 문화충격을 받았다. 미국유학 한국여성들에게 가장 생소했던 문화는 '데이트' 문화였다. 당시 한국인의 관습과 도덕적 견지에서는 도저히 상상할 수 없는 금지된 행동이었기 때문이다.[26] 미국대학생들의 풍부한 사교성과 활발한 사교생활은 남녀교제를 죄악시했던 한국문화에 익숙해 있던 한국여성들에게 문화충격 그 자체였다. 시간이 흐르면서 점차 데이트 문화에 익숙해지게 되었고, 미국문화의 특징과 장점으로 인정하고 자연스럽게 받아들이게 되었다. 이러한 자유가 예절과 절제, 책임을 동반한 것임을 알았기 때문이다. 미국유학 한국여성들은 미국의 남녀대학생들이 함께 어울려 자유롭게 생활하지만 이 가운데 '절제'가 있음을 강

---

24) 박인덕, 「흑인과 미주의 인구문제」, 『삼천리』 12-9, 1940.10, 76~79쪽.

25) 송복신, 「인종차이와 성장」, 『우라키』 4, 1930, 23쪽.

26) 김활란, 『그 빛 속의 작은 생명』, 118, 124~125 · 131쪽.

조했다.[27] 자유의 다른 이름이 절제라고 할까. 한국여학생이 본 미국 여학생들은 주말에 놀 때는 신나게 놀다가도 주중에는 놀라운 지식열을 가지고 자율적으로 관심 분야를 파고들며 학문 연구에 몰두하는 학구파였다.[28] 한편으로는 미국여성이 물질을 숭배하고 배우자를 찾아 결혼에만 너무 관심이 많다는 관점에서 비판하기도 했다.

미국유학 여성지식인들은 구미여성의 지위와 생활에 많은 관심을 가졌다. 이를 통해 한국여성과 한국사회가 나아가야 할 방향을 모색하고자 했다. 한국사회의 남성 우선 문화와는 대조적으로, 미국사회에는 여성을 먼저 배려하는 '레이디 퍼스트' 문화가 있었다.[29] 또한 조선시대 양반여성들에게 적용되었던 내외법과 달리, 미국에서는 남녀가 내외 없이 거리를 오가고, 교육과 직업, 단체 · 노동 등 다양한 분야에서 여성의 사회진출이 활발했다. 여성지식인들은 구미여성들의 사회활동을 주의 깊게 관찰하고 자신들의 역할모델로 삼았다. 아울러 양로원 · 탁아소 · 인보관(사회복지관)을 둘러보며 구미사회의 복지시설에 주목했다.[30] 형무소 · 감옥 · 소년원 · 소년심판소 · 창기구원소를 시찰하며, 이런 시설들이 죄에 대한 벌을 주는 곳일 뿐 아니라 출옥 후 사회에 복귀하여 자립할 수 있도록 재활교육을 제공한다는 데 주목했다.[31] 이외에도 미국유학 한국여성들이 볼 때 여성을 위해 편리하고 꼭 필요하다

---

27) 김신실, 「그리운 녯날의 학창시대 : 구미유학 10년간」, 『삼천리』 4-1, 1932.1, 77쪽 ; 김메리, 「세계대학풍경 : 미시간대학의 녹색의 꿈」, 『신인문학』 2-1, 1935.1, 28쪽.

28) 박마리아, 「쾌활과 사교성이 풍부한 미국여학생의 생활」, 『동광』, 1932.11, 472쪽.

29) Induk Park, *September Monkey*, p.103 ; 김성은, 「1920~30년대 여자미국유학생의 실태와 인식」, 『역사와 경계』 72, 2009.9, 219쪽.

30) 「외국대학 출신 여류 삼학사 좌담회」, 『삼천리』 4-4, 1932.4, 32쪽 ; 박인덕, 『세계일주기』, 74, 138쪽 ; 고황경, 「나의 이사 고난기 : 흑인가」, 202~203쪽.

31) 박인덕, 『세계일주기』, 135~137쪽 ; 고황경, 「미국 부인감옥 방문기」, 『조광』 창간호, 1935.11, 344~347쪽 ; 박용옥, 『김마리아』, 357쪽 ; 고황경, 「경성개조안」, 『삼천리』 12-9, 1940.10, 94쪽.

고 생각했던 사회시설은 미국 각지에 설립된 기독교여자청년회(YWCA) 기숙사 · 직업여성기숙사였다.[32]

당시 세계를 대표하는 두 문명은 미국문명과 소련문명이었다. 미국유학 지식인들은 미국식 민주주의와 자본주의, 소련식 사회주의와 공산주의 가운데 어떤 모델이 한국에 적합하고 이상적인 모델인지를 두고 고민했다. 1931년 세계여행에서 귀국한 직후 박인덕은 러시아인들이 의복이 남루하고 식량이 부족하지만 씩씩하게 생활한다며, 러시아는 '일하는 곳', 미국 · 영국 · 프랑스에 비해 '생기가 펄펄 뛰는 곳'이라고 긍정적으로 평가했다.[33] 그러나 1932년에는 미국과 소련의 체제와 문화를 비교하며 소련의 제도를 비판적으로 평가했다. 1년 사이에 소련에 대한 시각이 정반대로 변화했음을 알 수 있다. 그렇다고 미국의 제도를 따르자는 주장을 한 것도 아니었다.

박인덕은 당대 미국과 소련 문명을 비교하여 '현대 미국문명은 로서아의 10월 혁명 이후의 것에 비해 연로하고 이미 성숙이 되었고, 로서아는 지금 새 문명을 산출하려는 실험장에 있는 셈'이라고 기술했다. 미국문명이 소련문명에 비해 역사적으로 오래되고 검증된 문명이라는 면에서 안정적이라고 평가했다.[34] 다만 그런 미국도 영국에 비하면 이제야 겨우 건설을 시작한 나라였다.[35] 박인덕은 미국과 소련 두 문명을 대비하여 "개인주의 대 집단주의, 재산 사유 대 재산 국유, 종교 공인 대 그렇지 않음, 가정에 대한 존중 대 가정에 대한 무관심"이라고

---

32) 「외국대학 출신 여류 삼학사 좌담회」, 32~34쪽 ; 고황경, 「경성개조안」, 94쪽.

33) 「박인덕 여사의 로서아 이야기, 새 힘이 움직이고 있는 나라, 볼 만한 각가지 시설」, 『조선일보』 1931년 10월 12일 ; 「노농 로서아의 남녀관계와 육아, 최근에 돌아온 박인덕 여사 담, 볼 만한 각가지 시설」, 『조선일보』 1931년 10월 14일.

34) 「우리들은 아미리가문명을 끄으러 올가 로서아문명을 끄으러 올가?」, 『삼천리』 4-7, 1932.5, 14~15쪽.

35) 박인덕, 『세계일주기』, 99쪽.

지적했다. 또한 미국의 경제제도는 수천 명의 땀과 피를 빼어 일 개인에게 이익을 주는 것인 반면, 소련의 경제제도는 사리(私利)를 위해 다른 사람을 이용하지 못하게 하며, 노동을 근본으로 하여 저마다 일하여 먹고 살게 한다고 평가했다. 소련의 광산업과 공장 산출의 90%이상이 정부 관리 하에 있으며 농업에서도 협동농사를 한다고 설명했다.[36] 소련의 공산주의 경제에 치우친 시각이 드러나 있다. 그러나 막상 소련을 여행하며 목격했던 소련인의 생활은 가난했고 경제는 원활하지 못했다. 모스크바 시내에는 저녁거리를 사려는 사람들 수백 명이 상점 앞에 늘어서 있었다. 소련 경제체제에서는 공산당원이 아니면 물건을 살 수 없었다. 혹 일반인이 물건을 살 수 있다 하더라도 5배 이상의 값을 내야 할 만큼 물건 품귀와 고물가 현상이 심각했다.[37] 공산주의 경제 이론과는 달리 현실적으로 벌써 공산주의 경제체제에 문제가 많이 발생했다는 증거를 보았던 것이다. 한편 미국 교육제도가 기계문명 아래서 사람이 기계화해 가는 것을 막아 자연스럽게 만들고, 복잡한 사회에서 자유스럽게 살도록 개성의 능률을 증가시키며, 개인의 특장을 장려하고 발휘하도록 한다는 점에서 긍정적이라고 평가했다. 반면 소련의 탁아소를 예로 들어 "소련에서는 아이를 갓 나서부터 아주 기계화시키려는 것 같다."며 전체주의 교육체제를 비판했다. 소련의 경제체제, 양육제도에 문제가 많다고 인식했다.[38]

미국문명과 소련문명의 장단점을 비교·대조해 본 결과, 박인덕은 둘 다 우리 민족의 실정과 정서에 부적당하다는 결론을 내렸다. 특징적인 점은 자본주의, 공산주의를 다 비판하며 우리에게 부적당하다고

---

36) 「우리들은 아미리가문명을 끄으러 올가 로서아문명을 끄으러 올가?」, 14~15쪽.

37) 박인덕, 『세계일주기』, 134·140쪽.

38) 이 점은 박인덕이 소련의 탁아소, 결혼소와 같은 사회시설 또는 사회제도를 긍정적으로 보았던 시각과 차이가 있다.

결론 내리면서 그 대안을 제시했다는 점이다. 우리 처지에서 다른 나라의 문명을 수입한다면 차라리 덴마크 사례를 참조하여 한국화하여 실시하는 것이 낫다고 주장했다.[39] 서양문명의 장점을 우리 실정에 맞게 비판적으로 수용하고자 했다. 여성지식인들은 미국유학과 여행을 통해 비교문화의 시각을 가지게 되었다. 다문화·다인종·다민족의 세계를 경험하고 인종차별문제를 겪으면서 자기정체성과 민족정체성을 강화해 갔음을 알 수 있다.

2. 민족의식의 심화

여성지식인들은 미국유학과 세계여행을 통해 서양 문명과 문화를 체험하고 그 장단점을 파악하여 한국사회에 적당하고 유익하도록 수용하고자 했다. 김활란과 박인덕을 포함한 여성지식인들에게 미국유학과 세계여행의 감상과 의미는 어떤 것이었을까. 박인덕은 자신의 세계일주기를 다음과 같이 끝맺고 있다.

> 우리의 기후는 일년 열두달 사계를 통하여 엄동에 두달 복중에 두달을 제하고는 리상적이라 하겠다. 어떤 곳에는 사시로 늘 더웁거나 늘 추워서 일생을 더위와 추위로 싸호기에 할 일을 못하게 된다. 다음으로 우리의 자연적 경치는 남의 것에 그리 빠지지 안는다. 적은 나라에 산수가 겸하기는 쉽지 않은 일이다. 십삼도 중에 충북을 제하고는 다 바다를 향하고 있다. 또는 토지에서 생산하는 것으로 보더라도 오곡 백과 채소는 물론이고 땅속에서 나는 금이나 석탄 같은 것도 상상 이외에 많이 나는 것 같다. 끝으로 우리의 문화생활 발전되었던 것을 같은 시대에 사는 다른 사람들의 것과 비교하여 보니 훨씬 앞섰었다. 위선 남녀가 두발 정리하던 것으로 생각하면 남자는 머리를 위로 거슬러 상투를 탄탄이 짜고 망근을 쓰고 여자는 머리를 곱게 따서 쪽을 반짝 졌다. 의복 지여 입는 것으로는 특히 여자의 옷은

---

39) 「우리들은 아미리가문명을 끄으러 올가 로서아문명을 끄으러 올가?」, 14~15쪽.

> 묘하고도 실용적이요 재봉술이 우리를 앞설 이가 드물겠다. 우리가 거처하는 집을 보면 초가집이라도 그 지붕은 곡선으로 아름답게 된 고로 미술가들의 주목을 이끌고 방 하나를 가지고 지낼 경우라도 그것을 식당 침방 응접실로 겸용하게 구조가 되었다.[40]

박인덕이 순회강연으로 전 세계를 돌며 여러 국가와 문명을 둘러보고 내린 결론은 한국의 자연환경과 민족문화에 대한 옹호와 자부심이었다. 이는 박인덕의 경험세계가 미국이나 서유럽의 특정국가나 서양 근대문명에 한정되지 않고, 소련과 동유럽 등 다양한 지역과 문명을 접했기 때문에 가능한 결론이었다고 하겠다. 여러 문명을 경험하면서 비교문화의 시각을 가지고 한국문화의 고유성과 우수성을 더욱 확고하게 인식하게 되었다.[41] 박인덕과 김활란에게 미국유학과 세계여행은 한국의 자연환경 · 기후 · 지하자원에서 국토의 가치와 발전 가능성을 확인하며, 민족문화의식을 더욱 확고히 하는 계기가 되었다.[42]

미국유학 여성지식인들은 한국사회에 밀려드는 여러 가지 서양문물에도 불구하고, 유독 여성한복에 있어서만은 실용성과 예술성에서 양복보다 낫다는 공통된 인식을 가지고 있었다. 그래서 외국에 갈 때도 한복을 입거나 가지고 가는 경우가 많았다. 김활란 · 황애시덕 · 박인덕 · 임영신 · 최이순이 그러했다. 김활란은 미국유학길에 화려한 궁중의상인 대례복을 챙겨갔는데, 미국행 선상에서 개최된 각 인종과 민족들의 의상경연대회에서 가장 아름다운 의상으로 뽑히게 된다. 이를 계기로 김활란은 한국문화의 우수성을 재인식하게 되었다. 민족문화에 대한 자부심은 조국애로 이어져 민족의식 강화로 이어졌다.[43] 박인덕

---

40) 박인덕, 『세계일주기』, 261쪽.

41) 김성은, 「일제시기 박인덕의 세계인식 : 『세계일주기』(1941)를 중심으로」, 『여성과 역사』 15, 2011 참조.

42) 김활란, 「기행 : 인도양을 넘어 예루살렘에」, 『신인문학』 2, 1934.10, 59~96쪽.

은 한복을 입고 수많은 외국인 청중 앞에서 강연하며 전 세계를 누볐다.[44] '한국문화 홍보대사'를 자처했던 최이순 역시 미국유학기간 내내 한복을 입고 다녔다. 자신이 중국인이나 일본인으로 잘못 여겨지는 것이 싫었기 때문으로, 한국을 아는 학생들이 하나도 없는 상황에서 스스로 한국인 모델이 되어 한국인의 존재감을 알리고자 했다. 최이순은 교지 커버에 한복을 입은 사진이 실리면서 학교에서 더욱 유명해졌다.[45] 임영신은 중앙보육학교 발전기금 모금을 위해 미국에 건너가 활동하던 시기에 미국 신문에 '한국의 상류층 부인의 한복'이라는 제목으로 한복 입은 사진이 실리기도 했다.[46] 이들 모두 한복을 통해 한국인의 민족문화와 정체성을 나타내는 한편 세계에 한국을 알리고자 했다. 미국유학을 떠나는 여성지식인들은 외국인들이 자신들을 통해 한국인과 한국문화를 인식하고 이해할 것이라는 점을 분명히 알았다. 김활란과 김메리의 경우 미국유학 갈 때 의식적으로 한국문화를 알릴 수 있는 매체를 챙겨 갔다. 금강산 사진과 가야금은 외국의 자연과 문물에 뒤지지 않는 한국 땅의 아름다움과 한국 음악문화의 우수성을 상징했다. 김메리는 서양음악뿐 아니라 가야금도 잘 탔다고 한다.[47]

미국유학 여성지식인들은 한복·가야금, 우리말과 우리글로 된 시, 역사·풍습 등 전통문화를 통해 외국인들에게 한국을 홍보했다. 한국유학생들이 대학교 클럽 차원에서 한국문화 홍보에 나서기도 했다.[48]

---

43) 김활란, 『그 빛 속의 작은 생명』, 106쪽.

44) 박인덕, 『세계일주기』, 2쪽.

45) 최이순, 『살아온 조각보』, 수학사, 1990, 552·553·561·581쪽 ; 『동아일보』 1938년 2월 17일 ; 최이순, 「원로 신앙인과의 대담 : 일상생활에서 최선을 다하며 산다」, 『신앙계』, 1983.7.

46) *Korean Student Bulletin*.

47) 김활란, 『그 빛 속의 작은 생명』, 106쪽 ; 『신한민보』 1930년 12월 4일 ; 「미국에서 음악 전공 김메리양 환향, 조선악기에 조예 깊어」, 『동아일보』 1934년 8월 14일.

한국문화는 외국인의 이국 취향을 자극하여 한국에 대한 관심을 불러일으키고 한국인에 대해 깊은 인상을 남기는 방법이기도 했다. 예를 들어 박인덕은 자신을 "September Monkey(1896년 9월생 곧 丙申年 원숭이띠)"라고 소개하며 미국인의 호기심을 불러일으켰다. 오천석은 "서양인이 동양인에게 구하는 것은 서양화한 동양인이 아니라 동양의 특질을 보유한 개화한 동양인"이라고 간파했다.[49] 문화는 민족정체성의 표현이자 자신과 고국을 위한 홍보수단이기도 했다. 임영신은 미국대통령 영부인 엘리노어 루즈벨트(Eleanor Roosevelt)에게 한국인의 고유한 말과 글, 역사에 대해 설명하며, 한국문화가 중국·일본과는 다른 특징을 띠는 독자적 문화라는 점을 부각했다.[50]

민족문화에 대한 자부심은 서양인의 선입관과 우월의식에 대한 경계의식으로 나타나기도 했다. 김활란은 이화학당 부임을 앞두고 있는 미국인 선교사에게 기독교 서양문명과 미국문화가 세계에서 가장 뛰어나고 유일한 문화는 아니며, 우리 민족에게도 고유의 전통문화가 있고 그 독자성과 우수성에 대한 존중이 필요하다고 강조했다.[51] 박인덕의 경우 미국에서 생활하며 한글의 우수성과 함께 우리나라의 '새해맞이' 전통문화에 대해 새삼 높이 평가하게 되었다.[52] 문화의 다양성에 대한 존중과 비교문화라는 관점이 작용해 민족문화 인식이 강화되었다고 하겠다.

---

48) 「앤아버 학생의 활동」, 『신한민보』 1933년 2월 2일 ; "Korean Night in Michigan," *Korean Student Bulletin*(1933.5), p.262.

49) 장규식, 「일제하 미국유학생의 서구 근대체험과 미국문명 인식」, 154쪽.

50) "Korean Educator Meets Mrs. Roosevelt, First Lady of the Land Writes About Talking with Miss Louise Yim," *Korean Student Bulletin*(1937.10~11).

51) Marion Lane Conrow, "Helen K. Kim, Ph. D. President of Ewha College," *The Korea Mission Field*(Federal Council of Evangelical Missions in Korea, 1939.6).

52) Induk Pahk, *September Monkey*, p.113.

고황경은 난생 처음 한국역사책을 접했던 계기가 미국 도서관이었다. 미국유학하면서 처음으로 한국역사책을 읽었고 비로소 한국역사에 대해 알게 되었다. 고황경의 미국유학은 새로운 학문연구와 학위취득이라는 면에서 뿐 아니라, 한국역사를 처음 알게 되고 한국인의 민족정체성을 재인식하는 계기가 되었다는 데 의의가 있었다.[53]

여성지식인들은 미국유학생활을 거치면서 민족문화에 대한 자부심을 가지고 되었고 좋은 전통은 계승해야 한다는 점을 명확하게 인식하게 되었다. 이와 관련해 농촌경제문제 개선을 위해 민족문화에 대한 자부심 고취를 통한 민족의식과 정신적 각성이 선결되어야 한다고 강조했다. 김활란은 한국인의 부흥을 위해서는 민족문화에 대한 교육을 통해 민족정신을 길러야 한다고 주장했다.[54] 우리의 좋은 전통과 문화적 토양 위에 외국문물의 장점을 취할 것이며, 우리 민족의 주체성을 자각하면서 물질과 생활의 풍요를 도모해야 한다고 역설했다.[55] 박인덕은 한국사에서 문무 위인들, 실업계에서 성공한 인물들, 활자와 도자기와 같이 세계문명에 공헌한 한국문물을 통해 한국인으로서의 자부심과 민족정신을 고취해야 한다고 주장했다.[56] 1920~30년대 전개되었던 '국학 연구'라는 시대정신의 영향이기도 했다.[57]

여성지식인들은 일제에 대항해 독립운동을 전개하며, 민족문화를 계승하고 발전시켜 민족주체성을 확립하고자 했다. 김마리아 · 황애시덕 ·

---

53) 「고황경양의 연설」, 『신한민보』 1934년 10월 4일.

54) 김활란 저(김순희 역), 『한국의 부흥을 위한 농촌교육(*Rural Education for the Regeneration of Korea,* 콜롬비아대 박사논문, 1931)』, 90~91쪽 ; 『우월문집』 2, 242~243쪽.

55) 김활란, 『정말인의 경제부흥론』, 조선기독교청년회연합회, 1931, 36~37쪽 ; 『우월 문집』, 276~277쪽.

56) 박인덕, 『정말국민고등학교』, 조선기독교청년회연합회, 88~89쪽

57) 최기영, 「알제강점기 국학의 발달」, 『식민지시기 민족지성과 문화운동』, 한울아카데미, 2003, 11~67쪽 ; 이지원, 『한국근대문화사상사 연구』, 혜안, 2007 참조.

박인덕 · 임영신은 3 · 1독립운동으로 검거되어 옥고를 치렀다. 김마리아 · 황애시덕은 출옥 직후 상하이 대한민국 임시정부를 지원하는 대한민국애국부인회(비밀 여성 독립운동단체)를 조직하고 활동하다 발각되어 또다시 투옥되었다. 같은 시기 김활란은 7인 전도대를 조직해 농촌을 돌며 계몽활동을 했고, 신문지상에 문화운동론을 기고해 민족 계몽과 주체성 확립을 위해 노력했다. 여성지식인들은 민족정체성을 자각했고 민족주체성을 확립하고자 노력했다. 이러한 의식적 노력은 지배자인 일본인에 대해서 뿐 아니라 서양선교사들과의 관계에서도 나타나기 시작했다.

여성지식인들의 민족주체의식은 미국유학생활을 하거나 기독교국제대회에 참가하면서 더욱 강화되었다. 1920년대 한국인을 포함해 피선교국의 많은 학생들이 서양 기독교 국가들에 대한 회의와 서양인 선교사의 선교정책에 대한 비판의식을 가지고 있었다. 김필례는 외국인 학생들이 선교사와 선교사업에 비판적 시각을 갖게 된 것은 서양기독교 국가들의 "제국주의"적 면모를 간파했기 때문이라고 분석했다. 이시기 각 피선교지에서는 선교사의 권위적 태도에 대한 비판의식이 인종 또는 민족 갈등으로 표출되고 있었다.[58] 김필례는 다음과 같이 지적했다.

> 최근 선교사들의 태도가 예전에 비해 많이 바뀌었다. 그렇지만 선교사들은 민족 지도자들에 대해 좀 더 협조적인 태도를 취해야 한다. 선교사업의 목표는 "그들(한국인 지도자)이 성장해야 하고, 우리(서양선교사)는 축소되어야 한다"는 정신으로, 민족지도자를 훈련시켜 가능한 빨리 민족지도자들에게 지도력(지도자의 지위)을 인계하는 것이지 않는가?[59]

---

58) 김성은, 「1920년대 동맹휴학의 실태와 성격 : 선교회 여학교를 중심으로」, 『여성과 역사』 14, 2011.6 참조.

59) Mrs. Phyllis Kim Choi, "My Impressions of the International Student Conference," *Korean Student Bulletin*(1927.1).

김필례의 시각은 당시 한국기독교인들의 공통된 인식이자 당면과제였다. 1920년대 한국기독교인들 사이에는 선교사들의 지휘에서 벗어나서 자립과 자치를 지향하자는 분위기가 무르익고 있었다. 동시에 미국인들은 해외선교사 파송에 대해 소극적이고 부정적인 경향을 띠게 되었다. 선교지와 현지인을 존중하고 현지인(토착인)에게 교회의 권한을 이양하는 문제는 1928년 국제선교연맹이 주최한 예루살렘대회에서 중요의제로 다루어졌다.[60] 박인덕은 고대로부터 당시까지 기독교선교역사를 써놓은 책을 번역했는데, 선교역사의 결정판을 1928년 예루살렘대회라고 보고 이 대회를 자세히 다루었다.[61] 세계대회를 치르고 귀국한 기독교 여성지식인들은 민족주체의식에 따라 한국적 기독교, 한국적 실생활교육, 한국인이 경영하는 선교회 학교, 한국인의 자금에 기반을 둔 학교재단 설립을 제창하며 이를 실현하기 위해 노력했다.

또한 기독교 여성지식인들은 국제대회에 참가해 발언하고 활동하며 한국인으로서 민족주체성을 자각했고 이를 대외적으로 표명했다. 가장 대표적인 사례가 김활란이다. 김활란은 1927년 제2회 태평양문제연구회(Institute of Pacific Relations)에 참가했다. 그런데 이 회의에서 참가단체는 주권국 또는 자치국에 한한다는 헌장이 대회헌법규정으로 제출되면서, 한국인의 참가자격에 문제가 제기되었다.[62] 한국인은 식민지인이기 때문에 참가자격이 없다는 취지였다. 한국인 대표들은 이에 이의를 제기했지만 역부족이었다. 이어 1929년에 개최된 제3회 태평양문제연구회에 대해, 김활란은 '(한국인대표에 대한) 회원권(대표권) 부

60) 김활란, 「예루살렘대회와 금후 기독교」, 『청년』 8-8, 1928.11, 688~691쪽.

61) Helen Barrett Montgomery, 박인덕 역, 『예루살렘에서 예루살렘(*Jerusalem to Jerusalem*)』, 농촌여자사업협찬회, 1933.

62) 김활란,「세계적 대회의와 각국 의회의 인상 : 태평양회의」, 『삼천리』 8-6, 1936.6, 29쪽. 태평양회의는 2년에 한 번씩 범태평양 연안에 있는 여러 나라, 여러 민족, 여러 종족이 서로 모여 평화적으로 태평양 연안의 제 문제를 해결하고자 했던 대회였다.

인은 본회(태평양문제연구회) 정신과 배치된다.'는 열변을 토하며 한국인도 독자적으로 대표권을 가질 수 있어야 한다고 주장했다. 한국인 대표는 일본과 별개로, 독자적 자격으로 회의에 참석할 수 있어야 한다는 요구였다.[63] 결국 이후 한국대표들은 태평양문제연구회에 참석할 수 없게 되었다. 그러나 한민족의 주체성과 독자성을 대외적으로 주장하며 민족주체성에 대한 인식을 하게 되는 계기가 되었다는 데 의의가 있다.

1928년에는 국제선교연맹 주최로 51개국 200여 명 기독교인들이 2주간 예루살렘에 모여 선교사업의 새로운 방향을 모색하자는 취지로 세계선교대회가 열렸다. 이들은 회의에서 기독교의 사명, 선교국과 피선교국간의 관계, 산업문제 · 인종문제 · 농촌문제에 대한 기독교의 태도 등에 관해 토의하고 결의문을 작성하여 소책자로 정리했다. 이 대회에서는 루터의 종교개혁 근본정신이 민본주의에 있음에도 기독교 교리와 행정에 여전히 비민본주의적인 요소가 있다는 문제가 제기되었다. 또한 선교뿐 아니라 피선교국의 농촌문제 해결에 관심을 가질 것과 제국주의적 선교(인종 · 민족차별, 시혜의식)에 대한 반성을 촉구했다. 앵글로색슨 인종과 동양인의 성경 해석에 차이가 있을 수 있고, 상호간에 이를 공유할 필요가 있다고 천명했다. 또한 기독교 교육기관의 행정권도 인격을 본위로 하여 적임자에게 맡길 일이지, 출자하는 곳(서양선교사를 의미)에만 맡길 필요가 없다고 결의하였다. 선교국과 피선교국의 교회관계는 주종이 아니라 선교사업을 위해 협력하는 동업관계로 정리되었다.[64] 서양인들은 세계 선교사업을 전개함에 있어 기독교 제국

---

63) 「헌장개정안 설명차 조선대표 윤치호 송진우 김활란 유억겸 백관수 오씨 출석」, 『동아일보』 1929년 10월 30일 ; 「조선인대표 제안 헌장개정안 상정」, 『동아일보』 1929년 11월 6일.

64) 김활란, 「예루살렘대회와 금후 기독교」, 『청년』 8-8, 1928.11, 688~691쪽.

주의 시각을 탈피하여, 동양인과 동양의 문화전통을 존중하며 동등하게 대우하자는 내용이었다. 이러한 대회의 성격에 부응하듯 김활란은 '(한 국가 내의) 이민족 관계(race relation)'에 대한 토론 세션에서 인종(민족)차별이 없다고 주장하는 일본 감리교 감독 고로죠 우사키의 발언에 대해 반박했다. 전 세계 기독교인들에게 일본제국주의의 기만성과 한국민족에 대한 억압을 폭로했다.[65)]

연이어 미국 캔자스시에서 열린 1928년 미감리교사년총회에 한국기독교인을 대표해 참석한 김활란은 한국과 필리핀을 통틀어 한 명의 감독관을 임명하려는 총회 결의에 반대하는 연설을 했다. 한국교회의 독자성을 인정하여 한국교회 교역을 전담할 감독을 임명해달라고 요청했다. 이에 총회는 필리핀 교회 감독이 한국교회 감독을 겸하도록 한 결정을 번복하고 한국감리교회를 담당할 감독을 선출했다. 김활란의 활약 덕분이었다. 한국인과 한국교회의 독자성을 인정하지 않았던 미국기독교인의 시각을 바로잡고, 한국교회의 독자성을 재천명했다는 데 의의가 있었다.[66)] 이 회의 결과 제임스 베이커(James Baker)가 한국감리교회 감독으로 임명되었다. 베이커 감독은 예루살렘대회 결의와 한국감리교회 기독교인들의 열망을 반영하여, 한국인 교역자에게 더 많은 자율권을 보장하는 한편 서양선교사들은 도와주는 역할로 한 발 물러나는 새로운 교회정책을 시행하겠다는 의사를 표명했다.[67)] 마침내 1930년 국내 남북감리교회는 하나의 조직으로 통합되었고, 양주삼이 한국인 최초로 한국감리교회 감독으로 취임했다. 일본교회와 별개로 한국교회의 독자성을 유지하기 위한 일련의 노력에 더해 서양선교사

---

65) *Korean Student Bulletin*(1928.4) : *The Associated Press* 보도 인용.

66) Marion Lane Conrow, "Helen K. Kim, Ph. D. President of Ewha College," *The Korea Mission Field*(1939.6) ; 김활란, 『우월 김활란 자서전 : 그 빛 속의 작은 생명』, 165쪽.

67) *Korean Student Bulletin*(1929.10).

에게 한국교회의 자율권(자치권)을 요구해 관철한 것이었다. 한국인의 자주성과 주체의식은 1920년대부터 기독교인들 사이에서 공유되던 민족정서였다.

여성지식인들은 미국의 풍요와 안락함을 보며, 고국과 만주에서 추위와 굶주림으로 떨고 있는 동포들을 떠올렸다. 상대적으로 자유와 안락함을 누리는 자신들에 비해 압제와 가난으로 비참한 지경에 있는 동포들을 보며 드는 죄책감이었다. 머나먼 미국 땅에서 느끼게 된 민족애와 민족의식의 표출이었다. 미국에 있을지라도 늘 국내외 동포의 상황에 관심을 가졌고, 재해나 어려움을 당한 동포를 돕는 데 힘껏 참여하고자 했다. 김앨리스는 미국의 거대한 숲과 나무들을 보며 겨울 추위에 떨고 있을 동포들을 떠올렸다. 손도 대지 않고 접시에 남겨진 음식들과 쓰레기통에 버려지는 많은 양의 음식물을 보며 고국에서 굶주림으로 고통 받는 동포를 생각했다.[68] 박인덕 역시 미국 남부의 광활한 목화밭에 따지 않고 하얗게 버려둔 많은 목화송이들을 보며 "맘에는 나머지 목화를 다 따서 없는 곳에 보낼 수 있다면 수백 명 수천 명이 겨울에 뜻뜻한 솜옷에 솜이불을 덮고 지낼 것 같다."고 기술했다. 추위에 떠는 고국의 동포들을 떠올렸던 것이다.[69]

김마리아는 "맛있는 음식을 대하며 부드러운 의복을 입고 화려한 자연과 인조적 경치를 구경하며 폭신폭신한 침석에 누울 때마다 현재(의경우)를 즐기기보다 멀리 본국과 서북간도와 원동에 계신 동포형제들의 정형이 먼저 눈에 보인다."고 토로했다.[70] 고국의 동포들이 홍수와

---

68) Alice Kim, "Impressions of America," *The Korea Mission Field*(1923.11), pp.225~226 ; 김성은, 「1920~30년대 여자 미국유학생의 실태와 인식」, 『역사와 경계』 72, 2009.9, 219쪽.

69) 박인덕, 『세계일주기』, 24쪽 ; 박인덕, 『구월 원숭이』, 124쪽.

70) 김마리아, 「사랑하는 고국 형님! 미국 팍대학에서(1924.12에 보낸 편지)」, 『동아일보』 1925년 3월 2일.

가뭄의 침해로 인한 기근을 참다못해 자살한다는 소식에 “깊은 겨울 찬 바람 깊은 눈 속에서 헐벗고 굶주려 울고 떠는 동포의 참혹한 형상”을 떠올리며 가슴아파했다.[71] 김필례 역시 미국에서 자유롭게 풍부하고 편리한 생활을 하는 가운데도 늘 고국 동포들의 고생스러운 생활을 생각하며 눈물지었다.

> 특별히 역사는 근세사인데 19세기 각국에서 --운동을 일으키던 그때의 형편임으로 너무도 현재 우리 처지와 비슷해 도서실에서 책을 보다가 혹은 눈물을 흘리기도 하고 혹은 바깥을 내어다 보면서 정신없이 우리 조선의 장래를 그림 그리고 있을 때가 많게 됩니다.… 이곳에 와서 본즉 참으로 너무 생활이 자유롭고 풍부하고 편리하여 우리 조선 형제들의 그 고생스러운 살림살이를 늘 생각하고 눈물 지우게 됩니다.[72]

한편 우리 민족과 비슷한 처지에 있었던 근세 구미국가들이 민족운동을 일으켰던 역사에 주목해 민족의 독립을 꿈꾸기도 했다.

여자 유학생들은 학업과 고학으로 바쁜 와중에서도, 민족의식과 애족정신에 입각해 ‘건국’을 목표로 외곽 지원 단체를 조직했다. 1928년 1월 1일 김마리아를 중심으로 뉴욕에 있는 여자 유학생들은 건국을 염원하며 민족을 위한 정성을 모아 ‘근화회’를 조직했다. 목적은 첫째 민족정신을 고취하고 대동단결을 도모하고, 둘째 교육과 실업을 장려하며, 셋째 본국 사정을 널리 외국인들에게 소개하여, 넷째 건국 대업을 원조하는 등이었다. 이를 수행하기 위한 구체적 방안으로 각 부서별 근화회 사업을 다음과 같이 설정했다. 실업부에서는 지방에 상업기관을 설치하고 해내 해외에 있는 같은 목적을 가진 각 부녀단체와 연락

---

71) 김마리아, 「사랑하는 고국 형님! 미국 팍대학에서(1924.12에 보낸 편지)」, 『동아일보』 1925년 2월 25일.

72) 「외국에 노는 신여성 3 : 지식을 구하여 미국에서 대학 문학을 배우는 김필례씨(김필례가 친구 유각경에게 보낸 편지)」, 『조선일보』 1925년 5월 19일.

하여 여자계에 실업을 장려한다. 교육부에서는 토론과 강연회를 소집하고 인재를 양성하며 교육기관을 설치하여 여자교육발전에 주의한다. 사교부에서는 회원 간에 친목을 도모하며 우리 동족 간에 대동단결의 기운을 도우며 외국인에게 우리 사정을 소개한다는 목표를 세웠다. 김마리아(회장), 황에스더(근화회), 이선행(서기), 남궁조애안(재무)이 임원을 맡았고, 실업부에 황에스더 · 안핼런 · 윤원길, 교육부에 김마리아 · 김애희 · 주영순, 사교부에 박인덕 · 임매리 · 류둥지가 회원으로 참여했다. 1928년 2월 2일 뉴욕 한인교회당에서 근화회 발회식이 거행되었다. 김마리아는 근화회의 취지를 다음과 같이 설명했다.

> … 경험이 없고 배운 바가 적기 때문에 우리의 생각하는 것이든지 또는 더욱 원만한 효과를 얻을 수 있게 조직적으로 일을 할 줄은 모르되 나라를 사랑하는 붉은 정성, 사회를 위해서 무엇을 해보겠다는 간절한 뜻만은 여러분에게 양보할 수 없습니다. 수효가 적은 여자로서 더욱이 오늘과 내일에 일정한 주소가 없는 미국 안에 있는 우리로서 단체적 생활 혹은 단체적으로 무슨 일을 하려고 함에 어려운 점을 보지 못하는 바가 아니나 그렇다고 아무 것도 안하는 것은 너무나 무책임하고 또한 이와 같이 자유로운 땅에서 서로 마주 앉아 우리의 사정을 걱정이라도 하는 것이 우리의 할 일이 아닐까 해서 이 근화회를 조직했습니다.… 우리는 경우가 경우니 만큼 애국심은 누구나 다 많습니다. 그러나 일에 열중할 때는 국가의 요소 중에 가장 긴요한 민족을 사랑하는 마음이 등한해지고 무엇을 표방하는지 알지 못하게 될 때가 많이 있습니다. 그래서 민족을 사랑하는 마음을 더욱 길러 볼 수가 있으면 하는 것이 우리의 본의입니다.… 우리는 무슨 큰 사업을 하지 못한다 할지라도 우리의 마음만은 크게 로는 국가와 사회에 또한 가까이 있어서는 특별히 뉴욕사회에 적은 봉사라도 할 수 있으면 하는 것이 우리 일반 회원의 원인 동시에 근화회의 이상인즉…[73]

근화회는 재미동포사회에 민족정신을 고취하고자 조직되었다. 이외

---

73) 「이역 풍토에 무궁화의 가지 봄 비친 듯 뉴욕 부인들이 근화회를 조직하여」, 『신한민보』 1928년 4월 5일.

에도 미국유학 한국여성들은 '광복 대업에서 언론이 차지하는 중요성'에 주목하여 『삼일신보(三一申報)』 발기인으로 참여하였다. 김마리아 · 임영신 · 임아영 · 박인덕 · 송복신 · 황애시덕은 『삼일신보』 창간 취지에 동감하며 이를 지지했다.[74]

여성지식인들의 조국애와 민족애는 귀국을 계기로 다시 고양되었다. 공통적으로 이들은 귀국길에 항구에 들어서는 순간 미국과 대조되는 우리 민족의 비참한 생활상을 목격하며 암담한 현실과 마주하게 된다. 이를 우리 강산과 민족에 대한 절실한 애정으로 승화시켰다.[75] 미국유학을 마치고 귀국한 여성지식인들의 소감에는 한결같이 민족이 처한 비참한 현실에 대한 애통함, 우리 강산과 민족에 대한 절실한 애정이 나타나 있다.

박인덕은 귀국 소감을,

> 반도의 흙을 밟는 나의 깃붐이어… 남의 나라가 아모리 좃타한들 잘 길넛든 못 길넛든 오래동안 나를 길너준 내 고향만할 수가 엇더케 잇겟슴닛가? 고흔 하늘 아래의 삼천리 강산 – 그 속에 푸르게 물드린 초목! 맑은 강물! 어느 것이나 나의 가삼을 뛰놀게 하지 안은 것이 업섯슴니다.… 내가 조선의 땅을 밟으면서 무엇보담도 먼저 「가엽슨 조선아! 애처러운 내땅아!」 하고 부르지엇슴니다. 내가 사랑하는 조선은 지도해 줄 사람이 업기 때문에 언저나 한 모양으로 쓸쓸한 꿈속에서 깰 줄 몰은다는 것을 절실히 늣기엿슴니다.[76]

---

74) 『삼일신보』 창간 취지서, 1928년 3월 22일 발송 문서.

75) 신형숙(귀국 인터뷰), 「몽매에도 그립던 삼천리 근화원아! 해외 객창에서 형설공 닦다가 귀국 후 초춘 맞는 명여류 1 : 창백안이 반갑더라, 먼저 경제적 부활부터」, 『조선일보』 1928년 1월 3일 ; 황애쓰터(귀국인터뷰), 「미국에서 힘쓰는 것은 농촌사업과 군사교육」, 『조선일보』 1929년 1월 26일 ; 임영신, 「미국에서 서울까지, 생산과 소비가 맞지 않는 조선 사람의 살림살이, 변천된 조선의 자최를 찾어서」, 『동아일보』 1934년 1월 21일.

76) 박인덕, 「(만국부인)6년만의 나의 반도, 아메리카로부터 도라와서 여장을 풀면서 넷 형제에게」, 『삼천리』 3-11, 1931.11, 89~91쪽.

라고 표현했다. 고향에 돌아왔다는 기쁨과 설렘, 암담한 고국의 현실에 대한 안타까움, 부족한 점이 많고 힘없는 고국인 줄 알면서도 멈출 수 없는 애정이 복합되어 조국애로 나타나고 있음을 볼 수 있다. 이는 김활란도 마찬가지였다. 귀국 후 미국 지인에게 보낸 편지에서

> … 부산에 도착하자 기쁨과 슬픔의 감정이 교차했다. 고국에 돌아와서 기쁘고 나의 민족들이 처해있는 암울한 현실을 대하니 슬펐다. 그 원인은 여러 가지이지만 여기에 설명할 수 없다. 여러분 모두 그 원인을 안다. 나는 그 상황으로 인해 신이 우리 가운데 있는지 없는지 질문하게 되었다. 신은 우리와 함께 있고 우리 민족이 가장 필요로 하는 것은 그가 존재한다는 느낌이다. 그래서 내 역할은 모든 기회를 통해 우리 민족에게 희망과 격려의 소식을 전하는 것이다.… 결핍이 너무 커서 우리는 받을 수 있는 모든 도움을 필요로 하고 있다.[77]

고 기술했다. 미국에서 박사학위를 받고 금의환향한 김활란은 민족이 처해 있는 암담한 현실을 직면하게 되면서 신의 존재에 의문을 제기했다. 김활란의 기독교 신앙은 민족적 시련에 당면하여 끊임없이 회의하고 재정립되어야 했고, 이런 점에서 민족적 성향과 인간적인 면모를 겸비하고 있었다. 일제의 수탈과 절대적 빈곤이라는 민족 현실에 직면하여, 교육과 계몽을 통해 사람들에게 희망을 주는 것이 자신이 할 수 있는 최선이라는 결론에 다다랐다. 한편 황애시덕은 귀국 소감으로

> 나로서 크게 유감 되는 것은 미국에 오랫동안 거류하는 동포들이 점점 고국에 대한 애착심이 엷어가는 것입니다. 고국으로 돌아와도 생활에 고통만 받고 눌려만 지내는 까닭이겠지요. 그래도 우리 민족은 언제든지 이 땅에 발을 붙이고 살어야 할 것이 아닙니까?[78]

---

77) 김활란이 미국에 있는 친구들에게 보낸 편지(1932.1.8), *Korean Student Bulletin*(1932.3).

78) 황애쓰터(귀국인터뷰), 「미국에서 힘쓰는 것은 농촌사업과 군사교육」, 『조선일보』 1929년 1월 26일.

라고 일갈했다. 시간이 갈수록 미국교포들의 민족의식이 약화되면서 귀국을 꺼리고 미국에 영주하려는 현상이 증가하고 있었음을 알 수 있다. 황애시덕 자신도 일본인이 보기 싫어서 미국유학을 떠날 때 아예 귀국하지 않겠다고 마음먹기도 했다. 또한 미국의 농촌생활에 만족하여 안주하고 싶다는 생각이 들기도 했다. 결국 고국에서 해야 할 자신의 사명을 깨닫고 귀국을 재촉했다. 미국유학생들이 이런 유혹에 넘어가지 않고, 미국생활에 안주하지 않고, 사명의식을 가지고 귀국하여 민족의 현실과 마주하는 것, 국내에서 삶을 영위하며 사회활동과 농촌사업, 계몽운동을 전개하는 것 자체가 민족운동이었다고 하겠다.

제2절 여성문제 인식

1. 여권문제 인식

식민지시기 기독교계 학교에서 근대교육을 받고 성장했던 여성지식인들은 여권과 한국여성의 현실적 지위 사이의 엄청난 간극에 직면했다. 황애시덕은 한국 기혼여성의 삶에 대해

> 내가 어릴 때엔 여자는 시집가면 한 남편을 위해서 살고 그를 위해서 죽는 줄만 알엇지요. 다시 말하면 여자는 남자 때문에 세상에 출생한 줄만 알엇습니다. 남편이 기생첩을 몇식 두어도 여자는 말 한마듸도 못하며, 하로종일 자기대로 떠돌아 단이다가 가정에 들어와서 안해되는 사람에게 조고만한 실수라도 잇다면 으레히 소나 도야지 모양으로 때려주기가 例事이고, 또 여자는 볼일이 잇서도 외출하지 못하는 줄만 알엇스며 남편 먹는 음식과 안해 먹는 음식이 다른 줄만 알엇든 것임니다.[79]

---

79) 황애시덕, 「그리운 신혼시대 : 청춘과 결혼」, 『삼천리』 제5권 제3호, 1933, 65~67쪽.

라고 기술했다. 그리고 기혼여성의 비참한 처지를 알게 된 어린 시절부터 결혼을 무서워하게 되었다고 고백했다.

같은 맥락에서 박인덕은 과거 한국여성의 일생에 대해 "남자의 뜻대로 예속생활을 하고 분골쇄신하여 남자들에게 복역하며 축출을 당하지 않은 것을 행복으로 생각하고 세계가 어떤지 모르고 옥중생활 같이 적막한 세월을 보냈다."고 기술했다. 그리고 여성이 이런 대우를 받게 된 원인을 '교육과 이상이 없었기 때문'이라고 분석했다. 여성들이 위대한 이상을 가지고 용기 있게 나아가면 남녀 동등한 지위를 되찾을 기회가 올 것이라고 전망했다. 그 예로 남녀동권과 참정권을 얻기 위해 분투하는 외국여성들의 동향을 소개하며 한국여성의 각성을 촉구했다. 이와 함께 한국사회가 구미(歐美)와 같이 선진사회가 되기 위해서는 남녀가 평등주의로 서로 도우며 나아가야 한다고 주장했다.[80]

개화와 기독교 서구문명의 영향으로 여성의 인권과 남녀평등에 대한 사상이 전파되고 여성에게 근대식 학교교육이 보급되었다. 1919년 3·1만세시위와 대한민국애국부인회의 독립운동에서 드러난 여성들의 역할과 기여는 여성에 대한 고정관념을 타파하는 중요한 계기가 되었다. 1920년대 근대교육을 받은 신여성과 고등교육·전문교육을 받은 여성지식인이 등장해 사회활동 범위를 넓혀가기 시작했다. 그럼에도 남존여비사상이란 병폐는 여전히 한국인의 관습과 생각에 뿌리 깊이 남아 있었다. 황애시덕은 자신이 미국유학에서 귀국한 후 목격한 한국사회의 가부장적 남존여비관습에 대해

> 朝鮮에 도라와 보니 녜전이나 맛찬가지로 여성에게는 자유가 업섯습니다. 일부분의 지식계급에 잇는 남성들은 여성도 인간이라는 것을 인식햇든지

---

80) 박인덕, 「현대조선과 남녀평등문제」, 『동아일보』 1920년 4월 2일.

> 女性運動이니 男女同等이니 입으로만 주장하고 잇섯슬 뿐이엿습니다. 만은 역시 가정에 잇서서는 그들도 여성을 이해해주지 못할 뿐 아니라 모—든 자유를 구속하는 데 잇서서는 몃 해 전 보담도 더 한층 심한 듯 십헛습니다. 그들 입에서 종종 나오는 말인 즉『新女性은 건방저서—아는 체 해서 아모 자미도 업서—식히는 대로 해주어야 하지—』등등 이엿습니다… 교제할 적엔 가장 여성을 위하는 체하고 그야말로 女尊男卑라고까지 할 만하게 비겁한 수단을 쓰다가는 한번 자기의 물건이 되엿다고 생각하는 때에는 교제할 때에 쓰든 달큼한 수단은 어듸로 빼버리고「나는 남자이다」라는 우월감을 가지는 것이 세상의 일반 남성들이라고 보겟습니다.[81)]

라고 기술했다. 기혼여성에 대한 부당한 처우는 교육받은 신여성조차도 현실에서 피해가기 어려운 난관이었다. 황애시덕은 한국사회의 뿌리 깊은 여성비하관념, 남녀평등을 입으로만 떠드는 남성지식인의 허위와 기만은 세월이 지나고 여성교육이 확대되어도 별로 나아지지 않았다고 지적했다. 근대교육을 받은 남성지식인들도 입으로만 남녀동등을 떠들었지, 행동에는 남존여비사상이 농후했다. 남성지식인들은 자신들처럼 근대교육을 받은 여성지식인들을 동료로 존중하지 않았고, 오히려 소유, 비하, 조롱의 대상으로 삼았다. 미국유학과 세계강연여행을 마치고 귀국한 박인덕은 한국여성의 지위에 대해

> 긴 세월을 보내고 도라온 나에게 이 땅이 변화의 늣김을 주지 못하니 얼마나 섭섭하엿겟습니가. 그중에도 내가 녀성인 것만큼 무엇보담 깁히깁히 늣기게 된 것은 녀성들의 비참한 지위(地位)엿습니다. 모든 것이 남성을 편하게 하기 위해서 만드러노흔 남성본위의 조선사회제도닛깐 그도 그럿케지만 너무나 녀성을 남성의 부속물노만 녁이는 것이 엇지 분하지 안켓습닛가? 남편되는 사람은 하로종일 도라단이면서 별별 짓을 다하고 밤늣게 도라와도 안해되는 사람은 아모말 한마듸 못하게 되여 잇지만 남편 잇는 녀자가 남의 남자를 보고 웃기만 해도 야단나니 이럿케도 불공평한 사회제도가 조선 이외에야 또 어듸서 차저볼 수가 잇겟습닛가?[82)]

---

81) 황애시덕,「그리운 신혼시대 : 청춘과 결혼」,『삼천리』5-3, 1933.3, 65~67쪽.

라고 기술했다. 박인덕은 여성이 인간으로서 대우받지 못하고 아무런 정치적 지위를 갖지 못하며 그 비참한 지위가 좀처럼 개선되지 않는 것은 남성을 편하게 하기 위해 만들어 놓은 남성 본위의 사회제도, 여성을 남성의 부속물로만 여기는 사회인식 때문이라고 분석했다. 문명한 나라일수록 여성운동이 활발하며, 독일 · 미국 · 영국 · 아일랜드 · 소련의 여성들은 참정권을 가지고 있다는 점을 강조했다. 따라서 1920년대에 이어 1930년대에도 여성해방과 남녀동등을 목표로 여성운동을 적극적으로 전개해야 한다고 주장했다. 박인덕이 여성운동의 목표를 사회제도, 사회인식의 개선을 통한 남녀동권에 두었고, 궁극적으로 여성의 참정권 획득을 목표로 했음을 알 수 있다.

문제는 남녀평등 이념이 서구 기독교문화의 영향이었음에도 교회 내에서 남녀차별이 공공연하게 행해지고 있었다는 데 있었다. 여성 교역자들에 의해 제기된 '교회에서 여성의 언권과 치리권' 문제는 일부 남성교역자의 지지에도 기득권을 가진 대다수 남성교역자와 교단에 의해 묵살되었다.[83] 김마리아는 교회에서 성경을 전체적인 의미로 해석하지 않고 부분적으로 해석해 남녀를 차별하는 폐가 많다고 지적하며, 교회 내에서 행해지는 남녀차별을 비판했다. 교회 내 남녀차별이 부당하다는 근거로, 교회에서 여성의 활동과 기여를 부각했다. 교회 출석인원의 3분의 2가 여성이고, 여성들이 주일학교 교사를 거의 다 맡아하고, 여전도회를 조직해 만주에 선교사를 파견하고, 자선사업에 주력하는 등 열심히 직분에 종사하며 교회에서 중심적 역할을 담당하고 있음을 지적했다. 교회 내 남녀차별을 시정하기 위한 기독교여성운동의

---

82) 박인덕, 「6년만의 나의 반도, 아메리카로부터 돌아와서 여장을 풀면서 옛 형제에게」, 『삼천리』 3-11, 1931.11, 89쪽.

83) 김성은, 「일제시기 근대적 여성상과 교회 내 여성의 지위문제」, 『이화사학연구』 30, 2003.12, 447쪽.

필요성을 촉구했다.[84)]

새로운 한국사회의 건설을 위해서는 먼저 여성의 각성이 필요했다. 김활란은 이에 대해

> 조선여성은 자기 자신을 찾아야 한다. 과거의 사회적 제한이 우리 사회에 끼친 가장 큰 해악은 여성의 심리적 열등감이다. 심지어 오늘날 가장 높은 고등교육을 받은 여성들도 그러하다. 여성 스스로가 타고나거나 획득한 여성의 힘을 적절한 지위에 올려놓지 않는다. 자아실현, 자중, 자신감이 아주 부족하다. 종종 아무 근거 없이 스스로의 판단을 신뢰하지 않는다. 강연 책상을 두드리며 대중에게 여성의 권리를 주장하는 페미니스트도 때때로 말로써가 아니라 태도와 행동으로 단순히 남자라는 이유만으로 남성의 견해가 보다 중요하고 우선되어야 한다고 인정하곤 했다.[85)]

고 기술했다. 남존여비 관습으로 인해 고등교육을 받은 여성들조차 자신의 견해를 자신 있게 주장하지 못하는 것이 현실이었다. 남존여비사상은 남성들뿐만 아니라 남녀 모두에게 깊이 박혀있는 해악이었다. 여성은 자신의 권리를 의식하지 못하고 살아오면서 오랜 타성에 젖어 자신감을 상실했다. 때문에 여권향상과 남녀평등사회를 만들기 위해서는 먼저 의식개혁이 필요했다. 김활란은 "남녀불평등한 사회는 비정상적인 사회"라고 간주했다. 여성 스스로가 먼저 자아를 찾고 자신감을 회복하여 자아를 실현할 때 비로소 사회가 정상적인 상태로 회복되고 사회발전과 인류문화에 공헌할 수 있다고 보았다. 남녀가 평등한 정상사회, 새로운 사회를 만들기 위해서는 먼저 여성들이 "자아"를 찾고 자신감을 회복하여 자아실현을 하고, 남성들도 여성을 완롱물이나 소유

---

84) 김마리아, 「조선기독교여성운동」, 『종교시보』 3-1, 장로회총회 종교교육부, 1934.1, 10쪽.

85) Helen K. Kim, "The Women's Share in the Reconstruction of Korea," *Korean Student Bulletin*, the Korean Student Federation of North America, Committee on Friendly Relations Among Foreign Student, 1930.12.

물로 여기는 마음을 버려야 한다고 주장했다.

여성지식인들은 남녀평등의식을 가지고 여성과 사회의 각성을 촉구했다. 한국사회에 뿌리깊이 남아있는 남존여비 현상과 여권하락의 원인에 대해 보다 정교하게 연구하고 체계적으로 분석 정리하여 이론을 전개했던 사람은 김활란이었다.

> 남자는 의례히 학교에 보내고 고등교육을 시킬 것으로 알지만 여자는 학교에 보내지 않아도 되고 고등교육도 시킬 필요가 없다고 본다.… 오늘날 조선에는 재산권이 오직 남자에게만 있다. 같은 자식이건만 딸이기 때문에 한 푼도 나누어주지 않으며 딸은 있어도 아들이 없기 때문에 재산을 상속할 수 없어서 첩을 얻는다.… 여자는 아무리 가정에서 좋은 일을 하고 수고를 해도 돈을 벌어 오지 못하기 때문에 아무 권리를 찾지 못하게 되었다. 남자는 밖에 나가 돈을 벌어오고 여자는 가정에서 밥하고 옷하고 아이를 기릅니다. 남자의 하는 일과 여자의 하는 일이 가치로 말하면 조금도 다를 것이 없습니다. 어떤 의미로 보면 여자가 하는 일이 더 가치가 있습니다. 새 국민을 낳고 기르는 까닭입니다. 그러나 오늘날 조선에서는 남자가 하는 일이 오직 귀한 일이고 여자가 하는 일은 천한 일로 압니다. 남자와 여자가 분업으로 이룬 가정의 권리, 재산권, 치리권 등 모든 것이 오직 남자에게만 있습니다.[86)]

여성이 남성에게 뒤떨어진 사람이 되어 자기 권리를 찾지 못하게 된 원인이 여성교육의 부재, 딸에게 재산을 상속하지 않는 관습, 가정주부의 육아와 가사노동이 가정과 가족, 사회재생산에 기여하는 가치를 인정받지 못하는 데 있다고 분석했다. 여권하락과 남녀불평등의 원인이 "교육기회의 불평등" "재산권의 불평등" "출산, 육아, 가사노동의 가치 부정"이라는 사회 구조와 사회인식에 있다고 보았다. 또한 여권하락으로 가정문제와 사회문제가 생긴다고 지적했다. 예를 들어 딸에게 재산

---

86) 「여권문제에서 살길을 찾자, 김활란씨 강연」, 『동아일보』 1926년 10월 16일.

을 상속하지 않는 관습으로 인해 아들을 얻는다는 명분으로 축첩이 횡행하여 사회문제와 가정문제가 된다는 것이었다.

여성의 사회적 지위는 부부의 재산권과도 불가분의 관계에 있었다. 손진실은 "남편의 수입이라고 남편이 이를 독점하여 가지고 있을 아무 권리도 없습니다. 아내가 가정에 공헌하는 유형무형의 '노동의 가치'가 얼마나한 보수를 요구해야 할는지 우리는 이루 헤아릴 수 없습니다."라고 주장했다.[87] 한 가정의 재산과 수입은 부부 공동의 것이라는 생각은 여성의 출산, 육아, 가사노동에 대한 가치를 인정해야 한다는 주장과 맞닿아 있었다. 이는 매우 진보적이고 현대적이며 이상적인 견해였지만, 이를 가정생활에서 실천하기는 현실적으로 쉽지 않았다.[88]

여성의 재산권 문제를 법적 지위와 연관시켜 파악한 사람은 고황경이었다. 고황경은 여성의 재산권에 대해

> 지금 여성들은 재산권을 위해 투쟁하고 있다. 불평등한 재산권 제도는 불평등한 사회적 지위의 반영이다. 여성들의 법적 지위를 향상하기 위해 한국여성들은 자신들의 사회적 지위를 향상시켜야 한다. 남성과의 동등을 위해 싸우는 유일한 방법은 여성들의 법적 권리를 위한 법률 제정에 있다.[89]

라고 기술했다. 고황경은 여성에게 불평등한 재산권 제도로 인해 여성의 사회적 지위가 불평등해졌다고 지적했다. 따라서 여성의 법적 지위를 향상시키기 위해서는 여성의 사회적 지위를 향상시키는 한편 여성의 법적 권리를 보장하는 법률을 제정해 남녀동등을 실현시켜야 한다고 주장했다.

---

87) 손진실, 「행복된 가정에 대한 생각의 몇 가지」, 『우라키』 2, 1926, 119쪽.

88) 「1929.6.29 윤치호의 일기」, 『윤치호 일기 : 1916~1943』, 윤치호 저(김상태 편역), 역사비평사, 599쪽.

89) Whang-Kyung Koh, "Women in Modern Korea," *Korean Student Bulletin*(1935.1~2).

여성의 지위와 권리문제에 대한 김활란의 인식은 1930년대에 더욱 정교해지고 구체화되었다.

> 제 것을 가지고 제 것이라 못하며 제 것을 가지고 제 마음대로 못하고 제가 벌어놓았어도 남편의 소유가 됩니다. 혼인하기 전에 가졌던 재산이라도 혼인만 하고 나면 남편의 장중지물이 됩니다. 결혼식 전에 그 소유에 대한 여자의 권리를 등록하면 여자의 소유대로 남아있다고 할지라도 그 소유를 관리하기는 남편이 한답니다. 성년기에 있는 처녀에게만은 소유권이 있다고 합니다.… 만일 소유권을 잃지 않으려고 여성 전부가 다 노처녀로만 남아 있다고 하면 사회는 어떻게 되겠습니까.[90)]

김활란은 여성의 재산권 문제가 인식이나 관습뿐 아니라 "여성의 법적 지위"와 밀접하게 연관되어 있다고 파악했다. 결혼한 여성은 법적으로 소유권이 없고, 사업권이 없으며, 이혼에 있어 남성보다 불리하다는 점을 지적했다. 부인이 조그만 사업을 시작하려고 해도 남편의 승낙서를 부청에 제출해야만 인가를 받을 수 있었고, 그마저도 부인의 동의 없이 남편 마음대로 언제든지 취소가 가능하도록 되어 있었다. 부인이 금전출납, 보증서기, 패물과 같은 소유물 매매 · 소송 · 중재 · 상속 · 이가(離家)를 하고자 해도, 남편의 승낙 없이는 아무 것도 할 수 없었다. 식민지시기 기혼여성의 법적 지위는 일체의 재산권과 자유의지가 없는 남편의 예속물이었다.

여성의 법적 지위는 여성에 대한 사회적 인식과 관습, 여성의 사회적 지위에 영향을 미쳤다. 교육 받은 여성이 증가함에도 여성의 지위와 여성에 대한 사회적 인식이 전면적으로 개선되지 않는 주요 원인이 여성의 법적 지위에 있었다. 근대교육으로 여성개인의 지위나 처지는 나아질 수 있지만 법률에 근거를 둔 사회의 집단적 인식과 관습은

---

90) 김활란, 「여권문제에서 살길로 나가자」, 홍병철 편, 『학해』, 학해사, 1937, 695쪽.

바뀌지 않기 때문이었다.

황애시덕은 어릴 때 목격했던 기혼여성의 비참한 처지에 충격을 받고 독신을 결심하게 되었다. 고황경은 어릴 때부터 한국여성의 지위를 가리켜 '문서 없는 종'이라고 말하는 어른들의 이야기를 들으면서 자랐다. 그렇게 종이 되고 싶지는 않다는 생각에서 평생 결혼하지 않겠다고 결심하게 된다. 결혼한 여성의 법적 지위를 다분히 의식했음을 알 수 있다.[91] 박인덕의 경우 순탄하지 않은 결혼생활을 겪으면서 여성의 법적 지위가 부당함을 절감했고, 이혼을 감행하게 되었다.[92] 결혼한 여성에게 절대적으로 불리하게 되어있는 여성의 법적 지위는 박인덕 · 김활란 · 고황경과 같이 사회활동을 하며 독립적 삶을 원하는 여성지식인들이 결혼을 해소하거나 독신으로 사는 주요한 요인으로 작용했다. 여권문제 특히 기혼여성의 지위에 대한 여성지식인들의 인식은 법률적 지위와 사회적 관습을 포함한 사회구조적 관점에서 접근한 것이었다.

한국여성의 지위는 열악했지만, 여성지식인들의 여권의식과 남녀동등에 대한 인식과 비전은 확고했다. 남성과 여성이 기본적으로 모두 동등한 인격과 인권, 능력을 가지고 있으므로, 여성이 자신감을 회복하여 사회에 진출하고 목표를 세워 자신의 능력을 발휘한다면 남성 못지않은 성취를 이루어낼 수 있다고 보았다.[93] 모든 분야에 걸쳐 심지어 대통령과 부통령의 직무에 이르기까지 남녀가 동등하게 협력해야 한다고 강조했다. 가정과 사회에서 여성과 남성의 관계는 협력하는 동업자이며 동등한 관계라는 것이 여성지식인들의 기본적인 시각이었다. 나아가 여성의 지위 향상은 남녀가 동등하다거나 여성이 남성을 능가

---

91) 림영철, 『고황경 박사 그의 생애와 교육』, 39쪽.

92) 김성은, 「박인덕의 사회의식과 사회활동 : 1920대말~1930년대를 중심으로」, 『역사와 경계』 76, 2010, 198쪽.

93) 김활란, 「사람은 평등」, 『조선일보』 1926년 1월 1일.

하는 것이라기보다, 가정과 사회에서 여성이 할 수 있는 몫을 다하는 동시에 그러한 여성의 역할과 기여를 인정받는 데 있다고 보았다.[94]

결국 남녀동권을 획득하고 여성이 인격적 대우를 받기 위해서는 사회의 인식을 개혁하여 여성의 가정적, 사회적 기여를 인정받는 것이 중요했다. 이를 위해 여성 스스로가 먼저 가정에서 주부의 가치와 기여를 자각하며 생활하는 것이 필요했다. 김활란은 가정부인들이 인권을 회복하기 위해서는 "여성 스스로가 가정을 사회의 일부분으로 보고 가사를 직업으로 여기며 가정살림을 사회일로 승격시켜 실생활에서 직업인의 태도를 지녀야" 한다고 강조했다.[95] 사회 전체가 가사노동의 가치를 재평가하고, 가정부인의 역할과 기여를 직업인과 같은 격으로 인정하고 정당하게 대우해주어야 한다고 설파했다.

> … 조선여자같이 일 많이 하는 사람이 세상에 없다고 합니다. 그러나 … 이 사회는 가내의 노동은 생산력이 없는 것으로 인정하여 왔습니다. 오늘날 이 관념을 변하여 가내의 노동도 신성하여서 생산력이 있는 것이라고 한다면 과거에 불공평하였던 사실을 바르게 할 뿐 아니라 현재 일반여성에게도 자존심을 줄 것입니다. 그리하여 다수의 여성은 가내에서 생산하며 또 다수는 소질과 수양에 따라 가외의 직업을 가지고 있다면 경제적으로 소비만 하는 여자는 없을 것이요 누가 우리를 물시할 이유도 없을 것입니다.… 그러므로 우리의 표어를 "경제독립"이라고 함보다도 "생산하는 자가 되고 소비만 하는 자가 되지 말자"로 정하고 가사, 직업, 부업에 종사하면 우리를 없수히 녁이라고 하여도 감행할 자가 없을 것입니다.[96]

결국 여권향상은 여성이 직업과 부업을 통해 경제력을 가지고 사회활동을 해서 뿐 아니라 가정주부가 생산자로서 위상을 가지고 생산력

---

94) 김활란, 「그리스도와 여성의 지위 향상(미국 아틀란타 웨슬리 기념교회에서 열린 제6회 기독감리교 신자 회의 강연, 1931.10.16)」, 『우월문집』 2, 92쪽.

95) 김활란, 「직업전선과 조선여성」, 『신동아』 11, 1932.9, 142~143쪽.

96) 김활란, 「여권문제에서 살길로 나가자」, 홍병철 편, 『학해』, 학해사, 1937, 700쪽.

(가사노동, 육아, 가정교육과 민족문화전승을 통한 사회적 · 민족적 재생산 기능)의 가치를 인정받을 때 이루어진다고 강조했다. '생산자로서 여성'은 가사에 종사하거나 직업을 가지거나 부업에 종사하는 여성 모두를 포함하는 것으로, 특히 가사를 생산 활동으로 정의하고 가치를 부여했다는 데 큰 의의가 있다.

김활란은 가사노동의 가치를 역설하는 한편, 여성이 돈을 버는 능력으로 가치를 인정받고 권리를 가질 수 있다면 여성도 직업을 가지고 경제적으로 독립할 것을 적극 권장했다.

> 변호사나 또는 검사, 판사, 순사 같은 것은 으레 남성만이 독점한 직업으로 알고 그 방면에 훌륭한 소질이 있는 여자도 "나는 여자니까"하고 입 밖에 말도 내어보지 못하는 수가 많다. "여자니까 못 한다" 이런 유약한 자의 선입견을 버리자. 차라리 여성과 남성이 서로 체질이 다르니 각기 체질에 맞고 안 맞는다는 것은 옳은 말이나 재래로 덮어놓고 이것은 권위를 요구하는 지위니까 여자는 못한다니 이것은 통제자의 직이니까 여자는 감당키 어렵다거니 이런 고약한 관념은 남자도 물론이려니와 우리 여자 자신들이 먼저 버려야 할 것이다.… 우리 여성들도 정치, 경제, 교원, 종교 등의 각종 통제기관에까지 거리낌 없이 진출해야 할 것이다.[97]

김활란은 여성이 적극적으로 사회에 진출하여 직업을 가지되 과감하게 직업을 선택하고 사회에 진출해야 한다고 촉구했다. 남녀동등은 여성이 금기를 깨고 사회에 적극적으로 진출하여 활동하고, 사회적으로도 여성에게 동등한 기회를 제공하는 데서 이루어질 수 있다고 보았다. 그리고 여성이 능력을 발휘했던 역사적인 사례로 영국과 신라에서 여왕의 치세를 들었다.

---

97) 김활란, 「직업전선과 조선여성」, 『신동아』 11, 1932.9, 143~144쪽.

> 여자에게는 위대한 세력이 있습니다. 때때로 여자가 역사의 방향을 돌린 일이며… 영국역사에 빛난 페이지는 빅토리아, 엘리사벳 여왕시대가 아니며 조선역사에 빛난 페이지는 진덕, 선덕여왕시대가 아닙니까. 몇몇 여자가 우연으로 그 손에 권리를 잡게 될 때에 그러하였거늘 만일 일반여자가 수양상, 직권상 남자와 동등한 기회를 주었던들 오늘 우리 사는 세상은 딴 천지였겠습니다.…[98]

김활란은 사회가 여성에게 능력을 발휘할 기회를 부여해야 한다고 촉구했다. 남녀동등은 동등한 기회에서 비롯된다는 생각을 가지고 있었다. 남성이 여성보다 우월하게 보이는 것은 그동안 남성에게 교양의 기회가 더 많았기 때문일 뿐, 근본적으로 남녀에 우열이 있는 것은 아니라고 보았다. 여성의 자존감이 부족한 것은 타고난 것이 아니라 학습에 의한 것임을 역설하며 남녀 동등한 기회를 요구했다. 나아가 남녀에게 동등한 기회가 주어진다면 여성이 남성보다 우월한 능력을 발휘할 수도 있다고 전망했다.[99]

고황경은 한국여성의 역량과 사회참여에 대해

> 3·1독립운동에 많은 여성이 적극적으로 참여했고 그 대다수가 고등학교 나이였다. 이 여성들은 남자의 계획을 따르기 원하지 않았고 자신들의 체계적 계획을 가지고 있었다. 이로써 근대 여성들이 정치문제와 사회개혁을 할 수 있는 정신적 준비가 되어 있음을 알 수 있다. 독립운동 동안 젊은 어머니들이 많이 투옥되었고 남자들은 이것을 보고 놀랐다. 여성들은 미래의 국가사업에 참여하여 자신의 역할을 담당할 것이다. 여성들도 남성과 마찬가지로 가족보다 국가와 사회를 우위에 두기 때문이다.[100]

라고 기술했다. 한국여성들이 정치에 참여하고 사회개혁을 담당할 수

---

98) 김활란, 「여권문제에서 살길로 나가자」, 697쪽.

99) 김활란, 「여박사의 독신생활기 : 생활의 전부를 사업에, 김활란박사 독신생활기」, 『조광』 4-3, 1938.3, 239쪽.

100) Whang-Kyung Koh, "Women in Modern Korea," *Korean Student Bulletin*(1935.1~2).

있는 준비가 되어 있다고 파악했다. 여권에 대한 시각이 교육권, 직업권을 넘어 참정권까지 확대되고 있었다.

이와 같은 여권문제 인식을 바탕으로 여성지식인들은 여권을 개선하기 하기 위해 여성지도자의 역할이 필요하다고 인식했다. 나아가 여성을 위해 일하겠다는 의지를 표명했다. 임영신은 귀국 소감에서

> … 이런 현상을 보게 된 나는 10여년 동안 그립고 그립던 고국과 고향에 돌아온 기쁨은 순간으로 스러지고 우리의 앞길에 대한 공포와 불안을 느끼지 아니할 수 없습니다. 나는 조선 사람이 된 자기, 더욱이 조선의 여자 된 자기가 하지 않으면 안 될 일과 사명이 중대한 것을 새삼스럽게 느끼게 되었습니다. 어떻든 나는 여러 가지로 머리가 무겁고 생각의 갈피조차 잡을 수 없을 지경이었습니다.[101]

라고 토로했다. 미국유학을 마치고 금의환향했다는 기쁨보다는 민족과 여성이 처한 현실을 개선해야 한다는 책임감을 더욱 무겁게 느끼고 있었다. 이것은 한국사회에 지도자가 필요하다는 문제의식, 이를 해결하기 위해서는 자신과 같은 지식인이 지도자 역할을 해야 한다는 사명의식이 복합된 것이었다. 황애시덕은 귀국 인터뷰에서 "조선민족은 다른 민족에 비해 비교적 단결이 잘 되고 애향심이 강하지만 훌륭한 지도자가 없다. 가장 긴급한 것은 전체를 통어할 만한 출중한 인격을 가진 지도자"라고 역설했다. 우리 민족의 살 길은 단결이며, 이를 위해 민족의 단결을 끌어낼 수 있고 민족을 살 길로 인도할 수 있는 지도자가 중요하고 또 필요하다고 강조했다.[102]

1930년대 한국사회의 가장 긴급한 요구는 경제발전이었다. 경제침체

---

101) 임영신, 「미국에서 서울까지, 생산과 소비가 맞지 않는 조선 사람의 살림살이, 변천된 조선의 자취를 찾어서」, 『동아일보』 1934년 1월 21일.

102) 황애쓰터, 「미국에서 힘쓰는 것은 농촌사업과 군사교육, 칭찬받는 삼십여 명의 조선여학생」, 『조선일보』 1929년 1월 26일.

가 매우 극심해 대부분의 사람들이 먹고 사는 일 이외는 생각할 수도 없는 형편이었다. 그러나 일제 지배 아래서는 결코 민족의 경제문제가 해결될 수 없었다. 총독부의 경제정책은 한국인에 대한 경제적 수탈과 착취가 목표였기 때문이다. 김마리아는 결국 한국인 스스로가 경제문제 해결을 위해 노력하며 자신의 사업을 경영해야 한다고 주장했다. 그리고 이 일을 성공적으로 수행하기 위해서는 지도자-말과 행동에 일관성이 있고, 이기적이지 않은 동기를 가지고, 공동의 선이라는 궁극적 목표를 가진 지도자-가 있어야 하고, 나머지 사람들은 지도자를 따르고 적극적으로 협조해야 한다고 역설했다.[103)]

여성지식인들은 민족의식에 입각하여 민족의 일꾼으로서 지도자의 필요성을 촉구했다. 동시에 선각자라는 자각과 사명감을 가지고 여성의 향상을 위해 일하는 여성지도자의 역할이 중요하고 필요하다고 강조했다. 박인덕은 자신의 귀국 목적이 '우리 일천만 여성의 동무'가 되는 데 있다고 천명했다.[104)] 다음 인용문에는 여성운동의 필요성을 주장했던 박인덕의 사명의식이 나타나있다.

> 나는 누구보담도 나와 갓흔 조선의 녀성들을 위해서 노력하려고 함니다. 우리는 정치적 지위도 아모 것도 업습니다. 지위를 못 가젓다고 「운운」하기 보담 우리는 확실히 인간으로 취급을 밧지 못함니다. 근래에 와서는 녀성해방을 부르짓고 남녀동등을 부르짓는 것은 녀성의 약점을 발로식히는 것이니 그것은 벌서 시대에 뒤떠러진 일이라고 하는 론설도 잇슴니다만은 내 생각에는 조선에 잇서서 녀성해방을 부르짓는 것이 가장 적당한 일이라고 생각함니다.(그렇타고 함부로 해방을 부르지즈라는 말은 안임니다.) 우리가 할 바 일을 하자는 것임니다.… 문명한 나라일사록 녀성운동이 심함니다. 독일, 영국, 미국, 애란, 러시아 등 여러 나라의 녀성은 다-들 참정권

---

103) Maria C. Kim(Biblical Seminary in New York), "Initiative but Cooperative Leadership," *Korean Student Bulletin*(1931.3).

104) 「6개국을 만유(漫遊)하고 돌아온 박인덕 여사 방문기」, 51쪽.

(參政權)까지 가지고 잇슴니다.… 싸화야 할 것임니다. 나는 먼저 귀국한 황애시덕(黃愛施德)형과 손을 맛잡고 여러분을 위하며 나를 위하고 우리들의 자손을 위해서 싸호려고 함니다. 남을 부러워만 하고 가만히 안저 잇는 것은 매우 붓그러운 일임니다.[105]

미국유학에서 귀국 후 박인덕은 앞으로 황애시덕과 함께 남녀동등과 여성해방을 위한 여성운동을 전개하겠다고 포부를 밝혔다. 여성운동은 여성을 위한 일일뿐 아니라 문명한 나라가 되기 위한 지표라는 의미가 부여되었다. 박인덕은 귀국 전부터 여성을 위한 사업을 구상하여 구체적 계획과 방법까지 세웠고, 귀국 후 농촌과 도시에서 여성을 대상으로 여러 가지 사업과 여성운동을 전개했다.[106]

여성지식인들은 대부분 귀국 소감에서 여성을 위해 일하겠다고 다짐했다. 김활란은 미국유학에서 귀국하면서 "여성의 사회적 지위향상, 경제적 자작자급, 정신함양"을 위해 일하겠다며 포부를 밝혔다.[107] 임영신의 경우 '半島女性의 知識的 向上과 女性으로서의 地位를 世界的 水準까지 올리려는' 소신을 가지고 중앙보육학교를 인수해 확장을 추진했다.[108] 고봉경은 귀국 소감으로 시골에 가서 농촌부녀, 아동과 친해지고 싶고 장차 '부인계에 공헌'하고 싶다는 포부를 가지고 있었다.[109] 고황경 역시 귀국 소감으로 "경제적 사회적으로 부인의 향상을 위해 좀 더 구체적으로 공헌하고 싶다."는 포부를 밝혔다.[110] 이는 고봉경과 고

---

105) 박인덕, 「(만국부인) 6년만의 나의 반도, 아메리카로부터 도라와서 여장을 풀면서 넷 형제에게」, 89~91쪽.

106) 박인덕, 「나의 자서전」, 『여성』 4-3, 1939.3, 39~40쪽.

107) 김활란, 「나의 교육 반생기」, 『조광』 5-8, 1939.8, 58쪽 ; 「삼대명류인사인물론 : 김활란씨 인물론」, 『신인문학』 2-3, 1935.4, 31쪽.

108) 복면자, 「조선 5대 여교장 인물평 : 중앙보육학교 교장 임영신여사 편」, 『삼천리』, 13-1, 1941.1, 168쪽.

109) 고봉경, 「전원의 천국을 세우고 싶다」, 『신인문학』 3-1, 청조사, 1936.1, 45~47쪽.

110) 고황경, 「사색과 이지의 세계」, 『신인문학』 3-1, 1936.1, 42쪽.

황경이 서울시 외곽 농촌마을에 여성들을 위한 경성자매원을 설립하고 운영함으로 실현되었다. 여성지식인들은 미국유학에서 귀국 후 여성지도자로서의 분명한 의식을 가지고 사회활동을 전개하였다.

여성지식인들은 여권향상과 남녀동등을 위해 여성의 경제적 독립이 필요하다는 점에서 공통된 인식을 가지고 있었다. 이를 달성할 수 있는 현실적이고 주요한 방법으로 '여성교육'에 주목했다. 이는 교육받은 신여성의 역할과 활동을 강조하는 것으로 귀결되었다. 교육의 기회와 혜택을 먼저 받은 선각자로서 신여성의 사명은 여권향상, 근대적 가정 건설, 사회와 민족의 향상에 있었다.

> 먼저 여성지식인들은 신여성의 사명으로써 여권과 민족의 향상을 위한 직업과 경제활동, 사회활동에 전념하는 여성상을 추구했다. 여권향상을 위해서는 여성이 직업을 통해 경제적 독립과 경제력을 확보하고 사회활동을 전개하는 것이 중요했다. 이를 위해 여학교 졸업생들의 취업을 장려했다. 직업여성의 경제활동은 여권향상을 위한 경제적 독립뿐만 아니라 가정경제와 국가경제에 도움이 된다는 점에서 의의가 있었다. 그런데 근대교육을 받고 직업에 종사하는 신여성의 등장과 함께 결혼을 하지 않는 독신이 새로운 생활양식으로 대두하게 되었다. 이에는 이화학당의 교사로 활동했던 독신 여선교사들의 영향도 있었다. 김활란은 여성이 가정과 직업을 양립시키기 힘든 현실에서 직업과 사회활동에 전념하기 위해서는 독신을 선택할 수도 있다는 지론을 가지고 있었다. 직업여성은 자활할 힘이 있으니 혼인할 필요가 없다고까지 했다. 김활란은 학교를 졸업한 신여성, 여성지식인들이 결혼과 가정에 얽매이지 않고 적극적으로 사회에서 활동하기를 바랐다. 그렇게 하는 것이 과도기 교육의 혜택을 받은 여성의 사명이라고 생각했기 때문이었다.[111] 같은 맥락에서 고황경 역시 신여성이 사회적 경제적 독립을 유지하기 위해 선택할 수 있는 새로운 생활방식이 바로 독신과 직업이라고 지적했다.[112]

---

111) 김성은, 「일제시기 김활란의 여권의식과 여성교육론」, 『역사와 경계』 79, 2011, 195~196쪽.

112) Whang-Kyung Koh, "Women in Modern Korea," *Korean Student Bulletin*(1935.1~2).

반면 황애시덕은 미국유학에서 귀국한 후 자신이 목격했던 미국인 기혼여성의 가정생활과 사회활동에 대해,

> 米國에 가보니 그 나라 여성들은 우리 朝鮮 女性과는 全然 달넛슴니다. 결혼한 여자라도 자유로운 몸으로써 자기가 할 일은 자기가 함니다. 가정 때문에 남편 때문에 자기가 하고저 하는 사업에 꺼리끼는 일이라고 업섯슴니다, 남편은 안해를 조곰도 구속하지 안코 어듸까지든지 안해를 한 인간으로써 이해해 줍니다, 미국 남성들은 안해에게만 대해서 이해할 뿐만 아니라, 일반 여성에 대해서도 여자라고 해서 업수히 본다든가 하는 비린 냄새나는 즛은 조곰도 하지 안슴니다.[113]

라고 기술했다. 미국여성의 지위와 생활을 통해 여성이 가정과 직업을 양립할 수 있는 가장 이상적인 사회상을 부각하고자 했다. 그리하여 남편의 이해와 협조가 있으면 한국사회에서도 기혼여성의 직장생활과 사회활동이 가능하다는 면에서 굳이 독신을 고집할 필요는 없다는 결론에 다다랐다. 여성의 열악한 법적 지위에도 불구하고 가정에서 여권은 가족 구성원, 특히 남성(가부장, 남편)의 인식과 대우에 좌우되는 면이 많았기 때문이다. 이러한 인식은 한국 기혼여성의 비참한 처지에 충격을 받고 독신을 결심했던 황애시덕이 미국유학에서 귀국 후 만혼을 하게 된 주요인이 되었다.

> … 그와 결혼하겟다는 생각을 가지게 되엿슴니다, 결혼한대도 내가 뜻하는 바 사업에만 장해가 업다면 굿태여 사사로운 생활을 희생하면서 公生活을 할 필요가 업는 줄은 임의 깨달은 바 이니깐요.… 그럼으로 지금의 나는 밧게서 일하면서도 맘에 편함을 늣기고 가정에 도라오면 또한 사사로히(同情)해 주는 사람 朴氏가 잇슴을 깃버하게 됩니다. 그리고 또 결혼하기 전엔 어머님 때문에 어듸가서 오래잇게 되면 걱정이 되엿는데 지금은 朴氏가 잇

113) 황애시덕, 「그리운 신혼시대 : 청춘과 결혼」, 『삼천리』 5-3, 1933.3, 65~66쪽.

> 스닛깐 어머님 때문에도 걱정이 업고 絕對安心이 됩니다. 결혼하면 가사의 奔忙케 되는 것이 상례이겟지만 나는 전에는 남자가 할 일 까지 나 혼자 전부 햇기 때문에 몹시 고단햇습니다 만은 지금은 가사에 잇서서도 남자가 할 일은 그이가 하게 되니 나에게는 퍽 편리하고 몸과 맘이 한가지로 평안 함니다.[114]

황애시덕이 결혼을 결심하게 된 배경에는 자신의 남편이라면 결혼해서도 자기의 자유와 사회활동을 구속하지 않을 것이라는 확신이 있었기 때문이었다. 이와 같이 여성이 가정과 직업을 병행하기 어려운 현실에도 결혼하고 나서도 활발한 사회활동을 계속하는 여성지식인들은 남녀 동등한 결혼생활, 가정과 직업을 병행하는 이상적인 직업부인의 모델이 되었다.

여성지식인들은 학교에서 근대교육을 받은 '신여성 가정주부'의 역할이 중요하다며 '신여성의 사명'을 강조했다. 교육받은 신여성은 "가정 건설과 여성의 지위 향상"이라는 "이중책임"을 자각해야 한다는 것이었다. 신여성 주부는 '사회적 책임의식'을 가지고, 가정생활을 개선하여 가사 부담을 줄이고, 그 여력을 농촌여성에 대한 계몽과 문맹퇴치, 사회봉사활동에 쏟아야 한다고 역설했다. 신여성은 졸업 후 직업을 가져서 경제적인 면에서 결혼준비를 하고, 결혼 후에도 가능하다면 계속 직업에 종사하는 것이 가정에서 남녀동등을 실현하고 가정경제와 사회를 위하는 길이라고 보았다. 직업이 없는 전업주부의 경우 "가사를 사회일로" 여겨 직업정신을 가지고 가사에 임하며 자신이 "생산자"임을 자각해야 한다고 강조했다. 결국 김활란이 생각했던 가장 이상적인 신여성 가정주부의 모습은 "이해하는 남편을 만나서 가정생활을 하는 동시에 사회활동"을 하며 둘 다 원만하게 해나가거나 "틈을 내어 사회봉

---

114) 황애시덕, 「그리운 신혼시대 : 청춘과 결혼」, 『삼천리』 5-3, 1933.3, 66쪽.

사"를 하는 것이었다.115) 고황경 역시 신여성 가정주부의 사회적 역할에 중요한 의미를 부여했다. 가정주부로서 수행하는 신여성의 역할이 유교적 가부장적인 가정을 개혁하고 결국 사회의 변화와 개선을 가져올 것이라고 전망했다.116)

여성지식인들은 스스로 '지도자'라는 의식을 가지고 전체 여성의 향상을 위해 사회활동을 지속하는 한편, 여학교를 통해 계속 배출되는 신여성들에게도 각자 가정주부와 직업여성으로서 사회에 대한 책임의식을 가지고 자신이 받은 혜택을 사회에 환원하며 봉사하는 지도자 역할을 수행할 것을 촉구했다.

2. 여성교육론

일제시기 미국유학 한국여성들은 여성교육이 여권문제 해결의 출발이라고 인식했고, 교육받은 여성이 가정과 사회 다방면에 기여할 수 있다는 점을 부각하며 여성교육의 유용성을 강조했다. 이들은 여권하락의 원인이 남성에 대한 경제적 종속에 있다고 보았다. 여성이 인격과 실력을 갖추어 남성과 동등해지려면 먼저 '경제적 독립'을 해야 하고, 그 준비단계가 '교육'이라며, 여성이 경제력을 갖추기 위해서는 '직업교육'이 필요하다고 강조했다. 이러한 시각은 여성지식인의 공통적 생각이자 논의 주제였으며, 일제시기 여성교육론을 여성해방론으로 보는 이유이기도 하다. 여성교육은 그 자체가 남녀평등의 상징으로 여성이 자아를 실현하기 위한 첫 단계였다.

---

115) 김성은, 「일제시기 김활란의 여권의식과 여성교육론」, 『역사와 경계』 79, 2011, 190~205쪽.

116) 고황경, 「조선여성과 가족제도」, 『여성』 2-10, 1937.10, 37쪽 ; 김성은, 「일제시기 고황경의 여성의식과 가정 · 사회 · 국가관」, 『한국사상사학』 36, 2010, 433~436쪽.

1) 실업 · 직업교육론

여성지식인들은 여권문제 해결의 첫 단계를 여성교육이라고 생각했다. 박인덕은 여성의 해방과 인권 회복, 인격적 대우, 자립을 위한 여성의 경제적 독립을 중시했다. 여성의 경제적 독립을 뒷받침할 수 있는 실업교육이 필요하다고 보았다.

> 과거에는 여하하였든지 물론하고 지금부터는 우리의 운명이 우리 장중에 있음을 확적히 알아야겠다. 이 운명을 해결하려면 현대의 신여성들이 각자의 천재와 취미를 따라 적어도 한 가지는 실지로 배워 내 일생의 직업을 철저히 준비하여야 결혼 여부 간에 이 바다를 무사히 건너겠다. 일찍이 학득한 기술이 없어가지고서는 어느 때 기필치 못할 불운과 위험을 방어할 도리가 없을 것이다. 그리하여 옛날 예수께서는 목수 일을 배우셨고 성 바울은 장막 지을 줄을 알았다.[117]

기독교인으로서 박인덕은 성경에 나오는 위대한 인물들도 생계를 꾸리기 위한 기술과 직업을 가지고 있었다는 점을 부각했다. 그리고 이들을 본받아야 한다는 논리로 직업과 직업교육의 중요성을 강조했다.

1920년대 후반 취직난은 이미 큰 사회문제였다. 교육받은 여성의 대부분이 교사로 취직하는 현실에서, 유학과 여학교를 통해 배출되는 졸업생은 증가하는 반면, 이들이 근무할 수 있는 교육기관 교직은 너무나 제한적이었다. 여학교 수도 적었고, 일본인이나 한국남성에 비해 한국여성이 교사로 취업하기는 더욱 어려운 실정이었다. 게다가 여학생의 전공이 제한적이어서, 다양한 과목의 교사로 취직하거나 다양한 직업 분야에 진출하기도 어려웠다. 박인덕은 여성의 직업교육과 취업문제에 대해

---

117) 박인덕, 「조선여자와 직업문제」, 『우라키』 3, 1928.4, 47쪽.

> 우리 일천만 여자가 단결하여 이 기관을 설립하고 여러 여성들이 각 방면으로 실업과를 졸업하고 나면 그들이 그의 재조와 공구를 합해가지고 각자에게 적합한 노동을 하는 반면에는 창작가가 많이 생길 것이다. 이렇게 하기를 일이대를 하면 우리도 생을 원수같이 보지 않고 생을 즐길 줄 알겠다. 고로 이 운동에 대하여 구체적으로 쓰지 않고 단지 지금부터는 개인이 "나는 반드시 직업여자가 되리라."는 결심만 생기기를 희망한다. 뜻있는 곳에는 마침내 길이 전개되는 것은 정리(定理)이다.[118]

라고 기술했다. 한국여성들이 앞으로는 다양한 직업에 적극적으로 진출하기 위해서는 직업교육이 우선되어야 한다고 보았다. 남녀동권을 실현하기 위해서는 '여자실업기관'을 설립하여, 여성이 직업을 가지고 경제적 독립을 할 수 있는 교육을 실시해야 한다고 주장했다.

박인덕은 미국 남부 켄터키주에 있는 베레아(Berea)학교에 주목했다. 이 학교 교육 시스템과 프로그램에서 한국교육의 미래를 발견하고 자신의 교육사업을 구상하게 되었다.

> 1년 학비가 140~150불에 지나지 않고 교과서 사는 것, 사비 합하여 50~80불까지 드는데 이것은 학교에서 벌어 쓰게 학제가 되었다고 한다. 학과는 다른 대학과 같고 그 외에 농과, 목공과, 인쇄과, 가정과 등 여러 가지 실업과를 두고 실제로 가르친다.… 어떤 곳에 가니 남자들이 흰 모자에 하얀 앞치마를 두르고 땀을 뻘뻘 흘리며 떡 굽고 케이크 만드느라고 야단이다. 무슨 때가 되면 이리로 케이크 주문이 수백 개씩 온다고 한다. 목공과에 가니 세간 만드느라고 역시 학생들이 분주히 뚝딱 뚝딱 소리를 낸다. 이곳을 지나던 사람들이 와서 보고 방 세간을 많이 사간다고 한다. 인쇄소에서는 학교나 동리에서 쓰는 여간한 인쇄는 다 한다. 덜크럭 덜크럭 기계 돌아가는 소리에 정신이 없다. 직조부에서는 여자들이 옛날식으로 베틀에 앉아서 수건, 상보 같은 것을 아름답게 짜고 있고, 목장에서는 살찐 암소 곁에 남학생들이 통 하나씩 들이대고 우유를 짜고 있고, 농장에서는 농부들 모양으로 채소 재배에 골몰하고 있다. 점심시간이 되어 식당으로 들어가면서 이곳에 어떤 빌딩은 학생들 손으로 세운 것이라고 자랑삼아 이야기한다. 식당에

118) 박인덕, 『세계일주기』, 49쪽.

> 들어가니 기숙사 식당이 아니요 여관 식당이다. 이 여관은 학교에 속한 것인데 학생들이 역원이 되어 사무실 일, 식당 주방 일까지 전부 맡아 본다. 학교에 속한 병원도 학생들이 운전해 나간다. 이 대학에 부속 보통학교, 중학교, 사범학교가 있고 하기 강습과까지 있어서 1년 동안에 2,000여 명 학생이 어린이로부터 노인까지 포함되어 공부한다.[119)]

베레아대학은 도시인들에 비해 문화 정도가 뒤진 외딴 산골 지역에 사는 미국인들의 자녀를 교육하기 위해 일반적인 학교제도와는 다른 특별한 방식으로 설립된 학교였다. 학교에는 농과(학생들이 경작함), 축산과(젖소와 닭을 길러 우유 짜고 계란 모으기), 목공과(학생들이 대학 건물을 지음), 인쇄과(신문, 잡지 출판) 이외에 문학과 과학에 관한 학과가 있었다. 모든 학생들은 매일 두 시간씩 "근로 프로그램"에 참여해 임금 지급 대상 스케줄에 따라 63개로 조직화된 부서의 한 곳이나 그 이상의 부서에서 일했다. 근로 프로그램 부서로는 빵 사탕조리부 · 인쇄 · 농작 · 수공업 · 직물 짜기 · 벽돌제조 등이 있었다. 학생들은 가장 최신 설비가 제공되는 병원, 실험실, 양계장에서 전문적인 훈련을 받으며 일할 수 있었다. 이러한 학과 운영과 근로학습 프로그램은 학생들이 배우는 동시에 일하고, 이론과 실기를 같이 배우며, 스스로의 힘으로 자신의 교육비를 지불한다는 자부심과 감사의 마음을 가지게 된다는 데 의의가 있었다. 가능한 대로 가장 저렴한 비용으로 최고의 교육을 실시하는 학교를 통해 가난한 사람들과 교육받을 자격이 있는 사람들에게 '대학교육(고등교육)' 기회를 부여한다는 데 큰 의의가 있었다. 또한 베레아대학은 부속교육기관으로 보통학교, 중학교, 사범학교, 하기강습회 등 다양하게 구성되어 어린이에서부터 노인까지 공부할 수 있는 교육체계를 갖추어 '평생교육'의 개념을 구현했다는 점에서

---

119) 박인덕, 『세계여행기』, 45~46쪽.

도 의의가 있었다. 박인덕이 플로리다주에서 만난 맥코이씨가 대표적인 사례였다. 그는 나이 30세에 베레아대학 부속 보통학교 6학년에 입학해 근 40세에 베레아대학을 졸업하고 자기 고향 산촌으로 돌아가 어린이들을 모아놓고 가르치며 보람찬 삶을 살고 있었다. 박인덕은 이러한 교육제도가 당시 한국인에게 적합하고 꼭 필요한 '실용교육, 실제교육'이며, "두뇌뿐만 아니라 손에 대한 훈련"으로 삶에 대한 준비를 할 수 있는 "완벽한 교육"이라고 보았다.[120] 베레아학교의 목적과 운영, 교육방법은 박인덕에게 깊은 인상을 심어주었다. 이를 계기로 박인덕은 언젠가는 한국인을 위한 베레아대학을 세우겠다고 결심하며 실업학교 설립을 꿈꾸게 된다. 이 꿈은 해방 후 인덕실업고등학교, 인덕예술공과전문학교(현 인덕대학) 설립하는 것으로 이루어졌다.[121]

박인덕은 또 다른 실업학교의 형태로 영국 남아들이 진학하는 '항해술을 가르치는 학교'를 소개했다. 영국이 세계 땅의 5분의 1을 점령하고 부유하게 된 것은 항해무역 덕분이며, 항해무역으로 자신들이 만든 물건을 팔고 그 과정에서 새 땅을 발견하면 정복하며 세계로 뻗어 나갔다는 점에서 항해학교 교육에 큰 의미를 부여했다. 한편 스위스에는 알프스산 경치를 보러 오는 관광객들을 접대하기 위한 '호텔보이양성소'가 있어 손님 접대법을 가르친다고 소개했다. 또한 스위스에서는 시계 만드는 공업이 중요한데 가업으로 여러 대를 내려가며 기술이 전수된다고 설명했다. 스위스에 지하자원이 없지만 자신들이 이미 가진 것들을 잘 활용하고 필요한 직업교육을 적절하게 실시한다는 데 주목했다. 박인덕이 세계강연투어 여정에서 넓힌 견문은 여성교육에 있어서

---

120) 박인덕, 『세계여행기』, 44~46쪽 ; 박인덕, 『농촌교역지침』, 18쪽 ; 박인덕, 「북미대륙의 방랑(1929.9)」, 39쪽 ; 박인덕, 『호랑이 시(*The Hour of the Tiger*, 1965)』, 45~50쪽.

121) 이태영, 「인덕실업전문학교의 박인덕 선생님과 딸 김혜란 학장」, 『나의 만남, 나의 인생』, 정우사, 1991, 61쪽.

실업·실제교육의 필요성을 더욱 강조하게 되는 계기가 되었다.

한편 김활란은 중등교육과정에서 직업교육을 실시하자고 제안했다. 중등 여학교 교육과정이 현실에 부적합한 내용이 많아서, 졸업 후 사회에 나가 실생활에 직접 부딪혀야 하는 신여성들에게 별 도움이 되지 못하고, 심지어는 사회의 비난과 조소의 대상이 되는 경우가 많기 때문이었다. 김활란은 이러한 문제를 해결하고 현실에 적합한 교육을 실시하기 위한 대안을 제시했다. 어린이가 말을 배우기 시작하면서 12~13세까지는 가정과 학교가 밀접한 관계 하에 참다운 인격을 양성하도록 해야 한다고 보았다. 이 시기는 인간이 일평생 사용할 문화, 습관, 태도, 성격을 완전히 하는 시기이기 때문이었다. 13~14살부터는 실제교육 곧 시대에 적합한 교육을 실시하여 학생들의 장기에 따라 농사짓는 법, 공업 기술, 노동하는 법에 대한 제 기술을 양성하도록 해야 한다고 보았다. 그리하여 15~16살이라도 충분히 직업전선에서 일할 수 있도록 교육시키자고 제안했다.[122)]

미국유학 여성지식인들은 실업교육(직업교육) 및 실생활교육(실용적 교육)의 강화를 주장했다. 이들의 실업교육론에서 특히 주목해야 할 점은 전문학교 과정 곧 고등교육과정에서 실업교육을 강조했다는 점이다. 임영신은 학생들이 초등 정도의 학교를 졸업한 후 바로 중등 정도의 실업학교로 진학하는 것은 어중간한 인물밖에 양성해내지 못한다고 지적했다. 따라서 학생들이 중등 정도의 교육을 거치고 난 뒤 전문(학교) 정도의 실업교육을 받아야만 비로소 이론의 기초가 서고 실제 기술에도 서툴지 않게 될 수 있다고 주장했다.[123)]

실업교육과 실생활교육의 강화는 일제의 교육정책에도 부합하는 것

---

122) 김활란, 「여학교교육문제」, 『신여성』, 1933.3, 10~11쪽.

123) 임영신, 「조선사람을 본위로 하라」, 『조선일보』 1937년 1월 1일.

이었다. 그러나 일제의 정책이 초등·중등정도의 실업교육을 장려한 것이었다면, 박인덕과 임영신 등 미국유학 여성지식인들은 전문학교 또는 대학교 과정에서의 실업(직업)교육과 실용교육·실습교육을 지향했다는 점에서 차이가 있었다.

2) 고등·전문교육론

한국여성고등교육의 발전방향에 대한 논의는 주로 김활란과 임영신에 의해 제기되었다. 김활란은 일제시기 선교회 학교였던 이화여전의 교무를 총괄하던 한국인 최고책임자로서 학감과 부교장을 거쳐 교장을 역임한 인물이다. 임영신은 중앙보육학교를 인수하고 교장으로 취임하면서 교육책임자로서 학교와 교육에 대한 자신의 의견을 개진했다. 두 인물의 공통점은 여성고등교육기관 책임자로서 현실적인 고민을 했다는 점이다. 이들의 견해를 바탕으로 한국여성고등교육의 발전방향을 살펴보면 다음과 같다.

김활란은 한국여성고등교육기관이 한국인이 경영하는, 한국인의 재원으로 운영되는, 한국민족의 문화적 색채가 있는 학교가 되어야 한다고 생각했다. 이화여전의 경우 한국여성고등교육에 있어 커다란 업적과 기여에도 불구하고, 미국감리교 선교회의 재원과 서양인 선교사의 경영으로 운영되는 서양식 학교라는 이미지가 강했다. 김활란은 문화민족주의를 주창하던 교육가로서 한국적 기독교를 주장하며 한국인의 주체성을 강조했다. 이화여전이 기존의 이미지를 극복하고 민족적 색채가 짙은 학교로 전환되기를 기대했다.

1931년 미국에서 박사학위를 취득하고 귀국한 김활란은 1933년 이화여전 부교장 지위에 올라 막중한 책임을 맡게 된다. 이즈음부터 김활란은 '조선의 이화'를 꿈꾸기 시작했다. 1933년 이화여전 문과는 중등학교 정도의 영어교사를 양성하는 학과였고, 음악과는 성악과 기악부로 구성되어 있었다. 김활란은 좀 더 '조선화' 된 교육과정의 신설을 계획하여, 문과에 조선문학, 사학(역사) 분과(전공)을 개설하고 음악과에는 동양음악, 작곡 분과를 개설하여 과(科)를 확충하고자 했다.[124]

이에 부응하여 1930년대 학교당국자였던 서양선교사들도 학교경영 방침을 수정하여 이화전문학교를 재래의 '예수교 선교회의 이화전문'에서 '조선사회의 이화전문'으로 만들겠다는 의지를 표명했다. 이에 김활란은 한국사회를 향해, 한국인의 힘으로 이화여전 후원회(재단)를 조직해 이화여전을 한국인의 학교로 만들자고 제안했다. 한편 미감리교 선교회에 대해서는 선교기관에 소속된 이화가 아니라 전조선사회의 이화로 발전할 수 있도록 이화를 해방시켜 달라고 제안했다. 선교회의 물질적 원조는 받더라도, 학교의 경영은 한국인이 맡아야 한다고 주장했다. 궁극적으로는 이화전문학교가 재정 자립을 통해 선교회의 후원이 없더라도, 한국인들이 제 힘으로 이화를 발전시켜 나가야 한다고 보았다. 한국인의 이화가 되어야만 비로소 진정한 한국여자교육이 완성될 수 있다고 생각했기 때문이다.[125] 한국인의 힘으로 이화여전 재단을 설립해야 한다는 김활란의 호소는 1933년에 시작되어 1938년에도 꾸준히 지속되었다.[126]

김활란과 서양여선교사들이 한국인의 이화를 만들고자 했던 목표는 같았지만, 그것을 실현하기 위한 방법에서는 의견 충돌이 있었다.[127] 다음은 김활란이 기독교계의 중심인물이자 이화여전 이사회 이사였던

---

124) 「약진하는 조선의 학계 1… 이전 : 외관 내용을 확장 신촌에 신교사를 건축, 商事 豫醫 양과를 증설하여 조선 유일 여자최고학부」, 『동아일보』 1933년 1월 1일.

125) 김활란, 「이화 경영의 사회화」, 『신가정』, 1933.2, 78~85쪽.

126) Helen K. Kim, "Which Way Forward?," *The Korea Mission Field*(1938.3), p.46.

127) 김성은, 「일제시기 김활란의 여권의식과 여성교육론」, 『역사와 경계』 79, 2011, 213쪽.

윤치호에게 호소한 내용이다.

> 우리 이화여전의 분위기, 교과목, 규율 등을 조선화해 보려고 무던히 애써 봤지만 우린 도저히 해낼 수가 없었어요. 선교사 교수들이 훼방을 놓고 있습니다. 우리가 하는 대로 그냥 내버려두질 않습니다. 전 아펜젤러 양과 돈독한 우정을 잃을 위기에 처해 있어요. 의견충돌 때문이죠.[128]

한국인의 민족적 색채와 민족문화를 살려 교육현장에 적용하고자 했던 김활란의 시도는 때로 서양선교사들과 마찰을 빚기도 했다. 외국인 여선교사들은 이화학당과 이화여전을 운영하는 과정에서 토착화된 기독교 선교와 교육을 실시하고자 방침을 정하고 노력했다. 그러나 한국 여성지도자였던 김활란의 요구와 필요를 충족하기에는 역부족이었다. 학교 운영과 교육에 있어 외국인의 원조에 의존하고 외국인이 주도하던 패턴에서 벗어나서, 한국인의 힘으로 학교재단을 설립하고 한국인이 주도하는 교육과정으로 개편하는 일이 시급했다.

한국여성의 고등교육을 지향했던 또 다른 인물로는 임영신이 있었다. 임영신은 중앙보육학교를 인수하고 교장에 취임하며 여자전문학교가 신설되어야 한다고 주장했다. 그 근거로 국내 여자전문학교가 오직 하나, 이화여전만 있는 열악한 여성고등교육 환경, 이화여전의 경영자가 여전히 서양인이라는 사실을 지적했다. 이화여전이 국내 유일의 여자전문학교였음에도 불구하고, 한국인의 손으로 운영되지 못하고 있다는 사실이 큰 약점으로 부각되었다.[129]

한국 여성지식인들은 여성고등교육의 필요성과 목적을 재조명하였

---

128) 「1934.9.18 윤치호 일기」, 윤치호 저(김상태 편역), 『윤치호 일기』, 557쪽.

129) 임영신, 「문화 조선의 호화판, 한강반(畔)에 신설되는 여자전문학교」, 『삼천리』 8-2, 1936.2, 90~92쪽.

다. 여성고등교육의 필요성에 대한 주장은 여성의 보통교육과 중등교육 확대, 직업교육과 교사 양성, 지도자의 필요성과 맞물려 있었다. 김필례 역시 국내에 여자전문학교 또는 여자대학이 더 설립되어야 한다고 주장했다. 국내 여자대학의 설립은 여성에게 더 많은 고등교육의 기회를 제공할 수 있을 뿐 아니라, 중등교육을 담당할 교사를 양성하는 방안이기도 했기 때문이다. 대학에서 양성한 여성 인재를 여자중등학교 교사로 충원해 여성의 중등학교 교직 진출을 확대하고, 여자중등교육을 질적으로 향상시킬 수 있다고 보았다. 여자전문학교 또는 여자대학을 통해 여교사가 많이 양성되면 증가하는 중등교육의 수요를 충족하는 데 도움이 되고, 교육현장에서 남자 교사들이 할 수 없는 역할을 효과적으로 담당할 수 있다고 강조했다. 이런 점에서 가사과목 전공교사를 증원하고 이를 위해 전문학교를 증설하자고 주장했다.[130] 김활란도 중등학교를 졸업한 여학생을 수용할 만한 전문학교가 부족하며 각 과에 여러 가지 전공을 신설하고 여자전문학교 증설이 필요하다고 지적했다. 일반사회에서 여성의 고등교육이 사치 또는 낭비라고 간주되는 현상을 비판하며, "앞으로 제반 활동이 전문화하고 남녀가 같이 벌어먹어야 하는 지금부터는 갈수록 사치가 아니요 필수"라며 여성에게도 전문교육 고등교육은 필수가 될 것이라고 전망했다.[131]

여성지식인들은 직업인(교직) 양성의 입장에서 여성고등교육의 필요성을 강조했다. 여교사의 양성은 여성지도자 양성이라는 면에서 뿐만 아니라 여성의 사회진출과 경제적 독립이라는 면에서도 의의가 있었다. 1910년 이화학당에 국내 한국여성을 위한 최초의 대학과정으로

---

130) 김필례, 「몽매에도 그립던 삼천리 근화원아! 해외 객창에서 형설공 닦다가 귀국 후 초춘 맞는 명여류 2 : 가사과를 존중하라, 급무는 여자전문학교」, 『조선일보』 1928년 1월 4일.

131) 백관수, 『경성편람』, 홍문사, 1929, 259쪽.

대학과가 설치되고, 1925년 이화여자전문학교로 조선총독부의 인가를 받으면서, 매년 국내에서 대학 정도의 교육을 받은 여자 졸업생들이 배출되고 있었다.

그럼에도 아직 사회 일각에서는 여성고등교육의 필요성에 의문을 제기하는 경우가 많았다. 그 이유로 우선 여성의 고등교육이 현실적으로 취업에 별로 도움이 되지 않는다는 점이 지적되었다. 전문학교 이상의 학교를 졸업해도 자기 일신의 생활유지가 어려운 현실 때문이었다. 사회 전반적인 실업난으로 취업 자체가 어려웠고, 여성의 교직도 가정 · 음악 · 교육 부문에 한정되어 있었으며, 일본유학생이나 관공립 사범학교 출신이 아니면 관공립학교에 취직할 수 있는 자격이 없었다. 실질적으로 교직 진출의 문이 좁았다. 예를 들어 여성이 이화여전에서 고등교육을 받았다하더라도 선교회 학교나 사립학교에 영어 · 음악 · 가사 과목 교사로만 취직이 가능했고, 관공립학교 취업은 불가능했다. 여성고등교육의 효용성과 가성비 면에서 불만이 없을 수 없었다. 또한 이왕 결혼해서 가정에서 생활할 사람이 시간과 자금을 많이 들여 공부하는 게 별 소용이 없지 않냐 하는 회의론도 만만치 않았다.

이에 대해 김활란은 교육의 사명이 월급 생활하는 자격을 길러주는 데 있지 않으며, 그 사회, 그 시대가 기대하는 좀 더 정신적인 문화인을 기르는 데 있다고 주장했다.

> 우리의 가정이나 우리의 사회가 "경제"라는 한 면만이 존재하는 것이 아니오.… 오늘날의 우리 사회를 볼 때 우리는 경제적 몰락과 빈곤으로 모두 가난의 고통 속에 있다. 그러면서도 우리는 절망하지는 않는다. 그것은 새 힘을 얻으려 함이요, 새 길을 찾으려 함이다. 이에 우리는 많은 지식인, 지도자를 요구한다.… 이렇게 생각하면 우리 조선 가정, 우리 조선 사회처럼 직업적 자격 이상의 인격자를 갈망하는 곳은 없을 것이다.[132]

여성고등교육의 목표는 직업인 이외에도 지식인, 지도자, 인격자를 양성하는 데 있다고 역설했다. 여성고등교육의 기대효과를 "건강체 획득, 사유교육, 직업보다 시대의식과 사회의식을 가지고 능동적으로 진출하는 동력"이라고 정의했다.[133] 한편 여성교육에 있어 고등교육이 먼저냐 보통교육이 먼저냐 하는 논의는 종종 제기되어 온 문제였는데, 김활란은 이 둘을 상호보완적인 관계로 파악했다.

> 일반부녀들을 위하여서는 물론 보통교육이 필요하지오만 사회적으로의 문화 향상과 일반부녀의 교화의 필요에 따라 지도자가 요구되는 것이니까 그런 충실한 지도자를 내기 위해서는 물론 고등교육이 필요할 것도 사실입니다.[134]

사회에 나가 일반여성을 계몽하고 문화운동을 전개하기 위해서는 여성지도자가 필요하고, 여성지도자를 양성하기 위해서는 여성고등교육이 필요하다는 논리였다.

여성지식인들은 여성고등교육기관 설립의 방향이 여자전문학교(전문대)를 너머 여자종합대학교 수준까지 나아가야 한다고 인식했다. 김활란과 임영신은 각각 이화여전과 중앙보육학교를 확충하여 장차 여자종합대학교로 발전시키기 위한 학교발전계획을 수립했다. 중앙보육학교를 인수한 임영신은 학교 발전의 궁극적 목표를 여자종합대학교 설립으로 정하되, 이를 위한 첫 단계로 먼저 중앙보육학교를 여자전문학교로 승격시키고자 노력했다.[135] 이 프로젝트를 실현하기 위한 부지

---

132) 김활란, 「여자고등교육에 관한 일언」, 『이화』 4, 1932 ; 『우월문집』 2, 102쪽.

133) 김활란, 「여학교교육문제」, 『신여성』, 1933.3, 10~11쪽.

134) 김활란, 「각계 전망 이동 좌담기, 교육계 진전의 도정에서」, 『신가정』, 1936.1, 12쪽.

135) 「갱생의 중앙보육, 경제과도 둘 터, 교장 정식 인가를 받은 신임 교장 임교장의 포부담」, 『조선중앙일보』 1935년 6월 4일 ; 임영신, 「문화 조선의 호화판, 한강반에 신설되는 여자전문학교」, 『삼천리』 8-2, 1936.2, 90~92쪽.

를 물색한 결과 흑석동 땅을 매입해 학교 건축을 시작했다.

끝으로 여성지식인들은 여자전문학교 교육이 대학과정으로써 학문적인 면모를 갖추어야 하지만, 더욱 중요한 것은 한국인의 현실에 맞는 실용적인 학문을 추구하고 직업교육을 위한 실습교육이 강화되어야 한다고 인식했다. 이 경우 실용적인 학문이란 사회진출에 필요한 실업·직업교육, 결혼하고 가정에서 육아와 가사를 담당할 여성들에게 필요한 가정학 둘 다를 의미하는 것이었다.

이화여전 당국은 가정생활에 쓸모 있는 여성고등교육을 원하는 한국인 사회의 요구를 수용하여 1929년 가사과를 새로 설치했다.[136] 김활란은 이에 대해 "조선에서 여자교육으로 문과나 음악과가 필요치 않은 것은 아닙니다마는 가장 필요한 것은 가사과일까 합니다. 여자에게는 무엇보다도 가정의 실제교육이 필요하니까요."라고 평가했다. 실용교육 측면에서 가사과의 설치를 환영했음을 알 수 있다.[137] 이는 미국유학으로 얻은 학문적 이론과 지식 그대로 한국사회에서 구현하기는 어렵다는 현실인식에 근거했다. 김활란은 앞으로 '실제문제와 싸워나가는 투사'가 되어야 한다고 다짐하는 한편, 교육받은 신여성의 각성을 촉구했다. 이들이 여성지도자로서 가정과 사회에서 수행해야 할 사명을 "현대여성의 이중 책임"이라고 명명했다.[138]

여성고등교육의 실용적 측면에 대한 강조는 김활란의 두 번째 미국유학과 귀국 후에 더욱 뚜렷이 나타났다.

---

136) Alice R. Appenzeller, "Ewha Haktang", *Annual Report of the Korea Woman's Conference of the Methodist Episcopal Church*(1928), pp.45~46.

137) 김활란, 「새해부터는 무엇을 할가 : 학교에는 가사과 증설, 농촌계발의 급무, 위선 지도자를 양성하기에 힘쓰자」」, 『조선일보』 1928년 12월 23일.

138) 「이전교수 김활란양, 연구는 종교철학, 현대여성은 이중책임을 졌다」, 『동아일보』 1928년 12월 19일.

> 앞으로 여자교육은 좀 더 실제생활에 가까운 교육을 힘써 보겠습니다. 과거에는 너무 "아카데믹" 교육으로 치우쳤습니다. 더욱이 이번 콜롬비아대학에 가있는 동안 그것을 더욱 느꼈습니다. 그러므로 앞으로의 조선여자교육은 실제 가정생활에 필요한 교육과 사회운동에 필요한 교육을 준행시켜야 될 줄 압니다. 결국 가정은 사회의 기초이니까 거기에 대한 교육을 중시하지 않을 수 없지요.139)

여성고등교육과정에서 가정생활에 필요한 교육과 사회 진출에 필요한 교육이 동시에 이루어져야 한다는 뜻이었다. 이는 여학교 졸업생의 대부분이 결국 결혼 후 가정에 들어가 주부가 되는 현실에서 이에 대비한 교육이 실시되어야 한다는 현실인식에 근거했다. 무엇보다 김활란은 여성고등교육이 사회적 요구와 현실을 반영하여 실용적인 교육이 되어야 한다고 전망했다. 이는 여성의 사회진출 못지않게 가정생활의 중요성과 가정에서 여성의 역할에 주목했다는 데 의의가 있다. 사회의 기초가 되는 '가정'에 주목해 주부의 역할과 가사노동의 가치를 제대로 평가해야 한다는 시각이었다. 결국 이화여전 가사과에서 실시하는 가정학 교육과 가정학 전공자 양성도 결국 넓은 범위에서 여성의 사회적 기여에 일조하는 교육이라는 데 의의를 부여했다. 어떻게 보면 이화여전에서 실시하는 가사교육 또는 가정학 전공이 현모양처교육처럼 보일 수도 있다. 그러나 현모양처교육이 남성을 본위로 실시되는 교육을 지칭하는 반면, 김활란이 제시한 여성교육은 가정에서 주부를 본위로 하여 여성의 주체성과 사회적 역할을 강조했다는 면에서 확실히 구별된다고 하겠다.

황애시덕과 임영신 역시 여성교육에 가정학이 중요하다는 입장을 취했다. 황애시덕은 1934년 중앙보육학교를 인수하여 1년간 교장을 맡

139) 「철학박사 김활란양 회견기」, 『신동아』 2-2, 1932.2, 67쪽.

아 학교를 운영했다. 중앙보육학교를 확장해 명칭을 가정학원으로 변경하겠다는 계획을 밝혔다.[140] 그러나 이 계획은 실현되지 못했다. 황애시덕이 경제적 어려움에 봉착해 중앙보육학교를 계속 운영해갈 수 없었기 때문이다. 이에 1935년 임영신이 중앙보육학교를 인수했다. 임영신은 중앙보육학교 인수 직후, 장차 종합대학을 목표로 실업 상과 또는 경제과, 가정과를 신설하겠다는 학교발전계획을 발표했다. 여성고등교육에 여성의 사회 진출을 위한 직업교육과 주부가 될 여성을 위한 가사교육을 모두 중요하게 여긴다는 의미로, 한국사회현실에 적합한 교육이 무언가에 주목한 결과였다. 미국에서 고학하며 직접 가게를 꾸려서 돈을 벌어본 경험이 상과 또는 경제과 신설 계획으로 연결되었다고 하겠다. 고등교육과정에서 가정학 전공 또는 가사과 개설은 여성들이 전문학교를 졸업했음에도, 사회에 진출해서 취업하고 직장생활하는데 훨씬 뒤떨어지고, 가정에서는 교육을 받지 않은 주부와 다름없이 되는 경우가 많은 현실적 문제를 개선하는 방법으로 도입되었다.[141] 이런 관점에서 임영신은 중앙보육학교의 교육목표를 이원화하여 유치원교사가 되려는 일꾼 양성, 사회에서 요구하는 참다운 일꾼 양성으로 설정했다. 주목할 점은 이른바 "사회에서 요구하는 참다운 일꾼 양성"에는 "참된 어머니와 아내의 완전한 인격 완성"이 포함되어 있었다는 점이다.[142]

임영신은 서양선교사가 아니라 한국인이 운영하는 학교, 도식적이고 기계적인 교육이 아니라 현실에 맞는 교육, 사회에 나가 실생활에 바로

140) 「중앙보육학교, 가정학원으로, 전(前)관계자는 전부 손을 떼이고, 신경영자 인계 경영」, 『조선중앙일보』 1934년 5월 18일.

141) 「갱생의 중앙보육, 경제과도 둘 터, 교장 정식 인가를 받은 신임 교장 임교장의 포부담」, 『조선중앙일보』 1935년 6월 4일.

142) 임영신, 「교문을 나서는 지식여성들에게 : 현실에 입각한 조선여성이 되라」, 『조광』 2-3, 1936.3, 229~230쪽.

활용할 수 있는 교육, '자립적 신여성'을 만들기 위한 실제적인 여성고등교육이 실시되어야 한다고 강조했다. 가정으로 돌아가는 신여성에게는 가정주부와 아내로서 모든 것을 이행할 만한 상식과 지식을 알려주고, 사회로 진출하는 신여성에게는 자립적으로 사업을 운영하거나 상업을 경영할 만한 지식을 주고자 했다. 이를 위해 기존의 중앙보육학교는 '보육과'로 만들고 여자전문학교와 가정과를 신설하여, 여자전문학교 내에 가정과와 보육과를 두겠다는 계획을 발표했다.[143] 이후 형편을 보아가며 상과를 개설할 예정이었다. 문과는 이미 이화여전에서 개설하고 있었으므로 기존의 여성교육기관에 없는 과를 신설하려는 생각에서 상과를 구상했다.[144]

임영신은 본인의 재력으로 학교를 인수했기에 일제시기 한국여성으로서는 드물게 준(準)전문 정도 학교 교장으로 활동할 수 있었다. 나아가 학교부지 매입, 건물 신축, 학교 재정을 마련하고 학교 후원재단을 확립해 해방 이후 종합대학교로 성장할 수 있는 기반을 마련했다.

김활란은 1933년부터 이화여전의 학교발전 계획안을 제시하기 시작했다. 여학생에게 "경제지식을 함양하여 생활독립능력과 경제능력"을 갖게 하고자 '상과', '예비의과' 신설을 계획했다.[145] 1935년에는 '여성교육 5개년 계획'을 발표했다.

> 될 수 있으면 우리 이화여자전문학교 안에 농촌사업가들을 양성하는 새 과를 두도록 힘써 보렵니다. 농촌사업이 간판에 그치지 않고 실제로 농촌에 들어가 생활을 향상시키고 변화시킬 지식과 기술과 열정을 가지고 나서는

---

143) 임영신, 「문화 조선의 호화판, 한강반(畔)에 신설되는 여자전문학교」, 『삼천리』 8-2, 1936.2, 91~92쪽.

144) 임영신, 「사업과 생활의 이상 : 사업가 임영신씨의 세계」, 『신인문학』 3-3, 1936.8, 69~71쪽.

145) 「약진하는 조선의 학계 1… 이전 : 외관 내용을 확장 신촌에 신교사를 건축 商事 豫醫양과를 증설하여 조선 유일 여자최고학부」, 『동아일보』 1933년 1월 1일.

일꾼들을 위하는 과목만의 학과를 넣고 싶습니다.… 우리 사회 부녀와 아동을 위해 보건운동에 진력하는 사업가들을 양성시킬 수 있는 새 과를 두도록 힘써 보렵니다. 체육 위생, 구급법, 그 밖에도 의료상 필요한 지식과 기술을 배우고 우리 사회 부녀와 아동을 열성적으로 사랑하여 자기 생활은 이들을 위해 바치려는 굳센 의지를 갖고 나서게 하는 과목이겠습니다.[146)]

이화여전의 교육과정을 통해 열악한 처지에 있는 농민과 여성, 아동을 위해 봉사하는 지도자를 양성하기 위해 '농촌사업가를 양성하는 과'를 신설하겠다는 포부를 밝혔다. 1930년대 농촌계몽운동의 열기와 기대를 반영하여, 보다 실질적이고 효과적으로 농촌사업을 전개할 수 있는 농촌전문가를 체계적으로 양성하는 학과 신설을 목표로 했다. 또한 보건운동을 하는 사업가들을 양성할 수 있는 과를 신설하려는 포부를 밝히며 "민중보건운동의 보편화"가 급선무라고 역설했다.[147)] 농촌지도자에게는 의사나 병원이 없는 농촌지역에서 요긴하게 쓸 수 있는 공중보건, 간호에 대한 전문교육이 절실하기 때문이었다.[148)] 33년 발표했던 학교발전계획에 비해 상과는 농촌사업 관련 과로, 예비의과는 공중보건 또는 간호학과로 변경되었다. 당시 농촌계몽운동 흐름을 반영해 보다 현실적이고 실용적으로 구체적으로 진화했다.

김활란은 학교교육을 통해 여성들이 사회책임 의식과 사회봉사 의지를 기르도록 하는 것이 필요하다고 주장했다. "사회봉사 의지란 인류의 행복과 사회의 복리를 위하는 것으로 모든 의지적 활동의 동기를 삼는 것"을 뜻했다.[149)] 이화여전에는 학생YWCA와 같은 동아리가 있어

---

146) 김활란, 「조선여성계 5개년 계획」, 『신가정』, 1935.1, 19쪽 ; 『우월문집』 2, 105쪽.

147) 김활란, 「민중보건운동의 보편화가 급선무」, 『조선중앙일보』 1935년 3월 11일.

148) 김활란, 「어느 길로 나아갈 것인가」, "Which Way Forward?," *The Korea Mission Field* (1938.3), 『우월문집』 2(1986), 21쪽.

149) 김활란, 「학교당국자로 신입생에게 주는 말 : 화살을 잘 견우라」, 『조광』 2-4, 1936.4, 358쪽.

서 학생들이 주말과 방학을 이용해 농촌봉사활동을 하고 있었다. 1938년 김활란은 학교 과외활동으로 사회봉사를 하는 단계에서 더 나아가, "사회사업"을 학교 정규 학과와 전공으로 개설하려는 계획을 구상했다. 실습기관으로 사회복지관, 병원, 육아원 시설이 필요하다고 강조했다. 이시기를 전후해 사회학을 전공한 고황경을 이화여전 가사과 교수로 초빙한 것도 이런 계획 하에 이루어진 것으로 보인다.

> 다수의 우리 졸업생들은 교회나 사회사업, 농촌부흥의 분야에서 일하게 될 것입니다. 그들도 자기들이 그 분야에서 일할 수 있는 적절한 훈련을 받았다고 생각할 수 없습니다. 이런 종류의 봉사를 하려고 기대하는 사람들에게는 마땅히 학문적으로나 실제 활동하는 데나 더욱 더 적절한 훈련이 주어져야 하겠습니다. 여기에는 두 개의 새로운 시설이 요구됩니다. 즉 사회사업을 위한 사업관과 육아와 공중위생에 관한 과목을 실천할 수 있는 병원이나 육아원이 필요합니다. 의사도 병원도 없는 농촌에서 일할 수 있는 일군들의 요구는 놀라울 정도입니다. 농촌경험을 가진 우리 졸업생들은 변함없이 위생에 대한 연구를 하게 하여 달라고 호소하고 있습니다.[150]

김활란은 이화여전의 교육방향이 인문학 교육에 더하여 '교사양성을 위한 직업교육과 실제교육'이 병행되어야 하며, 이를 위한 실습기관이 필요하다고 강조했다.

> 문화교육에 치우쳤던 전통적인 교육태도를 벗어나 일정한 실업교육 방향으로 보완, 방법이 제시되어야 한다. 학생들이 교사의 감독 밑에서 실습하는 세 개의 실습유치원을 거느린 보육학과를 제외하면 이 부분에서 다른 학과들은 모두가 미흡하다. 그 밖에 세 과 역시 교사훈련과정이긴 하지만 교사가 일정한 사전 준비와 훈련을 쌓을 수 있는 적절한 시설이 없는 실정이다.… 실제로 우리 졸업생들은 학교에서 배운 이론과 실제가 달라서 교단

---

150) 김활란, 「어느 길을 갈 것인가? : 친애하는 벗들에게(Helen K. Kim, "Which Way Forward?," *The Korea Mission Field*, 1938.3, p.46 영문 번역본)」, 김활란박사 교직근속 40주년 기념사업위원회 편, 『김활란박사 소묘』, 이화여대출판부, 1959, 227쪽.

에서 학생들을 만났을 때의 엄청난 변화로 고전을 겪고 있는 상황을 자주 볼 수 있었다.[151]

졸업 후 교사자격증을 취득하여 교사로 활동하게 될 이화여전 문과·음악과·가사과 학생에게는 교사로서의 실습교육이 중요하다며 부속 초·중·고등학교 설립의 필요성을 호소했다. 나아가 졸업생들이 사회에 나가 실제로 활동할 때를 대비하여 실습과 훈련을 할 수 있는 사회복지관·병원·육아원과 같은 학교 부속시설이 필요하다고 강조했다. 실제 상황에 필요한 환경을 갖추고 실습교육을 해야 한다는 소신과 의지를 표명했다.[152] 여성의 사회진출을 원활히 하고 여성이 직장과 사회에서 능력을 발휘하도록 충분한 준비를 할 수 있는 설비를 갖추고 운용해야 한다고 촉구했다. 이는 교육의 질적 향상과 실용성 강화를 의미했다. 김활란은 이화여전이 근대적인 동시에 한국문화의 색채를 띤 여성고등교육기관이 되기를 꿈꾸었다. 마침내 1939년 이화여전 최초의 한국인 교장으로 취임했다. 일제의 강요로 교장 앨리스 아펜젤러 선교사가 명예교장으로 물러나면서였다. 김활란은 "조선의 이화"를 만들겠다는 꿈을 실현하기 시작했다. 궁극적으로 학교의 재정적 자립과 여자종합대학교 승격을 목표로 했다. 여자종합대학교 설립에 대한 비전은 1910년 선교사 룰루 프라이(Lulu E. Frey) 이화학당 당장이 이화학당 대학과를 설립한 이래 앨리스 아펜젤러 교장이 이화여자전문학교를 조선총독부 인가학교로 승격시키고 신촌캠퍼스를 조성해 이사하는 확장기를 거쳐 김활란 교장에 이르기까지 이화의 역대 교장들이 지향했던 궁극적 목표이기도 했다. 여자종합대학교를 향한 선각자

151) 김활란, 「어느 길로 나아갈 것인가」, 1938.3, 『우월문집』 2, 21쪽.
152) 이런 내용은 김활란이 1921년 『동아일보』에 발표한 문화운동론에서 사회사업의 강화와 고아원의 신설의 필요를 지적하면서 이미 제기된 것이기도 했다.

들의 비전은 결국 해방 이후 실현되었다.

1940년 김활란은 여자종합대학교 자격을 갖추기 위한 청사진을 제시했다. 기존의 문과 · 음악과 · 가사과 · 보육과에 더하여 체육과 · 의과 · 상사학과(商事學科) · 사회사업과의 개설을 계획했다.[153] 체육과가 새로이 추가되었을 뿐 나머지는 예전부터 신설을 계획했던 과들에 대한 비전을 재차 정리하여 체계적으로 제시한 것이었다. 농촌사업가를 양성하는 과의 신설 계획은 사회사업과 신설 계획으로 통합된 것으로 보인다. 김활란이 구상한 새로운 학과 개설은 사회의 당면과제와 필요, 여성의 사회진출과 사회활동과 밀접한 관계가 있었으며, 여성교육의 다양성과 수준을 높인다는 의미도 있었다. 김활란은 여자종합대학교 설립을 목표로 실용교육론과 고등교육론에 입각하여 여러 과의 신설에 대한 비전을 제시했다.

미국유학 여성지식인들은 여성교육론을 통해 고등(전문)교육, 실업 · 직업교육, 실용교육, 실습교육을 강조했다. 여성의 실업 · 직업교육, 고등(전문)교육의 확대는 여성의 보통교육, 중등교육 확대를 전제로 한다는 점에서 보통교육 확대, 의무교육 실시, 중등교육기관 확충 과 맞물려있었다. 고등교육의 필요성을 강조하면서도 학문적인 성취뿐 아니라 고등교육 수준의 실업 · 직업교육, 고등교육과정에서의 실용교육과 실습교육을 강조했다. 이는 중등교육 수준의 실업 · 직업교육, 실용교육에 대한 강조와는 또 다른 차원으로 고등(전문)교육 수준에서의 실업 · 직업교육, 실습교육, 실용교육을 실시해야 한다고 역설했다. 여성지식인들은 여성이 교육을 통해 가정과 사회, 민족에 기여할 수 있다는 점을 강조했다. 여성의 보통교육 확대와 함께 여성교육의 전문화 · 고

---

153) 「미래의 대학총장의 대학 창설 웅도 : 이화여전, 일천만원 기금을 세워서 종합여자대학 건립, 교장 김활란씨 담」, 『삼천리』 12-4, 1940.4, 45~49쪽.

등화를 추구했던 여성교육론은 여권향상이란 목표와 동기에서 시작하여 가정과 사회에 대한 기여를 강조하는 쪽으로 무게중심이 이동되고 있었다.

제3절 농촌문제 인식

1. 농촌문제 진단

미국에 유학하고 있던 한국학생들에게 기독교농촌운동을 비롯한 국내 농촌운동, 1928년 한국기독교대표들의 예루살렘 선교대회 참석과 덴마크 방문 소식은 일정한 자극이 되었다. 1929년 미국유학 한국인학생들은 시카고, 뉴욕에서 열린 학생총회에서 한국농촌의 위기를 타개하기 위해 '조선의 농촌문제'를 주제로 토론을 벌이고 브루너 교수의 연설을 듣는 등 농촌문제에 주목하기 시작했다.[154] 일부 학생들은 자신들의 학위논문을 통해 한국인의 경제문제에 대한 이해와 방안을 제시했다.[155] 여자 유학생들 역시 유학생사회의 분위기와 국내 농촌운동에 영향을 받았고, 여성의 입장에서 현실의 사회문제를 인식하고 해결방안을 찾고자 했다. 대표적인 인물이 콜롬비아대학교 사범대학에서 수학했던 황애시덕, 박인덕, 김활란이다. 콜롬비아대학교에는 한국농촌문제에 대해 연구했던 브루너 교수가 재직하고 있었고, 실용주의 철학으로 유명한 존 듀이 교수가 이전에 재직했던 학교이기도 했다. 유학생들은 미국 대학교와 교수들의 실용주의적 학풍, 각국에서 온 유학

---

154) *Korean Student Bulletin*(1929.10).

155) 장규식, 「일제하 미국유학생의 근대지식 수용과 국민국가 구상」, 『한국근현대사연구』 34, 2005 참조.

생들이 발표와 토론을 통해 자국의 사회문제를 직시하고 해결방법을 모색했던 콜롬비아대학교 교육과정에 많은 영향을 받았다.[156]

미국유학 한국여성들은 1920년대 말에서 1930년대의 전반적인 경기 침체와 더욱 극심해진 국내 농촌의 피폐에 직면하여 당면한 민족문제를 한국농촌문제해결이라고 보고 이를 개선하기 위한 방법을 고민하며 대책을 모색했다. 특징적인 점은 이들이 미국의 학풍과 문화에 영향을 받은 것은 사실이지만, 한국농촌 실정에 맞는 문제해결책을 찾기 위해 미국 이외에 유럽과 소련 등 다양한 국가의 농촌과 경제부흥 사례를 적극적으로 수용했다는 점이다. 이들은 미국 · 덴마크 · 영국 · 독일 · 소련 · 일본 등 여러 사회의 장점 가운데 한국인의 현실을 고려하여 취사선택함으로써 우리 농촌에 적용할 수 있는 모델을 찾고자 했다.[157]

김활란은 예루살렘대회 참석과 덴마크 시찰을 마치고 귀국한 이후 강연과 글을 통해 농촌운동에 대한 관심을 촉구했다.[158] 또한 미국유학동안 농촌에 대한 여러 가지 자료를 참조하여 『정말인의 경제부흥론』(1931), 『한국의 부흥을 위한 농촌교육』(박사논문, 1931)을 저술하며 농촌문제에 대한 자신의 생각을 체계화했다. 박인덕은 구미 강연여행에서의 견문, 덴마크 엘시노고등학교에서의 연수, 농촌사업가로서 현장경험을 바탕으로 『정말국민고등학교』(1932), 『농촌교역지침』(1935)을 저술하여 농촌문제를 진단하고 해결방안을 제시했다. 김활란은 덴마크 방

---

156) 「전 "애국부인회" 단장 김마리아양 탈출기」, 『신동아』 11, 1932.9, 160쪽 ; 김활란, 「나의 교육 반생기」, 『조광』 5-8, 1939.8, 60쪽 ; Induk Pahk, *September Monkey*, p.135.

157) 「박인덕 여사의 농사협찬회」, 『신동아』 9, 1932.7, 95쪽.

158) 「평양여자기독교청년회 주최, 김활란의 예루살렘대회 보고 연설」, 『동아일보』 1928년 8월 7일 ; 「중앙기독교청년회와 경성여자기독교청년회 연합 주최, 김활란, 신흥우, 홍병선의 정말시찰간담회」, 『동아일보』, 1928년 11월 21일 ; 김활란, 「새해부터는 무엇을 할가 : 농촌계발의 급무, 우선 지도자를 양성하기에 힘쓰자」, 『조선일보』 1928년 12월 23일 ; 『又月 문집』 1, 이화여대출판부, 1979.

문과 농촌교육 연구 그리고 콜롬비아대학교 사범대학 박사논문을 준비하며, 박인덕은 덴마크 엘시노국제고등학교에서의 연수와 경성 근교에서 직접 농촌활동을 전개하며, 덴마크농촌을 모델로 한국농촌문제의 해결방안을 구체화했다. 황애시덕은 콜롬비아대학원 석사 졸업 후 펜실바니아주립대학 농과에서 5개월간 청강과 농촌생활 실습을 통해 농촌사업에 대한 구상을 다듬었다.[159)]

미국유학 여성지식인들은 한국농촌문제를 어떻게 진단했는지 크게 세 가지로 나누어 살펴보고자 한다. 첫째, 이들은 한국농촌의 피폐가 식민지경제의 구조적인 문제 때문이라고 파악했다. 토지소유의 불균등, 고율의 소작료, 은행 대출의 어려움과 이로 인한 고리대금에의 의존, 가혹한 세금, 정책적인 식민지 수탈이 농민의 부채를 가속화시키고 소작농 증가를 유발한다고 파악했다. 이와 함께 세계무역 경쟁체제와 세계경제 불황으로 한국농민의 여건이 더욱 악화되었다고 분석했다.[160)] 이러한 분석 결과는 대부분 일제지배 하에서 직접적으로 표출되지 못했지만, 당대 지식인들이 농촌문제를 연구한 결과 식민지 착취구조 때문에 농촌이 피폐하게 되었다는 결론을 내리게 된 점은 공통된 시각이었다. 김활란의 경우 여러 통계를 인용하여 일제지배 하에서 농촌빈곤의 원인을 구체적으로 분석하고 내린 결론이었다. 그럼에도 객관적인 통계자료의 이용, 미국에서 영어로 쓴 논문, 미국에서 영어로 출판된 책이라는 점에서 일제의 감시와 비난을 피할 수 있었을 것이다. 그러나 미국유학 후 일본 지배 하의 한국땅으로 귀국을 예정했던 대부

---

159) 황애시덕, 「미국 컬넘비아대학, 미국의 남녀공학은 엇더케 하나」, 『만국부인』 1, 1932.10, 55쪽 ; 박화성, 『새벽에 외치다 : 송산 황애시덕 선생의 사상과 생애』, 148쪽.

160) 김활란 저(김순희 역), 『한국의 부흥을 위한 농촌교육』, 콜롬비아대학교 박사논문, 1931, 1~10쪽 ; 『又月 문집』 1, 3~162쪽 ; 박인덕, 『농촌교역지침』, 농촌여자사업협찬회, 1935, 7~9쪽 ; Induk Pahk, *September Monkey*, p.171.

분의 지식인들은 독립에 대한 염원이나 농촌빈곤의 근본 원인을 직접적으로 지적하거나 발설하기 어려웠다. 귀국 후 투옥되거나 사회활동에 지장을 받을 수 있기 때문이었다. 이런 이유로 김활란은 미국유학 기간 어떠한 한국인 정치단체에도 가입하지 않았다. 또한 박인덕은 순회강연 중에 받은 한국의 독립에 관한 질문에 정확하게 대답할 수 없었다.

황애시덕은 농민이 가난해지고 농촌이 피폐해 농민의 만주 이주가 만연하게 된 것은 동양척식회사 소유의 땅이 소작료가 비싸 농민에 대한 착취가 심하기 때문이라고 보았다. 소작농들이 진 빚이 늘고 다음해로 넘어가 쌓이고 쌓이면서 농민의 부채가 격증하고, 자작농마저 자기 소유의 땅을 동양척식회사에 뺏기고 소작농으로 전락하게 된다고 적시했다. 이렇게 구조적 문제로 인해 농토를 잃고 부채에 시달리던 농민들이 먹고 살기 위해 만주로 이주해가는 경우가 많다고 보았다.161)

박인덕 역시 농촌문제와 빈곤문제가 일제 식민지 수탈구조에 기인한다고 보았다. 전 인구의 4분의 3이 농민으로 대부분이 한국인 소작농이었던 반면 전체 토지의 3분의 2를 인구의 2%를 차지하는 일본인이 소유하고 있다고 지적했다. 소작농들은 수확물의 40~50%를 소작료로 내야 했는데, 이런 방식으로는 생계를 지탱하기도 힘들어 대부분의 소작농들이 빚더미에서 벗어나지 못한다고 언급했다.162)

임영신 역시 일제의 구조적 수탈로 우리 농민이 소작농으로 전락하고 빈곤하게 되었다고 지적했다. 고향 금산의 변화를 예로 들며 한국 농촌의 피폐는 조선총독부의 농업정책과 은행 설립의 목적이 한반도로 이주해온 일본인들의 이익과 번영을 위한 것이기 때문에 일어난

161) 박화성, 『새벽에 외치다 : 송산 황애시덕 선생의 사상과 생애』, 163~164쪽.
162) 박인덕, 『구월 원숭이』, 196쪽.

경과라고 분석했다.[163)]

여성지식인들은 한국농촌의 피폐 원인으로 소비가 생산보다 많기 때문이라고 지적했다. 농촌의 경우 구조적 문제에 기인한 바가 컸다. 농가의 소비가 농업과 생존에 가장 필수적인 부분에만 지출됨에도 소작료 · 세금 · 씨앗 · 비료 등 농업 비용을 제하고 나면 늘 지출이 수입을 초과할 수밖에 없는 구조로 되어 있었다. 이에 고리대금을 빌려서라도 농업과 생계를 유지하다보면 가계 부채는 눈덩이처럼 불어났다. 구조적으로 빈곤의 악순환이 계속될 수밖에 없는 상황이었다.[164)] 이러한 가운데서도 좀 더 현명한 소비를 해야 하고, 보다 생산에 힘을 기울여야 한다는 점이 지적되었다. 일제강점기 외국의 공산품이 쏟아져 들어오고 사람들의 소비수준이 향상되면서 공장에서 만든 제품을 사 입는 현상이 일반화하게 되었다. 이에 각 가정에서 전통적으로 행해지던 직조 생산은 공산품 직물의 대량 공급으로 점점 자취를 감추게 되었다. 그러나 생산 없는 소비는 허위적인 생활향상에 불과했고 경제파탄의 요인이 되었다.[165)] 다음은 생산보다 소비가 많은 현상에 대한 분석이다.

> 광목, 옥양목, 서양목이 우리나라에 들어오면서 우리 집에 놓였던 물레, 베틀은 무의식중에 헛간 한구석에 쌓였다가 불나무나 되어 버리고 맙니다. 광목 사다 입는 것이 무명 짜서 입는 것보다 경제된다고 흔히 말합니다. 그러면 무명 짜는 대신에 무슨 다른 부업을 해서 광목 사다 입을 금전을 얻는다면 모르거니와 대신 부업도 없이 있던 것만 잃어버리고 광목 사오는 돈은 딴 돈에서 쓰게 되니 얼마나 해가 됩니까? 그런즉 우리 스스로가 대규모로 광목이나 서양목 같은 것을 기계로 짜서 전선 우리 가정에 배달을 하기

---

163) 임영신, 『나의 40년 투쟁사(*My Forty Years Fight For Korea*, 1951)』, 119~121 · 155쪽.

164) 김활란, 『한국의 부흥을 위한 농촌교육』, 『우월문집』 1, 155~157쪽.

165) 김활란, 『한국의 부흥을 위한 농촌교육』, 45쪽 ; 『우월 문집』, 197쪽 ; 박인덕, 「내가 본 독일농촌」, 『삼천리』 4-4, 1932.4, 66~69쪽.

> 까지는 우리의 물레, 베틀에서 필목을 짜내는 것이 우리 주머니에서 매년 필목값으로 외국에 지불하는 액수를 감하게 하는 것입니다.…[166]

이는 공장에서 대량생산되는 값싼 공산품에 밀려 가내공업이 급속히 사라져가고 있던 현상을 지적한 것이었다. 박인덕은 이렇게 된 원인으로 농민들이 광목을 사 입는 것이 무명을 짜서 입는 것보다 경제적이라고 생각하여, 가정에서 직조 부업을 하지 않는 데 있다고 보았다. 그러나 무명을 짜는 대신 그것을 보충할 다른 일을 해서 광목 살 돈을 벌지 않는 이상, 수입은 없고 지출만 늘어 결국 농민의 실(失)이 두 배로 증가하게 된다고 분석했다. 이런 면에서 박인덕은 독일 농촌의 가내공업을 높이 평가했다. 독일농민들이 공업의 발달과 공장의 대량생산에도 가내공업을 지속해 '기계의 정복을 받지 않고 자급자족'할 수 있게 되었다고 역설했다. 임영신 역시 생산보다 소비가 많은 한국사회의 현상을 지적하며 경제의 파멸상태에도 외형상으로 나타나는 생활향상에 대한 허구성과 문제점을 지적했다.[167]

마지막으로 여성지식인들은 농촌문제의 원인이 문맹인구 특히 문맹여성과 가난하여 취학하지 못한 아동이 많고, 생활난으로 농민들이 절망에 빠져 삶의 의욕을 상실한 데 있다고 보았다.

2. 농촌문제 개선안

여성지식인들은 피폐한 한국농촌문제데 대한 근본적 해결책은 독립에 있다고 보았다. 김마리아는 한국농촌의 극심한 경제곤란은 일제의

---

166) 박인덕, 『정말국민고등학교』, 104~105쪽.

167) 임영신, 「미국에서 서울까지, 생산과 소비가 맞지 않는 조선사람의 살림살이, 변천된 조선의 자취를 찾아서」, 『동아일보』 1934년 1월 21일.

착취정책 때문이며, 일본 통치하에서는 경제문제가 해결될 수 없다고 보았다.[168] 이는 역으로 한국의 경제문제 해결은 한국인이 독립 국가를 건설해서 새로운 체제와 정책을 펼친다면 가능해진다는 뜻이기도 했다. 고황경은 한국인의 경제문제 해결에 도움이 되고자 대학원 석사과정에서 '경제학'을 전공했지만, 독립 없이는 경제문제 해결이 불가능함을 깨닫게 되었다. 이에 전공을 바꾸어 사회문제를 해결하는 데 도움을 줄 수 있는 '사회학'을 전공하게 되었다.

가혹한 수취구조에서 오는 농촌문제를 직접 해결해보고자 한 여성은 황애시덕이었다. 황애시덕은 황해도 수안 용현리에 땅을 구입하여 처음에는 소작료 없이, 차차 저리의 소작료를 받으면서 이상적인 모범농장을 조성해보고자 했다.[169] 마을에 교회와 학교를 설립하고 자립적인 기독교 농촌공동체를 구성해 가능한 현실 범위 내에서 이상촌을 구현해 보고자 했다. 이는 덴마크 기독교지도자들이 이끌었던 농촌운동, 유럽 각국의 천주교 지도자들이 이끌었던 농촌공동체, 박인덕이 자신의 저서 『농촌교역지침』에서 강조했던 '기독교지도자들이 이끄는 농촌공동체'와 같은 맥락의 이상적 농촌사회였다.

토지소유문제를 지적한 이는 김활란과 박인덕이었다. 김활란은 덴마크가 경제부흥을 위해 제일 먼저 취한 조처가 토지분배였음을 강조했다. 농촌문제 해결을 위해서는 우선 토지개혁으로 자작농이 증가해야 했다. 그 예로 덴마크에서는 법을 제정하여 대지주들의 소유를 차차 적게 하고, 토지가 적은 농가에는 국유지를 분배했으며, 황무지 개간으로 농지를 늘리고 저리의 농업자금 융자를 시행했다. 공평한 재산

---

168) Maria C. Kim(Biblical Seminary in New York), "Initiative but Cooperative Leadership," *Korean Student Bulletin*(1931.3).

169) 박화성, 『새벽에 외치다 : 송산 황애시덕 선생의 사상과 생애』, 163~164쪽.

분배를 시행하여 국민들마다 자신의 집과 농장을 소유하고 농사를 짓도록 한 것이었다. 이에 따라 19세기 거의 대부분 소작인이었던 농민들이 대소지주가 되면서, 1930년을 전후해서는 농민의 구성 비율이 90%의 지주와 10%의 소작인으로 변하게 되었다고 소개했다.[170] 그러나 덴마크 농촌의 성공사례는 전면개혁을 필요로 하는 것으로 식민지 수탈구조의 한국사회에서는 실현 불가능한 방법이었다. 한국농촌의 경우 덴마크와 달리 고유하고 표준화된 상품도 없었고, 세계시장에 쉽게 접근할 수도 없었으며, 일본자본과 일본인에 의한 지배로 한국인들의 의지대로 꾸려나가기 힘들다는 문제가 있었다.[171] 이에 농촌문제 개선을 위한 대안으로 농촌교육과 정신부흥, 협동조합운동을 제안했다.[172]

박인덕 역시 한국농촌의 중대한 문제가 해마다 소작농이 늘어가고 자작농은 줄어드는 데 있다고 보았다. 총 지주의 20%가 총 경작지의 반 이상을 차지하고 있다는 점에서 현실의 토지소유구조가 농촌문제를 악화시키고 있다고 지적했다.[173] 소작농이 많은 한국농민과 달리, 독일과 덴마크 등 유럽 농민의 대다수는 자작농임을 역설했다. 또한 한 농촌여성이 경제적 곤란에 직면해 자신의 토지를 팔기보다 차라리 남의 집 식모살이를 택했던 사례를 들어, 어떠한 희생과 노력을 들이더라도 토지를 끝까지 지켜야 한다고 강조했다. "우리는 우리의 토지를 금은보다도 중히 알고 더욱 비옥하게 만들 것입니다. 우리에게 있는 소유를 다 팔게 되고 우리의 노동까지 팔지언정 우리의 토지는 최후까지 붙들고 놓지 않아야겠습니다."[174]

---

170) 김활란, 『정말인의 경제부흥론』, 24~35쪽 ; 『우월 문집』 1, 278~289쪽.
171) 김활란, 『한국의 부흥을 위한 농촌교육』, 77쪽 ; 『우월 문집』 1, 229쪽.
172) 김활란, 『정말인의 경제부흥론』, 38쪽 ; 『우월 문집』 1, 275쪽.
173) 박인덕, 『농촌교역지침』, 7~8쪽.
174) 박인덕, 「내가 본 독일 농촌」, 69쪽.

여성지식인들은 농가의 소비가 생산을 초과하여 빈곤이 악순환하는 문제를 해결하고자 방법을 모색했다. 우선 여성의 부업을 장려하여 '생산 증대'를 이루어야 한다고 보았다. 김활란은 부업으로 양계, 양돈, 양봉을 권장했다.[175] 박인덕 역시 여성에게 적당한 부업으로 직조 이외에 양계, 양돈을 제안했다. 특히 덴마크의 3대 수출품 가운데 하나인 계란을 예로 들어 덴마크가 벌어들이는 거액의 계란 수출 대금은 사실상 덴마크 가정부인들의 노력으로 얻어진 것이라며 여성의 노동과 일이 가정경제와 국가경제에 미치는 영향력을 강조했다. 우리나라에서도 지방 단위로 특산품 제조가 가능한 경우 집집마다 같은 물건을 생산하고 그 물건을 모아 협동판매조합을 조직해 수출한다면 이윤을 얻을 수 있을 것이라고 보았다.[176]

농촌의 생산 증대와 함께 '판매의 중요성'도 강조되었다. 생산을 증대시키더라도 판매현장에서 제값을 받지 못하면 농가의 수입에 보탬이 되지 못한다는 것이었다. 유통과 판매 문제를 개선하기 위한 방법으로 '농민협동조합' 운동 곧 '협동판매조합'을 통해 농민의 이익을 도모하자고 제안했다.[177] 덴마크 농민들이 경쟁력이 떨어지는 옥수수 대신 낙농제품을 개발하고 유럽 판로를 개척하여 번영을 이루었듯이, 우리 농촌에서도 고유하고 표준화된 상품을 개발하고 그 상품의 판로가 되는 세계시장을 찾는 것이 급선무였다.[178] 농가 부업 특히 여성의 부업이 장려되었는데, '시간경제' 관념을 가지고 시간을 활용하여 생산에 힘써야 한다고 당부했다. 부업 역시 판로를 생각하며 협동판매조합을

---

175) 김활란, 「부업을 합시다」, 『동아일보』 1927년 1월 3일 ; 『우월문집』 2, 112쪽 ; 김활란, 『한국의 부흥을 위한 농촌교육』, 『우월문집』 1, 245~247쪽.

176) 박인덕, 『정말국민고등학교』, 105쪽.

177) 박인덕, 『농촌교역지침』, 55~59쪽.

178) 김활란, 『한국의 부흥을 위한 농촌교육』, 76쪽 ; 『우월 문집』, 228쪽.

조직해 각 가정에서 만드는 물건을 규격화해서 판다면 좀 더 이익을 도모할 수 있다고 제안했다.[179)]

생산보다 소비를 많이 하는 것은 각 가정의 부채와 직결되는 문제였기 때문에 생산과 판매 못지않게 '현명한 소비'에 대한 중요성이 부각되었다. 농민의 경우 협동구매(소비)조합을 통해 종자와 농기구를 구입해서 농업비용을 절약할 수 있다고 보았다. 덴마크식 협동조합체계는 서양의 자유기업제도와 소련의 전체주의적 통제경제를 절충해 한국농민의 경제문제를 해결할 수 있는 이상적인 방법으로 간주되었다.[180)] 덴마크와 독일 농민들은 협동조합을 조직하고, 조합을 통해 신용거래 · 구매 · 판매하는 방법으로 영리를 추구했다. 1920년대 말~30년대 초 국내에는 YMCA의 농촌사업으로 각지에서 협동조합운동이 전개되었다. 이러한 사회운동의 흐름 속에서 박인덕은 농촌여성들을 위한 '협동소비조합'을, 황애시덕은 도시 여성들을 위한 '경성여자소비조합'을 조직하고 운영해 여성들의 수익 창출과 경제적 독립, 가정경제 개선에 기여하고자 했다. 또한 고황경은 '소비경제'의 중요성을 강조하면서 중간상인의 사취와 경쟁적 광고의 낭비를 근절하고 현명한 소비(구매)를 하기 위한 소비조합운동의 역사를 소개했다.[181)] 또한 박인덕은 '우리가 분수에 넘치게 과용하는 것이다. 객을 접대할 때나 연말 세찬을 주고 받는 데나 혼인 · 생일잔치에나 봉제사 하는 데나 이외에도 특별한 시기를 당할 때마다 경제력은 생각지 않고 후덕한 것, 인심만 뵈이고 나타내려고 한다.'고 지적했다. 각 가정에서는 분수에 맞는 소비를 해야 하며, 부부가 함께 가정의 1년 예산을 세우고 주부가 살림을 규모

---

179) 박인덕, 『정말국민고등학교』, 104~105쪽.

180) Induk Pahk, *The Hour of the Tiger*(Harper & Row, New York, 1965), p.48.

181) 고황경, 「소비경제의 중대성」」, 『우라키』 7, 1936.

있게 해야 한다고 주장했다.[182)]

농민들이 당면한 은행 대출의 어려움과 이로 인해 고리대 사용문제를 해결하기 위한 방법으로 독일, 벨기에, 이태리의 신용조합운동을 예로 들었다.[183)]

여성지식인들은 농촌문제를 개선하기 위해 각종 교육프로그램을 통해 문맹퇴치운동을 전개해야 한다고 보았다. 덴마크처럼 의무교육제가 실시되고 독일처럼 농촌마다 학교가 있다면 이상적이겠지만, 현실적으로 불가능한 일이었다. 1920년대 말~1930년대 초 문자보급운동과 농촌계몽운동이 활발하게 전개되는 가운데, 김활란은 농촌의 어려운 경제상황과 교육기관의 절대적 부족상태에서 농촌에서 활용할 수 있는 보통교육기관으로 기존의 개량서당(글방)을 활성화하자고 제안했다. 농촌 전역에 설시되어 있는 개량서당을 활용하여 보통교육을 실시한다면 저렴한 학비로 농촌의 교육문제를 해결하는 데 도움이 될 것이라고 보았다.[184)] 김활란은 미국유학에서 귀국 후 공민교육의 실시를 계획했고, 박인덕은 농한기인 겨울 동안 농촌여성과 아동들을 대상으로 야학을 시작했다.[185)]

박인덕은 가정이 사회의 중추라는 점에서 농촌 가정주부의 교육문제에 주목했다. 당시 한국인 400만 가정 가운데 281만이 농촌가정이었다. 농촌가정은 가정이 지는 책임과 의무 외에 농사를 지어 도시가정에 식물을 공급하는 일을 담당하는 중요한 역할을 담당했다. 또한 농촌가정문제는 사회문제와 직결되었다. 박인덕은 농촌가정의 살림을

182) 박인덕, 「농촌가정과 생활개선책」」, 『신동아』 13, 1932.11, 150~153쪽.

183) 박인덕, 『농촌교역지침』, 62~65쪽.

184) 김활란 저(김순희 역), 『한국의 부흥을 위한 농촌교육』, 콜롬비아대학교 박사논문, 1931, 53~56쪽 ; 『又月 문집』 1, 205~208쪽.

185) 박인덕, 『구월 원숭이』, 196쪽.

담당하고 있는 주부들에게

> 아는 것이 힘이요 세력이다. 알고 싶은 마음 뜻이 있으면 배울 길이 열린다. 우리는 너무 의지가 박약하고 성질이 나약해서 무엇 배우고 싶은 생각도 안 생긴다. 그렇게 쉬운 조선 언문을 하루 바삐 배워서 보통상식에 대한 서적을 읽어야겠다. 위생, 교육, 부업 이런데 관한 것을 읽기도 하고 들어도 보아야… 계책이 생기고 도량이 날 것이다.[186]

라고 촉구했다. 가정생활의 향상을 위해 여성교육이 필요하다는 주장이었다. 구체적으로 가정주부가 부업하는 데 도움을 얻고 더 많은 이윤을 낼 수 있는 방법을 연구하기 위해서는 한글 습득과 독서가 필요하다고 강조했다. 당시 조선일보사의 문자보급운동, 동아일보사의 브나로드운동과 같은 맥락에서 여성에게 한글 습득을 촉구한 것이었다. 문자 해득을 통해 상식 보급과 경제적 이익, 삶의 의욕을 고취하고자 했다는 데 큰 의의가 있다.

임영신도 농촌의 구조적 문제로 인해 농민이 빈곤하고 농촌이 피폐해간다고 인식했다. 그러나 일본지배 하에서 구조적 문제를 해결하거나 이미 빼앗긴 땅을 되찾기는 불가능했다. 이에 차선책으로 농민들이 자녀교육에 관심을 쏟아야 한다고 제안했다.[187]

박인덕과 김활란 등 여성지식인들은 농촌의 경제적 빈곤과 농촌문제를 개선하기 위해 우선 정신교육, 곧 정신적 각성을 고취할 필요가 있다고 역설했다. 예를 들어 덴마크와 스위스가 지하자원이 적고 나라가 작음에도 가진 것을 잘 이용하여 부유해졌다는 점을 강조했다. 비슷한 조건인 한국도 이들 나라처럼 부유해 질 수 있다고 보았고 희망

---

186) 박인덕, 「농촌가정과 생활개선책」, 『신동아』 13, 1932.11, 150~151쪽.
187) 임영신, 『나의 40년 투쟁사』, 119~121 · 155쪽.

을 고취하고자 했다. 특히 덴마크 농촌의 성공사례에서 한국인이 처한 경제적 피폐를 극복할 수 있는 방법을 찾고자 했다. 박인덕은 농민교육에 있어서 미국과 소련의 교육제도보다는 덴마크의 국민고등학교 제도를 우리 형편에 맞게 한국인화해 실시하는 것이 낫다고 결론 내렸다.[188] 덴마크 농민의 활기찬 생활과 희망찬 태도, 정신부흥의 비결이 정말국민고등학교의 장년교육에 있다고 보았다. 현실적으로 국내외 경제상황의 어려움과 식민지경제의 구조적 모순이 있을지라도 우선 한국농민들에게 희망을 심어줄 필요가 있었다. 이에 고난의 시기를 극복했던 독일인과 덴마크인의 정신력을 높이 평가하며 이를 본받고자 했다. 여성지식인들은 덴마크의 농촌부활이 정신부활에서부터 시작되었다고 간파했다.[189] 무엇보다 노동을 천한 일이라고 간주하던 한국인의 인식을 바꾸어 노동의 가치를 알게 하고, 의욕을 잃고 무기력과 절망에 빠져있던 농민들에게 희망과 의욕을 불러일으키고 삶의 의미를 찾게 하는 일이 급선무였다.[190] 독립의 길은 사람들이 자유와 독립을 생각하는 데서 시작되며 일개인이나 한 민족이 희망의 정신만 가지고 있으면 결국 다시 일어날 수 있을 것이라고 보았다.[191] 민족의식을 일깨우기 위해서는 우리민족의 역사적·문화적 자부심을 자극하여 민족의 주체성과 자긍심을 되살리는 것이 필요했다.[192]

김활란과 박인덕은 청장년·성인교육으로 '덴마크의 국민고등학교' 곧 한국식 수양소 교육에 주목했다. 덴마크가 정치적 경제적 어려움과

---

188) 박인덕, 「우리들은 아미리가문명을 끄으러올가 로서아문명을 끄으러올가?」, 『삼천리』 4-7, 1932.5, 14~15쪽.

189) Induk Pahk, *September Monkey*, pp.142~143.

190) 박인덕, 『정말국민고등학교』, 55, 63쪽 ; 박인덕, 『농촌교역지침』, 14~15쪽.

191) Induk Pahk, *September Monkey*, p.156 ; 「박인덕의 『정말국민고등학교』 중에서」, 『동광』 36, 1932.8, 50쪽.

192) 김활란, 『정말인의 경제부흥론』, 36~37쪽 ; 박인덕, 『정말국민고등학교』, 88~89쪽.

척박한 자연환경을 극복하고 독립국 농업부국으로 성장할 수 있었던 동력이 국민고등학교 교육을 통한 농민의 정신부흥에 있다고 보았기 때문이다. 이 교육의 핵심은 문화교육을 받기에 가장 적당한 시기를 청년기로 본다는 데 있었다. 청년기가 바로 개인의 인생관·종교관·시·조국·사회를 사랑하는 마음이 각성되고 마음에 의문이 가득 차는 시기이기 때문이었다. 국민고등학교 교육은 이러한 문제에 답하고 무엇보다 먼저 인생의 의미와 목적을 찾아보고 연구하는 데 중점을 두었다. 짧은 교육기간에 학과를 가르치기보다는 청년들이 스스로 배우고자 하는 마음이 들게 충동을 일으키고 옳은 방향으로 인도해 주는 것이 학교가 하는 일이라고 보았다. 결국 학생들이 필요를 느끼고 스스로 방도를 찾게 하는 것이 교육의 목적이자 방법이었다.[193]

박인덕은 덴마크 엘시노국제고등학교 교육프로그램 가운데 특히 노래의 효과에 주목했다. 미국에서 유학할 때 흑인들이 노래를 매우 좋아하여 노래로 그들의 희노애락을 나타내는 것을 보고 "노래가 흑인들을 살리는구나"라고 느낀 적이 있었기 때문이다. 그런데 덴마크에 와서 덴마크인들이 자신들의 정신·이상·희망·열정을 노래로 부르는 모습을 보고 덴마크인 역시 노래로 소생하게 되었음을 알게 되었다. 박인덕은 노래의 효과에 대해 "같은 노래를 한꺼번에 부를 때에는 그 노래의 말뜻이 부르는 사람들 뇌 속에 쫙 퍼져서 서로 동무라는 느낌이 생기며 닫혔던 마음이 열어지며 한마음 한뜻 단결심이 일어나 실천에까지 미치게 된다."고 보았다. 또한 운동의 효과에 대해서 "협동의 정신을 기르고 같이 일하는 방법을 가르치는 것이며 건강체를 가진 어머니들이 되게 하는 것"이라고 보았다. 자기는 교육프로그램 가운데 실제문

---

193) 박인덕, 『세계여행기』, 116~118쪽.

제를 놓고 자유롭게 토론하는 시간이 제일 재미있었는데, 다른 지방에서 모인 남녀청년들이 마음을 열고 머리를 써가며 같은 문제를 가지고 서로 의사교환을 하는 데서 많이 배우게 된다고 보았다.[194)]

박인덕은 자신이 덴마크에서 보고 들은 경험에 바탕을 두고, 장차 농민들을 위해 수양소를 시작하려고 계획하는 이들의 의견을 참고하여 "모범국민수양소" 시안(試案)을 작성했다. 이것은 지도자 일개인 차원에서도 추진할 수 있는 제일모범수양소(남자부, 여자부) 운영방법, 조선기독교청년회연합회 농촌부가 시행할 계획으로 있는 제이모범수양소(남자부, 여자부) 내용, 설계도면, 예상 건축비를 포함하여 두 종류의 모범국민수양소 교육안과 설립안으로 구분되어 있었다.[195)]

제일모범수양소는 "금전도 건물도 설비도 조수도 없이 누구나 동족애가 끓고 나와 내 민족의 행복을 위해 내가 아는 것을 모르는 이와 나누려는 굳은 뜻에 붉은 정성을 가진 자면 혼자서 이런 사업을 할 수 있게" 고안된 것이었다. 박인덕은 당시 사회적으로 활발하게 전개되고 있던 농촌계몽운동의 뿌리에 '동족애'가 있다고 보았다. 박인덕 역시 민족애에 기반을 두고 농촌개선론과 농촌사업 · 계몽운동을 전개했음을 알 수 있다. 박인덕은 자신이 구상한 농민수양소의 취지가 "농촌청년들에게 새로운 정신을 고취시켜 내 자리를 귀중히 알고 내 것을 사랑하여 원대한 희망 아래 활기 있는 생활을 하게하며 농업과 협동조합에 대한 지식과 보통지식을 얻고자하는 욕구심을 넣어주어 내게 있는 것을 발전시키고 더욱 풍부하게 만들어 현재 생활을 향상시키자는 것"이라고 정의했다.[196)]

---

194) 박인덕, 『세계여행기』, 119~122쪽.
195) 박인덕, 『정말국민고등학교』, 조선기독교청년회연합회, 1932, 82~113쪽.
196) 박인덕, 『정말국민고등학교』, 82~84쪽.

주목할 점은 박인덕이 농촌여성에 대한 계몽을 목적으로 '수양소의 여자부'를 제안했다는 점이다. 각 지역 농촌주부들의 지도력을 개발하여 이들이 고향 농촌을 거점으로 주민들과 함께 호흡하며 생활 속에서 계몽운동을 지속적으로 전개하도록 하는 방안이었다. 박인덕이 농촌 현장에서 직접 농촌사업을 전개하면서 "유순하고 순진하면서도 마음속에 휘이지 못할 뼈대가 있는" 농촌부인들의 굳센 의지와 잠재력을 높이 평가하게 되었기 때문이었다.[197] 수양소 여자부는 농촌여성이 계몽의 대상을 넘어 계몽운동의 주체로 부각되었다는 데 의의가 있다. 수양소는 여자 혼자, 여자들끼리, 부부가 함께 경영하는 경우를 모두 고려했다. 특히 부부가 협력하여 운영할 경우 남자부와 여자부를 교대로(예를 들어 음력 10~12월, 정월~3월) 진행하여 사업이 쌍방으로 발전될 수 있는 이점이 있음을 피력했다.

주목할 점은 박인덕이 수양소 운영방법을 제안하며 덴마크식을 참고하되 한국농촌 현실을 감안하여 한국문화를 중심으로 하는 교육방법론을 제안했다는 점이다. 예를 들어 농민수양소의 건물을 한옥으로 상정한 것은 우리 농촌을 본위로 한 것으로 교육받은 이들이 농촌에 돌아가서 그대로 따라할 수 있는 환경을 고려한 것이었다. 수양소의 과목이나 강화 제목을 선택하는 것도 수양소가 설립된 지방에 따라 지도자가 그곳 청년들이나 부녀들에게 요구되는 것, 필요한 것을 첨부해 운용할 것을 권장했다. 제일모범수양소 교육과정으로 운동, 음악, 강화 등을 제시했는데 운동의 경우 외국에서 수입해온 운동인 축구 · 야구 · 정구보다는 우리나라 각 지방과 춘하추동 절기에 따라 해오던 수십 가지 운동을 부활시켜 장려하자고 주장했다. 또한 음악도 우리나라의 고

---

197) 「여성 주재하의 신여성 활동계, 독특한 수완과 특색있는 사업 : 박인덕여사의 농사협찬회」, 『신동아』, 1932.7, 96쪽.

유한 노래 가운데 사람의 마음을 씩씩하게 만들고 떨어졌던 마음을 흥기시키며 시들어진 정신을 환기시켜 새 생을 부르짖게 하며 새 희망을 가지게 하는 노래를 배우게 하고, 피아노나 바이올린 대신에 장구, 북, 꽹과리 같은 악기를 활용할 것을 제안했다.[198]

박인덕은 농민수양소 교육과정으로 "정신수양" 강화(講話)의 내용과 방법에 대해

> 정신을 고취시키는 방식이 물론 여럿이 있으나 그 중에도 우리 역사 가운데 훌륭한 인물을 들어 이야기함이 큰 동경을 줄듯 합니다. 가령 이순신 용사의 승리라든지 세종대왕의 문화장려라든지 사천여년을 내려오며 여기저기 사농공상 등 실업계에서 성공자들이며 문무에 천재들을 이야기하며 또는 우리로서 세계문명에 공헌한 것 즉 조선인이 맨 처음으로 활자를 발명한 것이며 세계에 제일 치는 도자기를 만든 것이며. 이렇듯 우리의 독특한 문화, 자랑할 만한 우리의 역사적 인물을 아는데서 "나도 우리 선조의 남기고 간 정신을 붙잡고 그들의 훌륭한 사업을 계속하리라."는 감정이 일어날 것입니다. 우리 것만이 아니고 남의 것을 고찰하여 현재 우리의 형편과 대조해보는데서 우리의 처지를 알 수 있고 취사의 판단력이 생기고 의사까지 얻게 됩니다.[199]

라고 제안했다. 이순신과 세종대왕 같은 역사상의 위인, 활자와 도자기와 같은 문화유산을 통해 민족정신과 생에 대한 의욕을 고취하자는 내용이었다. 농민수양소 교육을 한국문화 중심으로 진행하자는 박인덕의 제안은 1930년대 민족문화를 통해 민족의식을 고취하자는 문화운동론, 김활란이 역설했던 민족문화론과 같은 맥락이었다.[200]

---

198) 박인덕, 『정말국민고등학교』, 82~113쪽.

199) 박인덕, 『정말국민고등학교』, 88~89쪽.

200) 김활란, 『정말인의 경제부흥론』, 조선기독교청년회연합회, 1931, 『우월문집』 1 ; 김활란 저(김순희 역), 『한국의 부흥을 위한 농촌교육(*Rural Education for the Regeneration of Korea*, 1931)』, 『우월문집』 2 참조.

김활란과 박인덕 모두 농촌교육과 함께 민족문화에 대한 자부심 고취를 통한 정신교육을 강조했다. 교육의 대상과 방법에 있어서 김활란이 아동교육에 중점을 두고 개량서당을 활용한 농촌(농민자녀)교육을 통해 보통교육의 확대를 제안했다. 이에 비해 박인덕은 청장년·성인교육에 중점을 두고 덴마크식 수양소 운영과 농촌계몽을 통해 정신교육의 확산을 제안했다는 점에서 차이가 있었다. 김활란이 아동의 보통교육 확대에 주목했다면, 박인덕은 농촌사업과 계몽운동에 '지도자'의 중요성과 역할에 주목하여 성인지도자교육프로그램을 계발했다. 그리고 김활란은 각종 통계와 자료를 바탕으로 농촌문제 개선안을 제기했던 반면, 박인덕은 자신이 직접 서울 근교 농촌현장에서 실시한 농촌활동과 경험을 바탕으로 농촌문제개선안을 저술했다는 차이가 있었다.

무엇보다도 박인덕이 『정말국민고등학교』(1932)에서 제안했던 수양소 시안과 기본 방향은 이후 1932년 11월 개소한 조선YMCA연합회 농민수양소, 1933년 농촌여자사업회가 주관하고 1934년부터 조선YWCA연합회가 주관한 "농촌부녀지도자수양소" 곧 농촌여성지도자교육의 근간이 되었다. 농촌여자사업회는 박인덕이 농촌사업을 위해 새롭게 조직한 단체였다. YWCA 수양소의 실제 운영이나 내용을 살펴보면 박인덕이 제시했던 시안과 거의 비슷하게 진행되었다. 다만 제이모범수양소 여자부의 교과목으로 제시된 양돈·양계·양잠·목장경영·수공 등은 실제 운영과정에서 시행되지 못했다.[201] 농업, 축산업을 전공했거나 해당 과목을 가르칠 수 있는 적당한 강사를 찾기 어려웠거나, 정해

---

201) 김성은, 「박인덕의 사회의식과 사회활동, 1920년대 말~1930년대를 중심으로」, 『역사와 경계』 76, 2010, 204~208쪽 ; 김성은, 「1930년대 황애시덕의 농촌사업과 여성운동」, 『한국기독교와 역사』 35, 2011, 157~159쪽.

진 짧은 기간에 가르치는 이론만으로 실제에 적용하기에는 힘든 과목이었거나, 교육의 주목표가 정신고취였기 때문이라고 하겠다.

덴마크의 국민고등학교는 한국식 수양소로 청장년·성인을 대상으로 실시하는 단기교육과정이었다. 박인덕이 청장년·성인교육에 주목한 것은 청장년이 그 시대 그 사회의 모든 열쇠를 가지고 있다고 생각했기 때문이었다. 일생을 통해 청장년기가 가장 원기왕성하고 이해력과 생산력이 풍부한 까닭에, 청장년들이 때와 대세를 알고 앞을 내다보고 산다면 우리사회의 난문제가 차례로 해결되리라고 전망했다. 교육의 근본 목적이 취직에 있는 것이 아니라 생활 전체에 심각한 의미를 부여하고 "한번 잘 살아보자."는 데 있었다. 장년들에게 인생의 최고 목적이 무엇이고 생의 의미가 무엇이며 사람이 어떻게 살아야 하는지를 알아보고 길을 가르쳐주며, 평범한 사상을 붙잡아 의미 깊게 사용할 능력을 길러주자는 것이었다. 박인덕은 영국 노동자운동과 덴마크 농민운동이 성공할 수 있었던 비결이 "장년교육"에 있다고 보았다. 우리도 청장년·성인교육을 실시해야 한다고 주장하며 그 시작 방법을 다음과 같이 제시했다.

> 실행 방침의 제일 단계는 누구든지 여기에 뜻있는 이가 솔선하여 그가 있는 곳에서 이웃사람들을 정해가지고… 한 장소에 이웃사람들이 모여서 이야기하기를 시작하면 서로서로의 형편 처지와 문제되는 것과 경험을 말할 것입니다. 서로 듣는데서 무슨 자극이 생기고 자극을 받을 때에는 반드시 반응을 하는 법입니다. 이것은 심리학적으로 피치 못할 자연적 이치입니다. 농사하는 이들이 모였으면 농사를 이야기하고 때를 따라 때에 당한 이야기를 하고 가령 주는데서 생각이 나고 감심도 생기고 흥분도 되고 좋은 안건과 선후책이 생깁니다.[202]

---

202) 박인덕, 「조선사회와 장년교육론」, 『삼천리』 7-5, 1935.6, 116쪽.

교육의 목적은 무엇을 가르친다기보다 정신을 자극하고 의욕을 고취하여 희망을 가지고 스스로 문제의 해결책을 찾아나가도록 하는 데 있었다. "백번 듣는 것이 한번 보는 것만 같지 못하고 열 번 보는 것이 한번 행하는 것만 같지 못하다."라는 교육원칙에 입각해 생각과 행동이 일치하고. 실제를 토대로 지식을 얻으며, 실생활과 연계되는 교육을 실시하고자 했다. 이는 실제·실생활과 동떨어진 지식을 가르치는 일반 학교 교육에 대한 비판이자 대안이기도 했다.

결론적으로 박인덕은 덴마크 국민고등학교 교육을 통해 덴마크인들의 정신부흥이 확대되었고, 정신부흥이 덴마크 부흥의 원동력이 되었다고 보았다. 이를 모델로 한국인의 정신부흥과 농촌의 경제부흥을 이끌어 내고자 했다. 동양에 "농민의 이상향" 건설을 목표로 농촌운동을 촉구했는데, 이 운동의 성격은 "민중각성운동" "대중적 문화운동" "민족적 문화운동"이었다. 박인덕은 『정말국민고등학교』를 마무리하며 "우리에게 민족적 문화운동이 일반적으로 일어나는 때에는 몇 해 안되어서 우리 조선반도는 동양에 농민의 이상향이 될 것입니다. '한 민족이 정치적으로 경제적으로 파멸을 당하였다고 아주 전멸된 민족은 아니라'고 하였습니다. 일개인이나 한민족이 희망의 정신만 있으면 결국은 다시 일어나고야 말 것입니다."라고 결론 내렸다.[203] 박인덕의 저서는 민족의 정치적 경제적 위기에 직면하여 민족의 생존과 부흥을 고민하는 과정에서 나온 것이었다. 박인덕의 미국유학과 세계강연여행, 덴마크 방문은 그녀가 여성문제뿐 아니라 민족문제와 농촌문제에 관심을 가지고 해결책을 모색하는 계기가 되었다.

박인덕의 『정말국민고등학교』에 대한 언론의 평은 다음과 같았다.

---

203) 박인덕, 『정말국민고등학교』, 114~115쪽.

> 농촌사업이란 현하 조선에 있어서 가장 시급하고 중대한 문제이다. 농촌구제책이니 브나로드운동이니 하여 여러 가지 이론과 실제가 봉기하는 중 박인덕씨의 본 저서는 실제운동을 도웁는데 가장 적절한 책이라고 믿는다. 씨는 그동안 미국에서 다년간 청년운동을 연구 시찰하였으며 구미 26개국으로 순회하면서 농민들의 생활, 그 지도방침을 많이 고찰하였다. 농민국 정말에 대한 여러 가지 운동을 우리는 많이 들었다. 그러나 농민교양운동에 있어서는 씨 자신이 정말을 방문하고 와서 실지로 그 일을 위해 나서서 활동하면서 쓴 이만큼 읽는 이에게 실감을 주는 것이 크다.… 농민구제운동 문맹퇴치운동 교화운동 수양구락부 등의 제 운동을 하는 이에게 이 책은 가장 좋은 길을 열어줄 것이며 특히 하휴를 이용하며 브나로드운동을 하러나가는 학생들에게 한 번씩 읽기를 권하고 싶은 책이다.[204]

한 마디로 호평이었다. 논평이 실린 『신동아』는 당시 브나로드운동을 전개하던 동아일보사에서 발행한 잡지라는 점에서 의미가 컸다. 박인덕의 저서가 가진 강점은 미국과 유럽을 여행하며 넓힌 견문, 덴마크 국민고등학교(수양소)에서의 연수 경험, 귀국 후 직접 농촌현장에서 활동한 경험을 바탕으로 농촌운동의 안내서를 썼다는 데 있다. 당시 학생들 사이에서 활발하게 전개되었던 농촌운동 곧 조선일보사의 문자보급운동과 동아일보의 브나로드운동의 지침서가 될 만한 저술로 인정받았다는 데 의의가 있다.

1935년에 이르러 조선총독부가 주도하는 관제 농촌진흥운동이 본격화되면서, 조선일보사와 동아일보사의 문맹퇴치운동을 포함한 민간의 농촌계몽운동이 전면적으로 금지되었다. 조선YMCA연합회의 기독교농촌운동도 축소되어 거의 중단상태였다. 게다가 한국교회는 적극신앙단 사건으로 인해 심각한 분열을 겪고 있었다. 이러한 상황에서 박인덕은 1935년 『농촌교역지침』을 출간했다. 그 해 말 미국 인디애나폴리스에서 열리는 기독교세계대회에 참석해달라는 초청을 받고 미국으로

---

204) 「독후감 : 박인덕 저, 정말국민고등학교」, 『신동아』, 1932.8, 75쪽.

출국했다.[205] 1935년 박인덕의 미국행은 미국에서의 초청에 의한 것이었지만, 한편으로 이미 1931년 귀국 인터뷰 때 밝혔듯이 예정된 수순에 따른 여정이었다고 하겠다.[206]

『농촌교역지침』은 박인덕이 만 3년 동안 서울 근교 몇 군데에서 농촌사업을 해 본 현장경험에 더하여 지방을 순회하며 우리 농촌문제에 관해 여러 사람에게서 들은 의견을 종합하여, 농촌문제해결의 선후책을 연구한 결과물이었다. 또한 자신이 1931년 겨울부터 1935년까지 전개했던 농촌운동의 결산을 담은 책이었다. 한국기독교 창립 50주년(필자 주 : 1885년 미국선교사들의 입국을 기준으로 한 듯)을 맞아 기독교의 사회적 공헌(한글보급, 여성교육)을 돌아보고, 농촌 기독교회와 기독교인 지도자가 계속적으로 분발하여 농촌사업을 주도해야 한다고 촉구했다. 기독교 리더십과 지속성으로 농촌사업을 전개하는 데 도움을 줄 수 있는 현장경험과 자료를 정리하여 종합한 책이었다.

『농촌교역지침』에서 박인덕은 농촌주부들에 대한 교양교육의 필요성을 강조했다. 이는 가정에 대한 애착심을 생기게 하고 농촌생활에 취미를 붙여 삶에 희망과 의미를 찾도록 하는 데 목적이 있었다. 농촌주부들이 교양교육을 통해, 괴롭고 힘든 농가경제와 살림살이지만 애착을 가지고 어려움을 극복해 나가기를 기대했다. 또한 경제적 어려움으로 인해 농촌이 붕괴되고 농민이 유리하는 것을 막는 동시에 농촌인구의 도시 유입을 억제하여 도시 실업문제를 감소시키는 효과도 있을 것이라고 전망했다. 박인덕은 '농촌부녀교육안'을 세 가지 발전단계로 나누어 다음과 같이 제시했다.[207]

---

205) 「삼천리 기밀실 : 박인덕씨와 파나마운하」, 『삼천리』 7-9, 1935.10, 24쪽 ; 박인덕, 「태평양을 다시 건너며, 세계기독교대회에 참석코저」, 『삼천리』 8-1, 1936.1, 74~78쪽.

206) 박인덕, 「6개국을 만유하고 돌아온 박인덕 여사 방문기」, 『신여성』, 1931.11, 49쪽.

첫째, 누구라도 선각자가 자진해서 자기가 사는 농촌이나 이웃 농촌에서 1주일에 1번이라도 여성을 모아 서로의 경험에 대해 이야기를 나누고, 자신이 아는 것을 가르치는 방법이다. '나의 조금 아는 것 가지고 내 이웃 부녀들을 도와 같이 잘 살아보려는 열성'만 있으면 할 수 있는 단계라고 설명했다. 이는 박인덕이 서울 근교에서 실행한 이동학교 곧 순회강습회의 경험에서 나온 것이었다.

둘째, 가까이 있는 마을들이 힘을 합해 농촌여자수양소를 설립하고 1주일, 2주일, 1달 동안 모여서 교육을 실시하는 방법이다. 이러한 농촌여자수양소의 목적은 '하고 싶은 마음이 생기도록 하는 것'이었다. 농촌여성들에게 하고자 하는 마음을 심어줄 수 있으면 그 다음부터는 각자가 스스로 방법을 찾을 수 있다고 보았다. 이는 자신이 김해 양곡에 초가 두 채를 구입하여 근처 농촌부녀자들을 모아놓고 농한기에는 강습소로, 농번기에는 탁아소로 활용한 경험에서 나온 것이었다.

셋째, 농촌여자수양소를 대규모로 경영하는 방법이다. 어떤 중심지에 실험 장소까지 설비된 수양소를 설립하고 여성들이 할 만한 부업을 연구하여 실제로 가르치는 등 '정신수양과 물질 견습을 겸하여' 교육을 실시하는 단계이다. 이는 미국 켄터키주에 있는 베레아학교의 교육체계를 모델로 한 것이었다.

주목할 점은 박인덕이 두 저서에서 제시한 농민수양소 곧 농촌지도자 교육의 모델에 나타난 변화이다. 『정말국민고등학교』(1932년)에서 제시된 농촌교육 모델이 덴마크 국민고등학교였다면, 『농촌교역지침』(1935년)에서 제시된 모델은 전자를 포함하여 미국 베레아학교로 확대되었다. 이러한 변화는 자신이 직접 농촌현장에서 사업을 해본 결과였다.

---

207) 박인덕, 『농촌교역지침』, 15~18쪽 ; 김성은, 「박인덕의 사회의식과 사회활동 : 1920년대 말~1930년대를 중심으로」, 『역사와 경계』 76, 2010, 207~208쪽.

농민에게 정신교육, 교양교육도 중요하지만 이와 함께 당장 경제적으로 도움이 되는 부업이나 실질적인 기술을 가르치는 것이 시급하다고 느낀데 따른 것이었다. 박인덕은 농촌여성을 포함한 성인(청장년)교육은 현실적으로 경제적인 면에서 도움을 줄 수 있는 실업교육, 실습교육이 되어야 한다고 지적했다. 농촌계몽과 농민교육의 목표가 정신교육에서 실업교육으로 이동·확대되었다는 데 특징이 있다.

미국유학 여성지식인들은 농촌문제 개선에 있어서 교육받은 여성들의 역할과 활동에 주목했다. 김마리아는 한국인 스스로 경제문제를 해결해야 한다고 강조했다. 한국인의 사업을 경영해야 하며, 이 사업을 이끌 수 있는 지도자가 필요하다고 역설했다.[208] 김활란, 박인덕, 황애시덕은 덴마크 농촌의 발전 모델에서처럼 한국사회의 농촌사업과 계몽운동에서도 지도자의 영도가 중요하다고 보았다. 김활란은 교육받은 신여성의 사명이 농촌여성의 계몽에 있다고 강조했다. 지도자로서 역할이 중요한 것은 신여성이 우월해서가 아니라 먼저 받은 교육의 기회와 혜택을 사회에 환원하여 다른 여성들에게 전파해야 할 의무와 책임이 있기 때문이었다.[209] 더 나아가 김활란은 농촌사업을 신여성이 농촌여성에게 배우고, 농촌여성과 신여성간에 교류할 수 있는 기회로 보았다. 계몽활동을 통해 농촌여성과 신여성이 서로 배우고 소통할 수 있는 기회로 삼고자 했다. 나아가 농촌여성이 마을의 지도자가 되어 계몽의 주체가 되어야 한다며, 농촌여성의 역할에 중요한 의미를 부여했다. 결국 여성계의 농촌사업은 한국여성을 하나로 만들어 가는 과정이며, 각자가 처한 위치에서 맡은 바 역할을 수행하는 것이 사회에 기

---

208) Maria C. Kim(Biblical Seminary in New York), "Initiative but Cooperative Leadership," *Korean Student Bulletin*(1931.3).

209) 김활란, 「1929년을 맞는 조선여자기독교청년회」, 『청년』 9-1, 1929.1, 3쪽.

여하는 길이라는 의미였다.[210] 김활란은 우수한 청년남녀들이 고향과 농촌으로 돌아가 실생활에서 농민을 교육하며 지도해야 한다고 역설했다. 단기간의 운동이 아니라 지속적인 운동, 생활에 파고드는 운동이 되기 위해서는 농민들과 함께 일상생활을 영위할 수 있는 생활지도자가 필요하다고 보았다.[211]

황애시덕은 농촌사업이 긴급하며, 이를 위해 신여성과 여성지식인들이 농촌에 부녀야학을 개최하여 농촌부녀의 계몽을 위해 활동해 달라고 촉구했다. 여성문제는 여성 자신이 해결해야 하며, 여성들이 배움에 힘써 남자와 같은 지식계급이 되어야만 여자가 남자에게 의존하지 않고 스스로 경제문제를 해결할 수 있다고 보았다. 다만 농촌에 나가 일하고자 하는 사람의 경우 일정한 자격을 갖추어야 한다고 요청했다. 의학, 법률, 기타 모든 방면을 조금씩이라도 아는 사람이어야, 그 동리의 여러 가지 문제를 해결하는 입장에서 활동할 수 있다고 보았기 때문이다.[212]

마지막으로 여성지식인들은 농촌문제 개선에 있어 농촌부인의 역할에 주목했다. 지금까지 가정과 사회에서 여성들이 해온 역할과 가치를 높이 평가하는 동시에 여성이 더욱 더 생산력을 향상시키고 경제적으로 기여하도록 독려했다. 여성의 지위 향상을 위한 경제적 독립의 중요성과 여성교육의 필요성을 부각하며 이를 실현하기 위한 구체적 방법을 모색했다.

김활란은 한국여성의 7할 이상을 구성하고 있는 농촌부인들에 주목

---

210) Helen K. Kim, "Bridging the Chasm," *The Korea Mission Field* 24-8(1933.8), p.155.

211) 김활란, 「농촌문화진흥운동에 대한 제언」, 『동아일보』 1933년 1월 1일.

212) 황애시덕, 「그늘에서 양지로, 1933 여인의 행진곡 : 농촌사업이 우리들이 행할 긴급문제, 지식여성은 농촌계몽에 힘쓰라」, 『조선일보』 1933년 1월 13일.

하여, 이들은 가사와 농사를 겸행하는 훌륭한 직업여성이며 생산자라고 높이 평가했다.[213] 생산자로서 여성의 역할과 위상에 대해 다음과 같이 강조했다.

> …조선여자 같이 일 많이 하는 사람이 세상에 없다고 합니다. 그러나… 이 사회는 가내의 노동은 생산력이 없는 것으로 인정하여 왔습니다. 오늘날 이 관념을 변하여 가내의 노동도 신성하여서 생산력이 있는 것이라고 한다면 과거에 불공평하였던 사실을 바르게 할 뿐 아니라 현재 일반여성에게도 자존심을 줄 것입니다. 그리하여 다수의 여성은 가내에서 생산하며 또 다수는 소질과 수양에 따라 가외의 직업을 가지고 있다면 경제적으로 소비만 하는 여자는 없을 것이요 누가 우리를 물시할 이유도 없을 것입니다.… 그러므로 우리의 표어를 "경제독립"이라고 함보다도 "생산하는 자가 되고 소비만 하는 자가 되지 말자"로 정하고 가사, 직업, 부업에 종사하면 우리를 없수히 녁이라고 하여도 감행할 자가 없을 것입니다.[214]

생산자로서 여성은 가사에 종사하거나 직업을 가지거나 부업에 종사하는 여성 모두를 가리키는 것으로, 특히 가사를 생산 활동으로 정의하고 가치를 부여했다는 데 큰 의의가 있다. 여성은 더 이상 남편에게 부속된 기생자(寄生者), 소비자가 아니라, 가정을 경영하고 사회에 나갈 인재를 길러내며 우리 사회의 미래를 건설하는 공헌자, 생산자였다. 여성의 가사노동의 가치를 인정하되, 가능하다면 여성도 직업이나 부업을 가지고 직접 생산에 종사해야 한다고 제안했다.

박인덕 역시 한국여성의 대부분(80%)을 차지하는 농촌여성의 경제적 기여와 노동의 가치를 높이 평가했다.

---

213) 김활란, 「직업전선과 조선여성」, 『신동아』 11, 1932.9, 143쪽.
214) 김활란, 「여권문제에서 살길로 나가자」, 홍병철 편, 『학해』, 학해사, 1937, 700쪽.

> 몇 십 년 전까지도 조선여자의 손으로 무명, 베, 명주를 짜서 전 민족을 입히던 것이 사실입니다. 이것을 금전으로 계산한다면 가령 한사람이 일 년에 평균 일원어치의 옷을 해 입었다 하더라도 전조선 인구의 일 년 의복 대가가 2천만 원이 되었을 것이 아닙니까? 그러면 조선여자의 손으로 길쌈을 해서 연 2천만 원을 번 셈입니다. 그런데 어찌 한 사람의 일 년 의복 대가가 일 원만 되었겠습니까?[215]

농촌여성들은 여름에는 남편을 도와 농사를 짓고 겨울에는 길쌈을 하여 집안 식구를 먹이고 입히는 일까지 가정경제의 한 축을 담당해왔다. 역사적으로 여성들은 길쌈을 해서 가족에게 옷을 입혔고 국가에 세금을 바쳤으며 나아가 전민족의 의복을 담당해왔다. 박인덕은 이것을 금전으로 환산한다면 전체 경제 규모에서 차지하는 비중이 매우 크다고 지적했다. 여성이 직조를 통해 가정경제와 국가경제에 기여하는 바가 매우 크다는 점을 강조한 것이었다. 같은 맥락에서 박인덕은 "로마의 부녀들이 물레 앞에 앉아서 실을 뽑아 길쌈을 해서 옷을 지어 입고 농사를 짓고 자녀를 손수 기를 때는 로마가 흥왕하여 세계 패권을 잡았다."며 여성의 근면과 노동이 국가의 실력과 부강에 밀접한 연관이 있음을 강조했다.[216]

미국유학 여성지식인들은 농촌문제를 진단하고 개선안을 제시했다. 이들은 농촌문제를 개선하기 위해 현실에서 가능한 방법을 강구했다. 절망에 빠진 농촌과 농민에게 포기하지 말고 희망을 가지자고 말하며 생존의지를 고취했다. 당시 국내 땅의 대부분이 농촌이고 한국인 대부분이 농민이며 농민과 여성 대부분이 문맹인 상황에서, 미래 희망인 여학생과 여성지식인들이 농촌과 여성에 관심을 가지고 행동했다는 데 의의가 있다. 무엇보다 이론적 전개에만 그치지 않고, 농촌 현장에서

215) 박인덕, 『농촌교역지침』, 13쪽.
216) 박인덕, 『세계일주기』, 155쪽.

농촌사업가 양성과 농촌부녀지도자 교육에 힘쓰며, 협동조합을 조직하고 순회강습소를 개설해 농촌계몽운동을 전개했다. 이론을 현실에 적용시키고 실천했다는 데 의의가 있다.

제4장

—

사회활동

사회활동

제1절 귀국 후의 활동

1. 귀국과 사회활동

일제시기 미국유학 한국여성 95명 가운데 귀국이 보도된 이들은 57명이다. 이에 의하면 미국유학 한국여성의 60%가 귀국했다고 하겠다. 미국 거주 또는 체류로 보도된 경우가 22명으로 23%를 점했고, 나머지(16명)는 귀국 여부 불명이다. 미국유학 한국여성들의 귀국율이 생각보다 낮은 것은 학업이 끝났어도 귀국하지 않고 미국에 체류하는 인원이 비교적 많았음을 뜻한다. 재미교포와 결혼하여 미국에 정착하는 경우도 있다. 미국유학 전후로 결혼한 여성이 39명인데 반수 이상(23명, 59%)이 결혼 후 미국에 정착했다.

미국유학 여성들은 귀국 전후 YWCA를 중심으로 활동했고, 일본유학 출신 여성들은 사회주의 사상단체를 중심으로 활동했다. 1927년 여성계의 좌우합작단체로 근우회가 조직되면서 두 진영의 여성들이 근우회에서 함께 활동하게 된다. 1928년을 기점으로 사회주의계가 근우회의 중앙집행위원회를 장악했다. 그럼에도 근우회 동경지회가 근우회 본부의 선명성에 이의를 제기하며 사회주의계 내에서 내분이 일어났다.[1] 상당수 기독교여성들은 1928년 국제선교연맹이 주최한 예루살렘대회를 계기로 농촌활동에 관심을 두게 되면서 근우회에서 탈퇴하게 된다. 근우회의 조직과 자금이 원활하지 못했고 농촌활동에 관심이 없었기 때문일 것이다. 기독교여성지식인들은 YWCA에 농촌부를 신설하고 농촌여성을 대상으로 농촌사업, 문맹퇴치, 계몽운동을 전개하기 시작했다.

1930년대 초 근우회 주요 간부들은 서울여학생 만세시위의 배후세력 또는 공산당 관련 인물로 지목되어 검거되거나 해외로 망명해버렸다.[2] 근우회 집회는 일제의 탄압으로 번번이 무산되었다. 이런 가운데 사회주의계 여성들은 민족운동이나 여성운동보다는 코민테른의 지시에 따라 계급투쟁을 우위에 두고 근우회 해소를 주장했다.[3]

반면 민족주의 진영과 기독교계 여성지식인들은 농촌경제가 더욱 악화되는 현실에서 민족갱생을 위해 합법적인 틀 안에서 여성들의 생활을 개선하여 이들에게 직접적으로 도움이 될 수 있는 현실주의적 방안을 강구하게 된다. 이들은 조선YWCA연합회 농촌사업을 주도하는 한편, 농촌여자사업(협찬)회, 농촌협동조합, 경성여자소비조합, 조선직

---

1) 박혜란, 「1920년대 사회주의 여성운동의 조직과 활동」, 이화여대석사학위논문, 1993 ; 전경옥 · 유숙란 · 이명실 · 신희선, 『한국근현대여성사 : 정치 · 사회 1』, 모티브북, 2011, 273~297쪽.

2) 「여성해방운동의 전위단체의 근황 1 : 근우회」, 『삼천리』 3-11, 1931.11, 100~101쪽.

3) 전경옥 · 유숙란 · 이명실 · 신희선, 『한국근현대여성사 : 정치 · 사회 1』, 273~297쪽.

업부인협회, 가정부인협회, 경성자매원을 새로 조직하여 여성 생활운동을 전개했다.[4] 이외에도 미국유학에서 귀국한 여성지식인들은 경성아동보건회(이금전), 조선여자절제회(신형숙), 조선보육협회(서은숙), 조선간호협회(이정애)에서 활동했다.[5]

여성지식인들은 여성의 지위 향상과 생활개선을 위해서는 여성의 경제적 독립이 중요하며 여성이 직업을 가지고 일해야 한다고 강조했다. 다만 그 실천 방법에 큰 차이가 있었다. 사회주의계 여성들은 경제적 독립을 강조하면서도 그 해결방안으로 계급투쟁을 우선시하며 여성운동보다는 노동운동과 소작쟁의에 관심을 가졌다. 근우회 해소 이후 별도의 여성단체를 조직하거나 활동하지 않았고, 수감되거나 망명하거나 지하로 잠적하거나 조용히 가정생활을 영위했다.[6]

미국유학 여성지식인들은 여성의 경제적 독립을 위해서는 교육이 우선되어야 한다고 보았고, 문맹퇴치운동과 여성교육을 강조했다. 또한 농촌문제의 심각함을 인식하고 단체 또는 개인 차원에서 농촌활동을 전개하여 실질적인 면에서 농촌여성들의 지위와 경제적 향상을 돕고자 했다. 기독교 여성지식인들은 여성의 경제적 독립과 경제력 확보를 위해 직업과 사회활동을 장려하면서도, 한편으로 주부의 육아, 출산, 가사노동의 가치를 부각해 가정과 사회에서 주부의 기여를 재평가해 사회적으로 정당하게 인정받고자 했다. 가정주부는 남편에게 빌붙어 사는 기생자가 아니라 가정과 사회의 생산자이며, 신여성 가정주부의 사회적 책임과 역할을 강조했다는 데 의의가 있었다.

미국유학 여성지식인 가운데는 자신의 생각과 이론, 경험을 책으로

---

4) 본고 제4장 제2절 제3절 참조.

5) 「경성 각 여성단체의 진용」, 『신가정』 4, 1933 ; 정병준, 「일제하 한국여성의 미국유학과 근대경험」, 68쪽.

6) 정칠성, 「동지생각」, 『삼천리』 7-3, 1935.3, 97~101쪽.

출판하기도 했다. 대표적인 경우가 김활란과 박인덕이다. 김활란은 『정말인의 경제부흥론』(조선기독교청년회연합회, 1931), *Rural Education for the Regeneration of Korea*(Dunlop Printing Company, New York, 1931)를 출간했다. 1932년 3월 박겸숙·박은혜·조현경·주수원과 함께 잡지 『여론(女論)』(1932.3~1936.2)을 창간했다.[7] 박인덕은 『정말국민고등학교』(조선기독교청년회연합회, 1932), 『농촌교역지침(農村敎役指針)』(농촌여자사업협찬회, 1935), 『세계일주기』(조선출판사, 1941)를 저술했고, 『예루살넴에서 예루살넴(*Jerusalem to Jerusalem* by Helen Barrett Montgomery)』(농촌여자사업협찬회, 1933), 『어리신 주 예수(*Little Lord Jesus* by Lucy W. Peabody)』(예수교서회)를 번역 출간했다.

김폴린은 귀국 후 기독교조선감리회 총리원 교육국 간사로 활동하며, 주일학교 교재로 『(주일학교) 유년부 교과서 권1』(김보린 편, 기독교조선감리회 총리원 교육국, 1935), 『하늘 아버지와 어린이』(주일학교 교사용, 1936), 『하나님의 세계』(주일학교 교사용, 1937), 『에덴동산』(김보린 편저, 기독교조선감리회 총리원 교육국, 1938)을 저술했다. 김폴린이 편저한 성경동화 여러 편은 장정심·사사라의 동화와 함께 홍애시덕이 편집한 『절제동화집』(일본기독교부인교풍회 조선연합부회, 1940)에 수록되었다. 이는 미국유학 중에 여러 군데 교회학교를 시찰하면서 보고 배운 영향이 컸다. 미국 교회학교에서는 계단공과를 사용하는 것은 물론 교사용과 학생용이 따로 있었다. 또한 공과 내용과 부합되는 학생용의 작은 그림이 있어서 공과 공부 후 학생들에게 한 장씩 주어서 학습의 효과를 올리는 것을 보았다. 그러나 한국교회학교에서는 학생용 공과도 없었고 학습을 도와주는 그림도 없었다. 이에 공과 내용의

---

7) 김활란박사교직근속40주년기념사업위원회, 『김활란박사소묘』, 이화여대출판부, 1959, 58쪽.

간단한 설명과 요절을 기록한 작은 그림 절지를 만들어 보기로 했다. 그림을 구하는 일이 어려워서 어린이들이 뜰에서 장난하며 노는 것을 사진으로 찍어 동판으로 만들어 인쇄해 사용하거나 외국의 주일학교용 리플리트에 있는 양복 의상 그림을 한복으로 고쳐서 사용하기도 했다. 한편 농촌교회에 대한 경험을 쌓기 위해 수색교회를 다니며 학생들을 가르치기도 했다.[8)]

박은혜는 미국유학 후 조선장로교총회 종교교육부 간사로 활동했다. 김활란과 함께 『여론』 잡지를 창간했고, 귀국 후에는 이화여전 교원과 기숙사 사감으로 재직했다.

김필례의 경우 당시 남녀교제가 사회문제화 되고 가정과 학교에서 학생생활지도교육이 주요 이슈로 떠오르는 현실에서, 청년들에게 올바른 가르침을 주고자 『성교육』(조선야소교서회, 1935)을 저술, 출간했다. 이 책은 결혼을 앞둔 청년들이 읽어볼 만한 안내서로 혼례서와 함께 잡지에 광고가 실리기도 했다.[9)] 책 내용 가운데 성병의 예방과 치료 부분은 남편인 최영욱 의사가 집필했다. 이 책은 당시 한국사회에서 유일한 성교육 책자였다고 한다. 이러한 연유로 김필례는 학교로 와서 순결교육과 성교육을 강의해 달라는 부탁을 받기도 했다.[10)] 이외에도 번역서 『성경사화대집(*The Story of the Bible*)』(촬쓰 포스터, Charles Foster 원저, 김필례 번역, 조선기독교서회, 1940)을 출판했다. 이 책은 해방 이후 여러 번 개정판으로 인쇄될 정도로 베스트셀러가 되었다.

이금전은 귀국 후 태화여자관, 동대문부인병원, 세브란스병원에서 활동하며 태화여자관의 공중보건 · 위생부의 간호사, 동대문부인병원 간

---

8) 김폴린, 『주님이 함께 한 90년』, 147, 155~156쪽.

9) 김필례, 『성교육』, 조선야소교서회, 1935 ; 광고, 『신학지남』, 1940.3.

10) 이기서, 『교육의 길 신앙의 길 : 김필례 그 사랑과 실천』, 태광문화사, 1988, 164쪽.

호원장, 세브란스병원 간호부양성소 교장, 아동보건회장을 역임했다. 여성들을 위한 보건위생 강연을 많이 했고, 『영양과 건강』『자모회 공과』를 출간했다.[11] 평소 건강에 힘써 질병을 방지하자는 예방의학 차원에서 영양·보건·위생에 대한 계몽을 위한 것이었다. 또한 이금전은 경성아동보건회에 참여하여 활동했다. 경성아동보건회에서는 태화여자관·동대문부인병원·신당정·왕십리·교북정·공덕 등에 영아부를 설치하고 건강 진찰을 했다. 또한 자모회를 조직하여 다달이 위생 강연도 했다. 인공영양부에서는 젖이 없거나 부족한 아기들의 먹을 것을 준비했다. 여러 사립 소학교에 다니면서 아동 위생에 대한 강연을 하고, 회원의 가정을 방문하여 육아 상담도 했다.[12] 한소제는 경성자매원 방문의사와 동대문부인병원 탁아소 주치의로 활동했다. 김애희는 평양 기홀병원의 부인과 의사로 활동하다 평양 애희병원을 개업했다.

미국유학 지식인들은 대부분 기독교인으로, 직업과 사회단체 활동 이외에 교회에서의 강연과 봉사활동에도 적극적으로 참가했다. 음악을 전공한 김앨리스는 정동교회의 오르간 반주를 도맡아 했다.[13] 김폴린은 주일학교 교사를 했으며, 김활란은 정동교회 청년부 주일학교장을 맡아 봉사했다.[14] 김활란과 박인덕은 일요일 교회에서 강연을 하기도 했다. 김활란은 주로 정동교회에서, 박인덕은 석교교회에서,[15] 황애시덕은 중앙교회에서 강연했다. 김마리아는 1934년 조선예수교 장로회

---

11) 「역사와 함께 한 세브란스인, 이금전」, 『세브란스병원』 106, 2011.11.

12) 이금전, 「건강한 애기를 기르는 경성아동보건회」, 『동아일보』 1938년 1월 4일.

13) 김폴린, 『주님이 함께 한 90년』, 130쪽.

14) 『김활란박사소묘』, 58쪽.

15) 『동아일보』 1929년 6월 9일 ; 1929년 9월 22일 ; 1930년 1월 5일 ; 1932년 2월 7일 ; 1932년 4월 17일 ; 1932년 12월 11일 ; 1933년 1933년 1월 8일 ; 1933년 4월 9일 ; 1933년 6월 4일 ; 1933년 6월 25일 ; 1933년 9월 3일 ; 1934년 2월 18일 ; 1934년 4월 8일 ; 1934년 10월 14일 ; 1934년 11월 25일 ; 1936년 5월 3일 ; 1937년 6월 6일 ; 1937년 10월 17일 ; 1937년 11월 7일 ; 1938년 1월 23일 ; 1939년 9월 3일 ; 1940년 2월 4일.

여전도회 전국연합회 제7대 회장으로 선출되어 제10대 회장까지 회장을 맡아 여전도회를 안팎으로 크게 확장시켰다. 1937년에는 장로회 총회로부터 매년 정월 셋째 주일을 '여전도회 주일'로 제정한다는 승인을 받았다. 교단 내에서 종속적 · 부수적 · 주변적 위치에 있던 여신도들의 지위를 개선하고, 교회 안에서 여신도들에 관심을 가지도록 환기했으며, 여전도회의 위상을 확고하게 하여 역동적으로 활동하는 데 크게 기여했다. 무엇보다 여전도회 주일 헌금이 여전도회로 보내지기에 여전도회를 더욱 독자적으로 운영할 수 있게 되었다.[16] 김마리아는 귀국 직후 인터뷰에서 밝혔듯이 독자적으로 하고자 했던 사업이 있었다. 그러나 3 · 1만세시위와 대한민국애국부인회의 독립운동의 중심인물로 활동했던 전력으로 인해 경찰의 감시와 제재를 받아 자신의 뜻을 제대로 펼칠 수 없었다. 미국유학에서 돌아온 후 김마리아의 활동 범위는 여전도회를 중심으로 하는 기독교계 활동으로 제한되었다.

미국유학에서 귀국한 여성지식인들의 사회활동은 주로 1920년대 초~1930년대 초중반에 집중되어 있다. 이러한 현상이 일어나게 된 배경이자 요인을 들자면 미국유학을 떠났다가 귀국하는 시기가 1920년대에 집중되어 있었던 것과 관련이 있다. 이화학당 차원에서 일찌감치 미국유학이 추진되었던 이은라 · 김앨리스 · 김활란은 이화학당이 이화여전 체제로 전화되는 1925년에 맞추어 귀국했다. 개인 차원에서 미국유학을 떠났던 황애시덕 · 박인덕 · 김마리아 등 사회에서 주목받던 여성지식인들의 경우 1920년대 말에서 1930년대 초에 집중적으로 귀국했다. 이들이 귀국하면서 조선YWCA연합회 운동이 활성화되고, 새로운 여성단체들이 조직되었으며, 농촌활동과 생활개선활동이 활발해졌다.

---

16) 박용옥, 『김마리아 : 나는 대한의 독립과 결혼하였다』, 홍성사, 2003, 422~423쪽.

여성지식인들의 사회활동이 1920년대 후반 1930년대 초중반에 집중된 것은 1928년 기독교지식인 대표들의 예루살렘선교대회 참석과 덴마크 시찰이 기폭제가 되어 국내 기독교운동이 농촌사업을 중심으로 활발하게 전개되었기 때문이다. 이 시기 천도교와 사회주의계에서도 농민운동, 동아일보사와 조선일보사를 중심으로 한글보급과 농촌계몽운동이 전개되면서 실력양성운동·문화운동·농촌운동이 절정을 이루었다.

당시 미국유학에서 귀국한 여성지식인들의 활동은 이러한 사회운동 흐름이 풍부해지는 데 기여했다. 여성지식인들은 미국유학의 경험에 비추어 국내 상황을 객관적으로 보고 한국사회의 상황에 맞는 발전 모델을 모색하고자 했다. 서양문명의 장점을 인식하고 이를 한국사회에 적용하고 수용하고자 했던 한편, 한국사회가 처한 상황에 좀 더 적합하나 모델로 덴마크의 농촌부흥에 관심을 가지고 연구하기 시작했다. 미국유학생들이 미국적 발전 모델에 경도되지 않고 이러한 다양성을 추구할 수 있었던 것은 미국사회의 자유로운 분위기와 다양하고 실용적인 학문 연구 풍토 덕분에 가능했다고 하겠다.

2. 교육활동

다음은 미국유학 전후 여성지식인의 취업 또는 활동 상황은 〈표 4-1〉로 정리했다.

〈표 4-1〉 미국유학 전후 여성지식인의 직업

이름	유학 전	유학시절 전공 / 학위	귀국 후
윤헬렌	조기유학으로 우리말에 서툼	밴더빌트대학교 학사	잠시 국내 있다 일본에서 영자신문사
김신실	이민, 하와이에서 체육 교원	체육 / 학사, 석사	이화여전 체육 담당 교원

이름	유학 전	유학시절 전공 / 학위	귀국 후
조득란		성경 / 신학교 졸	경신학교 교원
노정면	교사	드류학원	결혼으로 가정
김분옥		가정학 / 학사	이화여전 가사과 교원
서은숙	이화보육학교, 이화여고보, 정의여고보 교원	보육, 교육학 / 보육학교 졸, 석사	이화보육학교, 이화여전 보육과 교원, 학감
김동준	이화학당 교원	영문학 / 학사, 석사	함흥 영생여고보, 이화여고보 교원
김메블	이화여고보 교원, 사감	학사?	이화여전 가사과 과장, 교원
이정애		간호학 / 대학병원 졸	세브란스병원 (부)간호원장
이금전		간호학 / 대학 간호학교 졸	동대문부인병원 간호원장, 세브란스병원 간호학교 교장
박마리아	개성 호수돈여고보 교원	교육학 / 학사, 석사	이화여전 문과 교원
김메리	논산 보통학교 교원, 만주용정병원 간호사	음악 / 학사, 석사	이화여전 음악과 학감, 교원
강유두		간호학 / 대학병원 졸	부산 기독교 사회관 근무
조은경	이화여고보, 이화여전 음악 교원	피아노 / 음악학교 졸	원산 마르다윌슨여자신학교 교원
고봉경		음악학교 졸	협성여자신학교 교원
고황경		경제학, 사회학 / 석, 박사	이화여전 가사과 교원
김폴린	이화학당 보통과 교원	교육 / 교육대학 졸	조선감리회 총리원 교육국 간사, 협성신학교 교원
김애마	이화여전 유치원 사범과 교원	교육 / 교육대학 졸	이화보육학교, 이화여전 보육과 교원
이유경	함흥 영생여고보 교원	교육 / 학사	?
박은혜	주일학교연합회 〈아희생활〉 출판사 근무	종교교육 / 학사	조선장로교총회 종교교육부 간사, 이화여전 교원, 사감
유부용		음악, 성악 / 학사	귀국 독창회, 성악가
최직순	이화여고보 성경 교원, 사감	종교교육 / 학사	동경여자기독청년회 조선여학생 담당 사감
최이순	이화여고보 교원	가정학 / 학사, 석사	이화여전 가사과장, 교원

이름	유학 전	유학시절 전공 / 학위	귀국 후
김영의	이화여고보, 이화여전 교원	음악 피아노 / 음악학교 졸	이화여전 음악과
최례순	원산 루씨여고보, 이화여전 교원	종교교육 / 학사	이화여전 교원 예정
윤종선	교원	종교교육, 사회교육 / 학사	협성신학교 교원 예정
김갑순	『女論』사 편집 기자	학사, 영문학, 연극학, 석사	이화여전 교원

미국유학에서 귀국한 여성 57명 가운데 45명(78%)이 귀국 후 직업 또는 사업에 종사했다. 가정으로 들어간 이가 5명, 불명확한 경우가 7명이었다. 미국유학에서 귀국한 후 상당수(45명)가 직업에 종사했음을 알 수 있다. 또한 귀국한 여자유학생의 19%(57명 가운데 11명), 귀국한 뒤 직업을 가지고 활동했던 여성의 24%(45명 가운데 11명)인 11명이 결혼 후에도 일정기간 직업에 종사하며 사회활동과 결혼생활을 병행했다. 이들은 일제시기 전문직 지식인의 '마주벌이'라는 새로운 풍속도를 만들었다. 김앨리스 · 이선행 · 김성실 · 김애희 · 김메불 · 김메리 · 황애시덕 · 김필례 · 한소제 · 조은경 · 최이순은 기간의 차이는 있어도 결혼 후에 직장을 다니거나 자기 사업을 하며 사회활동을 했던 여성들이었다. 특히 이선행은 남편 최윤호와 함께 부부가 함께 농촌에서 교육사업을 하며 농촌운동에 투신했다.[17)]

유학 전후 취업 상황을 비교해보면 미국유학 전에 이미 직업을 가지고 있던 여성이 52명이었는데, 귀국 후 직업종사자는 교사 임용이 예정된 경우를 포함해 45명이었다. 미국유학으로 취업의 기회가 확대된 것은 아니었음을 알 수 있다. 취직난으로 미국유학을 갔다 왔다고 해서 새로 취직되는 경우가 매우 적었던 현실을 반영하고 있다. 미국유학

---

17) 「농민야학과 부인강좌 개최, 유치원도 경영코저 준비, 최윤호씨 부부의 봉사, 봉산군 만천면 검정리(鳳山郡 萬泉面 檢亭里)에」, 『동아일보』 1933년 12월 6일.

전에 직업을 가지고 있던 여성 52명 가운데 33명(60%이상)이 교직에 종사했는데, 이들은 미국유학에서 귀국한 후 대부분 이전의 직장에 복귀했다. 이화의 경우가 그러하다. 미국유학 전에 이화 교원이었던 여성은 21명이었는데, 이들 대부분이 이화 교사로 복귀했다. 이외에도 귀국 후 교사로 취직했던 경우는 경성(서울) 협성여자신학교 또는 협성신학교 6명(임용 예정 포함), 원산 마르다윌슨여자신학교 3명이었다. 여성이 미국유학으로 인해 교직 진출의 기회가 늘어난 것은 아니었으며, 미국유학을 통해 전공 학문을 더 연구하고 학위를 취득해 교사의 자격과 질을 높였다는 데 의미가 있다.

외국유학에서 귀국한 여성지식인 대부분이 학교 교사로 활동한 점에서 미국유학생이나 일본유학생이나 비슷한 현상을 보였다. 당시 여성에게 주어진 취업의 기회는 교직이 제일 많았기 때문이다. 미국유학 출신 여성지식인 대부분은 교사로 활동했지만, 이 가운데서도 학교 경영자 겸 교장의 지위에까지 오른 이는 김활란과 임영신이었다.

김활란이 미국유학에서 귀국하던 해인 1925년은 이화학당 대학예과와 대학과가 이화여자전문학교로 변경 인가되어 출범하던 때였다. 새로운 변화의 물결 속에서 김활란은 이화여전을 설립한 선교사들이 가장 중요하게 여겼던 '종교' 과목을 담당해 개편하게 되었다. 또한 기숙사 사감을 맡아서 본격적으로 기숙사 자치제를 실시했고, 1926년 학감직을 맡게 되었다. 한국인(학생)과의 소통을 위해 한국인지도자를 내세우고자 했던 앨리스 아펜젤러 교장의 뜻이었다. 학감 승진을 계기로 김활란이 한국여성지도자로서 두각을 드러내며 본격적인 행보를 내딛기 시작했다.

김활란은 제1차 미국유학에서 귀국한 후 1926년 학감으로, 제2차 미국유학에서 귀국한 후에는 부교장으로 승진했다. 전문학교 학감과 부교장 직책은 당시 한국인 여교사로서는 최고의 지위였고 그만큼 중책이었다. 직무능력을 인정받았다는 뜻으로 한국여성의 사회적 위상을 높이는 데 기여했다. 교장이 아니었기에 학교의 실무를 맡아서 수행하며 자신의 의견을 개진할 수는 있어도 자신의 뜻대로 학교 교육방향이나 발전계획을 이끌고 갈 수 없었다. 이화여전의 최고 경영권은 서양 선교사들에게 있었기 때문이었다. 1939년 미국을 적대시하는 일제의 정책과 강압에 의해 앨리스 아펜젤러 교장이 물러나고 김활란이 교장으로 취임하게 된다. 학교의 발전방향을 정하고 실행하는 주체가 김활란을 중심으로 한 한국여교사들이 되는 듯했다. 그러나 1937년 일제가 중일전쟁을 일으키면서 전시동원체제가 발동한 데다가 1939년 제2차 세계대전이 발발하면서 총력전체제가 보다 강화되었다. 일제의 간섭과 압제가 심해졌고, 숙명여전과 같이 이화여전 교장을 남자 일본인으로 교체하고자 하는 일제의 책략으로 인해 김활란의 교장 자리마저 위태로워지게 된다. 이러한 상황에서 김활란이 교장으로서 소신껏 할 수 있는 일은 별로 없었다. 1940년 언론을 통해 학교 발전 청사진을 제시하기는 했지만, 이상과 현실의 간극은 너무 컸다.[18] 어떻든 이때 수립하고도 여건상 실행할 수 없었던 학교발전계획은 해방 이후에 차근차근 실현해가게 된다.

김활란이 교장으로 취임한 후 1940년 2월, 2년제 이화보육학교를 3년제 보육과로 변경하여 이화여전의 한 과로 편입했다. 가사과 생도의 정원을 종전의 40명에서 매 학년 50명으로 증원했고, 수업연한 1년제의 가사전수과를 신설했다. 문과 교과과정에 일본학, 조선문학, 중국문학 과목 추가하고 총독부 인가를 받았다. 이화여전 보육과는 2년제 보육학교를 4년제 고등교육 수준으로 승격시켜야 한다는 김애마(1939년 보

18) 제3장 제2절의 2. 여성교육론 참조.

육학교 학감에 취임)의 의견이 적극 반영된 것이었다. 가사과 학생 증원과 가사전수과 신설은 1929년 이화여전 가사과 신설 이후 여학생들과 학부모들의 적극적인 호응을 받고 해마다 지원자가 정원을 초과하는 상황이 발생했기 때문이다. 학교에서는 학생을 더 수용할 수 있는 방법을 모색한 것이었다. 이것도 얼마 못가 바뀌게 되거나 중단되게 된다. 일제의 교육정책 변경에 따라 이화의 교육체계가 수시로 바뀌었기 때문이다.

한편 1940년 11월 미국이 선교사들을 철수시키고 1941년 일본이 태평양전쟁을 도발하면서 미국과 일본은 적대국이 되었다. 재정의 대부분을 지원해주었던 미국 선교부와 연결이 끊어지게 되어 학교 재정상태가 악화되었다. 김활란은 학교의 경상비 조달조차 힘든 상황을 수습하여, 1943년 200만 원 재단을 완성하여 이화학당 재단법인 설립을 인가받았다. 김활란은 이화여전 교장 겸 이화학당 재단법인 이사장으로 취임했다. 이로써 이화여전에 일본인 교장을 앉히고자 했던 일본 측의 의도는 수포로 돌아갔다. 그러나 일제말기 전시체제에서 학교를 운영해가는 과정에서 일제협력행위를 했다는 오점을 남기게 되었다.[19]

다음은 중앙보육학교를 인수하여 발전시킨 임영신의 교육활동을 살펴보고자 한다.[20] 임영신은 귀국 직후 장차 '교육사업'에 종사할 것이며[21] 기독교정신으로 '여성운동'에 앞장서겠다는 포부를 밝혔다.[22] 임영신은 일제의 착취로 극도의 빈곤에 빠진 농촌 현실, 너무 지쳐 독립의 희망을 잃은 사람들의 모습을 목격하고 그 해결책을 교육 사업에서

---

19) 이화100년사편찬위원회, 『이화100년사』, 이화여대출판부, 1994, 266~275쪽.

20) 임영신의 교육활동은 김성은, 「1930년대 임영신의 여성교육관과 중앙보육학교」, 『한국민족운동사연구』 71, 2012 내용을 중심으로 서술했다.

21) 「임영신양 금의환향(錦衣還鄕), 미국유학 마치고」, 『동아일보』 1934년 1월 14일.

22) 임영신, 「나의 이력서」, 944쪽.

찾고자 했다. 여성교육을 '독립운동을 위한 무기' '황무지로부터 나올 수 있는 유일한 길' '여권향상을 위한 길'이라고 생각했기 때문이었다.[23] 미국유학에서 귀국한 후 마주친 고국의 문화와 교육현실은 생각보다 너무나 미약했다. 임영신은 한국사회 현실과 실생활에 도움을 줄 수 있는 교육기관을 창설하고자 했다.

> 오늘날 조선에 있어서 좀 더 학교교육을 조선 현실에 맞는 우리들의 현사회의 실생활에 영합될 수 있는 보담 이상적인 교육을 받을 수는 없을까? 아니 그들 젊은 학도들에게 그러한 기관을 만들어 줄 수는 없을까?[24]

그러던 차에 중앙보육학교가 재정난으로 폐교될 위기에 처해 인수자를 물색하고 있다는 소식을 듣게 되었다.

중앙보육학교는 원래 종로구 인사동 중앙교회의 류양호와 영신학교 학감 박희도 등이 발기인이 되어 1916년에 설립한 중앙유치원에서 비롯되었다. 중앙유치원에는 1922년 보모 양성을 위한 유치사범과가 설치되었는데 이것이 승격 인가를 받아 1928년 중앙보육학교가 되었다. 입학자격은 여자고등보통학교(고등여학교) 졸업 정도였고 수업연한은 2년이었다.[25] 1934년 현재 중앙보육학교는 10여 년의 역사와 300여 명의 졸업생을 배출한 학교로 한국여성고등교육의 한 축을 담당하고 있었다. 박희도 · 장두현 · 김상돈 · 신태화가 설립자, 박희도가 교장을 맡고 있었으나, 박희도의 추문에 자금난이 겹치면서 결국 학교를 매각하

---

23) 임영신, 「나의 이력서」, 944쪽 ; 임영신, 『나의 40년 투쟁사』, 157쪽.

24) 임영신, 「문화 조선의 호화판, 한강반(畔)에 신설되는 여자전문학교 : 내 일생에 마음먹은 바를 실현함에 오즉 깁뿔 뿐」, 『삼천리』 8-2호, 1936.2, 89~90쪽.

25) 「중앙유치원에서 신설한 사범과는 여자만 모집한다」, 『동아일보』 1922년 8월 26일 ; 「중앙보육교 인가, 전신은 중앙유치원 사범과 설비 기타 면목 일신」, 『동아일보』 1928년 9월 9일 ; 임영신, 「나의 이력서」, 945쪽.

게 되었다. 1934년 5월 황애시덕이 자매들과 함께 중앙보육학교를 인수하고, 교장이 되어 학교를 운영했다.[26] 1여 년에 걸친 이들의 노력에도 학교는 다시 자금난과 경영난에 봉착했다.[27] 1935년 4월 전(前) 설립자 대표 김상돈의 아들 김명엽이 다시 중앙보육학교를 맡아 "여성의 교육은 여성 자신의 손으로 하는 것이 타당하다."는 생각으로 학교를 인수할 만한 인물을 물색한 끝에 임영신에게 의사를 타진했다.

임영신은 원래 새로 여성교육기관을 세우려는 계획을 가지고 있었지만 중앙보육학교의 폐교가 여성교육계나 사회적으로도 큰 손실이라는 점에서 중앙보육학교를 인수하는 쪽으로 마음을 돌렸다. 1935년 4월 재학생 60~70명의 중앙보육학교를 인수하고 교장에 취임했다. 땅 한 평, 건물 하나 없이 재정 부족으로 인해 경영난에 빠져있던 중앙보육학교에 1만 원을 희사하는 동시에 학교를 창신동 주택 건물에서 서대문정 피어슨성경학원 건물로 옮겼다.[28]

"의에 죽고 참에 살자."는 교훈은 임영신의 신조이자 교육이념이었다.[29] 임영신은 학생들에게 참된 마음을 가지고 대의를 위해 자기 한 몸을 바치는 의지와 행동을 가져야 한다고 강조했다. 훈시할 때에는 항일 애국심을 강조하는 한편 장래 한국여성의 사명이 중요하다고 역설하며 협력 · 근면 · 창의력 있는 여성이 되어야 한다는 내용이 주를

---

26) 「중앙보육학교 신설립자가 인계, 황애시덕 외 삼씨가 경영」, 『동아일보』 1934년 5월 18.

27) 김성은, 「1930년대 황애시덕의 농촌사업과 여성운동」, 『한국기독교와 역사』 35, 2011.9, 174~175쪽.

28) 임영신, 「문화 조선의 호화판, 한강반(畔)에 신설되는 여자전문학교」, 『삼천리』 8-2, 1936.2, 90쪽 ; 「중앙보육 이전」, 『조선중앙일보』 1935년 4월 16일 ; 「중앙보육학교 경영자 변경」, 『동아일보』, 1935년 4월 20일 ; 「서광에 빛나는 중앙보육학교, 관리자 변경코 교사도 이전, 임영신씨 만원 희사」, 『조선중앙일보』, 1935년 4월 21일 ; 「소식」, 『동아일보』 1935년 6월 2일.

29) 『승당 임영신박사 문집』 2, 1168쪽 ; 이영보, 「의와 참의 가르침」, 『아직도 그 목소리가』, 주간시민출판국, 1979, 133쪽 ; 조성녀, 「육신의 친밀감」, 『아직도 그 목소리가』, 194~196쪽 ; 『중앙대학교 80년사, 1918~1998』, 중앙대학교80년사 실무편찬위원회, 1998, 111쪽.

이루었다.[30] 학생들은 "의에 죽고 참에 삶은 모교의 정신"이란 교가(나운영 작곡, 김태오 작사)를 부르며, "일생을 내 자신의 안락만을 위하지 않고 의를 위하여 동포를 위하여 힘쓰리라"고 다짐했다.[31]

중앙보육학교를 인수한 임영신의 꿈은 원대했다. 1935년 6월 '종합대학 설립'을 목표로 한 학교발전계획을 발표했다. 아직 자체 건물도 땅도 재단도 없는 2년제 보육학교를 장차 4년제 종합대학으로 끌어올리겠다는 목표를 세웠다.[32] 언론은 1935년 11월 중앙보육학교 창립 13주년을 맞아 임영신 교장의 노력으로 학교가 충실해지고 있다고 보도하며 학교 발전에 기대를 표명했다.[33] 임영신은 자신이 한국여성교육계에서 해야 할 역할이 크다는 사명감을 가지고 우선 '여자전문학교 설립' 계획을 세우고 실행에 착수했다.[34] 임영신이 경영난에 시달리던 중앙보육학교를 인수했지만, 여전히 학교시설과 교육환경은 열악했다. 자체 건물이 없어서 세를 내고 남의 건물을 빌려 쓰는 형편이었다. 임영신이 학교 발전을 위해 가장 먼저 해야 할 일은 학교 건물을 지을 부지를 물색하고 매입하는 것이었다. 학교 부지는 장래 여자종합대학교의 규모를 감당할 만큼 충분히 크고 넓은 곳이어야 했다. 이리하여 학교 인수 6개월 만인 1935년 11월부터 여자전문학교 설립을 목표로 학교 기지를 물색하기 시작했다.

---

30) 김옥련, 「옛 스승의 모습」, 『아직도 그목소리가』, 102쪽.

31) 『중앙대학교 80년사』, 142쪽 ; 『여성』, 1938.10 ; 『중앙대학교 50년사』, 중앙대학교 교사편찬위원회, 1970, 96쪽 ; 『여성』, 1939.2 ; 『중앙대학교 사범대학 부속유치원 83년사』, 1999, 58쪽 각주 21.

32) 「갱생의 중앙보육, 경제과도 둘 터, 교장 정식 인가를 받은 신임 교장 임교장의 포부담」, 『조선중앙일보』 1935년 6월 4일.

33) 「중앙보육학교 창립 13주년」, 『동아일보』 1935년 11월 12일.

34) 「한강 건너 "명수대"에 중앙보육학교 신축… 여자전문학교도 계획」, 『동아일보』 1936년 1월 16일 ; 「중앙보육학교 명수대에 신건축, 신여전 설립도 계획」, 『조선중앙일보』 1936년 1월 16일.

검토 결과 당시 경성부 외곽에 있던 노량진 명수대를 최적지로 선정했다. 그곳에는 이미 경성상공학교 건설이 시작되었고 그 외 유치원, 보통학교 건설이 예정되어 있어서 근방이 교육구가 될 거라고 보았기 때문이다.[35] 임영신은 한강에 임한 명수대(지금의 서울시 동작구 흑석동 221번지)를 사기 위해 1935년 11월부터 땅 소유주인 일본인과 절충을 시작했다. 1936년 1월 '최소한의 가격'인 10만여 원에 11,000여 평을 학교 부지로 구입했다. 심지어 그 일본인으로부터 기숙사 부지로 1,500평을 별도로 기부 받았다. 임영신은 이 땅의 자연환경, 교육입지에 대해

> 장송(長松)이 낙락(落落)하고 울울하여… 산자수명(山紫水明)한… 경치 수려한 곳으로 더구나 여름 한 철은 옆으로 한강수 장류하여 말할 수 없이 좋은 곳입니다. 여름에 수영이며 겨울에 빙상운동은 학교의 기지로서는 무상의 낙원지일 것입니다. 이 한강변은 내가 일찍부터 그리워하든 곳입니다. 나는 늘 혼자 생각에 만약 집을 지어도 이 한강변을 택하였으면 할만치 항상 좋아하여 오든 곳입니다. 이러한 땅에다 내 일생의 소망인 여자전문학교를 세워보게 된 것은 둘도 없이 기쁜 일입니다.[36]

라며 매우 흡족해했다. 실제로 중앙보육학교 학생들은 학교에 인접한 한강을 여름에는 교내 수영장으로 겨울에는 교내 스케이트장으로 이용했다.[37]

임영신은 이 부지가 머지않아 경성부로 편입될 것이며 인천의 철도창과 서울 사이의 중간에 위치해 중요한 거점이 될 거라고 전망했다.[38]

---

35) 「한강 건너 "명수대"에 중앙보육학교 신축… 여자전문학교도 계획」, 『동아일보』 1936년 1.16, 2면.

36) 임영신, 「문화 조선의 호화판, 한강반(畔)에 신설되는 여자전문학교」, 『삼천리』 8-2, 1936.2, 92쪽.

37) 「교문을 나서는 재원들 : 전문학교 편 4 중앙보육학교」, 『동아일보』, 1939년 2월 7일.

38) 임영신, 『나의 40년 투쟁사』, 160쪽.

흑석정 일대는 원래 경성에 가까운 궁벽한 촌에 지나지 않았지만 도시 확장계획에 따라 1936년 4월 (학교 부지 구입 후 4개월이 지나지 않아서) 경성부에 편입되었다. 한강 신인도교가 완성되어 교통시설이 편리해졌으며, 1939년 7월 현재 중앙보육학교, 경성상공학교, 양복재봉학교, 은로학교 건물이 착공되어 학교촌으로 바뀌어 가며 날로 발전해갔다.[39] 학생들은 시내에서 전차를 타고 노량진 정류장에 내려 달구지 길을 따라 고개를 넘어 통학했다.[40]

언론에서는 1936년 2월 중앙보육학교 제8회 졸업(졸업생 15명)을 보도하며 중앙보육학교가 이제 막 교사 신건축과 새로운 계획에 힘을 쓰는 한편 사회의 인물양성에 주력하고 있다며 학교발전에 기대를 나타냈다.[41] 임영신은 학교부지 구입 직후 1936년 2월 또다시 학교발전계획을 발표했다. 10만 원 예산으로 건물 공사에 착공하고 10만 원으로 학교 재단법인을 만들어 총 30만 원(필자 주 : 학교부지 10만 원 포함)으로 '여자전문학교'를 세워 500명 학생을 수용할 수 있도록 하겠으며[42] 신설될 여자전문학교에는 우선 가정과와 보육과를 두고 형편을 보아가며 상과를 설치하겠다는 계획이었다.[43] 1937년 1월 학교발전계획을 더 확장하여 '여자전문학교'를 목표로 재단법인 설립, 1,000여 명 학생을 수용할 수 있는 학교 교사(校舍), 강당, 기숙사를 신축하겠다고 발표했다.[44]

---

39) 「"산책지" 한강안(岸), 중보 경상 진출」, 『동아일보』 1937년 7월 31일.

40) 김옥련, 「옛 스승의 모습」, 『아직도 그목소리가』, 102쪽.

41) 「교문을 나오는 새 일꾼을 찾어서, 전문편 2 : 중앙보육학교」, 『동아일보』 1936년 2월 7일.

42) 임영신, 「문화 조선의 호화판, 한강반(畔)에 신설되는 여자전문학교」, 『삼천리』 8-2, 1936.2, 90~93쪽.

43) 「사업과 생활의 이상 : 사업가 임영신씨의 세계」, 『신인문학』 3-3, 1936.8, 69~71쪽. 상과의 경우 문과가 이미 이화여전에 개설되어 있었으므로 국내 여자전문학교에는 없는 과를 두려는 점에서, 보육과의 경우 한국적 정서는 유치원에서밖에 찾을 데가 없다는 점에서 개설이 필요하다고 보았다.

여자전문학교 승격은 여의치 않았다. 여자전문학교로 승격하기 위해서는 조선총독부의 인가를 받아야 했고 인가를 받기 위해서는 자격을 갖추어야 했으며 자격을 갖추기 위해서는 학교를 신축하고 재단을 설립해야 했고 학교 신축과 재단 설립을 위해서는 자금이 필요했다.[45] 그러나 당국은 중앙보육학교에 대한 기부를 금지했고, 임영신에게는 학교 건물을 짓고 재단을 설립할 자금이 없었다. 사립학교 재단 설립을 독촉했던 조선총독부가 한편으로는 재단 설립을 목표로 한 기부금 모집을 단속한 것은 사실상 한국인 교육기관 재단 설립 자체를 막겠다는 의도였다.[46] 임영신은 일제식민지 교육의 실상을 폭로하고 조선총독부의 교육정책을 조목조목 반박하며 한국인 본위의 교육을 실시하라고 주장했다. 조선총독부가 한국인의 교육발전을 위한다면 거액의 기본금을 가지지 않은 학교에 인가를 주지 않겠다는 방침을 재고해야 한다고 지적했다. 극심한 입학난과 학교부족이라는 현실에서 조선총독부는 예산이 없어서 교육기관을 많이 시설하기가 어렵다는 변명만 늘어놓으면서 막상 학교인가에는 인색하다며 이중성을 비판했다. 그리고 민간 독지가들이 거액의 재산을 기부해 중등학교를 설치하도록 조선총독부가 모든 편의를 제공해 민간학교 설립을 장려해야 한다고 촉구했다.[47] 이는 식민지 교육현실과 조선총독부의 교육정책에 직격탄을 날린 것으로 학교 부족, 입학난, 취직난, 실업이 식민지 교육의 구조적 모순에 기인한다고 지적한 것이었다. 이리하여 임영신은 학교건축비와 재단설립자금 모금을 위해 다시 미국에 건너갔다.

---

44) 임영신, 「신춘 우리학교의 새 계획」, 『조광』 3-1, 1937.1, 84쪽.

45) 임영신, 『나의 40년 투쟁사』, 157 · 161 · 162 · 167쪽.

46) 『이화100년사』, 271쪽.

47) 임영신, 「조선사람을 본위로 하라」, 『조선일보』 1937년 1월 1일.

1937년 3월 임영신은 중앙보육학교의 확장과 승격을 목표로 50~60만 원(20만 불) 모금과 미국 교육계 시찰이라는 사명을 띠고 미국을 재방문했다. 교사신축자금 예산(1936년 500명 수용 가능한 교사 신축자금 10만 원에서 1937년 1,000명 수용 가능한 교사 신축자금 15만 원으로 증가)을 포함하여 모금 목표가 1936년 20만 원에서 1937년 50~60만 원으로 3배 증액되어 설정되었다.[48] 임영신이 다시 미국에 건너가게 된 것은 건물 신축자금과 재단 설립에 필요한 자금을 모금하기 위해서였다. 미국에서 모금에 성공할 수 있다는 자신이 있었다.

임영신은 재미동포와 미국인의 후원을 얻기 위해 먼저 하와이에 들러 모금운동을 시작했다. 하와이에서 만난 일부 지도자들은 “여자는 남자와 대항해서 싸울 수 없고 또 총을 들고 싸울 수도 없으니 비실제적”이라는 점에서 여성교육을 위한 모금이 성공하지 못할 것이라고 했다. 그러나 이런 걱정은 기우에 불과했다.[49] 임영신은 하와이 교포사회에서 5,000여 원을 모금했고 이를 즉시 중앙보육학교에 보냈다. 모금은 하와이에서부터 대성공이었다.[50]

이렇게 임영신은 미국 본토에서도 계속 모금운동을 전개하며 중앙보육학교에 건축비를 송금한 결과, 1936년 11월 주춧돌을 놓고 착공했던 건물이 1여 년 만인 1937년 12월 건평 300평의 3층 석조 건물로 준공되었다.[51] 1935년 이전까지 학교부지와 자체 건물 없이 빈약하고 불안

---

48) 「임영신양 하와이에 도착」, 『신한민보』 1937년 3월 4일 ; 「임영신씨 도미 활동 60만원을 모집」, 『동아일보』 1937년 8월 1일 ; 「태평양 건너온 소식, 임영신씨 미국서 대활동」, 『조선일보』 1937년 8월 3일.

49) 임영신, 「나의 이력서」, 948~949쪽.

50) 「임영신양 하와이에 도착」, 『신한민보』 1937년 3월 4일 ; 「임영신 여사의 활동」, 『신한민보』 1937년 5월 6일.

51) 「중앙보육 신교사 명수대에 신축 준공」, 『동아일보』 1937년 12월 12일 : 동아일보에는 1937년 4월 건축에 착공했다고 되어 있지만 중앙대 영신관 주춧돌과 80년사, 자서전에 따라 1936년 11월 착공으로 보았다.

정했던 중앙보육학교는 임영신이 학교를 인수하고 교장에 취임한지 3년이 되지 않아 12,500평 학교부지와 3층 석조건물, 장기발전 청사진을 가진 전도유망한 학교로 변모했다.[52] 중앙보육학교 교사 준공에 대해 언론은 '한국사회에 전문 정도의 여성교육기관이 부족한 때 교육기관이 힘차게 늘고 자라는 것은 조선의 딸들로서 기쁜 일' '여러 가지 경영을 하기 위해 넓게 자리를 잡았으니 이제 이사하면 살림이 늘어가면서 대규모 살림이 될 것'이라며 학교의 발전을 기대했다.[53]

중앙보육학교 발전계획은 임영신이 미국에서 모금운동을 전개하는 중에도 꾸준히 진행되었다. 1938년 1월 교장 대행 차사백 부교장은 곧 신축 교사로 이사할 것이며, 앞으로의 학교발전계획은 기숙사·유치원·대강당의 신축, 전문학교 승격, 한국인의 실생활에 적당한 '가정과' 증설, 든든한 '기초재정' 확립이 목표임을 강조했다.[54] 중앙보육학교는 1937년부터 이미 조선총독부 학무국에 '가사과' 설치를 신청하고 수속 중이었는데 이는 전문학교 승격을 위한 준비과정이기도 했다. 이와 함께 학교근방이 새로운 도시계획에 따라 개발될 것에 대비해 학교 주변을 이상촌으로 만들어보려는 계획도 수립했다.[55]

드디어 1938년 5월 중앙보육학교 학생들과 교사들은 세 들어 있던 피어슨 성경학원을 떠나 새 교사(현재 중앙대학교 영신관)로 이사를 했다.[56] 새 교사(校舍)는 학생들의 큰 자랑이었고, 학생들은 희망과 기

---

52) 임영신, 『나의 40년 투쟁사』, 159쪽 ; 「경성보육 창립 10주년과 신교사 낙성기념식 성대」, 『조선중앙일보』 1936년 5월 16일 : 경쟁 학교라고 할 수 있는 경성보육학교는 1936년 봄 청진동에 신교사가 낙성되었다.

53) 「교문 나서는 재원 순방기 4 : 중앙보육학교」, 『동아일보』 1938년 2월 2일.

54) 「명년에 새 집으로 이사할 중앙보육의 산파, 중앙보육 부교장 차사백」, 『동아일보』 1938년 1월 4일.

55) 「교문 나서는 재원 순방기 4 : 중앙보육학교」, 『동아일보』, 1938년 2월 2일.

56) 「명수대 신교사로 중앙보육교 이전」, 『동아일보』 1938년 5월 3일.

뿜에 넘쳤다.[57] 중앙보육학교를 방문한 언론사 기자는 "한적하고 아름다운 환경 명수대 교사에서 소요하는 학생들을 보면 지상낙원의 아가씨들 같다."고 묘사하며 학교의 자연환경과 교육환경을 높이 평가했다.[58]

임영신은 학교 발전을 가능하게 하기 위해 한인교포뿐 아니라 미국인 특히 미국사회의 유력자들에게 한국여성고등교육을 위한 기부를 호소하며 적극적으로 모금운동을 전개했다. 임영신은 1940년 귀국하기까지 만 3년(1937.3~1940.5) 동안 미국 전역을 돌며 각지의 교육시설 특히 여성교육기관을 시찰하는 한편 모금운동을 전개하여 학교 신축건물을 완공시켰으며, 뉴욕에 중앙보육학교 후원회격인 애니 머너 파이퍼 재단(30만 불)을 설립했다. 당시 30만 불은 국내 돈으로 100~140만 원에 해당하는 큰 액수였다. 임영신이 중앙보육학교를 인수하고 1935년 10만 원 재단 설립과 학생 500여 명을 수용할 교사 신축을 목표로 시작된 학교 발전안은 2년 후인 1937년 20~30만 원 재단 설립과 학생 1,000여 명을 수용할 수 있는 교사 신축 계획으로 확대되었다. 임영신의 비전은 1937년 3층 석조건물의 신교사 신축, 1940년 80여 명을 수용할 수 있는 기숙사 신축, 100~140만 원 재단 설립으로 확대 실현되었다.[59] 임영신은 선교회와 같은 외부단체의 보조 없이 개인의 역량을 발휘하여 학교의 부지를 매입하고 건물을 신축하며 재정 기초를 확립하는 엄청난 성과를 이루어 냈다.

1940년 귀국 후 임영신은 '국내 재단법인 수속도 곧 하겠고 학교 창립 25주년 기념으로 전문학교 승격운동과 증과 수속도 하겠다.'는 포부

57) 『여성』, 1938.10 ; 『중앙대학교 50년사』, 1970, 96쪽.

58) 『조선일보』 1940년 2월 16일 ; 『중앙대학교 50년사』, 1970, 95쪽.

59) 「삼십만불 재단을 선물로 중앙보육 임영신교장 귀국, 연내로 전문학교 승격 실현 기도」, 『조선일보』 1940년 6월 13일 ; 「반석 우에 선 중앙보육교, 100만원의 재단 성립」, 『동아일보』 1940년 6월 13일 ; 「반석 우에 오른 중앙보육, 140만원 재단 완성」, 『동아일보』 1940년 7월 31일.

를 밝히며 궁극적으로 종합대학으로의 발전을 추진했다.60) 그러나 1941년 12월 일본의 태평양전쟁 도발로 미국과의 교류와 자금유입 중단, 1944년 일제에 의한 신입생 모집 중단, 철도학교에 학교건물 임대, 1945년 3월 17회 졸업을 마지막으로 폐교되면서 임영신의 꿈은 중단되는 듯했다.61) 해방 이후 임영신의 꿈은 이루어졌다. 학교는 1945년 중앙여자전문학교, 1947년 중앙여자대학, 1948년 남녀공학을 거쳐 마침내 1953년 종합대학교 중앙대학교가 되었다.

제2절 농촌활동의 전개

일제시기 우리나라 인구의 대부분은 농촌에 살면서 농업에 종사했다. 일제의 수탈적 농업정책으로 농촌이 날로 피폐해지면서 농촌문제는 민족의 당면과제가 되었고, 농촌의 가난을 해결하기 위해 사회주의자 · 천도교 · 기독교 등 각계에서 농촌운동이 일어났다. 기독교계에서는 1923년 신흥우가 농촌문제에 주목하여 농촌현장사업을 시작한 이래 1925년 조선YMCA(기독교청년회)연합회에서는 농촌부를 설치하여 농촌사업을 시작했다. 장로교회, 감리교회에서도 농촌의 피폐로 인한 농촌교세 감소를 회복하기 위해 농촌운동에 참여하게 되었다. 1928년 김활란, 신흥우를 포함한 한국기독교 대표들은 예루살렘에서 개최된 국제선교협의회에 참석하고 농촌 부국 덴마크를 시찰하고 돌아왔다. 이

---

60) 「반석 우에 선 중앙보육교, 100만원의 재단 성립」, 『동아일보』 1940년 6월 13일.

61) 『중앙대학교 80년사』, 137쪽 ; 임영신, 『나의 40년 투쟁사』, 184~192쪽 ; 임영신, 「나의 이력서」, 954~947쪽 참조. 전시 일제교육정책은 여성고등교육 증진과는 거리가 멀어, 이화여전조차 1년 단기과정의 지도자연성소로 운영되었다. 임영신 개인도 일제협력행위를 강요하는 일경의 고문, 협박에 큰 고통을 겪었다.

를 계기로 농촌선교의 중요성이 부각되면서 기독교농촌운동이 확대되었다.[62] 조선YWCA(여자기독교청년회)연합회에서도 농촌에 관심을 가지게 되었고, 그동안 도시여성을 중심으로 수립했던 사업을 농촌여성으로 확장하여 농촌사업에 착수하기로 하였다. 김활란 · 황애시덕 · 김성실 · 김신실 · 홍에스더 등 미국유학 여성지식인들이 주축이 되어 농촌사업을 전개했다. 한편 박인덕은 농촌여자사업회를 조직하고 농촌활동을 전개했다.

1. 농촌활동가 양성

한국인 대표들이 1928년 세계선교회의 예루살렘대회에 참석하고 또 덴마크를 방문하여 덴마크의 농촌사업과 농촌교육을 시찰하고 귀국한 일은 국내 서양선교사들에게도 영향을 끼쳤다. 농촌경제가 어려워지면서 졸업생들이 농촌에서 살기를 기피하여 농촌선교에 차질이 생기게 되니 선교사들도 농촌문제에 주목하지 않을 수 없었다. 선교사 채핀 부인(Mrs. Anna B. Chaffin)과 황애시덕은 단기간의 농촌봉사활동 차원이 아니라 장기간 헌신할 수 있는 농촌사업가를 본격적으로 양성해보자는 데 의견을 모았다. 이 둘은 콜롬비아대학교 사범대학에서 수학하며 한국농촌사업에 대한 관심과 구상을 공유했다.[63]

---

62) 한규무, 『일제하 한국기독교농촌운동 : 1925~1937』, 한국기독교역사연구소, 1997, 29~56쪽.

63) 채핀 부인은 1927년 안식년에 콜롬비아대학교 사범대학에서 종교교육학으로 석사과정을 이수했다. 황애시덕도 이 시기 콜롬비아대학교 사범대학에서 수학하고 있었다. 황애시덕과 채핀 부인은 한국농촌을 방문하고 그에 관한 연구논문을 썼던 브루너 교수와 콜롬비아대학교 사범대학 학풍의 영향 아래, 농촌문제에 관심을 기울이고자 하는 한국기독교계의 흐름에 공감하며 농촌사업에 대한 의견을 나누는 시간이 많았을 것이다. 채핀 부인은 1929년 협성여자신학교에 농촌사업지도교육과를 신설하여 황애시덕을 교수로 초빙하고 1930년 『명말나라 연구』(공저)를 펴냄으로써 농촌 선교와 계몽에 대한 자신의 구상을 실천에 옮겼다.

다음은 황애시덕의 회고이다.

> 마침 감리교 여자신학교 교장이던 미스 챕푼이 나를 보고 자기 학교에 와서 '농촌지도과'를 만들어 줄 수 없느냐고 했다. 신학교 학생들이 졸업하면 모두 도시에 머물기를 원하니 농촌에는 사람이 없기 때문에 그들에게 농촌사업의 필요를 깨닫게 교육을 시켜달라는 것이다.[64]

여자신학교 교장이었던 채핀 부인은 농촌지역의 전도문제와 관련해 농촌사업에 관심을 가지고 있었다. 그리하여 황애시덕에게 농촌에 가서 일하기 싫어하는 학생들을 계몽하여 농촌사업의 필요를 깨닫게 해 달라는 부탁과 함께 협성여자신학교에 농촌사업가를 양성하는 과를 신설하고 황애시덕을 교원으로 초빙했다. 농촌에서의 삶이 척박한 가운데 농촌을 기피하는 현상이 만연했다. 학생들에게 농촌사업의 필요성과 사명의식을 심어주는 일이 급선무였다.

황애시덕은 1929년 1월 24일 미국유학에서 귀국하여 2개월간 우리 농촌을 둘러본 뒤, 4월부터 협성여자신학교 교장 채핀 부인이 신설한 농촌사업지도교육과 교수로 부임했다. 학기 중에는 학생들에게 농촌의 실정과 농촌사업의 필요성을 가르치며 '우리가 그들을 위해 농촌으로 가야 한다.'고 강조했다. 여름방학 때는 학생들을 농촌으로 파견해 실습하게 하는 등 농촌사업에 착수했다.[65] 황애시덕은 1929년 여름방학을 맞이해 농촌에 가겠다고 지원한 학생 12명을 선발하여 여러 지역으로 파견했다. 이후 농촌 현장실습 보고회를 통해 경험을 나누고 농

---

64) 황애시덕, 「유고 : 황무지를 헤치며 4」, 『신여원』, 1972.7, 212쪽.

65) 1929년 협성여자신학교에 새로 신설된 과는 농촌사업과(「미국서 농촌문제 연구한 황에시터씨 귀국」, 『동아일보』 1929년 1월 26일) ; 농촌지도과(「황애시덕 유고 : 황무지를 헤치며 4」, 『신여원』, 1972.7, 212쪽) ; 단순히 新學科(「입학지남」, 『동아일보』 1929년 3월 7일)로 지칭되고 있다. 본고에서는 '농촌사업지도교육과'라고 하겠다(『동아일보』 1929년 6월 18일).

촌사업에 반영했다. 1930년 여름방학에는 황애시덕은 지도교수로서 두 학생 김노득, 최용신과 함께 황해도 수안 용현리에서 농촌계몽운동을 시작했다.

미국유학에서 귀국한 김활란 · 김성실 · 황애시덕 등 조선YWCA연합회 주요 간부들은 지면을 통해 조선인의 8할이 사는 농촌에 관심을 기울여야 하며 여성의 문맹퇴치가 급선무라고 촉구했다. YWCA의 주요사업은 교육사업에 있으므로 종래 해오던 도시 야학을 계속하는 한편, 새 사업으로 농촌사업을 시행하겠다. 야학이나 강습회 · 강좌 · 간담회 등의 방식으로 농촌여성에 대한 한글보급부터 시작하자는 내용이었다.[66]

수원 구역 감리교 여선교사 밀러는 수원 일대의 농촌을 순회하던 중 샘골의 어려운 형편을 보고 순회강사를 파견했다. 무산아동과 학령 초과 아동들에게 한글과 산수를 가르치는 단기강습을 시험해 예상보다 좋은 성적을 얻었다. 조선YWCA연합회는 밀러 선교사로부터 배우러 모여드는 아동들을 다 수용할 수 없을 정도로 순회 단기 강습회가 성공적이라는 소식을 전해 들었다. 이에 즉시 농촌사업 관계자를 현지에 파견하여 시찰한 뒤 수원 샘골을 조선YWCA연합회 농촌부 사업지로 결정했다. 1931년 10월 수원 샘골을 담당할 농촌사업가로 최용신을 파견했다.[67] 최용신은 협성여자신학교 교수 황애시덕의 제자로, 황애시덕의 지도에 따라 이미 여러 군데 농촌에 파견 나가 농촌활동 실습을 해본 경험이 있었다. 1928년부터 최용신은 지도교수 황애시덕,

---

66) 김활란, 「1929년을 맛는 조선녀자긔독교청년회」, 『청년』 9-1, 1929.1, 3~4쪽 ; 김성실, 「됴선녀자긔독교청년회 급선무」, 『청년』 10-1, 1930.1, 3~5쪽 ; 황애시덕, 「그늘에서 양지로, 1933 여인의 행진곡 : 농촌사업이 우리들이 행할 긴급문제, 지식여성은 농촌계몽에 힘쓰라」, 『조선일보』 1933년 1월 13일.

67) 유달영, 『최용신양의 생애』, 아데네사, 1956, 49쪽. 최용신은 수안 용현리는 우물이 너무 멀어 힘들고 몸이 쇠약하니, 의료기관이 있는 서울에서 너무 떨어지지 않은 곳으로 보내달라고 황애시덕에게 요청했다(황애시덕, 「유고 : 황무지를 헤치며 4」, 213쪽).

동창생 김노득(金路得)과 함께 황해도 수안 농장에서 농촌 실습을 시작했다. 1929년 조선YWCA연합회 총회에 검사위원 겸 협성여자신학교 학생기독교청년회 대표로 참석하면서 조선YWCA연합회와 인연을 맺게 되었다.[68]

조선YWCA연합회 총무 김성실은 1932년 1월 『삼천리』 기자의 방문 인터뷰에서 최용신을 "수원 샘골에서 농촌사업 하는 최선생" 곧 조선YWCA연합회가 파견한 농촌사업가로 소개했다. 김성실은 조선YWCA연합회 농촌사업에 대해 다음과 같이 설명했다.

> 본부에서도 직접 관할하는 사업이 잇는데 그것은 농촌(農村)사업으로 수원 샘골에와 수안이라는 아주 사람 가기 어려운 데다가 교육기관을 설시(設施)해 놓고 낮이나 밤이나 보통학교에 못가는 아희들에게 글을 가라치고 또 도서구락부(圖書俱樂部)를 두어서 책 업는 사람들에게 책을 읽게 하는 등의 일을 합니다.[69]

1932년 조선YWCA연합회 농촌부 사업지는 수원 샘골, 황해도 수안 두 곳이었다. 농촌사업은 주로 궁벽한 농촌지역에 교육기관을 설립해 글을 가르치고 도서관을 두어 책을 읽게 하는, 문맹퇴치와 교육에 집중되었다. 1932년 7월 조선YWCA연합회의 제9차 정기총회에는 최용신이 출석하여 수원 샘골에서 진행하고 있는 문맹퇴치사업의 발전과 농촌사업의 증진에 대해 보고하는 등 농촌사업이 중점적으로 논의되었다.[70] 당시 조선YWCA연합회 농촌사업은 농민수양소 중심으로 개편되고 있었다. 1934년 8월 제10차 정기총회에서 발표된 경상수지 상황(1932년 8월 연합회 회록)을 보면 총지출 2,130엔 가운데 최용신 관련(수원 샘골

---

68) 『조선여자기독교청년회연합회 회록』, 1929년 7월 23일 제7회 정기대회 및 하령회.

69) 「전위여성단체의 진용(3) 조선여자기독연합회」, 『삼천리』 4-1, 1932.1, 98쪽.

70) 『조선여자기독교청년회연합회 회록』, 1932년 7월 21일.

농촌사업비) 지출은 140엔으로 농민수양소 관련(수양회비 100엔, 농민수양소 500엔) 지출 600엔에 비해 너무나 작은 비중을 차지했다.[71)]

실제로 최용신에게 지급된 YWCA의 보조금(경성YWCA에서 지급)은 수원 샘골의 농촌사업으로 추진 중이던 천곡학원 건축비(기지는 마을 유지에게 기부 받았음)의 4분의 1에도 못 미치는 부족한 금액이었다. 나머지 금액은 가난한 살림살이지만 마을사람들이 갹출하여 메워야 했다.[72)] 1933년 조선YWCA연합회의 보조금이 절반으로 축소되었고, 1934년에는 아예 지원이 중단되었다.[73)] 조선YWCA연합회는 1934년부터 수원 샘골에서의 농촌사업과 지원을 중단했다. 조선YWCA연합회가 시대적 요구에 부응하여 농촌에 관심을 가지고 농촌현장에서 사업을 추진했다는 자체는 의미 있는 일이었다. 그러나 3년 만에 중단되어 현지 농민들의 원망과 불만을 야기했다. 이후 조선YWCA연합회는 농촌부녀를 대상으로 하는 단기교육기관으로 '농촌부녀지도자수양소' 운영에 집중하는 방향으로 농촌사업의 방법을 전환했다.[74)]

해방 이후 황애시덕은 "수원 샘골. 내가 보냈던 최용신양이 목숨을 바친 곳이 '상록수 촌'으로 유명한 샘골이다. 이 샘골이 모범촌으로 선정되어 표창을 받는다고 하길래 너무나도 기뻐서 축하선물로 태극기를 기증하였다."(1954.2.26 일기)고 했을 만큼 자신이 양성한 농촌활동가들과 이들이 담당했던 농촌사업에 깊은 관심을 가지고 있었다.[75)] 황

---

71) 『조선여자기독교청년회연합회 회록』, 1934년 8월 27~30일 : 제10차 정기총회 예산안 보고.

72) 유달영, 『최용신양의 생애』, 70쪽.

73) 이는 미국 선교회로부터 오던 지원금이 감소한 까닭도 있겠지만 1934년 6월 YWCA 회관(서대문 1가에 있던 한옥) 구입과도 관련이 있을 것이다. 재정 부족으로 인해 사업 가운데 한 가지를 정리했다고 볼 수 있다.

74) 최마리아, 「농촌부녀지도자수양회를 마치고」, 『기독신보』 1934년 4월 11일. 강사로 활동했던 최마리아의 글로 미루어, 이전에 이미 내부적으로 농촌사업의 방향 전환에 대한 논의가 있었음을 추측할 수 있다.

75) 박화성, 『새벽에 외치다 : 송산 황애시덕 선생의 사상과 생애』, 168쪽.

애시덕이 구상했던 농촌활동은 자신이 황해도 수안, 수원 샘골에 파견한 여성 농촌지도자를 중심으로 절망과 의욕상실에 빠진 농촌을 교육과 계몽을 통해 모범촌으로 만들고자 했던 이상촌건설운동이었다. 황애시덕의 농촌활동가 양성은 이상촌건설운동과 직결되어 있었다.

황애시덕보다 2년여 뒤에 귀국하여 농촌활동을 전개한 미국유학 여성지식인으로는 박인덕이 있었다. 1931년 박인덕의 귀국을 즈음한 언론의 보도와 박인덕의 인터뷰에서는 앞으로 박인덕과 황애시덕이 협력하여 함께 YWCA에서 농촌사업을 하리라고 전망했다.[76] 박인덕은 귀국 소감으로 장래 사회활동의 장에서 여타 여성운동가들과의 단결과 협력이 중요하다고 피력했다.

> … 내가 먼저 우리 조선여성에게 감사를 드릴 것은 내가 미국 있을 때나 기타 다른 곳에 있을 때 우리 조선여성도 사회적으로 많은 활약과 진보를 하고 있다는 소문이었습니다. 그때 나는 어찌도 기뻤는지 몰랐어요. 마치 나의 길동무가 생긴 감상도 있었고 또 나와 같이 같은 무대에서 활약할 것을 생각하니 그 이상 더 기쁜 것은 없었습니다.…[77]

박인덕은 YMCA 총무 신흥우의 주선으로 영국성서공회에 취직했고, 근무하는 틈틈이 자신만의 독자적인 농촌사업을 진행해갔다. 먼저 '농촌여자사업협찬회'를 조직하여 YWCA와 별도로 독자적인 농촌사업을 전개했다. 1932년 그동안 자신이 해왔고, 앞으로 해나갈 농촌여성사업에 대한 경과보고회를 열었다. 100여 명이 수용 인원인 주일아동회관은 박인덕의 농촌사업에 공감하는 남녀 인사들로 가득 찼다. 그 자리

---

76) 「조선여류십거물열전 : 박인덕, 황애시덕 양씨, 해외에서 돌아온 투사」, 37~38쪽 ; 박인덕, 「6년만의 나의 반도, 아메리카로부터 돌아와서 여장을 풀면서 옛 형제에게」, 『삼천리』 3-11, 1931.11, 91쪽.

77) 「6개국을 만유(漫遊)하고 돌아온 박인덕 여사 방문기」, 49쪽.

에는 이화여전 교장 앨리스 아펜젤러 교장을 비롯한 이화여전 관계자 대부분과 기독교계 원로인 윤치호도 참석했을 정도로 박인덕의 농촌 활동에 대해 국내 기독교 인사들과 일반인들의 관심이 컸다.[78]

박인덕은 덴마크 학교에서의 연수 경험과 귀국 후 경성 근교의 농촌에서 전개했던 농촌활동의 경험을 살려 농촌사업의 방안을 제시하는 『정말국민고등학교』(조선기독교청년회연합회, 1932)를 간행했다. 1933년 YMCA의 농민수양소에서 '농촌부녀지도자교육'을 실시했다. 농촌여자사업협찬회 회장으로서 박인덕이 주도한 농촌부녀지도자교육(1933.2.27~3.19 실시)은 1934년부터 실시된 조선YWCA연합회의 농촌여성지도자교육보다 1년 앞선 최초의 농민여성지도자교육이었다는 데 의의가 있다.

박인덕은 서울 근교에 나가 농촌사업을 하면서, 농촌에 관심을 가지고 농촌활동에 매진하는 지도자를 양성할 수 있는 '지도자수양소(leadership training center)'가 필요하다고 느꼈다. 미국기독교인들과 국내 서양선교사들로 구성된 위원회의 후원을 받아 150명 회원으로 농촌여자사업협찬회(Society for Work among Rural Women)를 조직하고 회장이 되어 농촌사업을 이끌었다.[79] 농촌여자사업회를 보조해주는 미국 기독교인들에게 사업보고와 안부를 겸한 편지를 부지런히 써 보내 후원이 계속 유지되도록 했다.[80]

1933년 농촌여자사업협찬회에서는 YMCA의 수양소 건물을 임대하여 2~3월 3주간 농촌부녀들을 대상으로 덴마크 folk school과 같은 교육과정을 시험적으로 운영해보았다. 농촌 각지에서 6명의 여성이 선발되어

---

78) 윤치호 저(김상태 편역), 『윤치호 일기(1916~1943)』, 549쪽.
79) Induk Pak, "Work Among Rural Women," *The Korea Mission Field*(1933.7), pp.136~137.
80) 「농촌여자사업가 박인덕씨」, 『조선일보』 1933년 2월 18일.

합숙하며 함께 밥하고 우물에서 물 긷고 불 피우고 방청소하고 마루 닦고 마당 쓸며 가족처럼 생활했다. 이 교육과정에서 가장 큰 관심은 어떻게 하면 부엌을 일하기 좋고 편리한 공간으로 만들 수 있을까하는 문제였다. 왜냐하면 당시 각 가정의 부엌은 매우 불편한 구조였기 때문에 하루의 3분의 2를 부엌에서 일하는 주부의 고생이 배우 심했기 때문이었다. 그 다음으로 함께 토의했던 주제는 활기찬 정신, 이동학교에 관한 것이었다. 농촌여성교육의 목적은 농촌여성들이 어려운 상황에서도 씩씩하고 즐겁게 살고 일할 수 있도록 희망을 심어주고 격려하는 데 있었다.[81] 곧 기술교육보다는 단기간의 정신교육이라는 성격을 띠고 있었다. 여성들이 어려운 경제 여건과 사회적 지위에도 삶의 자세를 긍정적으로 전환하는 계기를 마련해주는 데 중점을 두었다.

박인덕은 서울 근교에 농촌여성교육을 위한 수양소 토지와 건물이 확보해 1년에 2번씩 1회당 10명의 농촌여성들에게 희망과 격려를 전하는 공간으로 수양소를 운영하고자 하는 바람을 가지고 있었다. 교육과정을 수료한 여성들이 각기 자기 고향에 돌아가 가정과 농촌사회에 여성지도자로서 새로운 정신과 기풍을 고취시키며 그 영향력을 확산해 간다면, 400만 가정과 2,800여 개 마을이 더 살기 좋은 곳으로 변화될 것이라고 전망했다.[82]

1933년 12월 겨울 농한기를 이용하여 공덕리 수양소에서 농촌가정에 적절한 여러 가지를 교수할 계획을 세우기도 했다.[83] 그러나 덴마크 농민수양소를 모델로 한 박인덕의 농촌여성지도자교육사업은 자체 건

81) 「농촌부녀 위해 이동학교 개설, 여자사업협회에서 박인덕씨의 열성으로」, 『동아일보』 1933년 11월 5일.

82) Induk Pak, "Work Among Rural Women," pp.136~137.

83) 「농촌부녀 위해 이동학교 개설, 여자사업협회에서 박인덕씨의 열성으로」, 『동아일보』 1933년 11월 5일.

물이나 교사, 교구, 프로그램 확보 등을 확보하지 못한 채 1회로 끝난 것으로 보인다. 1934년부터는 해마다 조선YWCA연합회 주최로 농촌부녀지도자수양회가 개최되었고, 1934년 수양소 강사 명단에는 박인덕도 포함되어 있었다.

전국 각지에서 농촌여성을 선발해 교육하고 이 여성들이 자기 마을에 돌아가 생활개선과 계몽운동의 주역으로 활동하며 각지에 농촌계몽운동을 파급하고자 했던 박인덕의 야심찬 프로젝트는 서울 근교 농촌여성을 대상으로 하는 강습회 · 강습소를 개설하는 형태로 정착했다. 1935년 박인덕은 다시 도미했고 순회강연을 통해 자금을 모았다. 2년 뒤 귀국하여 1937년 김포 양곡 마을에 두 채의 초가를 사서 강습소를 운영하게 된다. 이전에 이동학교(순회강습회) 형태로 운영하던 데서 김포 양곡마을에 근거지를 두고 강습소를 운영하는 방식으로 전환했다. 이와 같은 방법으로 박인덕은 자신만의 덴마크식 국민수양소를 설립하고 여성농민지도자 교육활동을 계속 이어갔다.

조선YWCA연합회 농촌부 간사 황애시덕은 농촌계몽운동이 사상적 측면에 머물러 실제로 구체화되지 못하고 있다고 지적하며 농민야학과 농민강좌 · 농민기관 · 농촌지도자양성기관을 만들겠다는 포부를 밝혔다.[84]

조선YWCA연합회 농촌부 사업은 한편으로는 농촌현장에 농촌지도교사를 파견해 문맹퇴치와 농촌계몽을 하고, 다른 한편으로는 각지의 농촌여성을 선발해 농촌부녀지도자수양소에서 단기교육을 실시하는 두 가지 방면으로 추진되었다. 그러다 점점 전자보다 후자에 더 많은

---

84) 「1930년 전망, 우리는 어떻게 할까, 각 단체 주요간부 포부 : 농촌계몽, 여자기청연합회 황애시덕씨 담」, 『동아일보』 1930년 1월 1일.

비중을 두게 되었다.[85] 1934년부터는 농촌현장에 인력(교사, 농촌지도자)을 파견해 지원하는 방식이 중단되고, 현지 농촌여성을 활용하는 방식 곧 각지 농촌여성들을 선발해 교육하고 고향에 돌려보내는 방법으로 일원화되었다.

1934년부터 조선YWCA연합회 주관으로 농촌부녀지도자수양회가 개최되었다.[86] 장소는 고양군 연희면 연희리 신촌 연희전문학교 근처에 설립된 YMCA 농민수양소를 빌려 사용했다. 참가자들은 입소하여 4주간 기숙사에서 지내야 했고, 20명 이내의 인원으로 한정되었으며, 한글을 읽고 쓸 수 있을 정도의 18~40세 농촌여성을 대상으로 했다. 과목은 수양 강좌 · 가정강좌 · 농촌상식 강좌 · 요리 · 재봉 · 세탁 · 염색 · 육아 · 가정위생 · 가정부기 · 역사 · 지리 · 동요 · 동화 · 유희 · 부업 등이었다. 강사진은 황애시덕 · 이은경 · 박인덕 · 김활란 · 홍애덕 · 서은숙 · 최마리아 · 최이권 · 모윤숙 · 장정심 · 신흥우 · 홍병선으로 12명이었다.[87] 10명의 여자 강사 가운데 5명이 미국유학생 출신으로 이들이 조선YWCA연합회의 농촌활동에 중심적인 역할을 담당했다.

농촌여성을 대상으로 하는 덴마크의 국민고등학교는 1년에 두 번(동기 11월~3월, 하기 5월~9월) 3~5개월간 진행되었다. 반면 한국여성을 대상으로 하는 농촌부녀지도자수양소의 연수과정은 겨울 1달간 운영되었다는 점에서 차이가 있었다. 교육기간 동안 기숙사에서 거주해야 한다는 점은 공통적이었다.

---

85) 『조선여자기독교청년회연합회 회록』, 1934년 8월 27~30일 : 제10차 정기총회 예산안 보고에는 총지출 2130.77엔(円) 가운데 수양회비 100엔, 농민수양소 500엔으로 수양소 관련 지출이 전체 지출의 3분의 1을 넘어섰다. 반면 수원 샘골 농촌사업비(최용신 관련)로 지출된 140엔에 불과했다.

86) 「농한기를 이용하여 농촌부녀수양회」, 『동아일보』 1935년 1월 21일.

87) 「농촌부녀지도자수양소」」, 『감리회보』 1934년 2월 10일 ; Lee Unkyung and Whang Esther, *The Korea Mission Field*(1934.2), p.42.

농촌부녀지도자수양소는 단기간의 성인교육과정으로 취지는 다음과 같다.

> 농촌부녀가 정신을 수양하고, 일반 가정상식을 넓혀, 자기 농촌에 돌아간 뒤 다른 농촌부인들과 힘을 합해 이왕에 잘못된 것을 고침으로써, 정신적·경제적으로 농민생활을 향상, 발전하게 하고자 함.[88]

1934년의 제1회 농촌부녀지도자수양소는 첫째 모르는 것을 배워 알고, 둘째 미신을 버리고, 셋째 쓸데없는 예식이나 형식을 버려 경제적 여유를 도모하며, 넷째 아름답고 재미있고 간단하게 살고자 함을 목적으로 했다. 생활방식 개선과 경제 향상에 중점을 두었다. 배움을 통해서 허례허식이 무엇인지를 깨달아 생활을 간소하고 검소하게 하여 경제적 여유와 생활의 재미를 찾자는 뜻이었다. 당시 농가부채가 농촌경제의 큰 문제였던 만큼 농민에게 수입보다 지출을 적게 해야 한다는 의식을 심어주고 그 방법을 모색해보는 계기로 삼았다.[89]

1935년 제2회 농촌부녀지도자수양소의 취지는 농촌부녀에게 일상생활에 필요한 지식을 가르쳐 이들이 자신의 생활을 개선하는 동시에 마을 지도자로 활동하며 농촌의 문화발전에 공헌하도록 하는 것이었다.[90] 제1회 수양소 취지와 다른 점은 농촌문화에 기여한다는 부분이 추가되었다. 1935년 제2회 농촌부녀지도자수양소의 목적에는 농촌여성지도자로서 지녀야 할 인생관, 삶의 자세, 자신감과 사명의식을 강조하는 항목이 추가되었다. 제1회 때보다 정신적인 부분이 강조되었음을 알 수 있다. 다음은 제2회 농촌부녀지도자수양소의 목적이다.

---

88) 「농촌부녀지도자수양소」, 『감리회보』 1934년 2월 10일.

89) 「농촌부녀지도자수양소」, 『감리회보』 1934년 2월 10일.

90) 「농한기를 이용하여 농촌부녀수양회」, 『동아일보』 1935년 1월 22일

> ① 정당한 인생관을 갖게 하며 ② 일상생활에 필요한 생각을 알게 하며 ③ 과거의 그릇된 생활이나 미신을 버리고 옳게 살며 ④ 모든 생활에 아름답고 재미있고 간단하고 규모있게 하며 ⑤ 자신의 할 직분과 능력을 인식케 함. 보다 나은 농촌을 만들기에 힘쓸 것.[91]

구체적인 과목으로 1934년 제1회에는 수양강좌 · 가정강좌 · 농촌상식강좌 · 요리 · 재봉 · 세탁 · 염색 · 육아 · 가정 위생 · 가정부기 · 역사 · 지리 · 동요 · 동화 · 유희 · 부업 등이었다. 그런데 1935년 제2회에는 가정상식 · 위생 · 재봉 · 요리 · 염색 · 수양 강화 · 부업 등으로 제1회 때 있었던 역사 · 지리 · 동요 · 동화 · 유희 · 가정부기 · 육아 · 세탁 등이 빠졌다. 가정부기 · 육아 · 세탁 등은 가정상식과 같은 과목에 통합되어 들어갔으리라고 생각된다. 과목을 이전보다 훨씬 간소화하여 농촌생활에서 필요한 실제적인 부분에 초점을 맞추었다. '수양'이란 강좌는 일종의 정신교육이었고, 부업은 농가경제 향상에 실질적인 도움을 줄 수 있는 기술교육이었다. 위생과 염색은 일상의 개혁을 추구하는 생활개선교육에 중점을 두었다. 위생을 실천해 가족의 건강과 노동력을 지키고, 염색옷을 입어 세탁하는 수고를 덜고 시간을 다른 일에 활용할 수 있었다.

입소하는 사람은 4주간 모두 기숙사에 머물러야 했다. 교육대상자인 농촌부녀는 여비를 자담하고, 침구를 가지고 와야 했으며, 한 달 동안 먹을 양식을 가지고 오거나 3원을 내야 했다. 대신 YWCA에서 반찬과 땔나무를 보조했고, 입소금과 월사금은 받지 않았다. 입소 자격은 18세 이상 40세까지 농촌에 사는 부녀로서 한글을 읽고 쓸 수 있는 사람을 대상으로 했다. 제2회부터는 유아를 두고 올 것이란 항목이 추가되었다.

한 달 동안 가정을 떠나 외지에서 지내고, 아이를 집에 두고 와야 한

---

91) 「농촌부녀지도자수양회」, 『기독신보』 1935년 2월 20일.

다는 게 가정주부로서 쉽지 않은 일인데다 또 여비와 양식을 자담하는 것도 경제적으로 쉽지 않았을 것이다.[92] 이런 연유로 인해 1934년 제1회 때 모집 정원을 20명이라고 제한했던 것이 무색하게 실제로 참가한 여성들은 14명이었다. 1938년 제5회 때는 6명으로 그 수가 더 적어진 것으로 미루어 위에 언급한 애로점들이 참가인원 감소의 요인으로 작용했을 것으로 생각된다. 1930년대 말로 갈수록 관제 농촌진흥운동이 활발해지고 농촌중견부인양성소가 운영되고 있었던 것도 수양소 참여인원의 감소 원인으로 파악할 수 있겠다.[93] 예를 들어 경북 농회의 경우 부속사업인 양잠전습소를 농촌부인양성소라고 명칭 변경하는 등 현실적으로 보다 실리적이고 경쟁적인 비슷한 프로그램이 각지에 생겼기 때문이다.[94]

YWCA수양소의 교육기간은 다음과 같았다. 제1회는 1934년 3월 3일부터 3월 29일까지, 제2회는 1935년 3월 2일부터 말, 제3회는 1936년 3월 20일부터 4월 17일까지로 시작 날짜와 기간은 조금씩 변동이 있었다. 이 수양회는 확인된 바에 따르면 제5회 1938년 3월까지 개최되었다. 1938년 3월 동아일보사를 견학할 때 찍은 사진에 의하면 6명의 여성이 참가했다. 1934년 제1회에 14명이 참가한 것에 비해 그 수가 반 이상 줄었지만, 이 여성들은 각지에서 온 농촌여성대표로서 기독교계 농촌여성지도자의 명맥을 이어가고 있었다.[95] 1935년 6월에는 1주일 동안 통학으로 '경성 근교 농촌여자수양강습회'가 열리기도 했다.[96]

---

92) 한규무, 「1930년대 한국 기독교회의 농촌지도자양성기관에 관한 일고찰」, 『한국근현대사연구』 3, 1995, 282쪽.

93) 『동아일보』 1937년 6월 27일.

94) 『동아일보』 1936년 4월 3일.

95) 『동아일보』 1938년 3월 22일.

96) 『청년』, 1935.7, 14쪽 ; 한규무, 『일제하 한국기독교 농촌운동』, 214쪽.

수양소에서 교육받은 농민여성들은 수료 후 YWCA지회를 통해서 또는 조선YWCA연합회와 직접 연락을 취해서 계속적으로 밀접한 관계를 이어 나가도록 했다. 교육의 효과를 점검하고 농촌사업에 관한 정보를 교환하자는 의도였다. 그러나 현실적으로 어느 정도로 연락을 유지했는지는 알 수 없다. YWCA에서 실시한 농촌부녀지도자교육의 성과는 신문지상에 실린 수료자들의 인터뷰와 반응을 통해 알 수 있다.

제1회 수양소에는 강원도 양구, 강원도 홍천, 경기도 포천, 강원도 신계, 함경도 북청, 서울, 여천 등 각지에서 모두 14명의 농촌부녀들이 참가했다. 수양소 교육의 성과로 가장 두드러진 점은 농촌여성들의 의식 변화였다. 다음은 농촌부녀지도자수양소에 참가했던 농촌부녀들의 소감 가운데 두 편을 인용했다.

> 배운 게 많았다. 40년 동안 살면서 첫째 시간관념, 둘째 위생, 자녀교육, 경제, 사랑, 이웃 그 모든 점에 표준이 되는 이상이 없이 그저 맘 편하게 살았다. 40년의 생을 허비한 것을 깨닫게 되었다.… 마음으로 굳은 관념을 품고 손으로 여러 가지 기술을 배웠다. 내 힘이 자라는 데까지 내 고향 여러 가정에게 내가 받은 광명을 전하려 한다(강원도 홍천 허경신).[97]

> 저는 평생소원이 머리 틀고 구두 신는 것이었다. 외모를 그렇게 하는 것이 공부하는 것이요 훌륭한 여자가 되는 것이라고 생각했다. 그러나 그것은 허영이었다. 농촌가정에 들어앉아서도 훌륭한 인격을 발휘하며 활약할 수 있다는 것을 깨달았다.… 이런 기회를 가지지 못한 부인들과 가정을 위해 일생을 활동하기로 결심했다(강원도 원주 박정숙).[98]

농촌부녀들이 4주라는 단기간에 이 정도의 성과를 얻을 수 있었던

---

97) 「우리는 농촌으로, 농촌에 뿌려지는 열넷의 문화의 꽃씨」, 『조선중앙일보』 1934년 4월 1일.

98) 「우리는 농촌으로, 농촌에 뿌려지는 열넷의 문화의 꽃씨」, 『조선중앙일보』 1934년 4월 1일.

것은 수양소 프로그램에 따른 효과였다. 수양소 교육의 가장 특징적인 부분은 '견학'이었다. 목 · 토 · 일요일 오후에는 사회 견학을 했다. 총독부, 각 학교, 공장, 신문사, 방송국, 공원, 한강, 창경원, 본정 큰 상점들, 전문학교 졸업식을 보았다. 밤에 돌아와서는 낮에 본 것에 대한 느낌을 이야기하는 시간을 가졌다. 견학을 통해 이들의 견문이 넓어지고 사회의식이 성큼 성장했음을 알 수 있다. 농촌부녀들의 감상을 요약해 보면 다음과 같다.

> 총독부 건물을 보고 우리 땅에서 그런 돌이 난다는 것을 알게 되었고, 비단 공장에서는 직공들이 애써 짜낸 옷감을 우리가 입고 있다는 사회적인 의무를 느꼈고, 좁고 냄새나는 공장 속에서 고무신을 만드는 부녀들을 볼 때 농민부녀의 생활이 자유스럽고 편한 생활이라는 것을 깨달았고, 유리공장에서 검게 되어 더운 불 앞에서 일하는 어린이들을 보고 눈물을 삼켰고, 각 학교에 가서는 여기서 어서 위대한 인물이 나기를 빌었다. 놀라고 기막히고 신기하고 가슴쓰리고 감격한 정을 여러 번 느꼈다.[99]

정신수양 강좌시간에는 밤마다 유명한 선생들이 와서 여러 방면으로 인도한 결과 농촌여성들의 정신이 새로워지고 잘 살아보겠다는 결심이 생기게 되었다. 이론 수업은 알아듣기 쉽게 농촌부녀들의 생활에 비추어 가며 자유스럽게 토의하고 의사를 교환하는 방식으로 진행되었다. 유희, 창가, 동화 시간은 오랜만에 어린이시절로 돌아간 듯한 기분 속에서 뛰고 노래하고 웃으며 즐기기도 했다. 실습은 가사과목에 집중되었다. 이 결과 요리 · 재봉 · 세탁 · 염색 · 육아법 등이 "머리에 박히고 손에 익어서" 실생활에 응용하기 편리하게 되었다. 기숙사 생활을 통해서는 청결 · 정돈 · 질서를 연습했다. 밤이 제일 재미있는 시간이었

---

99) 「우리는 농촌으로, 농촌에 뿌려지는 열넷의 문화의 꽃씨」, 『조선중앙일보』 1934년 4월 1일.

다. 농촌부녀들이 지식에 목말라 하며 자려고 하지 않고 인간의 모든 문제를 꺼내놓고 서로 묻고 대답하고 해부하고 비판했고, 장점은 배우려고 했다.

농촌부녀들의 배우고자 하는 열의와 사명감, 수양소 교육이 농촌부녀에게 끼친 영향은 가르치는 교사를 감동시킬 정도였다. 다음은 수양소 교사로 활동했던 최마리아의 소감이다.

> 농촌부녀들은 일생을 통해 단 한번인 이 기회를 몹시 아끼고 잘 이용했다. 고향에 돌아가면 수많은 부녀가 큰 기대와 촉망을 가지고 환영할 것을 생각하며 짐이 무거움을 깊이 깨닫고 한 자 한 마디라도 더 얻으려고 경쟁했다. 한 달 동안의 배움이 미약하지만 10년 동안 판에 박은 교육을 받은 학교 학생들보다 효과는 크리라 생각한다.… 자작자급의 정신으로 소비는 적게 하고 산출을 많이 하려는 이가 농민이다. 나는 칠판 앞에서 농촌부녀에게 가정경제, 가정부기를 숫자적으로 잘 가르쳤다. 그러나 그것은 탁상공론이다. 실제에 있어서는 도리어 그들에게 배웠다. 절약정신, 경제절약은 농민이 제일 잘 실행한다고 본다.'[100]

이화여전을 졸업하고 농촌사업가로 활동하던 최마리아는 농촌여성의 역량을 높이 평가했다. 자신이 농촌여성을 가르친 것이 아니라 오히려 그들에게 배운 점이 많았다고 고백했다. 수양소는 한 여성이 가르치고 다른 여성은 배우는 일방적인 지식 주입의 장소가 아니라, 서로가 지식과 경험을 나누며 소통하는 여성공동체 한마당이었다는 데 의의가 있다. 자신들이 선각자 신여성으로서 사명의식을 가지고 농촌여성사업을 하듯이 수양소 교육을 받은 농촌부녀들도 다른 농촌여성들을 위해 일하겠다는 각오와 결심을 하는 모습을 보고 같은 여성으로서 연대의식과 동료애를 느꼈다.

---

100) 「우리는 농촌으로, 농촌에 뿌려지는 열넷의 문화의 꽃씨」, 『조선중앙일보』 1934년 4월 1일.

기본적으로 농촌부녀지도자수양소는 기존 농촌계몽운동의 한계를 보완하는 역할을 했다. 당시 실업난, 취업난이란 사회현실에서 언론에서는 졸업생들에게 '농촌으로 돌아가라'는 말을 많이 했다. 실제로 농촌으로 가는 지식인은 얼마 되지 않았다. 설사 농촌에 살면서 농촌사업을 하려고 해도 농촌지식이 부족한 경우가 많았다. 또한 농촌지식에 대해 배워 안다 하도라도 실제 부딪히는 농촌현실은 또 다른 문제였다. 때문에 결국 농촌에 어울리지 않는 도회인으로 남게 되기 쉬웠다. 한편으로 젊은 여교사나 순회강사와 같이 한 때 잠깐 왔다가가는 방식이 아니라 농촌에 상주하면서 고락을 함께하는 지도자가 필요했다. 농촌에 뿌리박고 살면서 어떠한 어려움이 닥치더라도 농촌에서 계속 살아나갈 사람을 대상으로 자기 고향을 지속적으로 이끄는 교사와 지도자를 양성하는 것이 농촌계몽사업에 더 효율적인 방법이라고 생각되었다.[101] 농촌여자사업회와 조선YWCA연합회의 농촌부녀지도자수양소는 이런 점에 착안해 기획된 것으로 농촌과 여성의 향상을 위한 방법을 모색한 결과이며 실천적 의지의 표현이었다. 농촌부녀지도자수양소는 젊은 여교사나 순회강사가 한때 잠깐 왔다가 돌아가는 방식의 농촌사업을 지양하고, 현지 인력을 활용하여 농촌에 상주하면서 고락을 함께 할 수 있는 농민여성지도자를 양성하고자 했다. 농촌운동의 중심축을 소수의 여성지식인에서 다수의 농촌여성으로 옮겨 농촌여성 계몽운동을 확산하고 효과를 지속시키고자 했다는 데 의의가 있다.[102]

조선YWCA연합회에서는 1929년 농촌활동에 관심을 가지고 본격적으

101) 「우리는 농촌으로, 농촌에 뿌려지는 열넷의 문화의 꽃씨」, 『조선중앙일보』 1934년 4월 1일.

102) 조선YWCA연합회의 농촌사업 가운데 조선YWCA연합회가 수원 샘골에 파견한 최용신의 농촌활동은 심훈의 『상록수』로 널리 알려졌다. 여기에 농민수양소 여자부가 언급되고 있다. 이 소설이 1935년 『동아일보』에 연재되면서, 일제에 의해 중단된 농촌계몽운동은 지면에서나마 계속 수행되는 효과를 볼 수 있었다.

로 사업에 착수했다. 미국유학에서 농촌문제를 연구하고 돌아온 황애시덕이 조선YWCA연합회에 합류해 신설된 농촌부 간사로 활동했다. 예루살렘대회와 덴마크를 시찰하고 돌아온 김활란이 조선YWCA연합회 사업을 농촌으로 확대하여 농촌여성의 문맹퇴치와 계몽운동을 전개할 것을 촉구했다. 미국유학에서 YWCA 간사 훈련을 마치고 김성실이 귀국했으며, 또한 미국유학에서 귀국 후 이화여전 가사과를 창설한 김합라 교수도 조선YWCA연합회 서기로 합류했다. 일제시기 조선YWCA연합회의 역대 임원 명단을 보면 약 20년 동안 변화가 거의 없다.[103] 홍에스더 · 김필례 · 황애시덕 · 김활란 · 김성실 · 김합라 · 서은숙 · 김폴린 · 박마리아 · 김신실 · 고황경 등 미국유학 여성지식인이 압도적 다수를 차지해 중추적 역할을 담당했다. 1934년 농촌부녀지도자수양소 강사는 12명이었는데, 여성 강사 10명 가운데 5명(황애시덕, 박인덕, 김활란, 홍에스더, 서은숙)이 미국유학생 출신이었다. 김폴린도 자신이 강사로 활동하며 체조와 게임을 가르쳤다고 회고하는 등 조선YWCA연합회 활동은 미국유학 여성지식인을 중심으로 전개되었다.[104] 1929년 중반부터 1934년 중반까지는 농촌부 간사와 회계를 맡았던 황애시덕이, 1927년 중반부터 1936년 중반까지는 총무를 맡았던 김활란이 주도적 역할을 했다.[105]

조선YWCA연합회가 미국유학 여성지식인들을 중심으로 농촌활동을 전개했던 것과 달리, 조선여자절제회 절제운동에서는 미국유학 여성지식인들의 활동이 적다. 미국유학 여성지식인들이 감리교 학교 출신의 기독교인들이 많았고, 조선YWCA연합회에서 활동하는 여성들도 감리

---

103) 천화숙, 『한국여성 기독교사회운동사』, 혜안, 2000, 95~97쪽 도표 참조.

104) 김폴린, 『주님이 함께 한 90년』, 176~177쪽.

105) 「윤치호의 1933.2.16, 1934.6.7 일기」, 윤치호 저(김상태 편역), 『윤치호 일기』, 549~550 · 556쪽.

교계 여성들이 많았던 것과 관련이 있다. 반면 절제운동은 장로교 중심으로 전개되었기에 미국유학 여성지식인들이 적었던 것으로 보인다.

2. 모범촌 건설 시도

농촌계몽운동에 관심을 가지고 있던 황애시덕은 미국유학에서 돌아온 후 조선YWCA연합회 농촌부 간사로서 농촌사업을 담당하며 본격적으로 농촌활동을 전개했다.[106] 1930년 1월 황애시덕은 농촌계몽운동이 이론만 많고 실제로 구체화되지 못한 경우가 많다고 지적했다.

> 평일부터 나의 생각으로는 조선의 문제를 해결하기에는 조선 이천만 민족의 8할을 점령한 농촌문제를 갖고 좌우되리라고 믿는 까닭에 유학시대로부터 다소의 연구를 하여 보았고 귀국해서는 미미하나마 이 문제에 착수했으나 아직까지 조선의 농촌운동이 구체화하지 못하고 사상적 영역에서 벗어나지 못한 느낌이 있으므로 이 운동만을 구분하여 이룰 만한 기관이 있기를 바라고 이것을 준비 중이외다. 어떠한 기관에 부속할 운동만으로는 그 임무를 다하기 어려운 까닭이외다. 구체적 방법으로는 농촌의 계몽운동, 다시 말하면 농촌부녀자의 문맹퇴치를 하기 위하여 농민야학, 농촌강좌, 농민의 단결할 유기적 기관의 실현과 농촌운동지도자가 부족함으로 이들의 양성기관도 기어코 실현하여 보려합니다.[107]

농촌부녀자들의 문맹을 퇴치하기 위해 농민야학, 농촌강좌, 농민기관, 농촌지도자양성기관을 만들겠다는 포부를 밝혔다. 이 가운데 농촌야학과 농촌강좌는 자신이 주도하는 황해도 수안의 농촌사업과 조선YWCA연합회의 수원 샘골 농촌사업으로 실현되었고, 농촌운동지도자

---

106) 김성은, 「1930년대 황애시덕의 농촌사업과 여성운동」, 『한국기독교와 역사』 35, 2011에서 서술한 내용을 중심으로 서술했다.

107) 「1930년 전망, 우리는 어떻게 할까, 각 단체 주요간부 포부 : 농촌계몽, 여자기청연합회 황애시덕씨 담」, 『동아일보』 1930년 1월 1일.

양성기관에 대한 구상은 조선YWCA연합회의 농촌부녀지도자수양소 설립으로 실현되었다. 황애시덕은 농촌사업만을 전담할 기관이 설립되어야 한다고 주장했다. 황애시덕이 비록 조선YWCA연합회 농촌부위원으로 활동하고 있었지만, 조선YWCA연합회가 전개할 수 있는 농촌사업에 한계가 있음을 인식하고, 농촌사업만을 전담할 독립 기관이 필요하다는 메시지를 보내며 방향 전환을 꾀한 것이라고 하겠다.

황애시덕은 농촌사업을 본격적으로 추진하기로 마음먹고 장소를 물색해 황해도 수안 용현리—수안 · 신계 · 곡산에 둘러싸인 고원지대 산골—로 정했다. 1929년 서울에서 감리교 연회가 열렸을 때 안경록 목사에게 추천받은 곳으로, 일제의 탄압을 피할 수 있고 땅값이 싼 궁벽한 곳을 선택했다. 동지들의 의연금을 모아 일제의 반대와 견제를 최대한 피할 수 있도록 협성여자신학교 제자 김노득의 이름으로 10~30만 평 땅과 낡은 집을 하나 샀다.[108] 황애시덕이 일제의 감시와 탄압 대상이 된 이유는 3 · 1만세시위와 대한민국애국부인회 핵심 간부로 독립운동을 하다가 3년 동안 수감되었던 전력이 있기 때문이었다.

1930년 여름방학이 되자 황애시덕은 협성여자신학교 농촌사업지도 교육과 상급생으로 농촌사업에 열성을 가지고 있었던 최용신과 김노득을 데리고 황해도 수안으로 향했다. 남대문역(서울역)에서 기차를 타고 신막역(新幕驛)까지 가서 거기서부터 60~70리를 더 가야 하는, 사면 30리에 학교도 교회도 없는 궁벽한 곳이었다. 도시여성으로서 벽촌 초가에 기거하며 개벼룩에 뜯기고 우물이 멀어 물이 부족하고 물 떠오기가 힘들어 몸이 약해질 정도로 일상이 힘들었다. 게다가 마을사람들의 몰이해에 부딪히는 등 농촌사업에 어려움이 많았다. 황애시덕 일행이

108) 1932년 「삼천리」 잡지에는 10만 평이라고 되어 있고, 박화성이 쓴 황애시덕 전기에는 30만 평으로 되어 있다.

황해도 수안 용현리에 처음 도착했을 때 상황은 다음과 같다.

> 우리는 제일 먼저 이 낡은 집에 도배, 장판을 하기로 하고 도와줄 일꾼을 얻으려 했으나 동리 사람들이 모두 불응함으로 할 수 없이 우리가 흙을 이겨 떨어진 담벽, 방바닥을 때우고 가지고 간 도배 장판지를 오려서 2,3일 동안에 집수리를 마쳤다. 그러는 동안 동리 어른들은 멀리서 구경만 하고 어린이들은 몰려왔다.… 우리는 가지고 간 공책과 연필을 나누어 주었다. 구경만 하던 동리 어른들은 "그 에미네들이 무엇을 하러 왔나 했더니 연필 장사구먼!!"했다.… 어느 날 저녁 동네 한 노인이 와서 "이 못된 년놈들아! 해 뜨고 달 떠서 명랑한데 또 무슨 문명을 밝히려느냐?" 소리소리 지르며 지팡이를 휘둘러 내어 쫓기도 했다.[109]

어려운 환경 속에서도 이들은 한여름 3달 동안 낮에는 어린이, 저녁에는 청년 남녀를 모아놓고 가르쳤다. 여름방학이 끝날 무렵 부모들을 초청하여 학예회를 열고 그동안 배운 여러 가지를 발표하여 교육의 성과를 정리 · 홍보하고 학생들과 학부모들의 교육 열의를 이끌어 냈다. 갑자기 마을사람들의 호응이 쇄도하는 바람에 김노득은 학교를 휴학하고 수안에 남아 농촌 · 교육사업을 계속하게 되었다.[110]

황애시덕이 황해도 수안 용현리 땅을 매입한 동기에는 교육사업과 농촌사업, 두 가지 측면이 복합되어 있었다. 하나는 황애시덕이 미국에서 흑인교육기관인 햄톤학원(Hamton Institute)을 견학하고 깊은 감동을 받았다는 점이다. 이 학원은 유치원부터 대학까지 각 과별로 설치되어 있었고, 농업에서부터 공업까지 모두 자급자족으로 운영해 나가는 곳이었다. 때문에 배우기 원하는 학생이 빈손으로 오더라도 무난히 대학을 졸업할 수 있었고, 졸업생은 누구나 한 가지 기술을 익히고 있었기

---

109) 황애시덕, 「유고 : 황무지를 헤치며 4」, 209~213쪽.

110) 이후에도 최용신과 김노득은 농촌사업의 지속, 성공을 위해 견디기 힘들 정도의 고생을 감수해야 했다(유달영, 『최용신양의 생애』, 아데네사, 1956, 47~48쪽).

에 취직도 할 수 있었다. 황애시덕은 이러한 기관을 설립, 운영해 보겠다는 포부를 가지고 있었다.

다른 하나는 동양척식회사 소유의 땅이 소작료가 비싸고 착취율이 높아 농민의 부채가 증가하면서 농민의 땅이 척식회사로 넘어가는 경우가 많았다. 농토를 잃은 농민들은 의욕을 상실했고, 먹고 살기 위해 만주로 이주해가는 농민들이 많았던 현실을 개선해 보고자 했다. 척식회사의 땅을 사서 농민들에게 나누어 주고 소작료를 싸게 받아 농민들이 열심히 농사지으며 희망을 가지게 되는 계기를 제공하고자 했다.[111]

황애시덕은 농장주가 되어 고율의 소작료로 인한 농민의 착취와 빈곤의 악순환이라는 농촌의 구조적 문제를 제거하고 이상촌을 실현해 보고자 했다. 첫 단계로 1931년 황해도 수안군 용현리 토지의 소작료를 전폐하는 조처를 취했다. 소작인들이 힘을 내어 땅에 거름을 많이 내고 좋은 씨앗을 심어 더욱 많은 수확을 얻고자 노력하는 과정에서 땅이 재령평야 못지않은 '기름진 땅(옥토)'으로 변하기를 기대했다. 용현리 땅에 우선 몇 천 명, 몇 만 명이라도 이주하여 원만하게 운영되는 농장으로 만들고, 거기에 각지에서 오는 가난한 농민들을 수용하여 '낙토'와 '이상촌'을 건설하고자 했다. 실제로 황애시덕은 기자와 인터뷰하며 황해도 농장에서 수확되었다는 콩 한 줌과 조 한 줌을 가지고 와서 보여주었다. 이에 감격한 기자로 하여금 이상촌 · 평화촌 건설이라는 이상을 함께 꿈꾸게 했다.[112]

황해도 수안 용현리 땅은 궁박한 고원지대로 조농사 이외에는 아무것도 몰라 주민들의 생활이 극도로 빈곤했다. 황애시덕은 이 땅이 황토이기에 고구마를 심는 것이 좋겠다고 생각하여, 고구마 싹을 많이 내

---

111) 박화성, 『새벽에 외치다 : 송산 황애시덕 선생의 사상과 생애』, 163~164쪽.

112) 「십만평 평야에 건설되는 여인집단농장, 여성의 평화촌」, 『삼천리』, 1932.3, 73~75쪽.

어 주민들에게 무료로 나누어주었다. 겨울방학 · 여름방학 · 농한기에는 강습회를 열고 동리 사람들을 모아 채소재배 등을 가르쳤다. 필요한 약품(회충약), 생활필수품(실, 세탁비누)을 가져다가 싼값에 팔았다. 미국 에스더 서클에서 매달 보내오는 후원금으로, 황해도 수안 용현리에 학원(강습소)을 설립하고 교사들에게 월급을 주며 학생들에게 학용품을 선물했다. 덕분에 동리 농민들의 식량사정이 나아지게 되었고 회충과 문맹이 퇴치되었으며 일용품을 싸게 얻을 수 있었다.[113]

황애시덕은 자신이 주도한 황해도 수안 농촌사업의 성과를 다음과 같이 회고했다.

> 황해도 수안에서 3년 동안 전개한 농촌계몽사업 결과 사면 30리 모든 남녀노소가 모두 한글을 터득했고 기독교인이 되어 술, 담배, 투전, 노름을 하는 사람이 없어지게 되어 생활수준이 향상되고 분위기도 쾌활해지게 되었다. 이것을 보고 40~50리 가량 떨어진 신계군 율곡면 배나무골(梨木洞) 동민들이 전부 손가락 지장을 찍어 연판장을 만들어서 자기들이 있는 곳도 개발해달라고 진정서를 보내왔다.[114]

황해도에서의 농촌활동 결과 전 주민의 한글 보급, 생활 개선, 주위 농민의 자발적 참여, 농촌사업의 확산이라는 성과를 거두었다. 황애시덕과 김노득은 황해도 수안에서 전개한 농촌사업의 성공과 미국 에스더 서클에서 지속적으로 보내오는 후원금 덕분에 황해도 수안군 용현리 이외에 신계군 율곡면 배나무골과 곡산 등에도 교회와 학교를 설립할 수 있었다. 황애시덕의 목표는 한 면에 하나의 학교를 세우는 것이었다. 힘은 부족하고 일제 당국이 학교설립을 방해하고 폐쇄하기를 일삼아 어려움이 많았음에도 황해도 각지에 여러 개의 학교와 강습소를

---

113) 박화성, 『새벽에 외치다 : 송산 황애시덕 선생의 사상과 생애』, 164~165쪽.
114) 황애시덕, 「유고 : 황무지를 헤치며 4」, 209~213쪽.

세웠다. 이 학교이름을 모두 성광학교(聖光學校)라고 불렀다고 한다.[115] 황애시덕은 황해도 수안 용현리 농촌사업을 통해 일제 동양척식회사의 지배를 받지 않는 '자유의 토지'에 농민의 자급자족 경제, 농민교육과 생활 개선을 목표로 농장 · 학교 · 교회를 함께 운영하는 기독교이상촌 건설을 지향했다.

황애시덕이 황해도 수안 용현리에 조성했던 농장과 그곳에 김노득을 파견해 농촌활동을 전개한 것은 황애시덕의 주도로 진행된 것이었다. 그래도 농장을 구입하는 데 홍에스더의 투자가 있었고, 김성실이 조선YWCA연합회 총무로서 황해도 수안을 자신들의 농촌사업지라고 언급한 점으로 미루어 황해도 수안에서의 농촌활동은 여러 사람들의 관심과 노력의 합작품이었다고 하겠다.

농민과 농촌활동에 대한 여성지식인의 관심은 우리 동포가 이주해 살고 있는 만주지역까지 확장되었다. 황애시덕은 농촌을 살리는 길이 민족을 살리는 길이라는 생각에서 농촌사업에 뛰어들었다. 그러다 문득 우리 농민들이 많이 이주해 살고 있는 만주 땅이 과연 살 만한 곳인지, 아니면 농노의 신세로 죽을 수밖에 없는 곳인지에 대한 회의가 들면서 동포의 실상을 직접 눈으로 확인하고 싶다는 의무감에 사로잡혔다.[116] 1935년 잠시 서울을 떠나기로 결심하고 여장을 꾸려 만주로 향했다. 이때는 일제 주도의 관제 농촌진흥운동이 강화되던 시점이었다. 조선YWCA연합회 농촌사업이 방향전환 내지 축소되던 시점이기도 했다.[117] 황해도 수안의 농촌활동은 제자이자 동지인 김노득에게 맡겼다.

---

115) 박화성, 『새벽에 외치다 : 송산 황애시덕 선생의 사상과 생애』, 163~167쪽.

116) 박화성, 『새벽에 외치다 : 송산 황애시덕 선생의 사상과 생애』, 170~171쪽.

117) 박화성이 쓴 황애시덕 전기 『새벽에 외치다 : 송산 황애시덕 선생의 사상과 생애』에는 남편과 함께, 『여원』이 공개한 황애시덕 유고에는 평양에 살고 있던 송죽회 동지 최의경과 함께 갔다고 되어 있다.

원래 황애시덕은 북만주에 가기를 원했으나 마적떼가 출몰하여 여행이 자유롭지 않았기 때문에 하얼빈으로 향했다. 국내 소식을 알아야 한다는 취지에서 하얼빈 동아일보사 지국의 지국장으로 취임했다.[118] 하얼빈에 정착하고 몇 달 후 황애시덕은 초청을 받고 교회(목사 변성옥) 직원들과 함께 '수화농장'에 갔다. 당시 수화농장은 일본척식회사 소속으로 하얼빈에서 멀지 않은 곳에 있었다. 황애시덕은 초가을 끝없이 펼쳐진 농장에 익어가는 곡식들이 황금물결을 이루고 있는 것을 보고 최소한 거기 있는 우리 농민들은 굶주리지 않을 거라고 짐작했다. 그러나 막상 농민들의 말을 듣고 보니 정작 농민들은 자신들이 심고 가꾸고 추수한 곡식을 하나도 먹지 못한다는 현실을 알게 되었다.

> (농민들이) 빈 손으로 끌려와 그 땅을 개간했기 때문에 그동안 일인이 공급해주는 안남미 좁쌀을 꾸어 먹게 되므로 그 농사지은 것을 추수하여 그 안남미 값을 이자까지 첨부해서 갚고 나면 농사지어 추수한 것이 오히려 모자란다고 한다. 그래서 다음해 농사짓는 동안 또다시 안남미 좁쌀을 꾸어 먹게 되니 다음해 또 빚을 갚고 나면 먹을 것이 없어진다고 하여 언제까지나 이식으로 계속해야 한다고 하니 그 농사지은 쌀은 모두 일인이 가져가 원통하다고 한다.[119]

위의 인용문은 황애시덕이 하얼빈 농장에서 일하고 있는 우리 농민들에게 직접 들은 이야기로 농민의 빈곤이 어떻게 악순환 되는지를 잘 보여주고 있었다. 결국 우리 농민들은 거친 땅을 고르고 물길을 끌어들여 힘들게 논을 개간하고도 다시 채무를 지게 되는 상황이 반복되었다. 굶주리고 빚에 시달리면서도 일인과의 계약에 매여 꼼짝도 못하고 농노 수준의 생활에서 벗어날 수가 없었다. 황애시덕은 이러한 현실에

---

118) 「사고(社告)」, 『동아일보』 1935년 12월 24일.
119) 황애시덕, 「유고 : 황무지를 헤치며 : 만주로 향하여, 일제 말기」, 『신여원』, 1972.8.

분노했다. 농민들의 생활향상을 위해 오인근 · 박경옥과 같은 교회유지들과 함께 계몽 사업을 전개하는 한편 그곳의 우리 농민들에게 용기 있게 그 농장을 뛰쳐나와 함께 '자유농장'을 만들어보자고 제안했다. 넓은 만주 땅 어디를 가든 그 정도로 고생하면 추수 곡식은 실컷 먹을 수 있으리라는 생각에서였다.[120)]

황애시덕은 수화농장에 있던 안제섭을 대리로 하여 "일인이 자주 왕래하지 않는 곳"을 택해 "만주에서도 가장 궁벽한 경성현"에 농장을 건설하기 시작했다. 1여 년 동안 애쓴 결과 농민 30여 호가 이주해 신개척 농장이 되었고 농장 안에 교회도 설립되었다고 한다. 그러나 정작 황애시덕 자신은 마적떼의 위험으로 인해 경성현 농장에 한 번도 가보지 못했다. 그러다 1937년 중일전쟁 또는 1939년 2차 세계대전이 일어나서 더 이상 머물 수 없게 되자 국내로 돌아왔다.[121)]

이상이 황애시덕의 유고를 바탕으로 하여 살펴본 만주 농촌사업의 대체적 전말이다. 농민에 대한 관심과 농촌사업에 대한 사명감을 국내에서부터 만주와 하얼빈에까지 확장하고 동포의 생활개선을 위해 이상촌 건설을 시도했다는 점에서 의의를 지닌다. 자신이 투자하여 건설한 농장 현장에 끝내 가보지 못했다는 점은 한계라고 하겠다.

황애시덕의 남편인 박순보의 기억은 약간 다르다. 박순보는 자신이 황애시덕과 함께 만주에 갔으며, 만주에서 황애시덕의 활동에 대해 다음과 같이 증언하고 있다.

> 우리가 만주에서 살 때의 이야기다. 경성현 일대에 한국인 동포가 수천 호

---

120) 황애시덕, 「유고 : 황무지를 헤치며 : 만주로 향하여, 일제 말기」.

121) 『여원』이 공개한 황애시덕의 유고에는 전쟁이 나서, 박화성의 전기에는 2차 세계대전이 일어나 더 이상 머무를 수가 없어서 귀국했다고 되어 있다. 따라서 국내로 돌아온 시기가 언제인지는 확실치 않다.

> 나 되게 살고 있었다. 그는 황무지를 개척하여 농장을 만들었다. 200리나 떨어져 있는 흑룡강의 물을 끌어다가 논에 풀어서 동포들에게 나누어주고, 학교와 교회를 네 개나 지었다. 그는 민족을 위하여는 자신을 돌보지 않았다. 송화강을 단신으로 건넌 여자는 그 분밖에 없을 것이다. 그곳에는 비적이 많아서 남자들도 함부로 다니지 못하는데, 그 분은 300리 길을 마차로 달려 중국여자로 변장하고 송화강을 건넜다. 품에는 농촌자금인 현금을 품고 대담하게 강을 건너 4년간이나 농지를 개척하여 농촌사업을 하였다. 당시 배형식, 변성옥 목사들이나 나 자신도 못 가는 곳을 그가 혼자 내왕하며 무사히 농촌사업을 한 것은 오로지 백의민족을 위하는 애국 단심에서 일어난 기적이라고 볼 수밖에 없었다. 그처럼이나 목숨을 내걸고 개척한 농지를 일본놈들이(만주척식주식회사) 탐내어 뺏으려고 갖은 악정을 다하는데 꼬리표 붙은 그 분이학교와 교회를 만들 때에 어떤 막심한 고초를 겪었을까는 직접 당한 사람이 아니고는 상상도 못할 일이다.[122]

만주에서 황애시덕이 전개한 농촌계몽활동이나 농촌사업의 실체는 명확하지 않다. 남편의 증언이나 박화성의 전기에는 만주 현장에서 농장을 개척한 것으로 나와 있지만, 몇 년 후 여성잡지에 황애시덕의 유고라고 발표된 글에는 자신이 개척한 농장에 가보지 못한 것으로 나타난다. 어떻든 당시 만주에서 황애시덕과 함께 농촌활동을 전개한 여성은 박경심이었다고 한다.[123]

황애시덕은 고국으로 돌아와 일제의 전시동원을 피해 그리고 일제의 소개령(疏開令)에 따라 서울 근교 농촌인 광주군 낙생면 백현리에 농장을 마련하고 농촌생활을 했다. 일인들이 농촌에서 농민의 식량까지 수탈해가는 것을 보고 이에 대항하여 곡식 한 톨이라도 일인에게 주지 않으려고 곡식이 있는 대로 떡·엿·두부를 만들어 양껏 소비하는 것을 일과로 삼았다. 또한 틈틈이 낮에는 동네 아이들을 모아놓고 한글을 가르치고 밤에는 젊은 남녀를 가르치며 세월을 보냈다.[124] 황

122) 박화성, 『새벽에 외치다 : 송산 황애시덕 선생의 사상과 생애』, 282쪽.
123) 박화성, 『새벽에 외치다 : 송산 황애시덕 선생의 사상과 생애』, 187쪽.

애시덕은 이 시기 일체의 공적 활동에서 물러나 가정생활에 전념하며 해방이 될 때까지 일제협력이나 친일행위를 하지 않았다. 황애시덕은 당시를 사회활동보다는 가정에 묻혀 자녀교육에 힘쓰는 것이 나은 때라고 파악했다. 욕심을 버리고 물러나고 나아갈 때를 알고 실천했다고 하겠다. 이 시기 황애시덕은 세 아들을 양육하고 교육하는 데 힘써 매일 한글을 가르쳤다.[125] "교육사업도 여성운동도 농촌지도도 이 정치하에서는 강제폐쇄와 탄압으로 계속할 수 없으니, 자식들이나 참되게 지성껏 키워서 우리나라의 이세 국민으로나 떳떳하게 내세워야 하겠다."는 것이 황애시덕의 판단이었다.[126]

3. 농촌계몽활동

여기서는 주로 박인덕이 서울 근교 농촌에서 전개했던 농촌계몽활동에 대해 살펴보고자 한다.[127] 박인덕이 전개했던 농촌부녀사업은 일주일에 두 번씩 농촌에 나가 농촌부녀에게 지식계발, 위생, 정신수양, 일상생활 개선 등을 가르치는 일이었다. 미아리에 갈 때는 점심을 싸가지고 10리, 50리를 걸어가는 수고를 마다하지 않았다.[128]

박인덕은 농촌여성들을 위한 일종의 이동학교(또는 순회강습회)를 운영했다. 박인덕의 농촌부녀지도는 11월~4월까지 농한기를 이용하거

124) 셋째 아들 박삼열 박사의 증언 ; 박화성, 『새벽에 외치다 : 송산 황애시덕 선생의 사상과 생애』, 287쪽.

125) 박화성, 『새벽에 외치다 : 송산 황애시덕 선생의 사상과 생애』, 174~175쪽.

126) 황애시덕, 「유고 : 황무지를 헤치며 : 백현리 농장에서, 2차 대전 말기」, 『신여원』, 1972년 8월.

127) 박인덕의 농촌활동은 김성은, 「박인덕의 사회의식과 사회활동 : 1920년대 말~1930년대를 중심으로」, 『역사와 경계』 76, 2010에서 서술한 내용을 중심으로 서술했다.

128) 「농촌여자사업가 박인덕씨」, 『조선일보』 1933년 2월 18일.

나 야학의 형태로 진행되었다.[129] 당시 농촌 어린이들은 가정경제가 어려워 학교에 다니지 못하거나 입학하더라도 대부분 도중에 그만두고 부모를 도와 일해야 했던 까닭에 대부분 문맹이었다. 이러한 농촌 현실에 대한 대응책으로 박인덕은 서울 근교 여러 농촌 마을에서 겨울 몇 달 동안 어린이와 여성을 위한 야학을 설시했다. 겨울 동안 농촌여성들은 들에 나가 일하지 않고 주로 길쌈이나 바느질을 하며 지냈기 때문에 비교적 여유가 있었다. 야학을 위해 월요일부터 금요일까지 밤마다 기차, 수레를 타거나 걸어서 농촌 마을에 갔다. 하루 저녁에 한 마을에서 야학을 진행했다.[130] 반경 10마일(약 18킬로미터)을 하나의 작업 단위로 설정해 여러 개 근거지를 두고, 자원봉사자들과 함께 2명씩 짝을 지어 1주일에 1번씩 또는 10일에 1번 씩 이 구역 내에 있는 마을에 찾아가서 강습회를 열었다.

이동학교(순회강습회)의 목표는 첫째, 활기찬 정신을 불어넣어주는 것, 둘째, 문화를 향상시키는 것, 셋째, 지식을 보급하는 것, 넷째, 협동조합을 만들도록 장려하는 것, 다섯째, 가내공업(부업)을 지도하는 것이었다.[131]

늦가을과 초봄에는 나무 아래서, 겨울에는 어느 넓은 집에서, 한 마을에 20~50명 정도의 주부와 소녀들이 모였다. 처음에는 성경 등 이야기를 해주고, 그 다음에는 위생, 청결, 아기 돌보는 법, 응급처치, 닭, 돼지, 소, 토끼, 누에 키우는 법, 예산세우기, 염색하기, 바느질하기 등을 가르쳤다. 읽고 쓰는 것도 가르쳤다.[132]

---

129) 「생활탐방기, 農硏 간부 박인덕씨 편」, 『신여성』, 1933.7, 64쪽.

130) Induk Pahk, *September Monkey*, pp.172~174.

131) '활기찬 정신'은 *The Korea Mission Field* 에는 영어로 '예수의 정신'이라고 표현했지만, 『농촌교역지침』(1935), 17쪽에는 한글로 '활찬 정신을 함양함'이라고 되어 있다. 나머지 항목과 내용은 똑같다.

야학의 내용은 주로 아기와 어린이 돌보는 법부터 시작했다. 아이 돌보기가 모든 여성에게 공감을 불러일으킬 수 있는 소재였기 때문이다. 박인덕은 아기를 돌보는 여러 가지 방법을 그린 그림 카드를 돌려보며 농촌부녀들과 상세한 이야기를 나누며 아기돌보는 근대적인 방법을 소개했다. 여성들이 지금 처해 있는 조건에서 아기 돌보는 방법을 어떻게 개선할 수 있느냐에 주안점을 두고 교육을 진행했다. 한편 아이들에게는 다른 나라 어린이들과 그들이 노는 그림을 보여주고 이야기를 해주었다. 운동회 날을 정해 여성들과 어린이들을 포함한 마을 전체가 게임과 경기에 참가해 놀이를 즐기고 달릴 수 있는 기회를 만들었다. 또한 여성들에게 노래를 가르쳤다. 처음에 어머니들과 할머니들은 노래 부르기를 거부했다. 기생들이 남자들을 즐겁게 해주기 위해 노래를 배운다는 선입견이 있었기 때문이다. 그렇지만 차차 노래 부르는 것 자체가 나쁜 일이 아니며 큰 즐거움이라는 것을 알게 되었다. 노래는 고된 가사노동과 농업노동에 지친 농촌여성이 일상의 기쁨을 느끼는 계기가 되었을 것이라는 데 의의가 있다.

이러한 과정을 거쳐서 야학에서 본격적으로 한글 읽기와 쓰기를 가르쳤다. 농촌여성들이 한글을 배운 후 연습할 도구도 시간도 없을 것이라는 판단 아래 이들이 음식 만들면서 불을 휘젓는 막대기(부지깽이)를 사용해 땅 위에다 글씨를 연습하게 했다. 이렇게 하면 연필이나 종이가 없이도 집에서 한글 쓰기를 연습할 수 있기 때문이었다. 박인덕은 때때로 종이와 연필, 바늘과 실, 비누와 사탕을 상품으로 걸고 한글 대회를 열어 한글 공부를 독려하기도 했다. 한편 어린이들에게 위생에 대해서도 가르쳤다. 얼굴, 손, 손톱을 포함하여 깨끗하게 세수하고 학교

---

132) Induk Pak, "Work Among Rural Women," p.136.

에 등교하는 어린이에게 상을 수여해 어린이들에게 청결의 중요성을 알게 하고 생활 속에서 청결을 실천할 수 있도록 했다. 이러한 방식이 연쇄작용을 일으켜, 아이들이 열심히 씻는 모습이 어머니들에게 청결에 대한 의식을 고취할 수 있는 기회가 되기를 기대했다. 청결교육은 건강과 위생의 첫 단계로 의의가 있었다. 박인덕은 마을 강습회를 설시해 운영하다가 잘 되면 그 지역 지도자에게 강습회를 넘기고 새로운 농촌 마을에서 강습회를 시작하는 방법으로 농촌계몽운동을 확대해 나갔다.

박인덕에게 농촌사업은 민족문제(교육과 생활향상)와 여성문제를 동시에 해결할 수 있는 방안이었으며 그 정신은 덴마크를 모델로 한 한국기독교농촌운동에 기반을 두었다. 박인덕의 농촌사업 경험과 견문이 담긴 『농촌교역지침』에는 농촌지역의 교회가 그 지역의 중심이 되어 농촌사업을 주도했으면 좋겠다는 염원이 담겨 있다. 자신과 어머니가 기독교를 접하고 새로운 삶과 희망을 발견했듯이, 농민들이 기독교 농촌강습회를 통해 기독교 정신의 영향력 안에서 새로운 생활방식을 접하고 희망을 가지기를 바랐다.

박인덕이 '농촌여자사업협찬회'를 조직하고 회장으로 활동했다. 농촌여자사업협찬회는 서울 예수교서회 건물 내에 본부를 두고 각종 농촌사업을 추진했다. 1932년부터 서울 근교 동소문 밖 돈암리, 경의선 수색역 부근, 기타 4~5곳에 교육기관이 없는 농촌에 이동학교를 개설했다. 농촌부녀자에게 가정개량을 목표로 한글, 동서양 열부(烈婦) · 육아 · 건강 · 위생 · 응급치료법, 축산, 협동조합에 대해 가르쳤다.[133] 1932년 7월 현재 3곳에서 이동학교가 운영되고 있었다.[134]

---

133) 「농촌부녀 위해 이동학교 개설, 박인덕 열성으로 여자사업협회에서」, 『동아일보』 1933년 11월 5일 ; 「본보 혁신 기념 특별강연회 개최, 연사는 여자사업가 박인덕씨, 진남포부근 4지국 연합 주최 하에」, 『조선중앙일보』 1933년 11월 5일 ; Induk Pahk, *September Monkey*, pp.172~176.

박인덕이 귀국 후 농촌여자사업회를 조직하고 농촌사업을 전개하여 소정의 성과를 거둘 수 있었던 데에는 미국 기독교 여성들의 후원금이 큰 뒷받침이 되었다. 선교사회 플로리다 지부 총무인 우드포드(Miss Woodford, general secretary of the Florida Chain of Missionary Assemblies)가 모아서 보내준 자금과 미국여성들의 개인적인 후원금으로 농촌사업을 계속 진행할 수 있었다.[135] 또한 미국 플로리다주 성 피터스버그(St. Petersburg) YWCA에 속한 직업부인협회(Business Women's Club) 여성들의 후원금으로 소를 사서 농민들에게 대여하고 여성을 위한 강습소를 운영하는 등 농촌사업을 계속 운영해 나갔다.[136]

경기도 양주군 금포면에 마을 협동조합을 설립해 잘 사는 마을을 만들고자 노력했다. 박인덕을 따르며 그녀의 농촌사업을 지지하던 이화전문학교 학생 20여 명은 후원 클럽을 만들고 푼돈을 모아 소를 사서 보내기도 했다. 당시 이화여전 가사과 학생이었던 이태영의 증언에 따르면, 이 농촌사업은 독립운동의 온상이 된다는 이유로 2년여 만인 1935년에 일제에 의해 강제로 중단되었다.[137]

박인덕은 1935년 말, 다시 도미하여 2년간 미주 순회강연 후 1937년 10월 귀국했다. 이전의 농촌사업에서는 순회지도 방식으로 이동학교를 운영했지만, 귀국 후에는 한 곳에 근거지를 마련하고 이를 중심으로 농촌사업을 해나가는 방식을 취했다. 자금은 미국에 체류했던 2년 동안 미국인 친구들, 특히 플로리다에 있는 폭스부인(Mrs. R. L. Fox)에게서 받은 후원금으로 충당했다.[138]

---

134) 「박인덕 여사의 농사협찬회」, 『신동아』 9, 1932.7, 95쪽.

135) Induk Pahk, *September Monkey*, p.175.

136) Induk Pahk, *The Cock Still Crows*, p.43.

137) 이태영, 「인덕실업전문학교의 박인덕 선생님과 딸 김혜란 학장」, 60~61쪽.

138) Induk Pahk, *September Monkey*, pp.195~196.

1937~1941년 서울에서 약 48킬로 떨어진 김포 근처 양고개(Yangcoke)라는 마을에 땅을 마련하고 두 채의 초가집을 지었다. 작은 집은 교사 숙박용으로 쓰고 큰 집은 교실로 사용하며 마을센터라고 불렀다. 오늘날의 마을회관이라고 보면 된다.[139] 농촌여성들을 찾아가는 대신에 농촌여성들로 하여금 이곳으로 찾아오도록 한 것이었다. 이렇게 하니 돈과 힘이 절약되어 더 많은 여성들을 가르칠 수 있었다. 대신 농촌 여성들이 상당한 거리를 걸어와야 한다는 애로가 있었다. 박인덕은 마을센터에서 인근 마을 여성들을 대상으로 겨울 몇 달간은 강습회를 개최하고 협동구매조합을 운영했다. 여름에는 들에 나가 일하는 어머니들을 위한 탁아소를 운영했다. 할머니들과 어린 누이들이 탁아소에서 아기들을 돌보았다.[140] 탁아소는 직업여성들이 가정과 직업을 양립할 수 있는 방안이자 필수적인 시설로 여성지식인들 사이에 논의되던 사항이기도 했다.[141] 이 시기 농촌 탁아소는 농촌여성의 노동력 동원을 위한 수단으로 조선총독부가 적극 권장하던 농촌정책이기도 했다. 그렇기에 계속 유지될 수 있었을 것이다.

오하이오주 옥스포드에 있는 카파 파이 클럽(the Kappa Phi Club in Oxford, Ohio), 세인트 피터스버그(St. Petersburg) YWCA의 직업부인협회(Business Women's Club)는 양곡(Yang Kok)마을의 농촌사업을 위해 소 두 마리를 사주었다. 소는 새끼를 낳아 번식할 뿐 아니라 짐을 실어나르고 농사를 짓는 데 유용한 농사도구로 농민에게는 큰 재산이었다. 부유한 농민만이 소를 가지고 있었기 때문에, 소를 농민들에게 대여해 가난한 농민들에게 도움을 줄 수 있었다.[142]

---

139) 박인덕, 『호랑이 시(*The Hour of Tiger,* 1965)』, 70쪽.

140) Induk Pahk, *September Monkey*, pp.195~196.

141) 박인덕, 「조선여자와 직업문제」, 『우라키』 3, 1928, 46~49쪽 ; 「외국대학 출신 여류 삼학사 좌담회」, 『삼천리』, 1932.4, 32쪽.

김포 양곡 마을에서의 농촌사업도 점점 어려워졌다. 교통수단이 부족했기 때문이다. 농촌에 갈 때마다 박인덕은 버스를 이용했다. 석유 가격이 급등하면서 버스와 차들이 기름 대신 숯을 때서 다니게 되었다. 숯으로 연소되다보니 차 엔진이 원활하지 못했고, 서울에서 30마일 떨어진 곳까지 덜컹거리는 엔진으로 버스가 움직이다 보니 승객들이 내려서 버스를 밀면서 가야 할 때가 많았다. 혹독하게 추운 날씨에는 사정이 더 나빴다.[143)]

결국 1941년 박인덕의 농촌사업은 완전히 중단되었다. 일제 당국은 박인덕이 마을 여성들과 만나는 것을 좋아하지 않았다. 미국에서 나오는 어떤 생각이나 표현방식에도 반대하는 데다 농촌에 불온한 생각이 전파될까 경계했기 때문이다. 박인덕은 땅과 집을 팔고 마을센터를 폐쇄해야 했다.[144)] 조선총독부는 1932년부터 1940년까지 농촌진흥운동, 1938년부터 1940년까지 국민정신총동원운동, 1940년부터 국민총력운동을 강제하여 농촌과 한국인에 대한 통제를 강화했다.[145)] 이러한 전시체제에서 개인 차원의 농촌활동은 당국의 경계 대상이 되었기 때문에 중단할 수밖에 없었다.

박인덕은 훗날 자신의 농촌사업이 농촌여성들의 생활방식에 많은 변화를 일으키지는 못했을지라도 정신적인 향상에 일정한 도움이 되었다는 데 의의를 두었다. 농촌여성들 스스로 읽고 쓰기를 배운다는 사실만으로도 자신감을 가지게 되었다는 점에서 결국 농촌여성들의 삶에 영향을 준 것이라고 평가했다. 박인덕 스스로도 농촌여성을 위한

---

142) Induk Pahk, *The Cock Still Crows*, Vantage Press, p.43.

143) Induk Pahk, *September Monkey*, pp.197~198.

144) 박인덕, 『호랑이 시』, 70쪽.

145) 최유리, 『일제 말기 식민지 지배정책연구』, 국학자료원, 1997 참조.

활동을 전개하며 자신이 할 수 있는 일을 하고 있다는 사실에 만족을 느낄 수 있었다.[146)]

박인덕의 농촌사업은 비슷한 시기에 진행된 일제의 농촌진흥운동과는 그 목적과 의도 · 방법에서 분명한 차이가 있었다. 1930년대 초 이화전문학교 가사과 학생이었던 이태영 박사가 박인덕을 회고한 글에서 확인할 수 있다.

> 박인덕 선생님의… 내면적 세계는 민족생활의 개선과 정신의 개혁을 요구하는 개척자적 애국정신에 가득 찼었다. 늘 성경 말씀에 비유하면서 애국과 개혁을 주장했는데 우리 친구들은 선생님에게 크게 감명 받아서 열렬한 추종자가 되었다.… 당대의 신여성 박인덕 선생님은… 여행 중 선진국의 생활수준에 감명을 받아 우리나라가 부강하려면 농촌이 선진화해야 한다는 구국의 일념을 가지고 귀국한 뒤 줄곧 농촌의 발전을 위해 헌신한 분이다.[147)]

미국유학과 세계여행을 통해 선진국 국민의 생활수준을 목격한 박인덕이 구국의 정신으로 농촌 선진화 방안을 구상하고 실천했음을 알 수 있다. 농촌진흥운동이 식민지의 원활하고 지속적인 지배를 위한 관주도의 식민지 착취 정책이었던 반면, 박인덕의 농촌사업은 농가경제와 농민생활 향상을 목표로 한 여성지식인의 사회의식과 역량으로 전개된 민족운동 · 농촌계몽운동 · 여성운동이었다.

박인덕은 일제시기 농촌경제 피폐의 주요 원인이 식민지 수탈이란 구조적 문제에 있다는 사실을 인식했다. 일제지배하의 합법적 공간에서 농촌경제를 회복시키는 방법으로는 농촌계몽운동이 최선이라고 생각했다. 따라서 협동조합, 계몽과 교육, 소비절약이나 부업장려 등 보다 합법적인 부분에 포인트를 둘 수밖에 없었다.

---

146) Induk Pahk, *The Hour of the Tiger*, pp.51~53.

147) 이태영, 「인덕실업전문학교의 박인덕 선생님과 딸 김혜란 학장」, 60쪽.

그의 농촌사업은 주민들 특히 농민여성의 자발적 참여로 이루어졌다는 점에서 강제동원과 수탈의 성격이 강한 농촌진흥운동과는 뚜렷이 구별된다. 또한 농촌여성들의 소비협동조합을 통해 창출된 이익은 농촌여성들에게 분배되어 여성의 경제력과 농가경제에 도움이 될 수 있었다.

박인덕이 덴마크의 농촌부흥에서 깊은 인상을 받았던 부분은 민족정신이 살아있는 한 민족부흥의 희망도 살아있다는 점이었다. 경제적 위기에 뒤이은 정신적 붕괴를 막고 농민이 살고 민족이 부흥하기 위해서는 경제적 향상뿐 아니라 한글을 알고 사회의식을 가지며 우리 문화에 대한 자부심을 간직해야 한다고 생각했다. 반면 농촌진흥운동은 내선일체, 황민화정책, 전시체제, 일본어 교습과 밀접한 관련을 가지며 일제의 식민지 지배수단이 되었다는 점에서 뚜렷이 구별된다.

박인덕이 덴마크 농촌과 농민의 부흥을 우리 농촌과 농민의 부흥 모델로 삼은 것은 무엇보다도 빈곤한 식민지였던 덴마크가 그 굴레를 벗고 당당히 독립과 경제부흥을 이루었다는 점에서 동질감과 희망을 발견했기 때문이라고 생각된다. 그의 농촌계몽운동은 지도자의 헌신과 지도력, 농민의 정신교육과 자발적 참여, 농가 실질소득의 증가와 농민생활의 향상을 중요시했다는 점에서 식민지배수단으로써의 농촌진흥운동과는 완전히 다른 성격을 띠고 있었다.

이선행은 남편 최윤호와 함께 황해도 봉산군 만천면 검정리에서 농촌활동을 전개했다. 남편이 농민야학소를 운영하는 동안, 이선행은 2 개의 부인회를 조직하고 계몽활동을 전개했다. 제1부인회에서는 생활개선을 위한 부인강좌를 실시했고 장차 유치원을 경영하려는 계획을 가지고 있었다. 제2부인회는 무산부인을 망라하여 저축을 목적으로 했다.[148]

미국유학생 박필연의 경우 1933년 귀국을 앞두고 장차 문맹퇴치운동에 힘을 쏟겠다는 포부를 밝혔었다. 이후 1934년 미국에 있는 언니에게 보낸 편지에서 다음과 같이 기술했다.

> 이곳 거창이 산골인 것만치 그간에 보고 들은 것이 퍽 많습니다. 도회지만 본다면 조선도 퍽 개명한 것 같으나 촌을 와서 보면 아직도 멀었다 하는 생각이 자꾸 납니다. 그러므로 무엇 무엇보담도 촌으로 시골에 많은 할 일이 있는 줄 더욱 깨닫게 됩니다.… 벌써 언덕마다 나물 캐는 소녀들을 볼 수 있습니다! 이것이 조선에 독특한 것인가 합니다. 엄동설한에 겨우 살아 나오는 나물들을 벌써부터 칼로 캠이 배고픈 탓이 아니겠습니까? 푸른 나물로 배를 채우려 하는 조선 어린 동무들 참으로 불쌍합니다![149]

농촌의 가난으로 인한 농민들의 아픔에 공감하고 지식인으로서 자신이 해야 할 일에 대한 사명의식이 뚜렷이 드러나 있다. 1920년대 말 1930년대 초 민간 차원에서 전국적으로 전개된 농촌계몽운동과 농촌사업에도 불구하고 여전히 한국농촌은 낙후되어 있었고 농민은 가난했다. 여성지식인들의 농촌계몽활동은 독립운동이 아니며 따라서 구조적 문제를 해결할 수는 없었지만, 농촌과 농민의 어려운 상황을 조금이라도 개선하고자 노력했던 민족운동이었다.

제3절 생활개선활동과 사회사업

미국유학 여성지식인들은 미국생활과 세계여행을 통해 선진사회 여성들의 사회활동을 눈여겨보고 이상적인 여성상과 생활의 모델을 찾고자 했다. 또한 여성과 아동을 위한 선진국가의 사회제도와 사회시설

---

148) 「농민야학과 부인강좌 개최, 유치원도 경영코저 준비, 최윤호씨 부부의 봉사, 봉산군 만천면 검정리(鳳山郡 萬泉面 檢亭里)에」, 『동아일보』 1933년 12월 6일.

149) 「박필연양의 편지」, 『신한민보』 1934년 4월 12일.

을 둘러보고 구미사회와 여성지식인들의 사회사업과 봉사정신에 깊은 감명을 받았다. 이러한 경험들이 복합적으로 작용하여 여성 스스로 지도자의식을 가지고 여성운동을 활발하게 전개하게 만드는 자극제가 되었다.

1927년 여성의 단결을 모토로 하는 좌우합작단체 근우회가 결성되었다. 근우회는 여성운동의 주된 대상을 노동여성에 두고 대다수 농민여성이나 가정부인에 대한 관심을 소홀히 한 까닭에 여성대중의 공감을 지속적으로 불러일으키지 못했다. 또한 회비가 모이지 않아 실제적으로 별다른 사업을 추진하지 못한 채 1929년 초 이미 그 기능이 마비된 상태에 빠졌다.[150] 1931년 일제에 의해 일체의 근우회 집회가 금지당하면서 간부들의 집행위원회와 전국적 총회가 계속 무산되어 모임 자체를 개최할 수 없었다. 근우회 자체 내에서도 근우회 운동의 성격에 대한 논쟁이 일어나는 가운데 해소론이 제기되었다. 이 가운데 근우회는 자연히 해소상태가 되었다.[151] 흔히 근우회 해소 이후 1930년대에는 여성운동이 침체되어 별다른 활동이 없었다고 알고 있다. 실상은 1920년대에 창설된 조선YWCA연합회 · 기독교여자절제회 등 기독교여성단체는 1930년대에도 계속 존속하고 있었다.[152] 또한 1930년대에 여러 여성

---

150) 한신광, 「근우운동과 재정방침에 대하여」, 『근우』 1-1, 1929.5, 67~69쪽.

151) 신간회와 근우회 해소에 따라 이 시기 언론에서는 '민족적 중심단체 재조직'의 필요와 방법에 대한 논의가 진행되었다. 황애시덕은 민족이 동일해도 각개의 주의 주장이 있는 만큼 한 개 단체를 형성하기는 어렵다고 보았다. 따라서 우리 민족 간의 각각 주의 주장을 달리 하는 '각 세포단체들을 통일 지배할 연통제의 중추단체'를 두어야 민족 중심의 이상적 중심단체가 될 수 있다고 주장했다(「민족적 중심단체 재조직의 필요와 방법 : 각 층별 단체 조직코 연통제(聯統制)식을 채용, 사람의 중추신경가티 여청 간부 황애시덕씨 담」, 『동아일보』 1932년 1월 4일 ; 황애시덕,「민족적 중심단체 : 각층별 단체 조직코 연통제 채용」, 『신한민보』 1932년 2월 4일).

152) 「5대(五大) 학부 출의 인재 언파렛드」, 『삼천리』 4-2, 1932.2, 16쪽. 언론에서는 선교회학교 출신 여성들이 기독교 사회를 중심으로 특수하게 윤회하고 있다는 점을 유감스럽게 생각했다.

단체들이 새로 조직되어 실질적인 면에서 여성의 의식개혁과 생활개선을 목표로 하는 여성운동이 전개되었다.

1. 생활개선활동

1) 협동조합

1919년 3·1독립운동 직후 소비조합과 상회가 여럿 결성되면서 협동조합운동이 시작되었다. 합리적으로 소비하여 경제를 회복하자는 동기에서 비롯되었다. 1926년 도쿄유학생들은 한국농촌을 구할 방안은 협동조합뿐이라는 생각으로 도쿄에서 '협동조합운동사'를 조직했다. 이들은 1927년 귀국하여 '민중 속으로' 표어를 내걸고 선전대를 조직하여 협동조합의 필요와 조직 방법을 선전하며 전국을 순회했다. 이 단체는 1928년 본부를 경성으로 옮겨 '협동조합경리사'가 되었다.

한편 1925년 천도교 내에 조선농민사가 조직되어 농촌운동을 전개했다.[153] 그리고 조선노동공제회의 소비조합운동과 물산장려운동의 일환으로 전개된 소비조합운동이 있었다.[154] 이 가운데 조선기독교청년회연합회의 협동조합운동이 가장 두드러졌다. 조선YMCA연합회는 1925년 농촌사업부를 신설하고 농촌사업을 시작했다. 1928년 총무 신흥우와 농촌부 간사 홍병선은 예루살렘 선교대회에 참가하고, 협동조합의 본고장인 덴마크를 시찰했다. 예루살렘 선교대회에는 사회복음주의에 기초해 농촌과 농민에 대한 기독교의 관심을 촉구했다. 이후 조선YMCA연합회에서는 덴마크의 협동조합을 모델로 협동조합운동을 활발하게

---

153) 함상훈, 「조선협동운동의 과거와 현재」, 『동광』 23, 1931.7, 19~22쪽.

154) 김현숙, 「일제하 민간협동조합운동에 관한 연구」, 한국사회사연구회 논문집 9, 『일제하의 사회운동』, 문학과 지성사, 1987, 210~212쪽 표12 1920년대 전반의 협동조합 참조.

전개했고, 1931년에는 조선YMCA연합회 산하 협동조합이 200여 개에 이르렀다.[155)]

박인덕은 여성이 자유롭고 독립적으로 살기 위해서는 생활력, 경제력이 있어야 한다는 신념을 가지고 있었다. 가정의 책임자로서 주부의 자격은 경제적 자립에 있으며, 가정주부도 가정예산 세우기, 부업, 소비조합을 통해 경제력을 가질 수 있다고 강조했다.[156)]

박인덕은 농촌의 가정주부들이 협동조합을 조직하고 공동구매를 통해 돈을 절약해 가정경제에 보탬이 되고 여윳돈을 버는 효과를 거둘 수 있다고 제안했다. 예를 들어 가정주부들은 가족과 살림에 필요한 비누, 등불용 기름, 아이용 장화 같은 물품을 사야 한다. 가정주부들이 재원을 공동 출자하여 도매업자로부터 물품을 직접 구입하면 돈을 절약할 수 있고 여분의 돈으로 더 많은 물품을 살 수 있다고 제안했다.[157)]

박인덕은 자신이 직접 협동조합을 조직하고 운영해 모범을 보였다. 여성들의 자금을 모아 협동소비조합을 조직하고 생필품을 도매값으로 사서 3달 동안 그 물건을 소매로 팔아 생긴 이윤을 투자에 따라 나누었다. 그리고 자본을 재투자하여 이 과정을 되풀이하는 방법을 썼다. 덕분에 물건 사는 데 걸리는 시간과 중간 상인에게 가는 돈을 절약할 수 있었다. 여러 마을에서 협동소비조합운동이 실행되면서, 여성들은 자신들의 투자에 대해 얼마간의 이윤을 창출할 수 있었다. 여성들의 협동소비조합운동은 12개 마을에서 시작되어 다른 마을에까지 전파되었다. 첫 번째 협동조합의 회원이었던 한 중년여성은 자신이 협동조합을 통해 돈을 벌 수 있게 되면서 남편의 존경을 받게 되었다고 감격했다.

---

155) 한규무, 「일제하 한국기독교 농촌운동 : 1925~1937」, 154~164쪽 협동조합 부분 참조.
156) 박인덕, 「농촌가정과 생활개선책」, 150~153쪽.
157) 박인덕, 『호랑이 시(*The Hour of the Tiger*)』, 69쪽.

박인덕은 여성이 협동조합을 통해 사회에서 돈을 버는 능력(earning power)을 보유하고 실제로 돈을 벌어 증명하게 되면서 남편과 아들, 남성들이 여성들을 존중하게 되었다고 기술했다.[158] 가족에게 무시 받고 천대받던 여성들이 협동조합을 통해 경제력을 가지고 경제적 독립을 확보하는 동시에 남편과 아들, 사회의 존경을 받게 되길 바랐던 것 같다. 기본적으로 가정부인의 협동소비조합은 공동 구매와 직거래를 통해 돈을 절약하는 데 그 목적이 있었다.[159]

박인덕은 결혼 후 직장생활을 하며 가족들을 실질적으로 부양했던 경험, 미국유학 동안 백화점 점원으로 고학했던 경험, 세계강연여행을 하며 각국 여성들의 경제적 독립과 사회적 활동에 대한 견문을 넓힐 수 있었다.[160] 이 과정에서 무엇보다도 여성의 경제적 독립이 중요하다는 확신을 가지고 되었다. 때문에 농촌여성이 경제력을 확보하고 또한 경제적으로 어려움에 처한 당시 농촌 현실을 개선하기 위한 방안으로, 덴마크를 모델로 여성들의 협동소비조합을 운영해보게 되었다. 이는 당시 남성 농민들의 협동조합운동과 같은 맥락에서 전개된 여성들의 협동조합운동이었다는 데 의의가 있다.

한편 도시에서도 가정부인 · 직업부인 · 학생 등 전 여성을 총망라해 "우리의 손으로 사고팔자"는 움직임이 일어나 협동조합이 결성되었다. 1929년 5월부터 준비해오던 '경성여자소비조합'은 1929년 8월 견지동

---

158) 박인덕, 「농촌가정과 생활개선책」, 150~153쪽 ; Induk Pahk, *September Monkey*, pp.86~87 · 174~175.

159) Induk Pahk, *The Hour of the Tiger*, p.52.

160) 『중외일보』 1929년 10월 31일 ; 「6개국을 만유(漫遊)하고 돌아온 박인덕 여사 방문기」, 『신여성』, 1931.11, 50~51쪽 ; 박인덕, 「여인기문 : 상업에 능한 면전국 여성」, 『기독신보』 1934년 8월 1일 ; 박인덕, 「여인기문 : 남편 대신 행정하는 서장여성」, 『기독신보』 1934년 8월 22일 ; 김성은, 「일제시기 박인덕의 세계인식 : 〈세계일주기〉(1941)를 중심으로」, 『여성과 역사』 15, 2011 참조.

시천교당에서 창립준비회가 개최되어 규약초안위원과 창립위원이 선출되었다. 규약초안 위원은 황애시덕 · 우봉운 · 김정원, 창립위원장은 황애시덕, 창립위원은 김정원 · 황신덕 · 우봉운 · 김수준 · 김상순 · 신정균 · 이자경 · 엄경춘 · 이왕현 · 강정임 · 강금순 · 한신광 · 김선 · 윤차진으로 선정되었다.[161] 1929년 11월 공평동 근우회관에서 경성여자소비조합 발기인 총회가 열렸다.[162] 일제 측의 '조선인 항일운동 조사 기록' 보고에서 알 수 있듯이, 황애시덕은 총회의 사회를 맡아 개회사를 하고 회의를 진행하는 등 경성소비조합 결성 초기부터 중심 역할을 담당했다.[163]

1930년 3월 수표정 교육협회 건물에서 50여 명이 참석한 가운데 경성여자소비조합 창립대회가 열렸다.[164] 김수준이 사회를 맡았고, 황애시덕은 사무방침에 대한 설명을 담당했다. 제1회 이사회에서 경영 방침과 부서 · 임원이 결의되었다. 이사장에 김수준, 전무이사에 황애시덕, 상무이사에 김정원 · 김상순이 선임되었다.[165] 다음해인 1931년 2월 조합의 임원 가운데 이사장 김수준, 전무이사 황애시덕은 그대로 유임되었고, 상무이사로 신정균이 새로 선임되었다. 이사는 전무이사와 상무이사를 포함하여 9명으로 구성되었다.[166]

황애시덕은 1929년 여러 차례 근우회 평양지회와 경성지회 강연회에 초청되어 연사로 활동했다. 동생 황신덕이 근우회 주요 간부였기에 황

---

161) 「각 방면 여성 망라, 여자소조 창립」, 『동아일보』 1929년 8월 20일.

162) 「부인의 경제적 각성 : 여자소비조합 발기를 보고」, 『중외일보』 1929년 11월 10일.

163) 「조선인 항일운동 조사 기록」, 『사상문제에 관한 조사 서류』, 1929, 독립기념관 소장, 국회도서관 자료.

164) 「경성여자소비조합 창립대회 구일 개최, 조선교육협회서」, 『동아일보』 1930년 3월 9일.

165) 「여자소조 임원 등 선정, 이사회에서」, 『중외일보』 1930년 3월 14일.

166) 황애시덕에 관한 내용은 김성은, 「1930년대 황애시덕의 농촌사업과 여성운동」, 『한국기독교와 역사』 35, 2011의 내용을 중심으로 서술했다.

애시덕과 근우회 인맥 사이에 연결고리 역할을 했던 것으로 보인다. 1930~31년 황애시덕은 근우회 전국대회 준비위원 · 집행위원 · 상무집행위원으로 선임되었다.[167] 또한 경성여자소비조합의 중심은 황애시덕으로 조합의 규약 초안 위원, 창립위원장, 회의의 사회자 또는 사무방침 설명자, 전무이사로서 조합의 창립과 운영에 주도적 역할을 했다. 창립위원과 임원으로 근우회 간부들이 중점적으로 선임되었다. 경성여자소비조합이 근우회 사업은 아니었지만, 근우회 인맥의 참여가 많았다.[168] 황애시덕과 근우회 인사들의 교류와 협력이 경성여자소비조합의 조직과 운영의 원동력이 되었음을 알 수 있다.

황애시덕은 경성여자소비조합의 이론 확립에 핵심적인 역할을 담당했다. 창립총회에서 조합의 사무 전반에 대한 설명을 맡아했고, 잡지에 '(여자소비조합이) 조선여자경제운동의 제일보'라는 글을 기고했으며, 『덩말나라연구』(조선야소교서회, 1930)의 협동조합 부분(총 두 장)을 집필했다. 이 책은 채핀 부인이 최봉칙과 함께 농촌사업에 대한 주의를 환기하고자 저술, 출간한 책으로, 김활란과 박인덕의 농촌사업 관련 저술(각각 1931년, 1932년)보다 앞선 저서였다는 데 의의가 있다. 총 12

---

167) 「여성문제 강연회, 근우회 경성지회의 주최」, 『중외일보』 1929년 11월 22일 ; 사상에 관한 정보철 제2책, (근우회) 집회 취체 상황 보고, 京鍾警高秘 제2146호, 발신자 종로경찰서장, 수신자 경성지방법원 검사정(수신일 1930년 2월 21일) ; 사상에 관한 서류(1), 집회취체 상황보고(통보), 京鍾警高秘 제18257호, 발송자 경성 종로경찰서장, 발송일 1930년 12월 27일, 수신자 경무국장, 경기도 경찰부장, 경성부내 각 경찰서장, 경성지방법원 검사정 ; 「내외대관(內外大觀) 해설과 비판, 세상은 어디로 가나」, 『동광』 18, 1931.2, 2쪽.

168) 「인재 순례, 제2편 사회단체, 근우회」, 『삼천리』 5, 1930.4. 1930년 4월 현재 황신덕 · 한신광 · 우봉운 · 강정임 · 김정원 · 김선은 근우회 본부 집행위원, 김수준은 근우회 본부 검사위원장, 김상순과 신정균은 근우회 경성지회 재무부 임원이었다(「내외대관(內外大觀) 해설과 비판, 세상은 어디로 가나」, 『동광』 18, 1931.2, 2쪽). 근우회 상무위원 서무부 김정원(金貞媛), 재무부 김수준(金繡準) · 우봉운(禹鳳雲), 선전부 강정임(姜貞任), 정문부(政文部) 우봉운(禹鳳雲), 집행위원 황애시덕(黃愛德) · 손메례(孫袂禮) · 김선(金善), 중앙검사위원장 신정균(申貞均).

장으로 되어 있으며, 이 가운데 황애시덕이 협동조합 부분(총 두 장)의 편집을 맡았다.[169] 황애시덕이 농촌사업지도교육과 교수, 조선YWCA 연합회 농촌부 위원, 경성여자소비조합의 핵심간부로 활동하며, 농촌사업에 활용할 수 있는 협동조합 이론에도 밝았음을 알 수 있다. 다음은 협동조합에 관한 황애시덕의 설명이다.

> 협동조합이라는 말은 우리나라에 계하는 것과 비슷한 것입니다. 즉 한 사람이 하기 어려운 일을 여러 사람이 힘을 합하여 서로 돕고 붙들어 평안히 잘 살 수 있도록 하는 모임입니다.… 한 사람의 가진 천원 돈이나 일천 사람이 각각 일원씩 내어 모아 놓은 천원 돈이나 천원 돈이란 그 가격은 꼭 마찬가지 이치인 것을 정말사람들은 깨닫고 마침내 가난한 여러 사람들이 약간 가진 돈을 모아서 자본주의를 대항하야 큰 사업을 시작한 것이 즉 협동조합이 생겨난 근원입니다.… 이처럼 협동조합은 정말 사람들이 굶어 죽을 자리에서 적은 돈을 합하고 약한 힘을 합함으로 큰 돈을 만들고 큰 힘을 모아 무엇이나 서로 협동하여 단체적으로 함께 함으로 그들은 오늘날 성공을 하게 되었습니다. 그러므로 협동조합은 정말(덴마크)농민을 살려낸 비결이라고 할 수 있습니다.[170]

황애시덕은 협동조합이 우리나라의 계와 비슷한 것으로 서로 도와 잘 살자는 취지의 모임이며, 우리 민족을 살려낼 비결이라고 보았다. 협동조합이 덴마크 농민을 살렸듯이, 우리 민족도 단결하여 작은 힘과 적은 돈이라도 모아 노력한다면 잘 살 수 있다는 희망을 전파하고자 했다. 황애시덕은 작은 촌락이나 큰 도시를 막론하고 꼭 있어야 할 기관이 '소비조합'이라고 보았다. 촌락의 조합과 같이 규모가 작으면 이

---

169) 김활란이나 박인덕보다 이른 시기에 나온 덴마크 농촌에 관한 책이었다는 점에 그 의의가 있다(배윤숙, 「채핀부인의 생애와 여성신학 연구」, 감리교신학대학교석사학위논문, 2006, 131~134쪽).

170) 채핀 부인 · 최봉칙 공저, 『뎡말나라 연구』, 조선야소교서회, 1930, 43-46 ; 배윤숙, 「채핀부인의 생애와 여성신학 연구」, 133쪽 재인용.

익은 적지만 사무 처리가 간단하고, 도시의 조합처럼 범위가 넓으면 일이 복잡한 대신 이익은 더욱 커지는 등 나름대로 장점이 있기 때문이었다. 앞으로 각 지역과 촌락마다 소비조합이 생기고 각 분야마다 협동조합이 생기게 되면, 그 조합들을 모아 중앙조합을 조직하고 지방의 산물을 연결하여 취급해 서로의 편리를 도모하게 될 것이라고 전망했다.[171]

'우리의 살 길이 협동적 정신과 조합적 노력'에 있으며 민족의 생존을 위협하는 경제적 어려움을 해결하기 위한 방법도 '단결과 협력'에 있다고 주장했다. 나아가 가정살림의 주체이자 소비자의 관점에서 가정과 사회에서 여성의 경제적 역할에 주목했다. 그 근거로 첫째, 사회의 대세가 각 단체의 단결과 이익 추구임을 들었다. 상업은 회사나 주식의 형태로 단결하고, 노동자는 노동조합으로 단결하며, 생산자나 자본가가 점점 대규모적으로 큰 이익을 도모하고, 중간상은 이중삼중의 이익을 챙기고 있는 현실에서 소비자도 단결해야 한다는 것이었다. 둘째, 우리나라의 공업이 뒤떨어지고 생산력이 미약해 타국의 생산품을 소비해줄 수밖에 없는 현실이 조선의 경제적 위기라고 보고, 조선의 경제위기를 방비하기 위해서는 여성이 나서야 한다고 보았다. 황애시덕은 여자소비조합이 여성운동 차원에서 "여자경제운동의 제일보(第一步)"이며, 경제적 관점에서 약자인 "개인 소비자와 우리 민족이 살 길"이라고 보았다. 여성들이 협동정신으로 단결하여 조합을 결성하고 생산과 소비를 협동적으로 하여 금융의 압박을 줄이고 가정경제와 민족경제에 일익을 담당해야 한다고 강조했다.[172] 황애시덕이 여성운동뿐 아니라 민족운동 차원에서 여자소비조합의 효용성을 가능했음을 알 수 있다. 여자소비조합을 여성운동 차원에서 파악했던 김수준의 이해

---

171) 황애시덕, 「조선여자경제운동의 제일보」, 『청년』 10-5, 1930.7~8, 113~114쪽.
172) 황애시덕, 「조선여자경제운동의 제일보」, 『청년』 10-5, 1930.7~8, 113~114쪽.

보다 훨씬 포괄적이었다는 데 의의가 있다.[173] 황애시덕의 관점에서 여자소비조합운동은 물산장려운동과 같은 민족경제운동이자 여성의 경제적 역할을 강조한 여성경제운동이었다.

경성여자소비조합은 소매상과 중간상인에게 주는 이익을 조합원들이 직접 취하여 가정경제에 도움을 주는 것을 목적으로 했다. 입회 대상은 경성(서울)이나 경성 가까이 거주하는 가정부인, 직업부인, 여학생이었다. 가입비 1구(口, 한 계좌) 5원을 내면 조합원이 될 수 있었다. 1인 1구 이상도 가능하며 구수대로 이익을 배당하기로 했다. 경성여자소비조합을 통해 조합원이 얻을 수 있는 이익은 다음과 같았다. 첫째, 가정에서 쓰는 일반 식료품과 일용품을 원가에 가까운 값으로 가져다 쓸 수 있었다. 직접 가져다 놓을 수 없는 물건의 경우 조합원의 증명을 가진 사람이 조합과 특약을 맺은 상점에 가서 조합 증명을 내보이면 피륙은 3분, 미곡은 2~3분, 비누와 재물은 3할까지 할인해서 살 수 있었다. 둘째, 일용품 구입을 조합에 위탁해서 배달받아도 그 물건을 믿을 수 있기 때문에 하인 없이도 주부가 단신으로 생활을 꾸릴 수 있었다. 셋째, 출자금 5원에 대해 1년에 1회씩 이익 배당을 얻을 수 있었다. 넷째, 단체행동과 경제적 관념에 대한 상식을 얻게 된다.[174] 이리하여 1930년 4월 5일 낙원동에 '경성여자소비조합 상점(대리부)'이 문을 열었다.[175]

---

173) 김수준은 여자소비조합을 여성운동의 하나로 간주했다. '여성운동과 소비조합은 몸체와 수족의 관계'로 여자소비조합은 여성의 가정경제에 도움이 될 뿐 아니라 여성의 사회적 훈련을 위해서도 필요하다고 강조했다. 여성이 소비조합에 적극 참여하는 것은 물건을 싸게 산다는 생활상의 이익을 넘어서 '여성의 경제적 각성을 위한 사회적 훈련'이 된다는 점을 강조했다. 이리하여 여자조합을 통해 '일반여성들의 의식과 지식 표준이 향상'되고 '단결의 정신'이 강해진다는 데 중요한 의미를 부여했다(김수준, 「여자소비조합의 의의와 사명」, 『중외일보』 1929년 11월 28일).

174) 「조선에도 창립된 여자소비조합」, 『중외일보』 1930년 3월 11일.

175) 「여자소비조합, 금일부터 개업」, 『중외일보』 1930년 4월 5일. 상점은 당시 용어로 점방, 구멍가가라고 했다.

경성여자소비조합의 모토는 '생산자의 손에서 물품을 직접 갖다가 소비하자, 중간착취를 폐지하는 데서 우리 생활을 우선 개선하자'였다. 이에 따라 경성여자소비조합 상점은 '새 시대 새 의미의 구멍가게', 경성여자소비조합 100여 명 회원들은 '전위의식을 가진 새 시대의 젊은 사공', 이 사공들의 뱃길을 막는 폭풍우 곧 조합원들의 사업을 가로막는 난관은 '거대 금융자본, 대백화점, 상업기관'이라고 비유되었다. 경성여자소비조합의 창립과 상점 운영은 소비자가 단결하여 구멍가게 대 대백화점, 소자본 대 거대 금융자본의 대결에 나선다는 의미를 띠고 있었다.[176] 1931년 2월~7월 현재 조합원(株主) 100여 명, 총자본금 500원, 1일 판매액 20원으로, 경성여자소비조합이 생긴 지 불과 1년 만에 3할의 이익이라는 놀라운 성적을 거두었다.[177]

경성여자소비조합은 1932년 2월 이미 침체에 빠졌다.[178] 여자경제운동으로써 여자소비조합이 계속되어야 한다고 생각했던 최영숙이 무리를 해서까지 상점을 인수하여 운영해보았지만 잘 되지 않았다. 여자소비조합 상점은 경제적으로 어려움을 겪던 최영숙이 병사하면서 유야무야되었다. 1932년 10월 경성여자소비조합의 조합원들이 근우회관(공평동 43번지)에서 임시총회를 열고 최후 방도를 강구하기로 했지만, 이후 기록이 없는 것으로 보아 해체된 것으로 보인다.[179] 경성여자소비조합의 상점이 만 2년이라는 짧은 기간밖에 존속하지 못했다는 점은 한계

---

176) 「노동복의 대행진, 계급적 전위의 기를 들고 일백 낭자군이 단결, 경성여자소비조합 방문기」, 『삼천리』 12, 1931.2, 46쪽.

177) 함상훈, 「조선협동운동의 과거와 현재」, 『동광』 23, 1931.7, 22쪽.

178) 「부인문제에 대한 비판 : 어떠한 경제학이 정당한가, 최영숙씨의 견해」, 『삼천리』, 1932.2, 76~78쪽 ; 「인도청년과 가약 맺은 채 세상 떠난 최양의 비련, 서전(스웨덴) 경제학사 최영숙양 일대기」, 『삼천리』 4-5, 1932.5, 15~16쪽 ; 「경제학사 최영숙 여사와 인도청년과의 연애관계의 진상」, 『동광』 34, 1932.6.

179) 「경성여자소비조합 최후책 협의」, 『동아일보』 1932년 10월 25일.

였다. 그럼에도 협동조합운동이 여성계의 경제적 각성과 실천에 영향을 주었다는 데 의의가 있다.[180)]

당시 대부분의 협동조합운동이 남성 중심의 농촌협동조합이었던 상황에서, 황애시덕은 여러 여성 동지들과 함께 경성(서울) 도시에서 여자소비조합을 창립했다. 경성여자소비조합은 많은 어려움을 극복하고 여성들이 스스로의 힘으로 협동조합 정신과 이론을 실생활에 구현했다는 자체만으로도 큰 의미가 있었다. 가정주부로서 또 지식인으로서 사명감을 가지고 가정경제와 민족경제 향상을 목표로, 전여성의 단결을 생활 속에서 실천하고자 했던 여성운동이자 경제운동이었다. 여성들을 결집하여 경제에 대한 관심을 환기하고, 현명한 소비를 위한 방법을 제시했다. 소자본을 투자해 주주의 이익을 실현하여 일반여성들의 경제의식을 깨우치고 경제경험을 축적하며 소비조합운동의 필요성과 유용성에 대한 여론을 환기했다는 데 의의가 있다.[181)]

2) 부인협회

박인덕은 미주와 유럽을 순회강연하며 외국의 여성단체 소속 인물들과 교류했다. 이 가운데 하나가 직업부인협회(Business Women's Club)였다. 스위스에서 만난 '국제직업부인협회' 여성들은 각국 직업여성들의 연대를 모색하고 있었다.[182)] 귀국 후 박인덕은 이 인맥과 경험에 근

---

180) 1932년 9월 근우회 평양지회장 조신성 외 10여 명이 평양여자소비조합 조직준비회 개최. 『동아일보』 1932년 9월 17일 ; 1933년 1월 경성에서 구식여성을 많이 망라하여 조선여자소비조합 창립. 『중앙일보』 1933년 1월 11일. 부인협동조합(충남 서산, 감리교회, 1933), 신령부인회 협동조합(경북 의성, 장로교회, 1935), 평사부인회(경북 의성, 장로교회, 1935). 한규무, 『일제하 한국기독교 농촌운동』, 161~162쪽 표 4-5 참조.

181) 「부인의 경제적 각성 : 여자소비조합 발기를 보고」, 『중외일보』 1929년 11월 10일 사설.

182) 박인덕, 「형제여 잘 있거라, 미국에 와서」, 홍병철 편, 『학해』, 학해사, 1937, 143쪽 ; Induk Pahk, *September Monkey*, p.43 ; 박인덕, 『세계일주기』, 146쪽.

거해 세계직업부인협회와의 연락을 염두에 두면서 조선직업부인협회를 조직했다.[183]

1932년 12월 박인덕은 직업여성에 대한 관심을 발전시켜 조선직업부인협회를 조직했다. 이 모임은 박인덕의 주도로 서울 인사동 태화여자관 내에 있던 기존의 망월구락부(1926년 조직)를 조선직업부인협회로 전환하여 재조직한 것으로 '세계직업부인협회와 연락을 취하기 위함'이란 목표를 세웠다.[184] 회원은 교사 · 간호사 · 의사 · 점원 · 판매원 · 주부 · 택시기사를 직업으로 가진 젊은 여성 40명으로 구성되었다. 임원으로는 회장 박인덕, 부회장 황애시덕, 총무 최활란, 재무 김현숙, 서기 김자혜가 선출되었다.[185] 미국유학생 출신들인 박인덕, 황애시덕을 중심으로 조선직업부인협회가 조직되었고, 이후 전개된 조선직업부인협회 사업과 활동에 주도적 역할을 담당했다.

조선직업부인협회는 도시여성을 대상으로 했는데 조선직업부인협회가 전개했던 주요 사업과 활동은 다음과 같다.

〈표 4-2〉 조선직업부인협회 주최 주요 행사

행사명	장소	날짜	출처
윷놀이대회		1933.2.11	동아일보 1933.2.10
월야회(야담과 레코드 콘서트)	태화여자관	1933.4.7	동아 1933.4.7
양복강습회	태화여자관	1933.4.17~22	동아 1933.4.15
여성경제강연회	종로중앙기독청년회관	1933.4.21	동아 1933.4.21

---

183) 박인덕에 관한 내용은 김성은, 「박인덕의 사회의식과 사회활동 : 1920년대 말~1930년대를 중심으로」, 『역사와 경계』 76, 2010의 내용을 중심으로 서술했다.

184) 「망월구락부를 직업부인협회로」, 『중앙일보』 1932년 12월 19일 ; 「세계직업부인협회와 연락코저 부인단체 망월구학부를 직업부인협회로」, 『동아일보』 1932년 12월 19일.

185) 「직업부인협회 모임, 12일 밤으로 연기」, 『동아일보』 1933년 1월 10일.

행사명	장소	날짜	출처
경성부인대운동회 (조선중앙일보 학예부 후원)	장충단공원	1933.5.20	조선중앙 1933.5.17, 19, 20
선유회 겸 레코드 콘서트	한강 위	1933.7.8	동아 1933.7.8
월례회 겸 추석놀이	사직동 박인덕 집	1933.10.5	동아 1933.10.5
제1회 조선요리강습회(궁중요리 및 특별요리, 동아일보 학예부 후원)	태화여자관	1933.10.23~28	동아 1933.10.20
중국요리강습회(동아일보 후원)	태화여자관	1933.11.2~8	동아 1933.11.1
제1회 전조선여자빙상대회 (동아일보 후원)	한강 링크	1934.1.27	동아 1934.1.25 조선중앙 1934.1.29
윷놀이대회 (가정부인협회와 공동 주최)	태화여자관	1934.2.24	조선중앙 1934.2.24
월례회		1934.4.21	동아 1934.4.21
성교육에 대한 영화와 강연회	종로중앙기독청년회관	1934.9	동아, 조선중앙 1934.9.12

조선직업부인협회가 일반여성을 대상으로 주최한 사업 가운데 가장 중점을 두었던 것은 여성체육에 대한 강조였다. 박인덕은 여성의 체육과 건강에 깊은 관심을 보였다. 이화학당과 미국유학 시절 배운 체조와 체육의 경험으로 체육의 필요성을 알고 있었기 때문이다. 덴마크 엘시노 국제고등학교 성인교육 프로그램에도 운동시간이 중요한 부분을 차지하며, 여성들도 운동복을 입고 체조를 배운다는 점에 주목했다. 운동은 튼튼한 건강체를 만들 뿐 아니라 협동정신을 기르고 협동하는 방법을 배우는 매개체로 간주되었다. 귀국 후 박인덕은 여성들에게 체육과 운동의 중요성을 알리고 여성의 활력을 고취하기 위해 여자스케이트대회, 여성체육대회를 개최했다.

체육 전공이었던 김신실은 하와이 거주 한국여성들의 체육을 활성화하기 위해 어머니회(Mothers' Club), 청년회(Youngers' Club)를 조직하고 지도한 경험이 있었다. 귀국 후 한국여성에게 체육을 장려할 수 있는 방법으로 '클럽'식의 조그만 모임을 시작해 쉬운 게임이나 유희부터 시작하는 것이 좋겠다고 제안했다. 게임을 많이 시켜 체육을 장려하는 사례로 YWCA, 직업부인협회, 직업부인구락부 활동을 들었다. 김신실은 이렇게 "한 달에 한 번씩 여자들을 데리고 야외에 나가서 작난도 시키고 놀게 하는 것은 쉬운 일이면서도 아주 유익한 일"이라고 강조했다.[186] 또한 강연을 통해 여자체육의 중요성을 계몽했다.[187] 이시기 각 단체에서 여성을 대상으로 전개했던 야외나들이, 놀이, 오락은 '체육장려' '신체활동 장려'였다. 심신을 유쾌하게 하여 여성의 건강을 증진하고 체위 향상에 기여한다는 성격이 강했다.[188]

김신실 이외에도 황애시덕 · 김활란 등 당시 여성지식인들은 여성체육을 매우 중요하게 여겼다. 여성체육의 중요성을 강조하며 여성에게 체육을 장려하는 방법으로 여성의 오락 · 유희 · 놀이를 출발점으로 삼았다. 조선시대를 지나면서 여성에게 체육이라는 개념이 그만큼 낯설었기 때문이다. 당시 시대과제로 여성체육의 중요성과 장려책이 논의되는 가운데, 직업부인협회는 가정부인들의 체육을 장려하고 여성체육의 중요성에 대한 인식을 재고시킬 수 있는 사업을 전개하고자 했다. 여성체육의 중요성에 대한 인식, 여성체육의 장려는 여성의 신체를 튼튼하게 하고 진취적 정신을 기르며 야외활동 경험을 통해 여성의 사회진출에 긍정적 영향을 미친다는 점에서 여권의식의 실현이었다.

---

186) 「여자체육문제좌담회」, 『신가정』 1-9, 1933, 60~68쪽.

187) 「여자계의 희소식 체육 장려의 신성(新聲) 25일 밤 강연회개최 여자체육장려회서」, 『동아일보』 1931년 2월 22일 ; 「四氏의 이모저모로 본 체육강연회 개최, 조선체육연구회 주최로 11월」, 『동아일보』 1931년 10월 29일 ; 「체육 강연회 성황, 9일야 청년회관에서 남녀 연사 삼씨의 연설」, 『조선중앙일보』 1933년 6월 11일.

188) 「체육 석사학위 얻고 槧專 김신실씨 귀국, 양행 여성으로는 효시」, 『조선일보』 1938년 3월 18일 ; 「체육학교 설립을 건의함 : 이화여자전문학교 체육주임 김신실씨 담」, 『춘추』 2-5, 1941.6, 170~171쪽.

여성체육에 대한 공감대를 토대로 박인덕은 조선부인직업협회 창립 후 맞이하는 따뜻한 봄날에 즈음하여, 운동경기에 출장하지 않더라도 누구든지 관람하면서 하루를 즐겁게 보내자는 의미에서 단순한 운동회가 아니라, 원유회를 겸한 부인대운동회를 개최했다.[189] 여성들이 용기를 내어 사회에서 활동하고 또 건강한 신체와 정신을 기르는 계기를 만들자는 것이 주최 측의 의도였다. 이 시도는 모험에 가까운 파격적인 시도였다. 대다수 가정부인들이 아직도 조선시대 내외법의 영향으로 소극적이고 참여가 저조해 소기의 성과를 거두지 못할 수도 있기 때문이었다.

이러한 우려에도 부인대운동회는 대성황이었다. 대회는 박인덕의 개회사, 조선중앙일보 사장 여운형의 축사로 시작되었으며, 참가선수가 500여 명으로 대회장인 장충단이 인산인해를 이루었다.[190]

경기 종목은 숟가락에 공을 담아 오기, 등에 초를 켜서 가지고 오기, 과자를 따먹고 오기, 주머니를 이고 지고 오기 등으로 마련되었다. 주최 측에서는 대회에 사람이 적게 오고 여러 가지 경기 종목에 출전 인원이 없으면 어떻게 하나 걱정을 많이 했다. 막상 대회 날이 되자 많은 사람들이 참여했다. 경기 진행요원이 각 경기에 참가할 사람은 나오라고 호출하면 50명 정원에 100명씩 나오는 등 예상보다 많은 수가 지원했고, 심지어는 계속해서 출전하는 여성들도 있는 등 놀랄 정도로 뜨겁게 호응했다. 중앙보육학교 체육교사 박봉애는 이런 현상을 가리켜 "부인들이 평소 운동하려는 욕망들이 퍽 많았던 모양"이라고 전했다.[191]

한국여성이 기회를 갖지 못해 활달한 성격과 건장한 체격을 형성하

189) 「경성여자대운동회 입장권」, 『조선중앙일보』 1933년 5월 19일.

190) 「장충단 녹림 속에 개최된 부인대운동회」, 『조선중앙일보』 1933년 5월 21일.

191) 「여자체육문제좌담회」, 『신가정』 1-9, 1933, 60~68쪽. 중앙보육학교 체조교사 박봉애의 증언.

지 못한 것이지, 기회만 주어진다면 놀랄만한 성장 잠재력과 적극성을 가지고 있음을 재인식하는 계기가 되었다. 박인덕은 여자체육대회가 여성이 자유와 진취성을 발휘하는 기회라고 보았다.

> 아직도 우리 머리에는 여자란 부엌에서 불 때고 밥 짓고 빨래하고 마루 걸레치고 의복 만들고 아이나 길러야 한다는 관념이 사라지지 않은 이때 500여 명 부녀가 모여 어깨를 펴고 가슴을 내밀고 두 주먹을 불끈 쥐고 출발 호각 소리에 우승기를 바라보고 서로 다투어 뛰어 달리는 것을 볼 때 이왕에 갇혔던 여자에 대한 관념은 사라져버렸다.[192]

부인대운동회는 여성들이 갇힌 여성이라는 관념을 벗어버리고 심신의 건강을 통해 삶에 활기와 희망을 갖도록 하는 데 의의가 있었다. 박인덕은 여성의 건강이 가정과 민족 건강의 초석이라고 의미를 부여하며, 이런 운동회가 자주 개최되어 여성들에게 신체를 발육시킬 기회를 주어야 한다고 호소했다. 이를 뒷받침하기 위한 근거로 스파르타 여성과 신사임당 때의 조선여성을 사례로 들었다. 박인덕은 여성의 심신의 건강이 가정과 사회에 기여하는 바가 크다는 점을 강조했다.

> 심신이 유쾌함으로 건강이 좋고 유쾌하고 건강하면 젊어있음으로 앞에 희망이 그칠 날이 없다. 일 국가의 여성 전체가 씩씩하고 기운차게 될 때 온 민족이 따라서 같이 뛰게 되고, 가정주부의 마음이 쾌활할 때는 온 가족이 그러하다. 스파르타 여성들은 들에서 운동장에서 앞뒤뜰에서 보건뿐 아니라 미와 조화를 위해 신체를 운동시켰다. 옛날 조선 부녀들도 골격이 장대하고 체격이 튼튼하고… 율곡의 어머니 신사임당 때만 하더라도 그때 여성들은 현대 조선여성에 비할 수 없이 훨씬 지덕체육이 앞섰던 것이라고 생각한다. …[193]

---

192) 박인덕, 「경성여자대운동회를 마치고」, 『조선중앙일보』 1933년 5월 29일.
193) 박인덕, 「경성여자대운동회를 마치고」, 『조선중앙일보』 1933년 5월 29일.

박인덕은 부인운동회가 여성들의 심신의 건강과 생에 대한 자신감을 회복시키고, 여성의 건강이 곧 가정과 민족의 건강이라는 논리로 여성체육의 필요성을 부각했다.

회장 박인덕과 부회장 황애시덕이 주도하는 직업부인협회는 경성부인대운동회의 성공에 힘입어 우리 역사상 최초의 한국여자 스케이트대회, '제1회 전조선여자빙상대회'를 개최했다. 장소는 한강 인도교 윗편에 새로 만든 링크를 이용했다. 이곳은 당시 국제대회 규격으로 만든 최초의 빙상장으로 남자들이 운동회 장소로 사용하던 곳이었다.

제1회 전조선여자빙상대회에는 17~30명의 여성이 참가했고, 한 여성 전문가 스케이터가 스케이팅 시범을 보이는 방법으로 진행되었다. 사실은 박인덕도 스케이트를 탈 줄 몰랐다. 스케이팅 자체도 아직은 생소한 종목이었다. 그럼에도 최초의 한국여자 스케이트대회를 개최한 것은 한국여성체육인을 대중에게 소개하고 여자체육을 장려하는 데 목적이 있었다.

박인덕은 이 대회에 일반인들의 관심을 끌어들이기 위해 제1회 전조선여자빙상대회 홍보를 열심히 했다. 홍보 전략이 주효했는지 제1회 전조선여자빙상대회는 경성부(서울시)와 전국에 걸쳐 이야깃거리가 되었고 수많은 군중들이 구경하러 왔다. 박인덕은 여자스케이트대회를 개최한 소기의 목적을 달성했다.[194]

박인덕과 조선직업부인협회가 주최한 여자스케이트대회는 그때까지도 생소한 겨울스포츠 종목이었던 스케이팅과 여자스케이터(여자빙상선수)에 대한 일반인들의 관심과 흥미를 집중시키는 데 성공했다. 이를 통해 여성체육의 잠재력과 가능성을 대중에게 각인시키고, 조선

---

194) Induk Pahk, *September Monkey*, p.169.

직업부인회의 활동에 지명도를 높이고 의미를 부여하는 계기로 삼았다. 박인덕은 여성의 건강한 신체와 체육에 대한 남다른 관심을 사회적 이슈로 승화시켜 여성체육의 지평을 넓히는 데 기여했다.

한국여성체육에 대한 관심은 1923년경 동아일보사 주최로 개최된 여자정구대회 이후 꾸준히 성장했고, 여성체육 분야는 육상에서 빙상으로 확대되었다. 1931년부터는 조선체육회와 동아일보사가 공동 주최로 전조선남녀빙상경기대회를 개최하기 시작했고, 1934년 1월에도 남녀빙상경기대회가 열렸다. 1934년 1월 조선직업부인협회 주최 '전조선여자빙상대회'는 여성들만으로 개최된 최초의 빙상경기대회였다는 데 의의가 있다.195)

박인덕의 주도로 직업부인협회가 주최한 '경성부인대운동회'나 '전조선여자빙상대회'는 당시 조선여자체육회(1933년 현재 회장 김활란)도 하지 못하고 있던 일이었다. 여성의 운동에 대한 일반인의 관심을 환기시키고 '일반여성을 위한 체육대회'라는 흐름을 주도했다는 데 의의가 있다. 1934년 조선직업부인협회 주최 '전조선여자빙상대회'에 이어 1935년 조선여자체육장려회 주최로 전조선여자빙상경기대회가 열렸다. 조선여자체육장려회에는 김활란 · 김신실 · 서은숙 · 박마리아 등이 참여했다. 여자체육이 미국유학 여성지식인들의 주요 관심사 가운데 하나였고 그만큼 여성에게 중요하고 필요한 요소로 인식되었음을 알 수 있다.196)

1935년 1월에 예정되었던 조선직업부인협회 주최 제2회 전조선여자

---

195) 「여자스포츠사상(史上)에 획기적 빙상경기, 조선직업부인협회 주최, 본사 후원」, 『동아일보』 1934년 1월 25일.

196) 이로써 동아일보사와 조선체육회가 함께 주최해오던 전조선빙상경기선수권대회의 여자부는 여자체육장려회의 사업으로 넘어가게 되었다(「여자체육장려회 주최 제1회 빙상대회」, 『동아일보』 1935년 1월 13일).

빙상경기대회는 겨울 날씨가 오랫동안 따뜻해 결빙이 되지 않아 보류 중에 있다가 안전문제 등으로 중지되었다.[197] 1935년 말 박인덕이 다시 미국으로 강연여행을 떠나게 되면서 12월 조선직업부인협회의 임원진이 개선되었다. 이숙종이 회장, 박인덕은 국제부장으로 선임되었다. 이숙종이 회장을 맡은 뒤에도 여자빙상대회에 대한 논의가 있었으나 속개되지는 않았던 것으로 보인다.[198]

박인덕이 주도했던 조선직업부인협회의 사업 가운데 또 하나 혁신적인 발상은 최초의 패션쇼였다. 종로에 있는 YMCA 강당에서 개최되었다. 박인덕이 주도한 패션쇼는 '우리 사회에 일찍이 보고 듣지 못하던 진기한 회합'이었다. 일반여성의 관심을 집중시킨 획기적인 이벤트로 또 한 번 대중의 관심을 모으는 데 성공했다. 이 패션쇼는 여성복과 어린이옷이 각자의 개성을 나타내도록 색상과 제작에 신경을 써서 좀 더 실용적이고 예쁘게 만들자는 캠페인 성격을 띠었다. 특히 박인덕은 중년여성과 나이 많은 여성들이 칙칙한 색이나 무색의 옷만을 입을 필요가 없으며, 밝은 색상의 옷도 얼마든지 착용할 수 있다는 점을 강조했다.[199] 다음은 조선직업부인협회가 주최한 패션쇼에 대한 황신덕(황애시덕의 동생)의 평가이다.

> 대체로 부인운동이란 하면 반드시 부인참정권획득운동이나 직업의 기회균등운동 같은 것만 생각하고, 의복이나 음식, 주택 같은 우리 일상생활에 필요한 문제에 대해서는 등한시할뿐더러 심지어 경멸하는 경향을 가진 이까지 있는 듯하다. 물론 의식주 문제 그 자체가 여권운동은 아니다. 그러나 비과학적인 원시적 생활방식이 일반여성의 향상과 진보를 방해하는 것은

---

197) 「직업부인협회 주최의 여자빙상은 중지, 결빙 기타의 사정으로」, 『동아일보』 1935년 1월 20일.

198) 「직업부인협회 임원을 개선(改選)」, 『동아일보』 1935년 12월 12일.

199) Induk Pahk, *September Monkey*, p.170.

> 오늘날 우리 조선 가정부인들의 현실로써 충분히 증명되는 것이다. 그러므로 일상생활에 관계되는 문제를 합리화시키는 것은 부인운동을 순화시키는 데 간접적 역할을 하게 되는 것이라고 생각한다.[200]

이 패션쇼는 여성의 의복문제에 대한 관심을 환기시켜 일상생활에서 부인의 모든 일을 간편하고 편리하게 한다는 데 의의가 있었다. 부인들을 가정 잡무에서 해방되는 조건이 된다는 것은 여성운동 차원에서도 의미 있는 일로 평가되었다. 생활개선운동이 여권향상에 일정하게 기여하는 바가 있는 만큼 광범한 의미의 여성운동이라는 데 의의가 있었다.

생활개선이 여성운동에 기여하는 바는 크다는 맥락에서 박인덕과 직업부인협회는 여성들의 편의와 가정생활에 필요한 지식을 양성하기 위한 사업으로 양복강습회 · 요리강습회를 개최했다. 1933년 직업부인협회 주최 제1회 조선요리강습회 첫날은 30명이나 올까 걱정하던 주최측의 예상을 깨고 70여 명이 몰려 대성황을 이루었다. 둘째 셋째 날은 예상 정원의 3배인 90명이 넘는 여성들이 참여해 여성들의 호응이 컸다. 참가 여성 대부분이 신여성 가정주부였고, 구여성과 미혼여성 몇 명이 있었다. 여성들은 젖먹이 어린애를 데리고 와 젖을 먹이면서 배우거나, 남편에게 잠깐 아이를 맡기고 나오거나, 매일 오후 2~3시간씩 짬을 내어 1주일 동안 매일 왔다. 요리를 배우고자 하는 열의가 대단했다. 박인덕은 주부들의 지적 욕구와 배우려는 정신을 높이 평가했다.

> 이것은 서울 가정부인들이 배우려는 정신이 일기 시작했음을 의미한다. 경성 사는 6만 주부들이 이러한 지식 욕구가 생기는 때라야 서울 가정살림이

---

200) 황신덕, 「부인운동의 입장에서 본 팻션쇼」, 『신가정』, 1934.8 ; 황신덕 선생 유고집, 『무너지지 않는 집을』, 추계 황신덕 선생 기념 사업회, 1984, 48~50쪽.

> 향상될 것이다.… 지식계급의 여성들이 실제 경험에서 음식 만드는 것이 큰 고역인 동시에 큰 사업인 것을 알고 어떻게 하면 음식 만드는 장소와 기구를 좀 더 편리하고 청결하게 하며 고유한 우리 조선 음식을 좀 더 맛있게 보기 좋게 만들어 볼까 하는 혁명이 일어나는 듯하다.[201]

박인덕은 조선요리강습회에 신여성 가정주부들의 호응이 높은 것은 요리할 줄 몰라서가 아니라 요리의 다양한 방법과 좀 더 맛있고 보기 좋은 음식을 만드는 방법을 배우기 위해서라고 분석했다. '우리 주부의 사명은 우리 음식을 가정에서뿐만 아니라 세계의 자랑거리로 만드는 것'이라며 조선요리강습회에 의미를 부여했다. 박인덕 자신이 조선요리에 대한 체계적인 이론이나 실습을 담당한 것은 아니지만 당시에 벌써 한국음식의 우수성을 인식하고 '한식의 세계화'라는 비전을 가지고 있었다.

직업부인협회 주최 중국요리강습회에는 더 많은 인원이 참가하여 성황을 이루었다. 가정부인들을 위해 조선직업부인협회가 개최한 중국요리강습회는 가정부인들의 단체로 '가정부인협회'가 만들어지는 계기가 되었다.

박인덕과 직업부인협회는 여성들에게 경제에 대한 상식을 보급시키고 경제권의 확립을 촉진시키기 위한 '여성경제강연회'를 개최했다. 서춘의 강연 '물가등락의 원칙'은 여성들이 경제에 대한 인식을 재고하는 데 도움을 주었고, 박인덕의 강연 '국제직업부인의 활동'은 여성의 활발한 사회활동이 세계적 추세이며 우리 여성도 직업을 가지고 경제적 독립을 해야 한다는 점과 국내외 직업여성의 연대를 강조했다.[202]

---

201) 박인덕, 「제1회 조선요리강습회 그 뒤의 감상」, 『동아일보』 1933년 10월 31일.

202) 「여성경제강연회, 조선직업부인협회 주최」, 『동아일보』 1933년 4월 21일 ; Induk Pahk, *September Monkey*, pp.169~170.

조선직업부인협회는 전 계층의 직업여성을 망라하는 모임으로, 회원들 간에 서로 격려하고 영감을 주었다. 나아가 여러 사업을 통해 일반여성들에게 가정생활에 필요한 의복 · 양재 · 요리 등의 지식과 경제관념을 보급하고, 심신의 건강을 도모해 삶에 활기와 희망을 가질 것을 촉구했다는 데 의의가 있다.

의식주 문제 그 자체가 여권운동은 아니지만, 비과학적인 생활방식이 일반여성의 향상과 진보를 방해한다는 면에서 일상생활에 관계되는 문제를 합리화하는 것은 부인운동에 일정한 역할을 했다고 평가되었다.[203] 이 시기 직업여성을 대상으로 하는 비슷한 성격의 단체가 양립했다. 박인덕와 황애시덕을 중심으로 '직업부인협회'가 결성될 무렵, 경성여자기독교청년회 산하에는 '직업부인구락부'(회장 김신실)가 결성되었다. 직업여성단체의 역량이 분산되고 사업 발전에 지장을 초래하며 단체의 존재 의의가 흐려진다는 한계가 있었다.[204] 근우회 해소로 침체된 1930년대 여성계에 새로운 활력소로 새로운 여성단체의 조직과 활동이었다. YWCA와 기독교절제회와 같은 기독교단체 이외에 직업여성단체를 조직하고, 직업여성뿐 아니라 가정주부를 아우르는 사업과 행사를 전개한 범여성운동이었다.

직업부인협회 사업과 회원들의 활동이 가정주부들에게 자극을 주어 가정주부들로 구성된 가정부인협회가 탄생하게 되었다.[205] 1933년 태화여자관에 모인 가정부인 60여 명은 직업부인협회가 주최한 중국요리 강습회를 마치고 가정부인협회 발기인 총회를 열었다. 가정부인협회

---

203) 황신덕, 「부인운동의 입장에서 본 팻션쇼」, 『신가정』, 1934.8.

204) 황신덕, 「직업부인회와 직업부인구락부」, 『신가정』, 1934.7.

205) 황애시덕에 대한 내용은 김성은, 「1930년대 황애시덕의 농촌사업과 여성운동」, 『한국기독교와 역사』 35, 2011을 중심으로 서술했다.

는 가정부인들의 생활 향상과 수양을 목적으로 조직되었다. 회원들은 가정의 개선을 도모하고 지식계발과 취미 활동으로 생활의 향상을 기대했다.[206] 조선가정부인이 당면하는 의식주 · 육아 · 위생 · 경제 방면에 큰 사명이 있음을 깨닫고, 서로 돕고 친목하고 배우려 노력함을 목적으로 했다. 우리 가정과 사회의 생활개선과 문화향상은 남성의 힘으로만 되지 않으며 여성의 협조를 얻어야 더 빠르고 완전하게 이루어진다는 의미에서 가정부인협회의 활동은 사회적으로도 의미 있는 모임이라고 생각되었다.[207] 1933년 11월 25일 태화여자관에서 창립총회를 열기로 하고 준비위원으로 황에스더 외 11명을 선임하였다. 가정부인협회 창립총회(25일) 준비위원으로 황애시덕 외 11명이 위촉되었다.[208] 황애시덕은 가정부인협회를 발족하는 데 중추적 역할을 담당했으며 1934년 6월 총회에서 회장으로 선임되었다. 가정부인협회의 부서로는 서무부 · 재무부 · 교양부 · 오락부 · 경제부 · 보건부 · 가정부가 있었고,[209] 1938년 1월 현재 200여 명의 회원이 있었다. 황애시덕은 가정부인협회 창립 초기 주도적으로 활동하며 조직과 사업을 궤도에 올려놓았다.[210]

황애시덕은 1910년대 송죽회 · 2 · 8독립선언과 3 · 1독립운동, 대한민국애국부인회를 주도하며 독립운동을 했고, 1920~30년대 물산장려운동 · 농촌계몽 · 농촌사업, 여자소비조합운동을 활발하게 전개했던 인물이다. 그런 황애시덕이 도시 중산층 부인들의 가정생활개선과 교양

206) 「가정부인협회 발기, 25일 태화여자관에서」, 『동아일보』 1933년 11월 25일.

207) 「여성조선의 기라군성 중견여성 인기여성의 활약상 : 생활 개선에 노력하는 가정부인협회, 총무 변영애」, 『동아일보』 1938년 1월 4일.

208) 「가정부인구락부 발기인총회」, 『동아일보』 1933년 11월 9일.

209) 「가정부인협회 신역원들」, 『조선중앙일보』 1934년 6월 8일.

210) 「가정부인협회, 회장 홍승원」, 『조선중앙일보』 1936년 1월 8일. 1936년 1월 현재 가정부인협회 회장은 홍승원이다.

을 목적으로 하는 가정부인협회를 설립하고 회장으로 활동했을까. 황애시덕은 평소 민족을 위한 사업에 전념하기 위해 독신으로 살겠다고 결심했다. 결혼을 남성에 종속된 죽음보다 못한 삶으로 알았다. 그런데 그 결심을 깨고, 1930년 38세 나이에 결혼해서 가정을 이루었다. 이후 남편의 적극적인 지지를 받으며 가사를 포함한 가정생활과 공적인 사회활동을 함께 수행하며 자신의 정체성에 만족하게 되는 심경의 변화를 일으켰던 것으로 보인다.[211] 자신 또한 주부로서 주부들의 가정생활에 더 공감하게 되었다고 하겠다. 또 하나는 교육받은 신여성이라고 해서 가정에서 지위가 높거나 대우를 낫게 받는 것은 아니라는 현실에서 가정주부에게 관심을 가지게 되었다고 볼 수 있다. 귀국 직후 황애시덕은 남성 지식인들이 남녀평등에 대한 이중적 태도를 보이고 여성을 비하하는 행태를 목격했다.[212] 교육받은 신여성이나 자기 부인을 포함해 여성에 대한 남성 지식인의 인식과 행동은 여전히 남녀평등사회는 요원하다는 현실을 반영하고 있었다. 이를 계기로 황애시덕은 여전히 여성운동이 필요하다고 인식하게 된다. 이에 소비조합을 통해 경제적 여성운동을 전개하는 한편, 여성운동가로서 도시의 신여성 가정주부 생활에 관심을 가지게 되었다. 글을 배웠고 중산층 주부로 도시에 산다고 해서 여성의 지위가 충분히 향상된 것은 아니라는 것을 인식했기 때문이다. 가정부인협회가 비록 부인들의 생활개선과 취미향상이라는 취지를 내걸었지만, 이 모임을 주도한 황애시덕의 마음에는 가정주부의 지위와 여권 향상을 향한 열망이 깔려 있었다고 하겠다.

---

211) 황애시덕, 「내가 걸어온 10년 세월 : 항구로 들어온 배, 나의 10년간 생활」, 『신동아』, 1933.1, 80쪽.

212) 황애시덕, 「그리운 신혼시대 : 청춘과 결혼」, 『삼천리』 5-3, 1933.3, 66쪽.

황애시덕은 여자가 가정살림을 하게 되면 사회활동이 쉽지 않게 되는 것은 어찌할 수 없는 사정이라고 생각했다. 그래서 "여성이 가정의 살림을 하는 것은 가정 일에만 그치는 것이 아니라 사회적 사업을 하는 것"이라고 의미를 부여했다. 가정 살림을 하는 주부가 가정과 사회에 대한 책임이 자기에게 있음을 자각하여 아동의 교양에 힘쓰고 가정의 개선에 노력해야 한다고 역설했다.[213] 그렇다고 해서 황애시덕이 주부가 평생 가정에서 아이 기르는 것을 바람직하게 본 것은 아니었다. 아이는 3명 정도만 낳아 기르고 40세 즈음부터는 가정에서 얻은 경험을 살려 사회사업이나 사회활동을 해야 한다고 강조했다.[214]

여성지식인들은 유학생활을 할 때 서양 주부들의 클럽 활동을 눈여겨보았다. 홍에스더의 경우 선진여성들이 동지를 규합하여 '클럽(서로 모이는 기관)'을 만들어 서로의 의견을 교환하고 때때로 명사를 초청해 강연을 듣는다는 점에 주목했다. 주부들의 클럽 활동이 가정생활의 향상을 도모하고 사회문제를 연구하여 각 가정의 주부를 일깨우고 주부의 직업적 각성과 가정 향상에 도움이 될 것이라고 전망했다. 당면한 현실에서 가장 필요하고 유익한 것은 실생활 개선을 위해 실제적으로 노력하는 기관(클럽)이라고 역설했다. 홍에스더는 주부도 직업적 의식을 가져야 한다고 보았는데, 이는 가정을 버리고 직업을 가지라는 뜻이 아니라 직업적 정신을 가지고 부업을 하거나 합리적 소비를 해야 한다는 뜻이었다.[215] 캐나다 유학생 조은경 역시 캐나다 가정주부들이 아무리 집안일에 분주하다 할지라도 틈을 내어 단체(클

---

213) 황애시덕, 「그늘에서 양지로, 1933 여인의 행진곡 : 농촌사업이 우리들이 행할 긴급문제, 지식여성은 농촌계몽에 힘쓰라」, 『조선일보』 1933년 1월 13일.

214) 「기독교측에서도 산아제한 승인, 미국서 발표한 사실 조선측의 견해는?」, 『조선일보』 1934년 5월 12일.

215) 홍에쓰터, 「조선여성들게 바람」, 『실생활』 3-9, 장산사, 1932.9.

럽)에 가입해 운동을 한다는 점에 주목했다. 반면 우리 여성들의 경우 여학교 때 운동을 했다가도 결혼하고 나면 가정에 들어앉아 운동을 하지 않게 된다고 지적했다. 외국여성에게서 가장 본받을 점으로 클럽 활동을 들었다.[216]

미국유학 여성지식인들은 서양의 가정주부들이 클럽을 통해 교양을 쌓고 사회문제에 관심을 가지고 운동을 하여 건강을 도모하는 점에 주목했다. 가정에 고립되어 있는 여성들을 바깥으로 나오게 하여 단체 활동에 참여하게 하는 것은 의미가 있었다. 근우회는 여성운동의 주 대상을 노동여성에 두어 가정부인에 대한 관심을 소홀히 했고 또한 회비가 모이지 않아 실제적으로 별다른 사업을 추진하지 못했던 상태였다.[217] 조선YWCA연합회, 기독교여자절제회는 기독교 색채를 띠고 있어 비기독교인들에게 거부감을 줄 수 있었다. 직업부인협회는 가정부인을 대상으로 뜻있는 행사를 개최했지만 회원은 직업부인이었다.[218] 동유회는 일본유학여성지식인들만의 친목모임이었다. 가정부인협회는 마땅한 모임이 없던 도시가정부인들에게 하나의 구심점 역할을 했다. 부인들의 모임과 행사는 가정생활에 도움이 되고 여성의 사회의식을 자극하며 자신감을 가지게 하는 계기로 작동했다.

가정부인협회가 개최했던 주요 사업으로는 부인대운동회, 여자수영강습회, 남녀교제문제 토론과 성교육 강좌, 원예강좌(텃밭가꾸기, 채소재배), 요리강습(김장, 김치 등), 의복연구부(한복)였다.

---

216) 「북미 「카나다」에 빛나는 조선 「스포츠」 여성, 정구에 조은경양 우승 (하)」, 『동아일보』 1933년 9월 1일.

217) 한신광, 「근우운동과 재정방침에 대하여」, 『근우』 1-1, 1929.5, 67~69쪽.

218) 김성은, 「박인덕의 사회의식과 사회활동」, 『역사와 경계』 76, 2010, 217~226쪽.

〈표 4-3〉 황애시덕이 활동하던 시기 가정부인협회 주최 사업[219]

시기	내용	장소	비용
1934.2 오후 7시	제1회 가정문제강연회 : 가정에 대한 주부의 책임(임영신), 가정생활과 남자의 임무(여운형)	장곡천정 공회당	10전
1934.2	윷놀이, 직업부인협회와 공동주최		20전
1934.4	조선의복연구위해 황애시덕 포함 연구위원 8명 선임		
1934.4 월례회	고봉경이 조선가정음악으로써 동요 시연, 교수	태화여자관	
1934.5	남녀교제문제 토론대회(청중의 투표결과 허 100표, 불허 215표)	종로 기독교청년회관	20전
1934.10	원유회	덕수궁	자담
1934.12	창립 기념식, 1주년 기념식	태화여자관	20전
1935.1월례회	이용희 여의사 초청해 가정위생 강화	태화여자관	
1935.3 1주일	중국요리강습(정순원 여사) 신가정사와 공동주최		재료비 포함 2원
1935.5	제1회 가정부인대운동회 각 종목마다 (협찬) 상품 준비	경복궁 뒤 경무대	없음
1935.6.8월례회	한강 선유회		30전
1935.6	제1회 가정부인 원예강좌	경성원예전수학원	
1935.7	성교육강화(이영준 박사)	태화여자관	
1935.7 1주일	제1회 여자수영강습회	용산철도국 수영장	
1935.9월례회	미국에서 사회학을 연구하고 최근 귀국한 고황경의 감상담 + 음악		
1935.10월례회	김장에 관한 강화(홍승원, 변영애)	태화여자관	
1935.11 1주일	조선요리강습회 : 김치 담그는 법(최활란, 홍승원, 김옥성), 신가정사와 공동주최	동아일보사 대강당	재료비 포함 1원
1935.11 4일간	중국요리강습회	동아일보사 대강당	
1935.12월례회	황애시덕, 만주시찰담(예정)		

219) 황애시덕이 회장을 사임하고 만주로 떠난 이후에도 가정부인협회의 활동은 이어지지만, 여기서는 황애시덕이 활동하던 시기의 가정부인협회 사업을 중심으로 살펴보았다.

〈표 4-3〉에서 보듯이 모두가 가정주부의 실생활에 도움이 되는 프로그램으로 구성되었다. 원예 강좌는 오늘날 생각하는 취미활동으로써의 원예가 아니라 텃밭에서의 채소재배를 가르치는 과정이었다. 가정주부들이 집에서 채소를 직접 재배해 부식비를 절약하고 가정경제에 보탬이 되게 한다는 차원에서 기획된 프로그램이었다.

의복 개량은 이미 애국계몽운동시기에도 여성의 사회활동을 위한 여건이라는 면에서 언급되었다. 이화학당 선교사들은 여학생들의 건강과 활동성을 개선하기 위해 가슴을 조이는 치마끈 대신 치마에 조끼허리를 다는 방식으로 의복을 개선했다. 일제시기에도 여전히 의복개량문제는 생활개선 과제로 남아 있었다. 여성의 가사 수고를 덜고 여성의 직업과 사회활동을 위해서는 손질이 간편하고 활동성 있는 의복이 확대되어야 했다. 가정부인협회는 한복 개량을 위한 연구위원으로 황애시덕과 박인덕 등 8명을 선임했다.[220] 직업부인협회의 패션쇼가 그랬던 것처럼 가정부인협회의 의복연구부 역시 의생활의 개선을 도모해 간접적으로 여성운동에 기여했다는 데 의의가 있다.

가정부인협회가 개최한 '가정부인들을 위한 놀이행사'는 가정부인들에게 숨통을 틔어주는 역할을 했다. 전통 민속놀이는 사라져가고 농촌부녀의 일상과는 거리가 먼 도시 가정생활에서, 한 달에 하루만이라도 여성들이 바깥에 나와 심신의 건강을 도모하고 사회견학의 기회를 가진다는 데 의의가 있었다. 당시는 여성체육과 여성보건에 대한 관심이 높아져 여자체육회와 여자체육장려회가 설립되었다. 외국에서 체육을 공부하고 돌아온 여성들이 여학교에서 체육을 가르치는 데서 나아가 가정주부의 체육과 보건, 운동에 관심을 가질 것을 촉구했다.[221] 스파

---

220) 「위원 8명을 선정하야 조선의복제 연구, 이와 동시에 가정음악도 개선」, 『동아일보』 1934년 4월 10일.

르타 여성, 덴마크 여성, 문명한 사회와 부강한 열국의 여성들처럼 운동을 일상화하여 활달하고 건강한 여성이 되는 것이 부강한 국민을 만들어 사회적 책임을 다하는 길이기도 했다.[222] 부인체육이 필요하며 부인의 체육은 과격하지 않게 놀이(게임, 유희)에서부터 시작해야 한다는 전문가 의견과 함께 여론이 형성되었다. 놀이는 여성에게 체육이며 심신의 건강을 단련한다는 의미를 띠고 있었다.[223] 여자체육은 모성의 신체적 건강뿐 아니라 여성의 활달한 성격과 용기, 사회적 협동정신, 결단력, 민첩성을 배양하는 데 의의가 있었다. 이화여고보 체육교사 박봉애는 "우리도 지금 민족운동이 어떠하고 사회운동이 어떠하고 여성해방이 어떠하고 떠드는 것 보담은 그 근본인 여성체육문제를 해결하기 전에는 해방도 경제도 정치도 아무 것도 없을 것입니다."라고 여성체육의 중요성을 피력했다.[224]

여성체육의 중요성에 대한 인식이 높아져가는 가운데 가정부인협회는 직업부인협회가 개최했던 '부인운동회'를 모델로 삼아 1935년 5월 제1회 '가정부인대운동회', 1936년 제2회 가정부인대운동회를 개최해 주부의 건강과 체육을 장려하는 여성운동의 정신을 이어갔다.[225] 가정부인대운동회 취지는 '일반가정부인의 몸을 튼튼히 하고 정신을 굳세게 하여 가정부인의 직무를 완전히 다하는 동시에 튼튼한 어머니로서

---

221) 「여자체육회 창립총회가 동덕여학교에서」, 『조선일보』 1930년 5월 22일 : 여자체육회 부회장 황애시덕 ; 「여자계의 희소식 체육장려의 신성(新聲) 25일 밤 강연회 개최, 여자체육장려회서」, 『동아일보』 1931년 2월 22일 : 김신실 강연 ; 「체육 강연회 성황, 9일 야 청년회관에서 남녀 연사 삼씨의 연설, 청중 감명 깊게 들어」, 『조선중앙일보』 1933년 6월 11일 : 김신실 강연, 조선여자체육장려회 회장 김활란.

222) 박봉애, 「여성체육계의 일년」, 『신가정』, 1933.3, 27~28쪽.

223) 「여자체육문제좌담회」, 『신가정』 1-9, 1933, 60~68쪽.

224) 박봉애,「여성체육계의 일년」, 『신가정』, 1933.3, 35쪽.

225) 「제2회 가정부인 대운동회, 주최 가정부인협회, 후원 동아일보사」, 『동아일보』 1936년 5월 8일

생활 향상을 다하게 하고자' 하는 데 있었다.

가정부인대운동회의 성공에 힘입어 가정부인협회가 추진한 가장 진보적이고 혁신적인 사업은 1935년 7월 25일부터 31일까지 1주일간 '제1회 여자수영강습회' 개최였다. 남자 수영강습은 이보다 7년 앞선 1928년경 원산 송도원에서 개최되었지만, 여자수영강습은 이 행사가 처음이었다. 언론에서는 '조선 최초의 여자수영강습'이라며 이 행사를 홍보했다. 수영은 몸의 건강을 위해서 뿐 아니라 일상생활에서 꼭 배워야 하는 필수과목이라는 취지였다.[226] 결혼하면 가사와 육아에 매여 집안에만 머물며 침체되기 쉬운 주부들을 위해 과감한 시도를 하여 금기를 깨고 신선한 자극을 불어넣었다는 데 의의가 있다.

가정부인협회가 가정부인대운동회와 여자수영강습회를 개최한 것은 직업부인협회가 개최한 가정부인대운동회와 여자스케이트대회를 모델로 한 것 같다. 이 행사들은 부인계와 사회에 새로운 자극을 주었다. 특히 가정대부인운동회는 직업부인협회가 실시해 성공한 사업으로 가정부인협회가 설립된 후에는 가정부인협회의 주요사업으로 이관, 정착되었다.

가정부인협회가 주도했던 부인대운동회와 여자수영강습회는 여자체육의 중요성을 인식하게 하는 계기가 되었다. 가정부인협회는 운동회와 수영강습을 통해 여성들에게 도전의식과 보건의식을 심어주며 정신적·신체적 건강의 중요성에 대해 주의를 환기했다. 요리·김장·원예(자투리땅에 텃밭을 만들어 채소를 심고 반찬거리를 자급자족하여 부식비 절약) 등 살림에 요긴한 지식과 남녀교제문제와 성교육 등 자녀양육에 유용한 지식을 제공해 가정부인들에게 평생교육프로그램 역할을 했

226) 『동아일보』 1935년 7월 20일.

다. 가정부인협회의 활동은 도시주부들의 생활개선에 기여했다.

미국유학에서 귀국한 후 황애시덕과 박인덕이 중심이 되어 조직한 경성여자소비조합 · 조선직업부인협회 · 가정부인협회의 조직과 사업을 살펴보았다. 이 단체들은 경성의 도시여성들을 중심으로 조직되었고 도시여성들을 대상으로 사업을 전개했다. 특징적인 점은 미국유학 여성지식인들이 도시 중심의 활동과 농촌활동을 동시에 병행했다는 점이다. 박인덕과 황애시덕은 각자 그리고 함께 농촌과 도시 두 공간에서 거의 동시에 단체를 조직하고 사업을 구상하고 실행했다. 이는 이들이 사회운동과 여성운동에 있어서 농촌여성과 도시여성을 모두 아우르며 이들의 필요를 함께 고려하며 활동했다는 데 의의가 있다.

2. 사회사업 활동

1) 사회사업에 대한 관심

고봉경과 고황경은 미국유학에서 귀국 후 자신들의 교사 월급을 모아 한 마을을 대상으로 여성을 위한 사회사업에 착수했다. 고황경은 미국에서 공부했던 사회학에 대한 전문지식과 사회시설들에 대한 시찰 경험을 살려 한국사회와 여성의 처지를 개선하는 데 활용해 보고자 했다. 사회사업에 대한 고황경의 인식과 경험은 다음과 같다.[227)]

첫째, 아동에 대한 관심이다. 고황경은 아동이 사회에서 차지하는 의미를 설명하며 아동보호가 중요함을 강조했다. 아동의 직접 책임자는 부모이며, 부모는 국가와 사회의 위임을 받아 아이를 양육하고 교육하

---

227) 고황경과 경성자매원에 대한 내용은 김성은의 「일제시기 고황경의 여성의식과 가정 · 사회 · 국가관」, 『한국사상사학』 36, 2010과 「일제시기 고황경의 근대체험과 사회사업」, 『이화사학연구』 41, 2010을 중심으로 서술했다.

는 책임을 수행한다고 보았다. 아이의 임자는 부모가 아니라 국가와 사회이기 때문에 만약 부모 노릇을 잘 못할 경우 국가, 사회의 간섭과 제재를 받아야 한다고 보았다. 결국 자녀를 양육하고 교육하는 것은 부모의 도리인 동시에 사회에 대한 의무라는 논리였다.[228] "어떤 사람이나 뜻 없이 세상에 나오는 법은 없다. 사회에 반드시 한 가지 일을 할 사명을 가지고 나온다"고 하며, '아동'을 인격적 존재이자 사회적 존재라고 파악했다. 그러나 현실에서 아동은 보호받지 못하고 오히려 학대로 고통 받는 경우가 많았다. 고황경은 미국유학에서 돌아온 직후 우연히 길에서 어린 소녀가 매를 맞고 있는 처참한 장면을 목격했다. 이 소녀는 아버지가 진 빚 때문에 권번으로 팔려갔는데, 도망치다 잡혀 매를 맞는 것이었다. 고황경은 이 일을 계기로 현실에서 어려움을 겪는 청소년들에게 관심을 갖게 되었다.[229]

둘째, 사회학의 관점이다. 고황경의 지도교수는 카버(H.C.Carver)로 무엇보다 연구방법론을 중시했던 인물이었다. 연구방법론이 좋다면 어느 사회에서나 통용될 수 있다고 생각했기 때문이다. 고황경의 입장에서는 박사논문을 연구하면서 자신이 잘 모르는 미국사회를 조사대상으로 하기보다는 자신이 잘 아는 한국사회를 조사대상으로 하는 것이 더 쉬웠다. 사회학적 조사방법론에 중요한 의미를 두었던 지도교수 카버는 고황경이 박사논문 연구대상을 미시간에서 가까운 디트로이트시에서 찾기를 바랐다. 때문에 그녀의 박사 논문은 '디트로이트시에서 발생하는 소녀 범죄의 계절적 분포'에 관한 연구가 되었다. 고황경은 당시 사회학계 주류였던 실증적 연구방법에 따라 이론적인 정립보다는

---

228) 고황경, 「아동보호시설확충의 제창」, 『춘추』 2-6, 조선춘추사, 1941.7, 193~197쪽.

229) MBC 라디오 방송자료 "남자 속의 여자" 1988 ; 지연숙, 「고황경의 삶에 대한 심리전기적 분석」, 연세대석사학위논문, 2003, 61쪽 재인용.

사회를 조사하여 통계적으로 처리하는 방식으로 논문을 썼다. 당시 미시간대학교 사회학과에는 지도교수 카버 이외에 사회학과장 맥켄지(R. D. Mckenzie)와 우드(A. E. Wood), 카(L. J. Carr) 교수 등이 있었다. 이들은 사회복지문제와 관련하여 사회학적 관점에서 비행청소년을 분석하던 교수들로 고황경의 학문과 사회사업에 많은 영향을 주었다.[230)]

셋째, 미국의 사회복지관 견학과 체험이다. 어릴 때부터 사회사업에 관심이 많았던 고황경은 미국유학시절 사회학 전공과 연계하여 사회복지시설, 범죄자수용시설을 견학할 기회가 많았다. 또한 박사논문에 필요한 디트로이트 소년심판소 자료를 수집하기 위해 디트로이트에 머물렀다. 소년심판소 근방에 있는 사회복지관(인보관, 隣保館, Sophie Wright Settlement)에 숙소를 정하고 몇 달간 지내면서 사회복지관 생활을 체험했다.[231)] 이 사회복지관은 디트로이트시에서도 하층민과 빈민들이 모여 살던 지역에 있었고 폴란드인과 흑인이 많았다. 이 지역은 전반적으로 아동 범죄율도 높아서 소년심판소가 그 근방에 있었고, 사회복지관이 그 구역 중앙에 위치해 있었다. 처음에는 흑인과 흑인거주지를 두려워했지만, 흑인아동들과 친하게 되고 흑인어른들과도 반갑게 인사하고 지내게 되면서 선입관이 사라지고 흑인들에게서 다정함과 희망을 발견하게 되었다.[232)] 이때의 경험은 평생 공부만 하고 살아왔던 한 여성지식인이 용기를 내어 서울 근교 가난한 농촌 마을에서 사회사업을 시작할 수 있었던 원동력이 되었다.

디트로이트에서 인상적이었던 일은 흑인들과 빈민들의 복지 향상을

---

230) 림영철,『고황경 박사 그의 생애와 교육 : 농촌·여성운동을 위한 교육』, 43쪽.

231) 고황경은 6개월간 디트로이트에서 머물며 소년심판소에서 박사논문에 필요한 통계자료를 수집했다. 디트로이트 소년심판소에서 아침부터 5시까지 연구하고 돌아와, 저녁식사 후에는 2개월 동안 인보관 직원으로 일했다. 매일 오후 7시부터 10시까지 도서실 감독, 아동발표회가 있을 때 도우미, 문단속 등의 일을 했다.

232) 고황경,「나의 이사 고난기 : 흑인가」, 202쪽.

위해서 열심히 노력하고 있던 백인 여성지도자들이었다. 이들은 전부 고등교육을 받은 여성들이었고 사회복지관에서 습숙(習宿)하며 매우 검소한 생활을 했다. 이들은 고황경이 여성지도자의 자세와 역할에 대해 다시 한 번 생각해보는 계기가 되었으며, 롤 모델이 되었다. 귀국 후 이화여전 교수를 하면서도 한편으로 경성자매원을 설립하고 운영하며 사회사업을 전개하는 직접적인 계기가 되었다.

흑인들을 대상으로 하는 복지사업기관임에도 사회복지관에 유숙하며 전임으로 일하는 흑인이 없다는 점, 모든 행사에서 흑백인 대우는 같되 흑백 구분이 철저히 시행되고 있다는 점도 간과하지 않았다. 흑인이 법률적으로는 백인과 동등한 지위를 가지고 있지만, 실제 사회생활에서는 뚜렷한 경계선으로 철저하게 분리되어 사실상 차별이 존재한다는 사실에 놀랐다. 이 경험은 일본인과 한국인 사이의 관계, 내선일체를 외치며 실제로는 민족차별을 일삼는 일본인들의 행태, 일제식민지지배 하에서 한국인의 법적 지위와 사회적 위상을 직시하는 계기가 되었을 것이다.

고황경은 일본유학시절에도 사회사업에 관심을 가지고 사회복지관을 시찰했다. 디트로이트 사회복지관을 체험하기 이전에 이미 당대 제일가는 사회복지관으로 유명한 시카고 '헐 하우스'를 방문했다. 디트로이트에서는 두려움을 무릅쓰고 슬럼가에 위치한 사회복지관에서 기숙하며 복지관 생활을 체험하는 과정에서 선입관과 악조건 속에서도 긍정적인 면을 발견하고 시각의 변화를 경험했다. 그만큼 사회복지사업에 대한 고황경의 관심과 의지가 강했음을 알 수 있다.

넷째, 여자감옥을 견학했다. 고황경은 1933년 여름 계절학기에 범죄학 교수의 인솔 하에 수강생 50여 명과 함께 남녀감옥을 견학했고 특히 '부인감옥(여자감화원)'에 깊은 인상을 받았다. 여자감화원은 과거의 죄를 징벌하는 곳이 아니라 장차 좀 더 나은 사회의 일원이 되도록 지도해주는 특별교육기관이었다. 교도 행정이 학교 성격을 띠게 되면서 간수는 선생, 죄수는 학생이라고 불렸다. 매일 해야 하는 일도 복종의 의미를 띤 강제노동이 아니라, 학교에서처럼 수업시간을 정해 각 개인에게 체계적으로 지식을 넣어주는 것을 본위로 했다. 부인감옥 내 숙식이 이루어지는 처소도 가정처럼 꾸며져 있어서 가족적 분위기를 띠었다. 구내 채소밭은 농림 모범장처럼 과학적 채소재배법을 가르치는 실험장인 동시에 자급자족을 위한 생산지였다. 미국 학생들조차도 감옥 죄수를 이렇게 과도하게 후대하는 것이 과연 좋은 결과를 가져다줄지 의문을 나타낼 정도였다. 그럼에도 감옥은 교육 기능을 강조하는 방향으로 나아가야 하며, 체형의 고통을 주어 과거의 죄를 벌하는 방법은 지양되어야 한다는 것이 당시 미국의 사회정책이었다. 고황경은 여자감옥의 운영 사례에 깊은 인상을 받았고 이후 '가정료'(소녀감화원) 설립의 모델이 되었다.[233]

고황경은 디트로이트 소년심판소의 한 사무실에서 자료를 수집하고 연구하면서 여자감화원을 시찰한 이외에도, 미스 필린스키라는 여자감호사(女子監護司)로부터 범죄를 저지른 여아를 취급했던 경험담을 들었다. 몇 달 동안 직업여성 기숙사에 숙소를 정하고 생활하면서 직업여성기숙사를 체험하기도 했다. 고황경은 사회학 학문연구에 힘쓰는 한편 빈민가를 비롯해 소년심판소 · 여죄수감화원(감옥) · 남자감옥 · 사회복지관 · 직업여성기숙사 등 미국의 여러 사회시설을 시찰했다. 이 경험은 귀국 후 사회사업으로 연결되었다. 1937년 경성자매원, 1942년 영아관, 1943년 가정료의 설립과 운영, 직업여성기숙사와 소년심판소 설립 제안 등은 미국유학에서 체험했던 사회시설, 사회사업과 밀접한

233) 고황경, 「미국 부인감옥 방문기」, 『조광』 창간호, 1935.11, 344~347쪽.

관련이 있었다.[234)]

고황경은 여성의 지위 향상을 위해서는 고등교육 이외에 어려움에 처한 하위계층 여성을 위한 사회시설을 설립해 운영하는 것도 필요하다고 보았다. 사회교육과 교화를 통해 경제적, 사회적 어려움에 처한 여성들을 돕기 위한 사회시설 설립, 일반사회의 봉사와 후원, 참여를 촉구했다. 여성문제에 대한 고황경의 인식은 문제여아, 범죄여성, 직업여성을 다루는 미국의 사회제도와 사회복지시설의 영향이 크다. 고황경에게 여성을 위한 사회사업은 기독교정신과 근대화의 구현이자 사회문제, 여성문제를 해결하는 구체적인 방안이었다.

2) 경성자매원

미국유학에서 귀국 후 고봉경[235)]과 고황경 자매는 힘을 합해 사회복지관을 신설하고 사회사업을 시작했다. "우리 여성들은 다 서로 남남끼리가 아니라 같은 어머니에게서 난 언니요 동생이다. 다정한 자매끼리다"라는 뜻에서 '경성자매원'이라고 이름 지었다. 경성자매원은 한 마을의 전 연령대 여성을 대상으로 여성의 문제를 해결하기 위한 기관이었다.[236)]

고봉경과 고황경 자매는 1937년 서울 외곽에 있는 동교정 세교리 우종관의 땅 100평에 속한 10간 기와집을 빌려 경성자매원을 개원했다. 경성자매원은 오늘날의 사회복지관에 해당하며, 당시에는 인보관(隣保館, settlement house)으로 불렸다. 경성자매원 설립에 대해 언론에서는 '빈민을 위한 문화사업'이자 '조선 최초의 사회사업'(1937년 신문기

---

234) 고황경, 「경성개조안」, 『삼천리』 12-9, 1940.10, 94쪽.

235) 고봉경은 경성자매원 사업에 전념하기 위해 교사직까지 그만둘 정도로 사회사업에 있어 강력한 동업자이자 동반자였다.

236) 고황경, 「경성자매원」, 『삼천리』 13-1, 1941.1, 173~174쪽.

사), '세민부락사업'(1940년 신문기사)이라고 보도했다. 고황경의 사회사업은 당시 사회에서 센세이셔널한 사건이었다. 고황경 자신은 Social Settlement Work, Social Welfare Experiment(1938년 잡지 기사), '부락인보사업'(部落隣保事業, 1941년 잡지 기사), 사회사업(1939년 잡지 기사)로 표현했다. 오늘날의 사회복지사업으로 보면 된다. 고황경은 '사회사업이 모성애를 제도화한 것이며 가난하고 외로운 사람들에게 동무가 되어 주는 것'이라고 풀이했다.[237]

경성자매원이 설립된 동교정 일대의 총 호수는 111호로 남자 311명, 여자 276명, 합 587명이 살고 있었다. 이 가운데 세민(細民) 16호 76명, 궁민(窮民) 9호 29명, 급료생활자 6명, 일용노동자 18명, 기타 노동자 32명, 취업자 56명으로 이들 대부분은 근대적인 문화시설의 혜택을 입지 못했다.[238] 고황경과 고봉경이 전개한 사회사업은 빈민구제와 자선사업이라는 전통적 가치에 더하여, 강습회를 매개로 마을과 주민을 계몽하는 근대화 방안이기도 했다. 언론에서는 '무산부녀자를 위한 시설'을 강조했다.

> … 현대문명도 그 혜택을 입는 사람은 소수의 부유자뿐이요 다수의 빈궁자는 그 혜택의 권외에… 다른 선진사회에서는 이 문명권외에서 우는 대중을 위해 혹은 공비 혹은 사비로써 각종의 사회적 시설에 힘을 쓰고 있다. 그러라 조선사회에서는 아직까지 다수의 무력자를 위한 사회적 시설이 너무나 부족한 상태이며 무산부녀자를 위한 시설에 있어서 더욱 그러하다.[239]

고황경과 고봉경은 경성자매원 운영을 통해 "일반 부녀자를 위하여 가정생활, 사회생활에 필요한 도덕 함양, 지식 획득, 취미 향상을 도모

---

237) 고황경, 「가난하고 외로운 생명들에 동무하야」, 『여성』 4-12, 1939.12, 75쪽.

238) 「세궁민의 부녀와 자질(子姪)도 문화혜택에 균점토록, 사회에 보내는 경성자매원의 사업보고, 물심양면의 원조 갈망」, 『동아일보』 1937년 10월 27일.

239) 「경성자매원의 사업 : 사회독지가여 많이 성원하라」, 『동아일보』 1937년 10월 29일.

하고 상조의 정신을 연마해 각자의 행복과 사회복리를 증진"시키고자 했다.[240] 경성자매원은 '수양, 지식, 살림법을 가르쳐 개인의 행복과 사회복지를 증진하기 위해 여성과 소녀를 돕는 것'을 목적으로 했다.[241] 경성자매원 사업은 개인의 행복과 사회복지가 밀접하게 연결되어 있다고 보는 근대 사회복지 개념에 근거했다.

경성자매원의 첫 사업은 '여성을 대상으로 한 부락인보사업'이었다. 한 마을을 선택하여 출생 전(임산부)부터 출생 직후의 영아에서 노인에 이르기까지 전 여성을 사업 대상으로 했다. 사회복지관이라는 제한된 공간을 최대한도로 이용하여 많은 사업을 벌여야 했던 관계로, 각 부서의 사업이 요일과 시간을 달리하여 주간, 월간 행사로 진행되었다. '자매학원'은 강습소이며 매일 가는 학교형태로 운영되었다. 자매학원은 1937년 7월 경성부 학무과의 학술강습회 인가를 받아 개원했다. 처음에는 여아들만 받아들였으나 얼마 후 남아도 받아들여 함께 교육했다. 자매학원(강습소)이 비교적 쉽게 인가가 났던 것은 교수과목에 일본어가 있었고, 고황경이 관변단체 소속 회원이었던 점이 많이 작용했을 것이다.[242] 경성자매원 직원은 원장 고봉경, 고황경, 학교교사 홍순희, 재봉 및 수예(바느질과 뜨개질) 교사 김동주, 영아부 의사 한소제, 영아부 고문 러들로우 부인(Mrs. Ludlow, 일명 나부인) 총 6명이었다. 경성자매원의 부서와 사업은 다음과 같다.[243]

---

240) 「세궁민의 부녀와 자질(子姪)도 문화혜택에 균점토록」, 『동아일보』 1937년 10월 27일.

241) 고황경, 「경성자매원」, 『삼천리』 13-1, 1941.1, 174쪽.

242) 당시 고황경은 조선총독부 학무국 사회과의 주도로 조직된 조선부인문제연구회의 회원이었다.

243) 「세궁민의 부녀와 자질(子姪)도 문화혜택에 균점토록」; 「여성조선의 기라군성(綺羅群星) 중견여성 인기여성의 활약상 : 어두움에 나타난 빛난 별 자매원의 탄생, 경성자매원 고봉경, 고황경」, 『동아일보』 1938년 1월 4일 ; 고황경, 「경성자매원」, 172~176쪽 ; 림영철, 『고황경 박사 그의 생애와 교육』, 87~97쪽.

〈표 4-4〉 경성자매원의 부서와 사업 구성

사업부서	대상자	목적과 사업	운영 날짜	인원수	담당자
영아부	출생 직후~4살	* 유아의 보건과 건강 상담 * 신체검사, 발육점검, 육아지도	1938년 1월 현재 매주 둘째 넷째 금요일 오후, 1941년 1월 현재 1달에 1번씩	1937년 10월 30명, 1941년 1월 70여 명	한소제 의사, 러들로우 부인, 세브란스 간호사양성소 학생 두 명
유치부	영아부를 마친 아기들	* 유치원 * 유희, 노래, 수공(공작, 그림그리기)		1938년 4월 30명	보육학교 졸업생
소녀부	15세에서 20세 사이 결혼적령기 소녀	* 결혼생활에 도움주기 * 가사를 가르침	매주 수요일 : 바느질, 뜨개질 매주 금요일 : 육아, 아동지도법	1937년 10월 6명	
자매학원 오전반	7세~14세 학령기인데도 집안이 가난해 학교에 가지 못하는 여아들 1939부터 소년도 받아들임	* 초등학교 4년 정도를 단축하여 * 수업연한 2년의 속성과정으로 * 수신(morale, 근로의욕, 사기, 의기), 일본어, 한글, 산수, 노래 등 5과목	매일 4교시	1938년 1월 30명	
자매학원오후반 일명 모자회(母姊會) 또는 어머니회)	학령 초과로 학교에 가지 못하는 15세~40세 부인들	* 보통학교 1, 2학년 정도의 과목 * 읽기, 쓰기, 산수	매일 1시간씩	1938년 1월 현재 16명	
경로부	할머니	* 위안회 * 오락	다섯 번째 토요일 오후 곧 두 달에 한 번		고황경과 자매원 교사들
인사상담부	부인	제반 상담	매월 한 번		
방문간호			매주 둘째 넷째 토요일 오후		
시료부	집안이 가난해 병원에서 의료혜택을 받지 못하는 부인과 아동	출장 와서 무료 진찰과 치료	셋째 주 토요일 오후	1937년 10월까지 시료환자 60여 명	의사와 간호사
임산부 상담부		호별 방문해 보건 상담, 임산부 진찰과 상담	첫째 주 토요일 오후		간호사 2명과 자매원 책임자 1명

고황경은 경성자매원 사업 초기, 자매학원(강습소) 여아들에게 노래

를 가르치기 위한 풍금 1대, 위생지도를 하기 위한 자매원 건물의 변소 개량, 가정상식을 가르치며 생활개선지도를 하기 위한 부엌 1칸이 필요했다. 농한기를 이용해 부녀자들에게 살 길을 열어주기 위해 일자리를 주고 싶다는 포부를 밝히기도 했다.[244] 고황경이 여성의 부업에도 관심이 있었음을 의미했다. 이렇게 볼 때 고황경이 진행하고 기대했던 사회사업 내용도 결국 한글과 산수, 위생과 보건상식을 가르치고, 생활개선을 지도하며, 농한기를 이용해 부업을 가르치는 방식의 농촌계몽운동이었다.

고황경의 사회복지관 사업은 "조선에서 새로운 시험인 사회사업"이었다. 황애시덕, 박인덕이 전개했던 농촌활동에 비해 특징적인 점은 영아부, 시료소, 방문간호, 임산부 상담이었다.[245] 예방의학 면에서 위생과 청결에 대한 지도를 하고, 진찰을 하는 한편 병이 났을 때 무료로 진료와 치료를 해줄 수 있는 체계를 갖추고 있었다. 사회복지관의 사업의 특징이었다. 고황경의 경성자매원은 당시 한국사회의 큰 흐름이었던 농촌운동, 여성운동·생활개선운동과 맥을 같이 하면서도, 사회사업의 성격이 강했다. 사회사업이 제도적 성격(사회정책, 사회시설)이 강하다면, 농촌계몽운동, 여성운동은 민족운동, 사회운동의 성격이 강하기 때문이다. 고황경의 사회사업은 내용상 계몽적 측면도 있지만 사회사업의 성격이 강했다는 점에서 농촌계몽운동과 일정 부분 차이가 있었다.

고봉경과 고황경이 경성자매원 사업을 하는 데 애로점은 경제적 문제뿐만이 아니었다. 농촌운동가였던 황애시덕·김노득·최용신이 황

244) 「세궁민의 부녀와 자질(子姪)도 문화혜택에 균점토록」, 『동아일보』 1937년 10월 27일.

245) 영아부는 어린 아이의 발육상태를 계속적으로 점검하고 지도함으로써 병을 예방하고 올바른 양육을 도왔다. 이는 아이뿐 아니라 어머니들에게 큰 도움이 되었다.

해도 수안에서 농촌활동 초기에 부딪혔던 난관과 같은 것이었다.[246] 예를 들어 “경성자매원 사업 처음에 그 동네 하이칼라 양반들이 자신들(의 사업)을 이상한 눈으로 보고 반항적 태도를 보였으나, 점차 성의에 감동해 사사로운 생활의 고충까지 상담하며 자매원에 모이는 것을 낙으로 여기게 되었다.”[247] 경성자매원은 동네 사람들과의 갈등을 거쳐 마을의 사랑방이자 상담센터 역할을 하게 되었고, 변화를 창출하고 사회를 개선하는 작은 중심지가 되었다. 경성자매원 사업은 마을사람들의 의식을 변화시키고 자발적 참여를 이끌어 냈다는 데 의의가 있다. 조선YWCA연합회에서 파견한 최용신의 농촌계몽활동과 수원 샘골 천곡학원 설립, 황애시덕과 김노득의 농촌활동(황해도 수안 · 신계 · 곡산 지역에 교회와 학교 설립), 박인덕의 농촌계몽운동을 통해 일으킨 변화와 성과라는 데 공통점이 있다.[248] 림영철은 경성자매원 사업의 성과를 다음과 같이 정리했다.

> 경성자매원은 교육을 담당하고 그 교육을 통해 주민들의 의식변화가 오고 바로 그 변화를 통해 그 지역사회의 발전이 왔다면 그것은 가장 정상적이고 원칙적인 농민운동, 농민교육의 모델이 된 것이다. 이 마을에는 이 변소개량을 시발로 하여 부엌개량, 음식개량 등 생활개선운동과 함께 의식개혁운동이 서서히 그러나 지속적으로 계속되었다.[249]

---

246) 유달영, 『최용신양의 생애』, 아데네사, 1956 참조 ; 황애시덕(유고), 「황무지를 헤치며 4」, 『신여원』, 1972.7, 213쪽. 여름동안 낮에는 어린이, 밤에는 청춘남녀를 모아놓고 가르쳤다. 어느 날 저녁 동네 한 노인이 와서 “이 못된 년놈들아! 해 뜨고 달 떠서 명랑한데 또 무슨 문명을 밝히려느냐?” 소리 지르며 지팡이를 휘둘러 내어 쫓기도 했다. 그러다 개학이 다가와 이들이 서울로 돌아가려 하자 학부형 몇 명이 아이들을 계속 가르쳐 달라고 먼저 요청하는 자세로 변화되었다.

247) 「여성사업가의 이모저모 몸을 바치는 아름다운 일꾼」, 『동아일보』 1940년 1월 6일.

248) Induk Pahk, *The Hour of the Tiger*, pp.51~53 : 김성은, 「박인덕의 사회의식과 사회활동 : 1920년대 말~1930년대를 중심으로」, 『역사와 경계』 76, 2010, 215쪽.

249) 림영철, 『고황경 박사 그의 생애와 교육 : 농촌 · 여성운동을 위한 교육』, 100쪽.

고황경은 경성자매원 사업의 하나로 각 가정의 경제상황에 관심을 가지고 가정경제 향상을 위해 노력했다. 언론을 통해 경성자매원의 사회사업에 대한 일반인들의 관심과 후원을 호소하는 한편, 각 개인과 가정의 경제에 도움이 될 만한 사업을 구상했다. 가정경제를 향상시키는 직접적인 방법으로 농촌부녀자에게 부업을 가르치고 알선하고자 했고[250] 농촌 가내공장 설립을 꿈꾸었다.[251] 신년계획으로 학생들의 작품을 외국으로 수출해보는 방안을 세우기도 했다. 조선 고대 예술품 중 우수한 그림을 많이 참고하여 외국인이 좋아할 만한 작품을 많이 만들고 상품화한다는 계획이었다.[252] 고황경은 이후 '가정료'를 설립하고 소녀들에게 재봉과 자수 등 기술교육을 통해 자립의 기반을 마련해 주고자 했다.[253]

고황경이 여성의 자립과 경제활동을 강조했던 것은 생존권 확보와 범죄 예방을 위해서 뿐 아니라 여성의 사회적 경제적 지위 향상을 위한 방법이었기 때문이다. 고황경은 여성이 직업을 가지고 사회활동을 하면 사회적 경제적 독립을 이룰 수 있다고 보았다.[254] 그러나 이러한 시도들은 경비 부족으로 충분히 실현되지 못했다. 예를 들어 가정료의 경우 소녀들에게 맡길 만한 일거리를 찾기가 쉽지 않았고 일거리를 맡아 수입이 조금 생겼다 하더라도 가정료의 운영 경비에 보태야 했다.

고황경의 비전은 한 마을을 넘어 주변의 농촌에도 사회복지관을 설립하고 사회사업을 확산하는 데 있었다. 궁극적으로는 각지에 사회사

---

250) 「세궁민의 부녀와 자질(子姪)도 문화혜택에 균점토록」, 『동아일보』 1937년 10월 27일.

251) Whang Kyung Koh, "A Social Welfare Experiment," *The Korea Mission Field*(1938.1), pp.16~17.

252) 「여성조선의 기라군성(綺羅群星) 중견여성 인기여성의 활약상 : 어두움에 나타난 빛난 별 자매원의 탄생, 경성자매원 고봉경 · 고황경」, 『동아일보』 1938년 1월 4일.

253) 림영철, 『고황경 박사 그의 생애와 교육 : 농촌 · 여성운동을 위한 교육』, 108쪽.

254) Whang-Kyung Koh, "Women in Modern Korea," *Korean Student Bulletin*(1935.1~2).

업을 총괄할 수 있는 회관(community center)이 생기기를 희망했다.[255)]

1938년 10월 드디어 고봉경과 고황경은 경성 공덕정 175-2125호에 집(건물)을 마련하고 경성자매원 본부사무소를 개원해 사업을 확장했다.[256)] "없는 것을 있게 하는 것은 일하는 이의 성의 여하에 있다"는 모토 아래 경성 부근을 총망라하는 사회복지관을 만들겠다는 목표를 향해 사업을 추진했다.[257)] 경성자매원 본부사무소에서는 자매원 사업을 계획하고 준비하는 사무를 취급하는 동시에 경성 시내 여성들의 향상을 위해 시내 여성들을 대상으로 가정상식을 보급했다. 요리강습회, 가계(家計, 집안 살림의 수입 · 지출 상태, 생계-필자 주)좌담회, 부인강연회가 열렸고 서적이 출판되었다.[258)] 경성자매원 사업은 도심과 시골의 경계에서 농촌마을의 사회복지기관, 농촌여성의 교육 · 계몽 · 상담, 보건의료기관, 도시여성의 교양 · 계몽기관으로 다원화되었다.

경성자매원이 무료로 베푸는 사회사업기관으로 계속 발전하고 확장하기 위해서는 경제적 기반이 있어야 했다. 경성자매원의 경비는 고봉경과 고황경의 개인 출자와 협찬 받은 후원금으로 충당했다. 고봉경은 감리교 협성신학교와 이화여전의 음악담당 강사, 고황경은 이화여전 가사과 교원이었고, 봉급을 내놓았다.[259)] 1940년 고봉경은 감리교 협성신학교 교수를 그만두고 경성자매원 사업에만 집중하기로 했다. 이즈

---

255) Whang Kyung Koh, "A Social Welfare Experiment," *The Korea Mission Field*(1938.1), pp.16~17.

256) 고봉경, 고황경은 경성자매원의 본부사무소를 개원하기 위해 공덕정에 집(건물)을 마련하면서 많은 금액을 대출받았다.

257) 「여성사업가의 이모저모 몸을 바치는 아름다운 일꾼」, 『동아일보』 1940년 1월 6일.

258) 고황경, 「경성자매원」, 『삼천리』 13-1, 1941.1, 175쪽 ; 「경성자매원 본부 주최 빵요리강습회 본사 학예부 후원으로」, 『동아일보』 1940년 6월 27일.

259) 「세궁민의 부녀와 자질(子姪)도 문화혜택에 균점토록」, 『동아일보』 1937년 10월 27일. 1937년 경상비 예산은 300원이었고, 학원 담임교사의 수당금과 비용 240원, 각 부 비용과 의사 수당금 40원을 지출했다.

음 사업 자금은 찬조원을 모집해 받은 회비로 유지되고 있었다. 한 달에 회비 1원으로 찬조원이 될 수 있었다. 1940년 1월 현재 40여 명의 찬조원이 1원씩 보내와 한 달 후원금 40원으로 자금을 충당했다.[260] 그럼에도 여성의 부업교육과 알선, 전통문화상품 제조와 판매, 직업기술교육 등 여성의 자립적 경제활동을 위해 고황경이 계획했던 사업들은 제대로 시행되지 못했다. 경비부족 때문인 것으로 보인다.

일제의 식민지정책에 의해 1938년 중등학교에서, 1941년 국민학교에서 조선어교육이 금지되었고, 1942년 조선어 사용이 전면적으로 금지되어[261] 경성자매원의 교육도 모두 일본어로 이루어져야 했다. 학원의 오전반 학생 몇 명을 제외하고 일본어를 아는 사람이 없었기에 부녀자들에 대한 교육을 계속할 수가 없었다. 아동들에 대한 교육만 계속하는 정도로 그 기능이 위축되었다.[262] 일본어를 아는 사람이 거의 없었던 상황에서 일본어로만 수업하라는 조선총독부 정책은 경성자매원 사업의 중단을 의미했다. 고봉경 · 고황경은 동교정 마을에서 농민교육과 농촌운동을 접어야 했다.[263] 1940년 국민총력 조선연맹이 조직되어 위로는 총독부 고관과 아래로 부락민까지 결전체제를 위한 총력운동을 전개했다. 지방조직의 말단은 10호 단위로 된 애국반을 기본으로 했다. 애국반이 경성자매원과 같은 부락인보사업의 성격을 띠고 있어 중복되는 면이 있었기에, 경성자매원 사업은 축소되어 유야무야된 것으로 보인다.

---

260) 「여성사업가의 이모저모 몸을 바치는 아름다운 일꾼 : 영예직과 집을 버리고 세민부락 사업에 착수, 경성자매원 고봉경, 고황경」, 『동아일보』 1940년 1월 6일.

261) 최유리, 『일제말기 식민지지배정책 연구』, 국학자료원, 1997 참조.

262) 고황경, 「여성지위 향상 위해(김선애 기자의 1973년 7월 28일 인터뷰)」, 경향신문사 편, 『내가 겪은 20세기 : 백발의 증언, 원로와의 대화』, 경향신문사, 1974, 365쪽.

263) 림영철, 『고황경 박사 그의 생애와 교육 : 농촌 · 여성운동을 위한 교육』, 101~102쪽.

고황경은 경성자매원의 강습소가 폐쇄되고 동교정 세교리에서의 농촌활동이 금지된 이후 '경성자매원' 이름으로 '영아관'과 '가정료'를 신설했다. 1942년 '영아관'(嬰兒館, 여아 고아원), 1943년 '가정료'(家庭寮, 소녀감화원)를 설립하여 경성자매원의 명맥과 사업을 이어갔다. 영아관은 버려진 아이들을 모아 키우다가 2살이 되면 고아원에 인계해주는 사업으로 대부분의 아이가 여아였다. 가정료는 소년심판소에서 유죄판결을 받은 여자아이 가운데 보호자가 없는 19세 미만의 소녀들을 인계받아 수용했다.[264] 고황경은 범죄재발을 방지하고 건강한 사회를 만들기 위해서는 사회시설이 시급하다고 지적했다.[265] 외국 도시에 비해 사회복지시설이 부족한 국내 상황을 지적하며 더 많은 사회시설이 개설되어야 한다고 보았다. 도쿄, 오사카, 다른 외국 대도시에 비해 경성(서울)에 부족한 시설로는 소년심판소, 소녀감화원, 직업여성기숙사, 가정문제상담구호기관, 무료탁아기관(기아棄兒를 방지하기 위함)을 꼽았다.[266] "아동보호는 사회연대책임"이라는 소신을 피력하며 아동보호시설의 확충을 역설했다.[267] 영아관과 가정료의 설립은 무료탁아기관, 소녀감화원, 아동보호시설이 필요하다는 소신에 따른 행동이었다.

고황경이 전시총동원체제로 인한 경제 악화로 영아관 운영에 어려움을 겪던 상황에서도 가정료 사업을 시작할 수 있었다. 이 사업들이

---

264) 경성자매원, 영아관, 가정료는 모두 고유명사이다(림영철, 『고황경 박사 그의 생애와 교육 : 농촌·여성운동을 위한 교육』, 103~105쪽 ; 『매일신보』 1944년 6월 2일). 일제의 조선구호령에 의해 인가된 경기도 구호시설 보육사업 가운데 '경성자매원 영아관'이 있다.

265) 「소녀범죄 연구로 박사 된 고황경양」, 『동아일보』 1937년 6월 10일 ; 「고황경씨의 박사논문 사회의 이면을 말하는 소녀들의 범죄, 16세 이하 소녀범죄가 제일 많아」, 『동아일보』 1937년 6월 12일.

266) 「경성개조안」, 『삼천리』 12-9, 1940.10 ; 고황경, 「경성자매원」, 『삼천리』 13-1, 1941.1, 175쪽.

267) 고황경, 「아동보호시설확충의 제창」, 『춘추』 2-6, 조선춘추사, 1941.7, 535쪽.

중일전쟁과 태평양전쟁을 동시에 수행하고 있던 일본 당국에게 사회통제라는 면에서 도움이 되고 일제의 사회정책에 부합하기 때문이었다. 영아관, 가정료 사업에 자금 대출과 식량 배급 등의 후원을 받기 위해서는 일본인 관료의 도움이 절대적으로 필요했다.[268] 가정료 사업 추진과정에서도 고황경의 이상적 현실주의자로서 면모가 드러난다. 자신의 이상을 실현하기 위해서는 현실의 권력을 활용해야 했고, 협조를 요청하는 과정에서 타협은 불가피했다.[269] 고황경이 가정료를 창설한 동기는 다음과 같다.

> 그때 법조계에서는 소년범죄자들에 대한 문제가 논의되었고 소년범을 일반 범죄자들과는 다르게 취급해야 한다는 세계적 추세에 따라 서울에도 소년심판소가 생겨 소년 범죄자들을 따로 수용하도록 하는 시설을 만들었다. 그러나 불량소녀들에 대한 문제는 해결되지 못한 채 여전히 문제로 남아 있었다. 이때 시작한 것이 불량소녀 감화원…[270]

소년심판소가 개정될 때 출정하여, 유죄판결을 받은 여아 가운데 보호해 줄 사람이 없는 19세 미만의 소녀를 인수받아 가정료에 수용했다. 기독교정신으로 감화를 주고, 한글교육과 직업교육으로 자립능력을 길러 주고자 했다. 소녀범죄 예방과 미국에서 체험했던 여자감화원을 구현해 여성문제와 사회문제를 해결하고자 했다. 가정료는 고황경이 미국에서 영향을 받아 설립한 사회시설이다. 당시 새롭게 대두되었던 법철학 곧 '감옥이 형벌의 의미보다는 사회교화에 중점을 둔 감화원으로써 기능해야 한다'는 이상을 실현해보고자 했다는 데 의의가 있다. 고

---

268) 림영철, 『고황경 박사 그의 생애와 교육 : 농촌 · 여성운동을 위한 교육』, 104~105쪽.

269) 고황경은 이를 위해 소년심판소 소장을 찾아가 협조를 구하는 한편 청소년선도위원회 위원이 되어 가정료의 설립을 허가받고 후원을 받을 수 있었다.

270) 고황경(김선애 기자의 1973년 7월 28일 인터뷰), 「여성지위 향상 위해」, 365쪽.

황경은 소녀범죄에 대한 사회학적 고찰과 여자감옥 체험을 우리 사회 현실에 적용하여 소녀 범죄에 대한 예방과 대책을 마련하고자 했다. 소녀들을 직접 선도하는 가정료 사업은 고황경이 유학시절 가졌던 이상을 실현한다는 데 의의가 있었다. 훗날 스스로도 매우 자랑스럽게 생각했다.[271] 고황경은 기독교 신앙을 바탕으로 예수의 사랑과 희생정신을 계승하여 인격수양과 사회봉사정신을 구현하고자 했다.[272] 예를 들어 가정료 운영에 있어서 성경공부, 찬송가 부르기, 기도를 통해 문제소녀들을 기독교정신으로 감화시켜 교육하고자 했다.[273] 평소 "개인의 인격을 향상시키며 사회를 아름다운 것으로 만들어서 다시 하느님께 바치고 싶다."[274]고 했듯이, 고황경은 사회개혁을 자신의 이상이자 꿈이요 하나님으로부터 받은 사명이라고 생각했다.[275] 고황경의 사회사업은 더 나은 사회를 만들기 위해 봉사하고 희생하는 삶을 살고자 하는 사회책임의식과 기독교신앙의 구현이었다.

경성자매원의 사업은 일제의 사회정책이 일본어 강습의 확대, 우리말 사용 금지로 변화함에 따라 공덕정 세교리 마을 내 학원 강습 인가, 공덕정 본부사무소 개원과 사업 확장, 경성자매원 기능의 축소와 폐쇄, 영아관 개원, 가정료 개원이란 순서로 전개되었다. 경성자매원 사업은 일제정책에 부합하는 범위 내에서 전개될 수밖에 없다는 한계가 있었다. 고황경은 경성자매원이 설립된 1937년부터 표면적으로 일제협력의 길에 들어섰고, 경성자매원의 존속 기간 동안에도 일제협력에 동원되

---

271) 고황경(김선애 기자의 1973년 7월 28일 인터뷰), 「여성지위 향상 위해」, 365쪽.

272) 고황경, 「거북의 쌍등」, 『이화』 7, 1937, 51쪽.

273) 고황경은 소녀들에게 성경을 읽고 쓰게 하여 익힌 한글 실력으로 매주 한 번씩 부모에게 편지를 써서 부치도록 했다(림영철, 『고황경 박사 그의 생애와 교육 : 농촌 · 여성운동을 위한 교육』, 106~107쪽).

274) 고황경, 「버드나무 그늘(8월의 수필)」, 『동광』 24, 1931.8, 54쪽.

275) 정석기, 『새벽을 깨우는 위대한 여성들』, 혜선출판사, 1984, 90쪽.

었다.[276] 고황경의 사회사업과 일제협력은 변화하는 사회지형에 대한 다면적인 저항과 협상의 과정에서 나온 산물이었다.[277] 고황경은 자신이 처한 현실을 수용하고 최대한 활용하여 자신의 이상을 실현하고자 했던 이상적 현실주의자였다고 하겠다.

경성자매원의 사회사업은 1920년대부터 서울 · 인천 · 공주 · 대전 · 개성 · 원주 등에서 진행되고 있었던 기독교복지관, 1930년대 몇 군데 설립된 관립 사회복지관의 보완적 역할을 담당했던 민간 사립 사회복지사업이었다. 나아가 여성문제 해결을 위한 기관이었다는 데 의의가 있었다. 경성자매원의 설립과 사업은 시대적 사회적 요청에 부응한 것이었다. 경성자매원의 학원 강습, 보건의료 및 상담, 교양강좌 개설은 교육기관, 사회문화센터, 공중보건센터 역할을 하며 마을복지사업이자 문화사업의 성격을 띠었다. 또한 영아관과 가정료는 아동보호시설, 가정료는 사회교화기관이자 갱생보호기관의 역할을 했다.

---

276) 림영철, 『고황경 박사 그의 생애와 교육 : 농촌 · 여성운동을 위한 교육』, 64~65쪽. '일제가 고황경 박사에게 사용했던 모략술수는 그의 신변과 사업, 지위 등의 안전을 위협하여 그의 태도를 소극적으로 만들어 놓은 다음, 대외적으로는 그가 친일한 사람처럼 선전하고, 그 후에는 그들의 의도대로 조종하려고 했다. 이런 경우 대개 정면으로 반항하지 못하고 피동적으로 끌려 다니며 동조하는 척했지만 실제로는 일제의 일에 동조하지 않았다…고 박사는 두 갈래 길에서 고민했다. 이들의 요구를 깨끗이 거절하느냐, 아니면 들어주는 척하면서 그의 농민교육운동을 지속하느냐하는 것이었다.… 경성자매원의 명맥이 비록 희미하게나마 이어지고 있는 동안에는 실날같은 희망이라도 있어서 그것을 버리지 못해 일제의 갖은 위협과 수모를 참고 견딜 수 있었다. 그것은 그의 일이 비록 적은 일일지라도 그 속에는 보람이 있고 희망이 있기 때문에 그에게는 큰일이었으며 그래서 무엇과도 바꿀 수 없는 가장 귀한 진주였음으로 그것을 보존하고 싶었다.… 외형상으로 일제에 순종한 것처럼 보이면서까지 지켜온 경성자매원…'

277) 김지화, 「김활란과 박인덕을 중심으로 본 일제시대 기독교 여성지식인의 '친일적' 맥락 연구」, 이화여대석사학위논문, 2006, 114쪽.

제5장

—

맺음말

제5장 맺음말

한국여성의 미국유학은 1895년 박에스더의 미국유학으로 시작되었다. 이후 하란사와 차미리사 등이 미국유학을 떠났다. 이들이 미국유학을 하게 된 데에는 미국인 선교사의 영향이 컸다. 국내에 여성고등교육기관이 없었던 것도 여성들이 해외유학을 떠나게 된 주요한 이유였다. 1910년대 일제가 미국유학을 위한 여권을 거의 발급하지 않은 채 미국유학을 봉쇄했기 때문에 한국인 미국유학생은 아주 적었다. 1910년대에 미국유학을 하기 위해서는 중국을 거쳐 가는 경우가 많았다. 1910년 룰루 프라이(Lulu E. Frey) 당장의 주도로 이화학당 대학과(대학과정)가 설치되면서 한국 역사 최초로 여성고등교육기관이 생겼다. 그러나 전공이 없는 일반교양과정이었고, 또 조선총독부가 공식적으로 인정하는 학력이 아닌 각종학교에 불과했다. 3·1운동 이후 1920년대 일제의 유화정책으로 미국유학이 개방되고, 한국인의 교육열이 고조되면서, 여성지식인의 해외유학이 증가했다. 식민지시기 해외유학은 일본유학이 압도적으로 많았지만, 미국유학은 일본유학 다음으로 많은 수를 차지하고 있었다. 일제시기 미국에 유학한 한국여성은 이름이 밝혀진 경우만 100여 명으로 일본유학 한국여성에 비해 그 수가 매우 적었다. 그럼에도 미국유학 한국여성의 현실인식과 사회활동이 한국사회와 한국여성에 끼친 상징적 · 실제적 영향은 독보적이었다.

한국여성의 미국유학 동기는 무엇보다도 이화학당을 비롯해 선교회 여학교에서 교사로 활동했던 미국인 여선교사들의 영향이 컸다. 이화학당을 세운 미북감리교 여성해외선교회 여선교사들은 교사 · 의사 등 학사 이상의 전문직 독신여성으로 이화학당 여학생들의 역할모델이 되었다. 이화학당 대학과, 이화여전을 졸업한 몇 명의 여성지식인들은 모교에 남아 교사로 활동했다. 이들은 학교 발전과 교육 향상에 필요한 인재양성 계획에 따라 선교사들의 권유와 주선으로 미국유학을 떠나는 경우가 많았다. 한국여성의 미국유학은 자격교사의 충원, 교사의 자질 향상과 함께 실력을 갖춘 여성지도자를 양성한다는 데 의미가 있었다. 여성지식인들은 선진국 강대국 미국의 실상을 직접 눈으로 확인하고 싶다는 마음, 미국과 같은 강국이 되는 방법을 알고 싶다는 마음으로 미국유학을 단행했다. 가난한 국민으로서 부국을 동경하는 마음이기도 했다. 미국유학은 여성지식인들이 넓은 세계에 대한 견문을 넓히고 학문적 성취를 가능하도록 했다. 남녀동등을 증명해 보이고 자아를 실현하는 방법이자 여성지도자로서 능력과 자격을 갖추기 위한 준비과정이기도 했다.

미국유학 여성지식인들은 서울과 경기지역, 평안도 출신이 압도적으로 많았다. 기독교 가정 출신의 기독교인이 많았고, 이화학당 대학과 또는 이화여전 출신이 제일 많았다. 이들의 가정이 유복하여 미국유학을 갔던 것은 결코 아니었다. 여성이 멀리 미국으로 유학을 가기까지는 선교사와 학교 차원에서, 본인과 가족 차원에서 미국유학에 대한 확고한 목표의식과 실천의지가 있어야 했다. 대부분 선교사의 추천을 받거나 진학할 학교에 교섭하여 장학금을 받았고, 선교회 등 기독교단체의 후원을 받았으며, 생활비 등 추가로 드는 비용은 고학으로 해결했다. 여성의 미국유학은 출생 신분이나 사회경제적 배경에 의해 좌우되는 경우가 적었다. 선교회 학교 당국과 본인의 의지, 미국선교사 등 기독교적인 배경과 영향이 컸다.

미국에 유학한 여성지식인들의 거주지를 지역별로 살펴보았다. 이는 이들이 다니는 대학의 소재지이기도 했다. 이들이 제일 많이 거주한 지역은 다양한 대학이 있고 접근성이 좋으며 교포들이 많이 사는 대도시인 뉴욕, 시카고였다. 그리고 캘리포니아주의 샌프란시스코와 로스앤젤레스에도 많이 거주했다. 이외에 아이오와주, 오하이오주, 매사추세츠주, 미시간주, 오레곤주, 테네시주 등의 중소 대학도시에 많이 거주했다. 또한 여성지식인들이 가장 많이 진학했던 학교는 콜롬비아대학교, 듀북대학교, 시카고대학교, 미시간대학교, 오벌린대학, 뉴욕비브리컬 세미너리, 스캐리트대학, 파크대학 등이었다.

이 가운데 한국여성교육에 있어 의미 있는 학교는 콜롬비아대학교·미시간대학교·오레곤주립대다. 콜롬비아대학교와 미시간대학교는 한국여성이 진학하여 석사학위를 가장 많이 취득한 학교이며 박사학위자를 배출한 학교이기도 했다. 1929년 송복신이 한국여성 최초로 미시간대학교에서 공중보건학으로 박사학위를 받았다. 1931년 김활란이 콜롬비아대학교에서 박사학위를 받았다. 콜롬비아대학교와 미시간대학교에서 석박사학위를 받은 한국여성 10명 가운데 반수가 귀국 후 이화여고보와 이화여전 교원으로 근무하며 한국여성고등교육 발전에 이바지했다. 특별히 콜롬비아대학교에서 공부했던 황애시덕·박인덕·김활란은 대학교의 학풍과 한국사회의 필요에 부응하여 한국농촌과 농민에 관심을 가지고 연구를 진행했다. 실제로 미국 농촌, 덴마크 농촌을 방문하고 시찰하며 한국농촌문제 해결을 위한 방법을 모색했다. 귀국 후 논문 · 책 · 잡지를 통해 농촌계몽에 대한 관심을 촉구하는 한편 여성농민을 대상으로 농촌활동을 전개했다. 이들이 주축이 되어 농촌활동을 전개했다. 또한 미국유학 한국여성들은 전공으로 주로 교육 · 음악 · 기독교(신학, 성경)를 많이 선택했던 반면, 미시간대학교에 진학한 한국여성들은 체육학 · 공중보건학 · 경제학 · 사회학 · 영문학 · 음악 등 다양한 전공을 이수하여 다양한 분야에서 전문성을 발휘했다. 오레곤주립대에 유학한 한국여성들은 가정학 전공으로 이화여전 가사과 개설과 운영에 많은 공헌을 했다.

미국유학 여성지식인들은 주로 종교(기독교, 성경, 신학, 종교교육) · 음악 · 교육 전공이 많았다. 이는 직업, 취미, 사회적 통념 등을 고려한 선택이었다고 하겠다. 이들이 미국유학에서 가장 힘들었던 점으로는 금전의 부족, 영어 독서력의 부족, 건강문제, 남녀교제문제를 꼽을 수 있다. 미국대학생들의 문화 가운데 한국여성들에게 가장 충격적이었던 것은 남녀 데이트문화였다. 시간이 흐르면서 미국대학생들의 자유로운 남녀교제가 절제를 동반한 건전한 교제라는 점에서 긍정적으로 받아들이게 되었다. 이 결과 미국유학 동안 배우자를 만나 결혼한 여성의 수가 상당히 많았다. 이들 가운데는 재미교포와 결혼하여 미국에 정착한 경우도 있었고, 부부가 함께 귀국한 경우도 있었다. 한편 공부와 일을 위해 또는 공부와 일을 하느라 독신을 고수하며 학교 발전과 사회활동에 전념한 여성들도 있었다. 미국유학 여성지식인 가운데는 결혼 후에도 가정생활과 사회활동을 병행하며 전문직 지식인의 '마주벌이'라는 새로운 풍속도를 만들어 내기도 했다.

한국 여성지식인들은 미국유학을 통해 서양문명을 접하고 경험했다.

김활란 · 박인덕 등은 미국유학과 세계대회 참석 · 순회강연을 계기로 유럽을 여행하며 견문을 넓혔다. 미국유학 한국여성들은 우선 미국문명의 거대함과 풍요로움에 엄청난 충격을 받았다. 이 놀라움은 도시와 농촌에 다 해당되는 것이었다. 미국에 대한 첫인상은 웅장하게 솟은 건물과 높은 빌딩숲, 엄청난 수의 자동차들, 포장된 도로, 깨끗한 거리, 자동차로 혼잡한 도로, 인파로 붐비는 거리, 지하철이 다니고 상점이 늘어서 있는 지하세계, 드넓은 경작지와 광대한 농장, 거대한 삼림, 풍족한 의식주 생활, 큰 상점과 백화점, 라디에이터, 엘리베이터, 가전제품, 전기와 자동차의 불빛 등의 물질문명, 기계문명이었다. 그러면서도 미국의 물질문명에는 풍요, 편리함과 함께 황금만능주의, 빈부격차라는 폐해가 있음을 간과하지 않았다. 또한 미국의 풍요와는 대조적으로, 가난과 추위, 굶주림에 고생하는 고국 동포를 떠올리며 애통해하기도 했다.

여성지식인들은 구미의 정신문명에도 깊은 인상을 받았다. 미국과 유럽 국가의 풍요와 부강의 힘을 구미인들의 근면과 근로에서 찾았다. 미국의 대학생과 덴마크의 농민 등 구미인들이 육체노동을 포함하여 노동과 근면의 가치를 인정하고 신성하게 여기는 문화적 전통에 주목했다. 육체노동을 천시하는 조선 유교 사고방식과 완전히 대조되는 문화가치였다.

미국 땅을 처음 밟은 여성지식인들이 가장 먼저 느낀 것은 정신적 해방감 · 자유 · 희망의 빛이었다. 무엇보다 미소를 띤 친절한 경찰의 모습에서 자유의 공기와 높은 문명생활을 실감했다. 여성지식인들이 구미에서 느꼈던 자유는 식민지 · 노예 · 여성의 독립과 해방이기도 했다. 한편으로 자유와 민주주의의 나라 미국에도 인종차별이 있음을 직간접으로 경험했다. 그러나 인종차별을 극복하기 위한 노력이 사회 일각에서 끊임없이 시도되고 있다는 점도 간과하지 않았다.

또한 여성 · 아동 · 빈민, 범죄자를 위한 구미의 사회보장제도와 사회시설 · 복지시설에 주목했다. 사회복지관, 아동보호법, 소년심판소, 탁아소, 양로원, 직업여성기숙사, 각지에 설립된 YWCA 기숙사, 여자감옥(감화원), 소련의 형무소와 창기구원소 등이다. 이러한 제도와 시설이야말로 사회의 모순과 소외를 완화하고 선진사회로 나아가는 이정표라고 보았다.

미국유학 한국 여성지식인들은 미국여성의 지위와 사회활동에 주목했다. 미국의 기혼여성은 자신이 원하는 경우 결혼 후에도 직업을 가지고 가정생활과 사회생활을 병행하며 자신의 능력을 발휘했다. 또한 미혼이든 기혼이든 클럽을 조직하여 지식을 새롭게 하고 운동을 하며 사교생활을 했다. 그리고 YWCA · 여자기독교절제회 · 직업부인협회 등에 참여하여 간부 또는 회원으로 단체의 행사와 활동에 참여했다. 이러한 여성상은 여성지식인들이 지향하는 이상적 모델이었으며 여성지식인들의 여권의식 강화에 영향을 주었다.

여성지식인들은 미국유학을 통해 민족의식이 강화되었다. 미국에 유학 와서 대학교 도서실에서 한국역사책을 처음 접하고 읽은 경우도 있었다. 미국유학을 떠날 때 한국문화를 선양하기 위해 한복이나 가야금, 금강산 사진을 챙겨가기도 했다. 한국인의 고유한 의식주 문화, 한글, 역사, 아름다운 자연풍경을 외국인에게 소개하며 한국을 알리고자 했다. 여성의 한복을 높이 평가하여 학교 수업과 유학생활, 강연여행 중에도 한복을 입고 활동하는 등 한국을 모르는 외국인들에게 한국인의 고유한 문화를 알리고자 했다. 여성지식인들은 문화적 민족주의에 입각해 민족문화와 민족주체성을 강조하며 이를 적용하고자 노력했다. 뉴욕을 중심으로 미국유학 중이던 여성지식인들은 민족의식에 입각해 독립과 건국을 목표로 '근화회'를 조직했다.

여성지식인들의 민족애는 귀국을 계기로 다시 고양되었다. 미국과는 너무나 대조적인 가난하고 암담한 조국의 현실을 직시하되 좌절하지 않고, 개선 방법을 모색하고자 결의를 다졌다. 어떤 의미에서 미국에 체류하지 않고 귀국을 재촉하여 민족의 현실과 마주하는 것, 국내에서 삶을 영위하고 사회활동을 하는 것, 현실에서 가능한 방법과 범위에서 자신들이 할 수 있는 일을 찾아 하는 것이 민족을 위한 길이었다.

여성지식인들은 미국유학을 마치고 귀국하면서 여성을 위해 일하겠다는 포부를 밝혔다. 현실적으로 열악한 여성 지위 향상을 위해 노력하겠다는 다짐이었다. 방법으로는 농촌여성계몽, 여성고등교육, 여성의 경제적 자립과 경제력 확보, 여성의 자존과 자신감 회복, 농촌활동, 사회사업 등이 제시되었다.

미국유학에서 귀국한 여성지식인들이 마주한 한국사회는 남성지식인과 교회마저도 여전히 가부장적이며 남존여비적인 사상과 관습이 뿌리 깊게 남아있었다. 심지어 근대교육을 받고 여권을 주장하는 여성들 스스로도 부족한 자신감으로 남성 위주의 관행을 공공연하게 인정하고 있었다. 한국여성의 사회적 지위는 열악했지만, 미국유학 여성지식인들은 여권의식과 남녀평등의식을 가지고 여성문제 해결을 위해 노력했다. 여성지식인들은 남존여비의 원인을 여성의 교육권과 재산권 부재, 여성의 출산 · 육아 · 가사노동의 가치 부정에서 찾았다. 여성의 재산권은 법적 지위와 불가분의 관계에 있었다. 그러나 이는 법을 개정해야 해결이 가능한 사안이었다. 따라서 현실에서 여성지식인들의 힘으로 개선 가능한 부분은 결국 여성교육의 확대를 위해 노력하고, 여성의 직업과 부업을 장려하며, 주부의 출산, 육아, 가사노동의 가치가 사회적으로 인정받도록 의식을 개혁하는 데 있었다. 여권향상과 남녀동등을 위해서는 여성의 경제적 독립이 우선되어야 하지만, 이를 달성할 수 있는 방법은 결국 여성교육이었다. 무엇보다 문제해결의 핵심은 가정과 사회에서 주부를 기생자가 아니라 생산자와 기여자로 인정받도록 하는 데 있었다. 또한 여성이 적극적으로 사회에 진출하되 금기를 깨고 다양한 직업에 도전해야 한다고 촉구했다. 사회도 여성에게 남녀 동등한 기회를 줄 것을 촉구했다. 모든 분야에서 남녀동등이 이루어지기 위해서는 먼저 남녀에게 동등한 기회를 부여해야 한다는 말이었다. 이러한 논리는 여성의 능력에 대한 확신에 근거했다. 여성의 능력은 이미 1919년의 독립운동을 통해 발휘되기 시작했고, 이는 여성이 정치에 참여하고 사회개혁을 담당할 수 있는 준비가 되어있다는 증거로 제시되었다. 남녀에게 동등한 기회가 주어진다면 여성이 남성보다 우월한 능력을 발휘할 수도 있다고 전망하는 이도 있었다. 한편으로 당시 사회에서 남성들의 반발을 최소화하기 위한 조심스런 발언 유형으로, 남녀가 각자 맡은 바를 충실하게 행하는 것이 여권향상과 남녀동등을 위한 길이라고 주장되었다.

여성지식인들은 자신들을 선각자로서 명확하게 인식했고, 자신들이 받은 교육의 혜택을 일반여성들에게 되돌려 주어야 한다는 사명의식을 가지고 있었다. 남성들이 여성들보다 우수하게 보이는 것은 여성들보다 교육의 기회를 더 많이 더 오래 받았기 때문이지, 근본적으로 남녀의 우열이 있는 것이 아니라고 인식했다. 또한 자신들이 일반적인 여성들보다 뛰어나서가 아니라 먼저 교육의 기회를 받았으므로 자신들이 받은 혜택을 일반여성들에게 환원해야 한다고 생각했다. 그리하여 교육받은 신여성들은 일반여성들을 계몽하고 지도해야 할 책임이 있었다. 미국유학 여성지식인들은 중등 이상의 교육을 받은 신여성들에게 여성지도자로서 사명을 자각하고 농촌여성계몽에 나서줄 것을 촉구했다.

여성지식인들은 신여성의 사명이 여권향상과 민족향상에 있으며, 직업과 부업을 통해 경제력을 확보하고, 남녀동등에 기반한 근대적 가정을 건설하며, 신여성 주부가 생활을 개선해 가사부담을 줄이고, 여력으로 농촌여성계몽을 위해 봉사해야 한다고 촉구했다. 여성지식인들은 신여성들이 가정과 직업을 양립하는 것을 가장 이상적으로 여겼다. 이는 현실적으로 실현하기 힘든 과제였다. 교육받은 신여성들이 주부와 직업여성으로서 각자 주어진 상황에서 최선을 다하며, 사회적 책임의식을 가지고 봉사하는 여성지도자로서의 역할을 수행하도록 기대되었다.

여성지도자들은 여권향상의 방법 또는 첫걸음을 여성교육에서 찾았다. 여성의 경제력을 확보하기 위한 실업·직업교육을 주장하는 한편 여성고등교육의 필요성을 강조했다. 여성고등교육으로 여교사와 여성지도자를 양성하는 것은 여성의 문맹퇴치, 보통교육과 중등교육의 확대에 선순환을 가져온다는 논리였다. 미국유학 여성지식인들은 전문학교 체제의 고등교육에 만족하지 않고, 장차 여자종합대학교로 발전을 목표로 학교 부지 조성, 건물 신축, 재단 설립, 학과 증설, 실습을 위한 부속 초·중등학교 설립을 위해 노력했다. 대학교육을 통한 여성고등교육은 교양과 학문을 위한 것이면서도 가정과 직업, 사회에 도움이 되는 실용적 교육이 되어야 한다고 생각했다. 이 목표는 일제시기 시작되어 해방 후에 실현되었다.

일제강점기 독립 다음으로 가장 절실한 민족문제는 농촌경제문제였다. 미국유학 여성지식인들이 본격적으로 농촌문제에 관심을 갖게 된 계기는 1925년 조선YMCA연합회가 농촌부를 신설해 농촌운동을 전개하고, 브루너 교수가 국제선교연맹의 의뢰로 한국농촌을 방문하고 한국농촌문제를 연구하기 시작하면서부터였다. 1928년 김활란과 신흥우를 비롯한 기독교계 대표자들이 국제선교연맹이 주최한 예루살렘대회에 참석하고, 귀국길에 농업 부국 덴마크를 시찰하고 돌아왔다. 여성지식인들은 농촌경제의 위기가 식민지 지배정책과 같은 구조적 문제에 그 원인이 있다고 생각했다. 토지소유의 불균등, 고율의 소작료, 은행대출의 어려움과 고리대, 가혹한 세금과 수탈로 인해 농민의 부채가 가

중되고 소작농과 이주민의 증가가 가속화된다고 파악했다. 그리고 이는 소비가 생산보다 많은 현상을 지적했다. 이 역시 농촌의 구조적 문제에 기인했다.

여성지식인들은 현실적으로 농촌문제를 개선할 수 있는 차선의 방법을 강구하게 된다. 소비보다 생산을 많게 하기 위해 생활개선, 소비절약, 부업, 협동조합을 강조하고, 농촌계몽을 통해 문맹 퇴치, 할 수 있다는 정신적 각성과 희망, 의욕을 고취하며, 농촌에서 보통교육을 확대하는 것이었다. 농촌보통교육의 확대에 있어 개량서당의 활용, 민족문화의식의 증진과 같은 방법이 제안되었다. 또한 농촌경제에 있어 농촌부인의 기여를 평가하고 이들의 역할에 주목했다. 농촌활동 초기에는 여성지식인들이 주도적 역할을 하지만, 장차는 농촌부녀들이 주축이 되어 여성지도자로서 자기 마을과 농촌여성을 위해 활동해야 한다고 전망했다.

미국에 유학한 여성지식인 대부분이 이전에 근무했던 학교로 복직하여 교사활동을 이어갔다. 미국유학 전후 이들의 직업을 보면 거의 변동이 없으며 대부분 교사가 많았음을 알 수 있다. 미국유학으로 여성의 취직이나 교직 진출이 확대된 것은 아니지만, 전공 학문을 심화하여 여교사 자격과 질을 높였다는 데 의의가 있었다. 그리고 미국유학 여성지식인은 귀국 후 교직에 종사하는 이외에 사회단체의 간부 또는 회원으로서 사회활동을 전개했다. 특히 조선YWCA연합회의 핵심세력으로 농촌사업과 농촌여성계몽에 주력하는 한편 여성단체를 새로 조직하여 농촌활동과 여성생활운동, 사회사업을 전개했다. 그리고 교회음악 담당자나 주일학교 교사로 봉사활동을 하거나 교인들에게 강연을 했다. 또한 농촌교육과 계몽, 농촌활동, 기독교교육, 모자보건교육, 세계여행에 관한 여러 가지 저서를 저술하거나 번역서를 출간하기도 했다.

여성지식인들은 우선 농촌활동을 위해서는 이를 담당할 농촌전문가, 농촌활동가를 양성해야 한다고 생각했다. 황애시덕은 협성여자신학교에 지도교수로 부임하여 농촌활동가를 양성하기 시작했다. 그리고 이들을 농촌현장에 파견했다. 이런 방식으로 농촌지도자를 양성하고 농촌현장에 파견하는 데 교사의 월급과 활동자금 등 별도의 경제적 후원이 필요했고, 파견된 신여성들도 농민들을 이해하고 설득하며 신뢰를 쌓고 농촌생활에 적응하기가 쉽지 않았다. 또한 교육받은 신여성을 농촌현장에 파견하고, 이들이 농촌에 일시적으로 머무르며 농촌활동을 전개하다 떠나는 방식으로는 농촌활동의 효과가 제한적거나 일시적이라는 데 한계가 있었다.

이러한 방식을 지양하고 장기간 농촌에 머물며 농민들과 함께 지내며 생활 속에서 농촌계몽을 이끌고 지속적인 성과를 낼 수 있는 그 마을 출신의 농촌부녀지도자를 양성하는 것이 효과적이라는 결론에 도달했다. 따라서 전국 각 마을에서 농촌부녀들을 선발하여 농민수양소에 수용하고 숙식을 함께 하며 단기간 교육을 실시함으로써 이들을 농촌여성지도자로 양성하여 자기마을에 되돌려 보내는 방법으로 전환하게 된다. 이른바 농촌부녀지도자교육 또는 농촌부녀지도자수양소를 통해 농촌활동가를 양성하게 되었다.

먼저 박인덕이 농촌사업협찬회를 조직하고 1933년 YMCA의 농민수양소를 빌려 농촌부녀지도자교육을 실시했다. 1934년부터 1938년까지 조선YWCA연합회의 주도로 농촌부녀지도자수양소가 개최되었다. 이 시기 조선YWCA연합회는 황애시덕 · 김활란 · 김성실 · 박마리아 · 김신실 · 홍에스더 · 서은숙 · 김합라 · 김폴린 · 박마리아 · 고황경 등 미국유학 여성지식인들이 임원으로 활동하며, 이들을 중심으로 농촌사업이 전개되었다.

한편 미국유학 여성지식인들은 기존의 여성단체 이외에 경성여자소비조합 · 조선직업부인협회 · 가정부인협회와 같은 여성단체를 새로 조직하고 생활운동을 전개했다. 또한 경성자매원을 설립하여 사회사업을 전개했다. 이러한 활동을 전개하는 데 외국에서의 견문이 도움이 되었다. 특히 직업부인협회 · 가정부인협회 · 경성자매원은 외국의 여성단체와 사회시설을 모델로 하여 탄생한 것이었다.

경성여자소비조합은 1930년 협동조합운동의 일환으로 조직되었다. 박인덕이 농촌여성을 대상으로 협동조합운동을 전개했다면, 황애시덕은 경성의 도시여성을 대상으로 협동소비조합을 조직했다. 경성여자소비조합은 소매상과 중간상인에게 주는 이익을 조합원들이 직접 취하여 가정경제에 도움을 주는 것을 목적으로 했다. 놀라운 이익을 거두었다고 보도되기도 했다. 그러나 창립 2년만에 침체에 빠지면서 유야무야되었다. 짧은 기간의 활동으로 한계를 보이기는 했지만, 협동조합을 통해 여성계의 경제적 각성과 실천에 영향을 주었다는 데 그 의의가 있었다.

한편 조선직업부인협회는 1932년 12월 박인덕이 직업여성들의 모임인 망월구락부를 전환하여 조직한 단체로써 세계직업부인협회와의 연락을 염두에 두고 조직된 단체였다. 회장 박인덕과 부회장 황애시덕으로 미국유학 여성지식인의 주도로 조직되고 운영되었음을 알 수 있다. 조선직업부인협회는 직업여성들의 모임으로 월례회를 가졌지만, 일반여성을 대상으로도 다양한 사업을 전개했다. 구체적으로 윷놀이대회와 같은 전통적인 놀이에서 시작하여 양복강습회 · 요리강습회 · 경제강연회, 성교육 대한 영화와 강연회 등 생활개선에 도움이 되는 프로그램을 마련하고, 일반여성들이 동참할 수 있는 장을 마련했다. 가장 이색적인 사업은 일반여성을 대상으로 전개한 경성부인대운동회 · 전조선여자빙상대회 · 패션쇼였다. 한국사상 초유의 대담한 기획이었음에도 성공적으로 개최되었다. 체육대회의 경우 일반여성들의 적극적인 참여를 이끌어 내는 성과를 거두었다. 이는 그동안 내외법에 갇혀 있던 여성들에게 육체적 · 공간적 해방과 함께 정신의 해방을 유도하고 삶의 의욕을 고취한다는 점에서 여성운동에 일정하게 기여했다고 하겠다.

1933년 11월 가정부인들의 생활개선과 수양을 목적으로 가정부인협회가 조직되었다. 가정부인은 자신들이 매일 당면하는 의식주 · 육아 · 위생 · 경제 방면에 큰 사명이 있음을 깨닫고, 서로 돕고 친목하며 배우고 노력함을 목적으로 했다. 황애시덕은 가정부인협회 창립총회 준비위원으로 가정부인협회를 발족하는 데 중추적 역할을 담당했고, 1934년 회장으로 선임되어 활동했다. 황애시덕은 여성의 경제적 독립, 사회활동을 강조했던 한편, 주부의 역할에 사회적 의미를 부여했고 주부의 생활개선에 관심을 가졌다. 또한 여성체육에 관심이 많았다.

가정부인협회 사업으로는 윷놀이 · 원유회 · 선유회 등 가사에 찌든 주부의 기분전환을 위한 놀이도 있었지만, 가정문제 강연회와 가정위생 강화 등 주부로서 필요한 지식, 남녀교제문제 토론회, 성교육 강화 등 어머니로서 자녀양육에 필요한 지식, 그리고 요리 · 김장 · 원예(텃밭에서 채소 가꾸기) 등 살림에 요긴한 실제 지식을 배우는 강좌를 개최했다. 이 가운데 특이한 사업은 가정부인대운동회와 여자수영강습회였다. 가정부인협회의 부인대운동회, 여자수영강습회는 조선직업부인협회의 부인대운동회와 여자스케이트대회와 같은 맥락으로 여성체육의 중요성에 대한 관심을 환기하고 여성의 육체적 건강을 통해 정신적 건강과 사회활동에 대한 의욕을 고취한다는 면에서 의의가 있었다.

한편 고봉경과 고황경은 1937년 서울 외곽 동교정 세교리에 여성을 위한 사회복지관으로써 경성자매원을 설립했다. 경성자매원은 한 마을의 전 연령대의 여성을 대상으로 개인의 행복과 근대의 사회복지 개념에 근거한 사회복지사업이었다. 부서로는 영아부 · 유치부 · 소녀부, 학원(주간 강습회), 어머니회(학원 오후반), 경로부, 인사 상담부, 방문

간호, 시료부, 임산부 상담부가 있었다. 주된 기능은 교육 · 계몽 · 생활개선, 그리고 보건 상담과 진료였다. 또한 각 가정의 경제상황에도 관심을 가지고 경제향상을 위해 부업 알선, 농촌가내공장 설립, 수공예품 수출, 재봉과 자수 등 기술교육의 방법을 모색하고 시도했다. 여성의 자립적 경제활동은 생존권 확보, 범죄 예방, 여성의 지위 향상을 위해서 필요한 것이었기 때문이다. 1942년과 1943년 고황경은 경성자매원의 이름으로 영아관(유기여아 보육원)과 가정료(범죄소녀 감화원, 갱생원)를 설립했다. 무료탁아기관과 소녀감화원과 같은 아동보호시설이 필요하다는 평소의 소신에 따른 사립 사회복지관 사업이었다는 데 의의가 있었다. 그러나 한편으로는 이러한 사업을 지속하기 위해서 일제협력을 하지 않을 수 없었다는 한계가 있었다.

이 글에서 중점적으로 살펴본 여성지식인들은 전체 미국유학 여성지식인 가운데 비교적 소수이지만, 직업에 종사하는 이외에 다양한 사회문제와 여성문제에 관심을 가지고 현실에서 가능한 사회활동을 전개했다. 대다수 미국유학 여성지식인은 교직에 종사하거나 결혼하여 가정생활에 전념하는 등 활동이 미미했던 가운데 몇 명의 여성들은 활발한 사회활동을 전개했다. 특히 1930년대 농촌활동 · 여성단체 · 사회사업에서 주목할 만한 성과를 거두었다. 그러나 1937년 중일전쟁, 1941년 태평양전쟁 등 정국 변화와 전시체제로의 전환에도 활동을 지속하는 가운데 일제협력 시비에서 자유롭지 못하게 되는 한계를 남기게 되었다. 그럼에도 1920~30년대 이들의 현실인식과 이들이 전개한 사회활동에 대한 일정한 평가가 필요하다는 데 본 연구의 의의를 두고자 한다.

여성지식인들 가운데 미국유학생과 일본유학생을 비교하여 그 공통점과 차이점, 특징을 살펴보면 다음과 같다. 우선 이들은 귀국 후 대부분 교직에 종사했다. 1920년대 일본유학에서 귀국한 여성지식인 가운데는 사회주의 사상의 영향을 받아 사회주의 사상단체를 조직하여 활동하는 여성들이 있었다. 반면 미국유학 여성지식인들은 대부분 기독교인으로서 유학 전후 조선YWCA연합회 간부로 활동한 이들이 많았다. 이들은 1927년 근우회가 조직되면서 잠시 함께 활동하기도 했다. 그러나 1928년 기독교여성들 가운데 몇 명이 근우회를 탈퇴하고, 조선YWCA연합회 활동에 전념하며 농촌여성을 대상으로 농촌사업과 계몽·문맹퇴치운동을 전개했다. 이는 1928년 한국기독교인 대표들의 예루살렘 선교대회와 덴마크 방문을 기점으로 활발하게 전개되었던 기독교농촌운동과 기독교여성운동의 맥락에서 전개된 것이었다. 또한 이는 1920년대 말 1930년대 초 언론사가 주도한 학생들의 문자보급운동·농촌계몽운동과 함께 사회에 시너지 효과를 일으키며, 당면한 사회현실의 요구에 따른 합법적 민족운동의 맥락에서 전개되었다. 반면 일본유학 사회주의 여성지식인들은 근우회의 핵심세력으로 남아있었으나, 광주학생운동으로 촉발된 1930년 서울여학생시위의 주동자로 지목되어 간부들이 체포되면서 국외로 도망하거나 지하로 잠적했다. 이런 이유로 당시 민족주의운동의 흐름에서 벗어나면서 농촌문제개선과 여성생활개선, 여성지위향상 등 농민들과 여성들의 당면요구에 부응하지 못했다. 반면 미국유학 여성지식인들은 기존의 조선YWCA연합회 이외에 새로운 여성단체를 조직하고 1930년대 농촌운동과 여성운동을 주도하며 활발하게 사회활동을 전개했다.

미국유학 여성지식인들은 미국유학을 통해 일본제국을 벗어나 서양 근대문명과 세계로 시야를 확대하며 비교문화의 시각을 가지게 되었다. 이러한 경험은 민족의식을 더욱 강화하고 민족문화의 우수성과 중요성을 재인식하는 계기가 되었다. 또한 구미의 민주사회를 직접 경험하고 근대학문을 습득하며 사회복지제도와 사회시설을 시찰했다. 그리고 이 가운데 우수한 점을 수용하거나 한국현실에 적합한 모델을 찾아 적용해보고자 했다. 이 가운데 가장 대표적인 것이 사회복지사업과 사회시설에 대한 관심을 사회복지관 · 영아관 · 가정료로 구현한 경성자매원이었다. 또한 미국유학생들은 서양여성들의 사회적 지위와 사회활동 · 가정생활 · 단체조직에 주목하여, 한국여성들의 모델로 삼고자 했다. 조선직업부인협회와 가정부인협회는 서양의 여성단체를 모델로 조직된 것이었다. 어떤 의미에서 일본유학 여성지식인들보다 서구식 정치의식, 남녀동등의식, 사회활동에 있어서 보다 적극적이고 진보적인 경향을 띠었다고 볼 수 있다. 또한 미국유학 여성지식인들의 구미사회 경험과 영어 구사실력은 해방 이후 미군정과 이승만 집권기가 전개되면서 건국과정에 보다 적극적으로 참여하게 되는 계기가 되었다고 하겠다.

이들은 식민지 지배구조, 가부장적 사회구조와 가족제도 속에서 민족문제 · 농촌문제 · 여성문제를 고민하며 실력양성과 생활개선을 위한 사회활동을 전개했다. 그러나 일제지배 하에서 사회활동을 계속하면서 이들의 대부분이 일제말기 일제협력행위를 동반하게 된다는 데 그 한계가 있었다. 그럼에도 일부 신여성들처럼 여성해방을 개인의 문제로만 함몰시키지 않고, 여성지식인의 선구자로서 사명감을 가지고 사회에 기여하는 생산적인 측면에서 민족의 실력양성과 연결하여 현실을 개선하고자 노력했다는 데 그 의의가 있다. 또한 이들의 활동은 '여성에 의한 여성을 위한 사업'이었다는 의미에서도 뚜렷한 자취를 남겼다.

부록

—

1895~1945년 미국유학 한국여학생 명단

〈부록〉 1895~1945년 미국유학 한국여학생 명단

순번	이름	다른 이름	생몰 연대	출신지	도미 시기	국내 출신 학교	유학시절 재학 학교	전공	학위	귀국	결혼 시기 및 배우자	귀국 후 활동 (직업)
1	김점동	박에스더	1877~1910	서울	1895	이화학당	볼티모어여의대	의학	M.D.(의학박사)	1900	기혼 (박유산)	서울 보구여관 · 평양 광혜여원 의사, 선교사
2	황메리	여메례황		?	1900	이화학당	?	?	?	?	결혼	미이미 감리교(정동교회) 보호여회 조직, 회장
3	하란사	김난사	1875~1919	안주	1900	이화학당	오하이오 웨슬리안대		학사(B.A.)	1906	기혼 (하상기)	이화학당 교사(영어, 성경), 기숙사 사감
4	윤고려	윤고라		?	1905	?	?	?	?	1906	기혼 (윤치오)	양원여학교 · 양심여학교 교장
5	차미리사	김미리사	1879~1955	고양군 공덕리	1905	중국 소주 중서여숙	스캐리트성경학교	성경	졸업	1912	과부	배화학당 교사 · 사감, 선교사, 조선여자교육회 조직, 회장, 부녀야학 개설, 근화학원 설립, 근화여자실업학교 교장
6	윤헬렌			?	1911	?	벤더빌트대	?	학사	1925	미혼	1925 제1회 태평양문제연구회 참석
7	황혜수	황하수		?	1911	선천 보성학원, 정신여학교	앨라바마주 아덴스대, 바이블 칼리지	성경	학사	X	?	1919.9 하와이YWCA 서기~, 25년간 하와이 거주
8	김낙희	백낙희		?	1914	정신여학교	?	?	?	X	1916 백일규	샌프란시스코 거주, 1935~캔자스시로 이주
9	김신실		1902~	서울	1936 (이민)	이화학당, 오하이오주 오퀄린중학	오벌린대, 미시간대	교육학, 체육학	학사, 연구과정, 석사	?, 1938	?	1931~1961.9 이화여전 교원(체조), 직업부인구락부(여자기독청년회 내에 설치) 회장
10	조득란			평남 대동군	1915	?	오마하 신학교	신학	졸업	1923	?	경신학교 교사, 1925 구미유학구락부 부원
11	김에스더			?	?	?	조지아 웨슬리안대	?	학사	1922	1923 허성	1924~ 재도미, 미국 거주
12	노정면			?	1916	진명여학교	드루학원	?	졸업	1925	1920 조병옥	귀국

순번	이름	다른 이름	생몰 연대	출신지	도미 시기	국내 출신 학교	유학시절 재학 학교	전공	학위	귀국	결혼 시기 및 배우자	귀국 후 활동 (직업)
13	우복자	남궁조앤, 우조엔		?	1917	보성여학교	조지워싱턴대	?	학사	X	1924 남궁염	미국 거주
14	김덕세	데이지	1896~ 1977	전북 정읍	1918 (이전)	이화학당 중등과	?	?	?	X	김형순	캘리포니아 정착
15	신마실라	신마숙, 마르셀라신	1893~?	경기 가평	1919	이화학당 보통과, 중등과, 대학과	펜실바니아대	역사학	학사	X	?	미국 거주(펜실바니아주 필라델피아 → 뉴욕),상업
16	이은라	이로라, 이을라		?	1920	이화학당, 나가사키 가츠이여학교 중등부, 대학부	보스톤대	음악, 교회음악	학사, 석사	1925	미혼	1925~ 이화여전 교원(음악사, 화성학, 합창), 1929 병사
17	이화숙	이도로티	1893~?	?	1920	이화학당 중등과, 대학과	?	?	?	X	정양필	미국(미시간주 디트로이트) 거주
18	김앨리스	김애식, 정애식	1893~ 1950	인천	1921	이화학당 중등과, 대학과, 가츠이여전	앨리슨화잇음악학교, 오레곤대	음악, 피아노	학사	1925	1925 정일사	이화여전 음악과 교원, 음악과 과장, 1925 정일사(재미교포, 세브란스병원)와 결혼
19	김영도			?	1921		파크대 입학 예정	?	?	X	1924 송종익	1933 귀국(두 자녀 대동)
20	정애경	엘렌정		해주	1921	숭의여학교	듀북대, 콜롬비아대	교육학	학사, 연구과정	X	1929 김계봉	미국 거주
21	최자혜	그레이스최		평남	1921, 1929	정명여학교 고등과, 숭의여학교	루이스벅신학교, 얼스킨여대, 그린브리어대, 아그네스스콧대, 조지아대	신학?	학사	1928, X	1930 송상대	1929.9 목포 정명여학교 교사 예정, 미국 거주, 상업
22	주영순			하와이			오벌린대, 콜롬비아대	사회학	학사, 연구과정	1930	1930 최순주	귀국
23	김활란	김기득, 헬렌 K. 김, 김혜련(필명)	1899~ 1970	인천	1922, 1930	인천 영화여학교, 이화학당 중등과, 대학과	오하이오 웨슬리안대, 보스톤대, 콜롬비아대	종교철학, 교육학	학사, 석사, 박사	1925, 1931	미혼	1925~ 이화여전 교원, 1926~ 학감, 1933.9~ 부교장, 1939 이화여전 교장, 1943 이화학당 재단법인 이사장

순번	이름	다른 이름	생몰 연대	출신지	도미 시기	국내 출신 학교	유학시절 재학 학교	전공	학위	귀국	결혼 시기 및 배우자	귀국 후 활동 (직업)
24	신준려	줄리아신, 류형숙, 신형숙	1898~?	가평	1922	이화학당 보통과, 중등과, 대학과	듀북대, 오하이오 웨슬리안대, 보스톤대	사회윤리	학사, 석사	1927	1927 류형기	협성여자신학교 교원, 여자절제회 초대회장
25	송복신	그레이스 P. 송	1901~	평양	1922	동경여의전	미시간대	공공보건학	박사	X	1929? 미국인	미국 거주, 연구원, 의사
26	김애신	애신메리김		?	1923	숭의여학교	필라델피아 성경학원 또는 성경학교, 템플대	성경, 아동교수법	졸업	1926	?	아동교육에 헌신할 예정
27	임배세	김배세, 베시림	1897~	천안	1923	이화학당 중등과, 대학과	오벌린대, 일리노이 웨슬리안대	음악, 교육학	학사	X	1928 김경	미국(일리노이주 시카고) 거주
28	홍에스더	홍애시덕, 홍에스터		수원	1923	이화학당 대학과	스캐릿성경학교	성경	졸업	1926	1935 이명원	협성여자신학교 교원
29	김마리아	마리아 C. 김	1892~1944	장연	1923	정신여학교, 히로시마여학교, 도쿄여자학원, 상해 금릉대	파크대, 시카고대, 콜럼비아대, 뉴욕 성서신학교	사회학, 교육행정, 종교교육	학사, 연구, 석사, 학사	1932	미혼	원산 마르다윌슨신학교(원산여자성경학원) 교원 (신학, 철학)
30	손진실	버지니아손		?	1923	이화학당 중등과, 상해 메리판암여학교	시카고대, 코넬대, 듀북대	음악교육	학사	1929	1929 윤치창	귀국
31	김연실	김정숙	1898~	평북 회천	1923	영변 숭덕여학교, 세브란스병원 간호학교, 남경 금릉대, 대한인적십자회 간호부양성소	오벌린대	?	학사, 연구	X	1925 최능익	미국 로스앤젤레스 거주, 1936.9 이전부터 미용원 경영
32	양복학			?	1923	남경 금릉대	?	?	?	?	?	
33	김용제			?	1923		듀북대	?	?	?	?	
34	임영신	루이제임	1899~1977	금산	1923	전주 기전여학교, 히로시마여고	사우쓰캘리포니아대	정치학, 종교,	학사, 석사	1934	1938 한순교	1935.4 중앙보육학교 교장
35	차경신	박경신		평북 선천	1924	선천 보성여학교, 정신여학교, 요코하마신학교	로스앤젤레스성경학원	성경	졸업	X	1925 박재형	미국 거주

순번	이름	다른 이름	생몰 연대	출신지	도미 시기	국내 출신 학교	유학시절 재학 학교	전공	학위	귀국	결혼 시기 및 배우자	귀국 후 활동 (직업)
36	이봉순	강봉순			1924	상해 대한인적십자회 간호부양성소	캘리포니아주 로마린다 화잇기념병원, 시카고 라잉인병원	간호학	졸업	X	1931 강봉호	미국 로스앤젤레스 거주
37	위덕실				1924		듀북대, 무디성경학원	성경	?	?	?	?
38	안윤희	헬렌윤희안		개성	?		콜롬비아대	사회학	?	X	안정수	미국 거주
39	이선행	마가렛선행리			1924	정신여학교, 동경 천대전여학교, 와세다대 사회교육과	파크대, 베레아대	농학	?	1932	1929 최윤호	황해도에서 부부가 함께 농민교육사업
40	김성실				1924	이화학당 중등과, 대학과	뉴욕 YWCA간사훈련학교, 마운트 홀리요크대	종교교육	학사	1929	1930 오기은 (오익은)	1930~32 조선YWCA연합회 총무
41	김필례	필리스김최	1891~1983	황해도 장연	1925	정신여학교, 도쿄여자학원 중등부, 고등부, 영화음악전문학교	아그네스 스콧대, 콜롬비아대	역사학, 교육행정	학사, 석사	1927	1918 기혼 (최영욱)	광주 수피아여학교 교감, 책 저술, 번역 출판
42	박영애			인천	?		펜실바니아 아카데미 오브 파인 아트	미술	연구생	X	?	미국 거주
43	임아영	아영 Y. 림		?	?	경성여고보, 와세다대 영문학과	뉴잉글랜드 컨서버토리 오브 뮤직	성악	졸업	X	백남용	부부가 미국 샌프란시스코에서 송도백화점 경영
44	김량 (金良)	루시아 Y. 김		?	1925	경성여고보, 동경 영화의숙	듀북대, 시몬즈대학	문학	학사	X	1928 김형린	미국 거주
45	김합라	김함나, 한나김		평양	1925		오레곤주립대	가정학	학사, 석사	1928	1933? 박 씨	이화여전 가사과 교원 및 과장
46	황애시덕	황에스더, 황애덕, 황에스터	1892~1971	평양	1925	정진학교, 이화학당 중등과, 동경여의전, 이화학당 대학과	노쓰웨스턴대, 시라큐스대, 콜롬비아대, 펜실바니아주립대	교육학, 농촌교육, 농학	학사, 석사	1929	1930 박순(보)	협성여자신학교 교원, 조선YWCA연합회 농촌부 간사, 경성여자소비조합 전무이사, 조선직업부인협회 부회장, 가정부인협회 회장, 만주행
47	박미나				?		앤드류대, 스캐릿대	?	학사	1930	?	귀국

순번	이름	다른 이름	생몰 연대	출신지	도미 시기	국내 출신 학교	유학시절 재학 학교	전공	학위	귀국	결혼 시기 및 배우자	귀국 후 활동 (직업)
48	길진주				1925	숭의여학교, 시모노세키 유학	파크대, 무디성경원, 시카고대, 센트대, 루이스대	?	학사	X	장세운	미국 거주
49	한소제	소제신	1898~?	평양	1926	정신여학교, 도쿄여자학원, 동경여의전	알비온대, 워싱턴대	소아과	특별생, 연수	1928	기혼 (신동기)	경성자매원 방문의사, 동대문병원 탁아소 주치의, 동대문병원 의사
50	김애희			평양	1926	도쿄여자학원, 북경 협화여의전	필라델피아여의대, 뉴욕주 가탈네피아대 뉴저지시티병원	산과, 소아과, 의학	연구생, 연구	1928, 1933	1928 이용직	평양 기홀병원 부인과 의사, 재도미, 하와이 거주, 귀국 평양 애희병원 개업
51	박필연				1926	상해 유학	샌프란시스코여자신학교, 샌프란시스코 사범대	성경, 교육	학사	1933	미혼	통영 선교회 학교, 동래 여자실수학교 교사
52	김옥련				1926	상해 유학	?	?		?	?	
53	허정숙				1926		뉴욕	영어	연수	1927	기혼	귀국
54	김영선	영선이블린김		의주	1926	이화학당, 용천 용암포 병원 간호학교	듀북대	?	특별생	X	1928 차의석	미국 거주
55	박인덕	인덕김	1896~1980	진남포	1926	진남포 삼숭학교, 이화학당 중등과, 대학과	조지아 웨슬리안대, 콜롬비아대	철학, 사회학, 심리학, 종교교육	학사, 석사	1931	기혼 (김운호) 1931 이혼	영국성서공회 사무원, 농촌여자사업협회 조직, 회장, 조선직업부인협회 조직, 회장, 책 저술·번역, 1941 덕화여숙 설립, 숙장
56	윤성덕	메리성덕윤, 차성덕	1907~	진남포	1926, 1937	진남포 삼숭학교, 이화학당 중등과, 대학과	호너예술학원, 오벌린 컨서버토리 오브 뮤직 노스웨스턴대	피아노	학사	1929, X	1939 차진주	1929~1937 이화학당, 이화여전 음악과 교사(시창학, 청음, 음악이론), 끌리클럽 지휘, 재도미, 미국 거주
57	이인애	이영준			1926	이화학당 중등과, 남경 금릉대 영문과	샌프란시스코 성경학교	성경	?	1927	1927 김동우	귀국
58	박화숙	루이자박		공주	1926	이화학당, 고베여학원 음악부	시라큐스대	음악(성악, 피아노)	학사, 연구	1929 1934	1929 이묘묵	공주 영명여학교 교사, 1933 재도미, 귀국

순번	이름	다른 이름	생몰 연대	출신지	도미 시기	국내 출신 학교	유학시절 재학 학교	전공	학위	귀국	결혼 시기 및 배우자	귀국 후 활동 (직업)
59	송낙균			강서	1926		샌프란시스코 성경학교 입학 예정, 캘리포니아대, 텍사스주립과학전문대	성경?, 기술?	학사	1933	?	1934~36 이화여전 가사과 교원
60	추애경	추루스		경북	1927	이화여전, 가츠이여전 음악과	사를워싱턴대, 뉴잉글랜드컨서버토리오브뮤직, 피바디음악학원, 줄리어드음악학교	성악	졸업	X	1928 김태술	미국 거주
61	김분옥				1927	이화학당 중등과, 이화여전 문과	오레곤주립대	가정학	학사	1930	1934? 평양 실업가	이화여전 가사과 교원(섬유학, 의류학)
62	서은숙	은숙앨레, 시아서	1902~1977	인천	1928	인천 영화여학교, 이화여고보, 이화학당 대학과	신시내티사범(유치원교육)학교, 콜롬비아대	유치원교육, 아동교육	졸업, 석사	1931	미혼	이화보육학교 학감, 이화여전 보육과 교원
63	김란혜	김난혜(金蘭兮), 김난희			1928	이화여전 문과	사우쓰 캘리포니아대, 내셔널 아카데미 오브 아츠 또는 디자인	미술, 디자인		?	?	?
64	김동준	캐스린 T. 김			1928	이화학당 중등과, 대학과	미시간대	영문학	학사, 석사	1932	?	함흥 영생여고보 교사, 이화여고보 교사
65	김메불	메이블김		인천	1928	이화학당 대학과	마운트유니온대, 토론토대, 오레곤주립대	가정학	?	1933	1934 이계원	이화여전 가사과 교원, 과장
66	이정애	바이올렛이	1901~1954	서울	1928	양규의숙, 이화학당 중등과, 대학과, 유치원 사범과	하와이 호놀룰루 퀸즈병원 간호학교	간호학	졸업	1931	이혼	세브란스병원 간호원장, 간호학 윤리 강의, 이화여전 기숙사 사감
67	이금전	프랜시스 K. 리	1900?		1929	이화학당 중등과, 이화여전 문과, 세브란스병원 간호학교	토론토대 간호학교	보건간호과 간호학 전공	?	1930	?	동대문부인병원 간호원장, 아동보건회장, 태화여자관 공중보건·위생부 간호사, 세브란스간호학교 교장

순번	이름	다른 이름	생몰 연대	출신지	도미 시기	국내 출신 학교	유학시절 재학 학교	전공	학위	귀국	결혼 시기 및 배우자	귀국 후 활동 (직업)
68	박마리아		1906~1960	강릉, 개성	1929	호수돈여고보, 이화학당 중등과, 이화여전 문과	마운트홀리요크대, 스캐리트대, 피바디대	교육	학사, 석사	1932	1934 이기붕	이화여전 문과 교원(수신 윤리, 영어)
69	정옥분			서울	1929	숙명여학교	루이스학원, 듀북대	음악	?	1936	1930 김훈	귀국
70	김메리	김메례	1904~	서울, 개성	1930	배화여학교, 이화학당 중등과, 이화여전 문과	미시간주립대	음악, 음악이론	학사, 석사	1934	1936 조오흥	이화여전 음악과 교원(음악이론, 미학, 음악사), 학감
71	강유두				?	이화여전 문과	하와이 호놀룰루 퀸즈병원 간호학교	간호학	졸업	?	?	부산기독교사회관 근무
72	조은경	그레이스조		원산	1931	영생여학교, 원산 진성여학교, 이화여고보, 이화여전 음악과	온타리오 레이디스 칼리지, 캐나다 토론토 컨서버토리	피아노	졸업	1933	1935 최황	원산 마르다윌슨여자신학교 교원
73	고봉경		1906~50(납북)	서울	1931	경성여고보, 사범과, 이화여전 음악과	조지아 웨슬리안 컨서버토리	음악	졸업	1934	?	협성여자신학교 교원, 이화여전 교원, 1937 경성자매원 설립
74	고황경	이블린고, 極星(필명)		서울	1931	경성여고보, 동지사여전 영문과, 동지사대 법문학부 경제과	미시간대	경제학, 사회학	석사, 박사	1935	미혼	이화여전 가사과 교원(경제, 법제, 영어), 과장, 경성자매원, 영아관, 가정료 설립
75	김보린	김폴린		강서	1931	이화학당 중등과, 대학과	노쓰웨스턴대, 내셔널 교육대(에반스톤)	종교(기독교교육), 교육	학사	1934	미혼	조선감리회 총리원 간사, 교재 편저
76	김애마	엠마김	1903~	인천	1931	인천 영화여학교,이화여고보, 이화학당 중등과, 유치원 사범과	내셔널 교육대	유치원교육	학사	1935	미혼	이화보육학교 학감, 이화여전 보육과 교원, 이화유치원·아현유치원·신촌유치원 원장
77	송경신		1915~	평양	1931	평양 정의여고보	미시간대 입학 예정, 컨서버토리	음악, 피아노	?	1937	윤두선 (일본 유학생)	귀국, 결혼, 1947 미시간대 음악과 강사로 초빙, 재도미, 미국 거주

순번	이름	다른 이름	생몰 연대	출신지	도미 시기	국내 출신 학교	유학시절 재학 학교	전공	학위	귀국	결혼 시기 및 배우자	귀국 후 활동 (직업)
78	이유경			평양	1932	숭의여학교, 동경 일본체조학교	듀북대, 일리노이 웨슬리안대	교육, 가사	학사	1937	?	귀국
79	박은혜	그레이스박	1904~1963	평남 평원	1932	정신여학교, 후쿠오카고등여학교, 이화여전 문과	듀북대학교, 뉴욕성서신학교	종교교육	학사, 석사	1936	1937 장덕수	조선장로교총회 종교교육부 간사, 이화여전 교원(영어, 성경), 학생감, 기숙사 사감
80	유부용			개성	1932	영생여고보	알마대, 토론토대	음악, 성악	학사	1937	?	1938 귀국 독창회
81	이의순				1933	이화여전	남가주대 입학 예정	?	?	?	?	
82	최직순				1935	원산 누씨여고보, 이화여전 문과	오레곤 윌리어메트대	종교교육	학사	1937	?	1941 동경여자기독청년회 사감
83	최이순		1910~1987	황해도 안악	1935	평양여고보, 이화여전 가사과	오레곤주립대, 미시간주 디트로이트 메릴 팔머 스쿨	가정학, 아동학, 가족관계	학사, 연구과정, 석사	1938	1939 임재각	1939 일본 동경보건소, 아동영양학 연구, 이화여전 교원
84	김영의		1908~1986	인천	1935	인천 영화여학교, 이화여전 음악과 피아노 전공	줄리아드음악학교	음악, 피아노	졸업	1939	해방 이후 신성모(국방장관)와 결혼	이화여전 음악과 교원
85	한경순			하동	1935	동경 청산학원 신학부	콜롬비아대 종교교육·철학 연구 예정, 산안젤모신학교 입학 예정, 뉴욕 유니온신학교, 프린스턴 웨스터민스터 교회음악학교	신학, 교회음악	?		?	?
86	최정림	최정임	1913~1996	서울	1936	이화여전 문과	시라큐스대, 스미스대	영문학, 비교종교	학사, 석사, 연구생	?	1942 한표욱	미국 및 국외 거주(남편 외교관), 1949 미시간대 문화인류고고학 박사
87	최예순	최례순		평원, 평양	1936	이화여전 문과	스케릿대, 시카고대	종교교육	학사	1940	?	이화여전 교원 예정
88	윤종선				1936	협성신학교	스캐릿대, 시카고대	종교교육, 사회학	학사	1940	?	협성신학교 교원 예정
89	김기춘				1936	?	노드필드신학교	신학	?	?	?	

순번	이름	다른 이름	생몰 연대	출신지	도미 시기	국내 출신 학교	유학시절 재학 학교	전공	학위	귀국	결혼 시기 및 배우자	귀국 후 활동 (직업)
90	김상순				1936	이화여고보, 이화학당 유치원 사범과	내셔널 교육대, 사범대, 콜롬비아대	교육학	학사	?	?	
91	이보배				1938	이화여전 문과, 동경 청산학원	로스앤젤레스 성경선교학원, 뉴욕 성경학교	성경	?	?	1940 임창영	
92	최세문				1938	숭의여학교, 남경 금릉대, 호강대, 동경여대	로스앤젤레스 성경선교학원, 콜롬비아대	교육	?	?	?	
93	이춘자				1938	이화여전 음악과	미시간대	피아노		X	1942 곽정순	
94	김갑순		1914~	서울	1938	이화여고보, 이화여전 문과	알라바마대	영문학스피치드라마	학사	1940	1943 이의철	1940 이화여전 문과 교원
95	김명애				1938		프린스턴대	음악	학사	?		
96	김순희				1938	감리교신학교	스캐릿대학 입학 예정	?		?		
97	정애라	정애나		캘리포니아 귀국	1938	숭의여학교, 고베여자고등학원	락포드대, 시카고대	사회학	학사, 연구과정	?	1941 하문덕	
98	민덕순				1939	이화여전 문과	파세디나대 영문학·종교교육 전공 예정, 뉴욕 성경학원	영문학?, 성경	?	?	김하태	해방 이후 음악 전공, 석사학위, 귀국, 이화여대 교수, 재도미, 미국 거주
99	이순갑			서울	1940	정신여학교, 중앙보육학교, 동경제국음악학교 성악과	시카고 아메리칸 음악학교	음악, 성악	?	?	홍르리취	
100	유순한				?		로마렌다 간호학교, 글렌데병원 간호학원	간호학	?	?	?	귀국

* 「〈부록〉 1895~1945년 미국유학 한국여학생 명단」 관련 오류나 추가할 내용이 있을 경우 연락(kse-lope@daum.net) 주시면 개정판에 반영하겠습니다. 감사합니다.

참고문헌

1. 1차 사료

『감리회보』『기독신보』『동아일보』『매일신보』『시대일보』『신한민보』『조선일보』『조선중앙일보』『중앙일보』『중외일보』.

『家庭の友』『건강생활』『근우』『동광』『만국부인』『별건곤』『삼천리』『신가정』『신동아』『신여성』『신여원』『신인문학』『신학지남』『아희생활』『여성』『우라키』『이화』『조광』『청년』『춘추』『학생』.

Annual Report of the Korea Woman's Conference of the Methodist Episcopal Church, The Korea Mission Field, (The) Korean Student Bulletin, Korean Student Directory.

「輓近ニ於ケル鮮內思想運動ノ情勢」(1927~1928), 「治安槪況(京畿道)」(1929), 「思想問題ニ關スル調査書類」(1929), 「思想ニ關スル精報綴 : 第五册」(1930), 『朝鮮總督府所藏 朝鮮人 抗日運動 調査記錄』(독립기념관 소장, 국회도서관 자료), 『조선총독부통계년보』.

『조선여자기독교청년회연합회회록』, 대한YWCA연합회 소장.

김동환 편, 『평화와 자유』, 삼천리사, 1935.
김보린 편저, 『에덴동산』, 기독교조선감리회 총리원 교육국, 1938.
김보린 편, 『(주일학교) 유년부 교과서』 권1, 기독교조선감리회 총리원 교육국, 1935.
김필례, 『성교육』, 조선야소교서회, 1935.
김활란, 『정말인의 경제부흥론』, 조선기독교청년회연합회, 1931, 『우월문집』 1, 1979.
김활란 저(김순희 역), 『한국의 부흥을 위한 농촌교육(*Rural Education for the Regeneration of Korea,* Dunlap Printing Company, 1931, 콜롬비아대박사학위논문, 1931)』, 『우월문집』 1, 1979.
몽고머리(Helen Barrett Montgomery) 저(박인덕 편역), 『예루살넴에서 예루살넴(*Jerusalem to Jerusalem*)』, 농촌여자사업협찬회, 1933.
박인덕, 『정말국민고등학교』, 조선기독교청년회연합회, 1932.
박인덕, 『농촌교역지침(農村敎役指針)』, 농촌여자사업협찬회, 1935.
박인덕, 『세계일주기』, 조선출판사, 1941.
반하두(潘河斗) 편, 『살 길로 나가자』, 조선기독교청년회연합회, 1928.
신형숙, 『공자와 아리스토틀의 윤리 비교 연구(*The Ethics of Confucius and Aristotle,* 보스톤대석사학위논문, 1927)』, 한국기독교문화원, 1983.
윤치호 저(김상태 편역), 『윤치호 일기 : 1916~1943』, 역사비평사, 2001.
이순탁, 『최근 세계일주기』, 한성도서, 1934(이순탁, 『최근 세계일주기』, 학민사, 1997.
채핀 부인·최봉칙, 『명말나라 연구』, 조선야소교서회, 1930.
촬쓰 포스터(Charles Foster) 원저(김필례 번역), 『성경사화대집(*The Story of the Bible*)』, 조선기독교서회, 1940.

한상권 편저, 『차미리사전집』 1, 2, 덕성여대차미리사연구소, 2009.
홍병철 편, 『학해』, 학해사, 1937.
홍애시덕 편, 『절제동화집』, 일본기독교부인교풍회 조선연합부회, 1940.

고황경, 「눈물도 아껴 흘리시라던 그 말씀」, 『어머니』 편찬회, 『어머니』 상, 창조사, 1969.
고황경, 「여성지위 향상 위해(김선애 기자의 1973년 7월 28일 인터뷰)」, 경향신문사 편, 『내가 겪은 20세기 : 백발의 증언, 원로와의 대화』, 경향신문사, 1974.
고황경, 「공부도 항일하는 심정으로」, 강신재 외, 『나의 소녀시절』, 범우사, 1982.
김갑순 엮음, 『영어연극 공연사 : 이대 영문과 연극 70년을 돌아보며』, 이화여대출판부, 2000.
김갑순, 「남편과 네 아이 두고 마흔두 살에 떠난 미국 유학」, 여성신문사 편집부 엮음, 『이야기 여성사 : 한국여성의 삶과 역사』, 여성신문사, 2000.
김메리, 『학교종이 땡땡땡』, 현대미학사, 1996.
김신실, 「여성체육에 헌신 : 나의 30대」, 『신동아』 51, 1968.
김영의, 『이화를 빛낸 음악인들』, 한국심리검사연구소 출판부, 1977.
김폴린, 『주님이 함께 한 90년』, 보이스사, 1989.
김활란, 『그 빛 속의 작은 생명 : 우월 김활란 자서전』, 이화여대출판부, 1965.
박마리아, 「나의 도미유학생 당시의 회상」, 『여성과 교양』, 이화여대출판부, 1955, 1957(개정판).
박마리아, 「기독교와 한국여성 40년사」, 김활란박사 교직근속 40주년 기념논문집 편집위원회 엮음, 『한국여성문화논총』, 이화여대출판부, 1958, 1999(제2판).
박인덕, 『구월 원숭이(*September Monkey*, 1954)』, 인덕대학, 2007.
박인덕, 『호랑이 시(*The Hour of the Tiger*, 1965)』, 인덕대학, 2007.
Induk Park, *September Monkey*, Harper & Brothers, New York, 1954.
Induk Park, *The Hour of the Tiger*, Harper & Row, New York, 1965.
Induk Park, *The Cock Still Crows*, Vantage Press, 1977.
박은혜, 『난석소품』, 경기여자중고등학교 학도호국단, 1955.
서은숙, 「신여성교육」, 공저, 『남기고 싶은 이야기들 1』, 중앙일보사, 1973.

우월문집 편집위원회 편, 『우월문집』 2, 이화여대출판부, 1986.
임영신(Louise Yim), 『나의 40년 투쟁사(*My Forty Year Fight For Korea*, Chungang University, 1951)』, 승당임영신박사전집편찬위원회, 1986.
임영신, 「나의 이력서(『한국일보』 1976.7.24~9.28, 40회 연재)」, 승당임영신박사전집편찬위원회 편, 『승당임영신박사문집』 2, 1986.
촬스 포스터 저, 김필례 옮김, 『성경사화집』, 대한기독교서회, 1957.
최이순, 『살아온 조각보』, 수학사, 1990.
최정림, 『외교관의 아내, 그 특별한 행복』, 여성신문사, 1998.

2. 2차 자료

고(故)이정애여사전기편찬회 편, 『우리 친구 이정애』, 동아출판사, 1959.
김영삼, 『김마리아』, 한국신학연구소, 1983.
김원경 엮음, 『(중앙대학교 설립자 승당) 임영신의 빛나는 생애』, 민지사, 2002.
김원용 저(손보기 엮음), 『재미한인50년사』, 혜안, 2004(U.S.A. : Reedley, Calif., 1959).
김정옥, 『이모님 김활란』, 정우사, 1998.
김징자 엮음, 『우리 서은숙 선생님』, 이화여대출판부, 1987.
류형기, 『은총의 85년 회상기』, 한국기독교문화원, 1983.
림영철, 『고황경 박사 그의 생애와 교육 : 농촌 · 여성운동을 위한 교육』, 삼형, 1988.
민숙현 · 박해경, 『한가람 봄바람에 : 이화100년 야사』, 지인사, 1981.
민윤식, 『청년아, 너희가 시대를 아느냐 : 소파 방정환 평전』, 중앙M&B, 2003.
박용옥, 『김마리아 : 나는 대한의 독립과 결혼하였다』, 홍성사, 2003.
박화성, 『새벽에 외치다 : 송산 황애시덕 선생의 사상과 생애』, 휘문출판사, 1966.
『배화60년사』.
백낙준, 『한국개신교사 : 1832~1910』, 연세대 출판부, 1973.
서경석 · 우미영 엮고 씀, 『신여성, 길 위에 서다』, 호미, 2007.
『숭의80년사』.

『신명90년사』.
안인희 · 이상금, 『애마 선생님 이야기』, 정우사, 2003.
유달영, 『최용신양의 생애 : 농촌계몽의 선구』, 아데네사, 1956.
이교남, 『설산 장덕수』, 동아일보사, 1982.
이기서, 『교육의 길, 신앙의 길 : 김필례 그 사랑과 실천』, 태광문화사, 1988.
이덕주, 『한국 교회 처음 여성들 : 개화기 여성 리더들의 혈전의 역사』, 홍성사, 2007(개정판).
이상금, 『사랑의 선물 : 소파 방정환의 생애』, 한림, 2005.
이옥수 편저, 『한국근세여성사화』, 1-2, 규문각, 1985.
이태영, 『나의 만남 나의 인생』, 정우사, 1991.
이효재, 『한국YWCA 반백년』, 대한YWCA연합회, 1976.
이화100년사편찬위원회 편, 『이화100년사』, 이화여대출판부, 1994.
이화여자대학교 영학회 편, 『홍복유, 김갑순 교수 송수(頌壽)기념논총』, 이화여대출판부, 1974.
전택부, 『인간 신흥우』, 대한기독교서회, 1971.
정석기, 『새벽을 깨우는 위대한 여성들』, 혜선출판사, 1984.
정충량, 『이화80년사』, 이화여대출판부, 1967.
조종무, 『아메리카대륙의 한인풍운아들』 상, 조선일보사, 1987.
중앙대학교교사편찬위원회 편, 『중앙대학교 50년사』, 1970.
『중앙대학교 사범대학 부속유치원 83년사』, 1999.
중앙대학교80년사 실무편찬위원회 편, 『중앙대학교 80년사, 1918~1998』, 1998.
차경수, 『호박꽃 나라사랑 : 대한여자애국단 총무 차경신과 그의 가족이야기』, 기독교문사, 1988.
최병현 대표집필, 『강변에 앉아 울었노라 : 뉴욕한인교회 70년사』, 뉴욕한인교회역사편찬위원회, 깊은샘, 1992.
최은희, 『조국을 찾기까지 : 1905~1945 한국여성 활동비화』 하, 탐구당, 1973.
최은희 저(추계최은희문화사업회 편), 『한국개화여성열전』, 조선일보사, 1991.
최은희, 『여성을 넘어 아낙의 너울을 벗고』, 문이재, 2003.

3. 연구 저서

강선미, 『조선파견 여선교사와 (기독)여성의 여성주의 의식형성』, 이화여대박사논문, 2003(『한국의 근대 초기 페미니즘 연구 : 서양여선교사와 조선여성들은 어떻게 만났을까』, 푸른사상, 2005).

김경일, 『여성의 근대, 근대의 여성』, 푸른역사, 2004.

김성은, 『1920~30년대 미국유학 여성지식인의 현실인식과 사회활동』, 서강대박사학위논문, 2011.

김성은, 『아펜젤러 : 한국근대여성교육의 기틀을 다지다』, 이화여대출판부, 2011.

김성은, 『김순애, 통일국가 수립을 위해 분투한 독립운동가』, 독립기념관 한국독립운동사연구소, 2018.

김성은 외, 『한국 근대 여성의 미주지역 이주와 유학』, 한국학중앙연구원출판부, 2018.

김성은, 『한국 근대 여성지식인』, 경인문화사, 2023.

김형목, 『최용신 평전 : 농촌계몽에 헌신한 영원한 상록수』, 민음사, 2020.

박선미, 『근대여성, 제국을 거쳐 조선으로 회유하다 : 식민지 문화지배와 일본유학』, 창비, 2007.

박용옥, 『한국근대여성사』, 정음사, 1975.

박용옥, 『한국근대여성운동사연구』, 고려대박사학위논문, 1982(한국정신문화연구원, 1984).

박용옥, 『한국여성독립운동』, 한국여성독립운동사연구소, 1988.

박용옥, 『한국여성항일운동사연구』, 지식산업사, 1996.

박용옥, 『한국여성근대화의 역사적 맥락』, 지식산업사, 2002.

박정은, 『근대 한국여성운동의 정치사상 : 1910~1930년대의 여성운동을 중심으로』, 경북대박사학위논문, 2009.

신영숙, 『일제하 한국여성사회사 연구』, 이화여대박사학위논문, 1989.

윤정란, 『일제시대 한국기독교 여성운동 연구』, 숭실대박사학위논문, 1999(『한국 기독교 여성운동의 역사』, 국학자료원, 2003).

이만열, 『한국기독교의료사』, 아카넷, 2003.

이배용 · 이현진, 『스크랜튼 : 한국근대여성교육의 등불을 밝히다』, 이화여대출판부, 2008.

이원명 외, 『바롬교육으로의 초대』 2, 정민사, 2009.
이현희, 『승당 임영신의 애국운동 연구』, 동방도서, 1994.
이화여대한국여성사편찬위원회 편, 『한국여성사』 1, 2, 3, 이화여대출판부, 1972 (1993 1판 4쇄).
이효재, 『한국의 여성운동, 어제와 오늘』, 정우사, 1996.
천화숙, 『한국여성기독교사회운동사』, 혜안, 2000.
천화숙, 『한국사 인식의 두 관점 : 여성의 역사, 문화의 역사』, 혜안, 2009.
최기영, 『식민지시기 민족지성과 문화운동』, 한울아카데미, 2003.
최유리, 『일제 말기 식민지 지배정책연구』, 국학자료원, 1997.
한규무, 『일제하 한국기독교 농촌운동 : 1925~1937』, 한국기독교역사연구소, 1997.

4. 연구 논문

구완서, 「박인덕의 생애와 사상」, 『대학과 복음』 13, 2008.
김경일, 「식민지시기 신여성의 미국 체험과 문화수용 : 김마리아, 박인덕, 허정숙을 중심으로」, 『한국문화연구』 11, 2006.
김성은, 「1930년대 조선여성교육의 사회적 성격」, 『이대사원』 29, 1996.
김성은, 「일제시기 근대적 여성상과 교회 내 여성의 지위문제」, 『이화사학연구』 30, 2003.
김성은, 「근대 서양여선교사의 조선인식과 여성교육관」, 이화여대한국근현대사연구실 편, 『한국근현대 대외관계사의 재조명』, 국학연구원, 2007.
김성은, 「로제타 홀의 조선여의사 양성」, 『한국기독교와 역사』 27, 2007.
김성은, 「구한말 일제시기 미북감리회의 여성의료기관」, 『이화사학연구』 35, 2007.
김성은, 「1930년대 기독교 (지식)여성의 여성문제 인식과 해결방안」, 『종교와 여성』(제2회 여성주의 인문학 연합학술대회 자료집), 2008.
김성은, 「『계서야담』을 통해본 19세기 조선지식인의 여성인식」, 『여성과 역사』 8, 2008.
김성은, 「대한민국 임시정부와 여성들의 독립운동 : 1932~1945」, 『역사와 경계』 68, 2008.

김성은, 「중경임시정부시기 중경한인교포사회의 생활상」, 『역사와 경계』 70, 2009.
김성은, 「19세기 말~20세기 초 여성의 기독교 수용과 의식 및 생활 변화」, 『한국사상사학』 32, 2009.
김성은, 「1920~30년대 여자미국유학생의 실태와 인식」, 『역사와 경계』 72, 2009.
김성은, 「박인덕의 사회의식과 사회활동 : 1920년대 말~1930년대를 중심으로」, 『역사와 경계』 76, 2010.
김성은, 「일제시기 고황경의 근대체험과 사회사업」, 『이화사학연구』 41, 2010.
김성은, 「일제시기 고황경의 여성의식과 가정 · 사회 · 국가관」, 『한국사상사학』 36, 2010.
김성은, 「일제시기 김활란의 여권의식과 여성교육론」, 『역사와 경계』 79, 2011.
김성은, 「1930년대 황애시덕의 농촌사업과 여성운동」, 『한국기독교와 역사』 35, 2011.
김성은, 「일제시기 박인덕의 세계인식 : 『세계일주기』(1941)를 중심으로」, 『여성과 역사』 15, 2011.
김성은, 「1920년대 동맹휴학의 실태와 성격 : 선교회 여학교를 중심으로」, 『여성과 역사』 14, 2011.
김성은, 「1930년대 임영신의 여성교육관과 중앙보육학교」, 『한국민족운동사연구』 71, 2012.
김성은, 「신여성 하란사의 해외유학과 사회활동」, 『사총』 77, 2012.
김성은, 「해방 후 임영신의 공직 진출과 활동 : 상공정책을 중심으로」, 『역사 속의 민주주의』(제55회 전국역사학대회 자료집), 2012.
김성은, 「엘리스 아펜젤러(Alice R. Appenzeller)의 선교활동과 한국여성교육」, 『역사학연구』 48, 2012.
김성은, 「1920~30년대 차미리사의 현실인식과 여자교육활동 : 부인야학강습소에서 덕성여자실업학교까지」, 『중앙사론』 36, 2012.
김성은, 「최선화의 중국망명생활과 독립운동 : 『제시의 일기』를 중심으로」, 『숭실사학』 31, 2013.
김성은, 「장선희의 삶과 활동 : 독립운동 및 技藝교육」, 『이화사학연구』 47. 2013.
김성은, 「신여성 尹貞媛의 현실인식과 사회활동」, 『한국근현대사연구』 67, 2013.
김성은, 「부산지역 언론의 독도 관련 보도경향과 인식 : 이명박 대통령의 독도 방문을 기점으로」, 『서강인문논총』 38, 2013.

김성은, 「한말 일제시기 엘라수 와그너(Ellasue C. Wagner)의 한국여성교육과 사회복지사업」, 『한국기독교와 역사』 41, 2014.

김성은, 「해방 후 임영신의 국제정세 인식과 대한민국 건국 외교활동」, 『한국근현대사연구』 70, 2014.

김성은, 「한말 한국지식인과 양계초의 여성교육론 비교」, 『여성과 역사』 21, 2014.

김성은, 「일제식민지시기 황신덕의 현실인식과 운동노선의 변화양상」, 『한국인물사연구』 23, 2015.

김성은, 「신여성 방신영의 업적과 사회활동」, 『여성과 역사』 23, 2015.

김성은, 「1950년대 이후 안용복에 대한 조명과 평가」, 『서강인문논총』 45, 2016.

김성은, 「최은희의 한국여성사 서술과 역사인식」, 『한국근현대사연구』 77, 2016.

김성은, 「20세기 대구 여성의 삶과 일 : 섬유산업을 중심으로」, 『일하는 여성 : 여성노동에 대한 여성주의 인문학의 성찰』(제6회 여성주의 인문학 연합 학술대회 자료집), 2016.

김성은, 「1920~30년대 김활란의 민족문화 인식」, 『여성과 역사』 26, 2017.

김성은, 「상해임정시기 여성 독립운동의 조직화와 특징」, 『여성과 역사』, 2018.

김성은, 「대한민국애국부인회 이혜경의 삶과 독립운동」, 한국기독교역사학회 제374회 학술발표회, 2019.

김성은, 「대안동 국채보상부인회와 경기지역 여성의 참여」, 『국채보상운동과 여성 참여』(국채보상운동기념관 개관 10주년 기념 및 대구사학회 제159회 발표회 자료집), (사)국채보상운동기념사업회 · 대구사학회, 2021.

김성은, 「육영수의 양지회 조직과 사회활동」, 『대학교육연구』 3-1, 2021.

김욱동, 「박인덕의 『구월 원숭이』 : 자서전을 넘어서」, 『로컬리티 인문학』 3, 2010.

김지화, 「김활란과 박인덕을 중심으로 본 일제시대 기독교여성지식인의 '친일적' 맥락 연구」, 이화여대석사학위논문, 2005.

김희곤, 「북미유학생잡지 『우라키』 연구」, 『경북사학』 21, 1998.

문영주, 「일제말기 관변잡지 『家庭の友』(1936.12~1941.3)와 '새로운 부인'」, 『역사문제연구』 17, 2007.

박선미, 「가정학이라는 근대적 지식의 획득 : 일제하 여자일본유학생을 중심으로」, 『여성학논집』 21-2, 2004.

박용옥, 「근우회의 여성운동과 민족운동」, 역사학회 편, 『한국근대민족주의운동사연구』, 일조각, 1987.

박용옥, 「차미리사의 미주에서의 국권회복운동」, 『한국민족운동사연구』 25, 2000.
배윤숙, 「채핀부인의 생애와 여성신학 연구」, 감리교신학대학교석사학위논문, 2006.
신남주, 「1920년대 지식인 여성의 등장과 해외유학」, 『여성과 역사』 3, 2005.
신영숙, 「일제시기 여성운동가의 생활과 활동양상 : 황애시덕 · 신덕 자매를 중심으로」, 『한국여성학』 13-1, 1997.
안형주, 「차미리사 연구」, 『인문과학연구』 11, 2007.
예지숙, 「일제시기 김활란의 여성론과 대일협력」, 서울대석사학위논문, 2004.
우미영, 「서구체험을 통한 신여성의 자기 구성 방식 : 나혜석, 박인덕, 허정숙의 서양여행기를 중심으로」, 『여성문학연구』 12, 2004.
윤선자, 「일제하 그리스도교의 여성관과 여성교육」, 『한국근현대사연구』 42, 2007.
윤혜영, 「기독교 여성 민족 운동가 황애시덕에 관한 연구 : 일제시대를 중심으로」, 감리교신학대석사학위논문, 1997.
이관영, 「김신실의 생애와 한국체육에 끼친 공헌」, 연세대석사학위논문, 1981.
이명숙, 「교육자 우월 김활란 연구 : 1930년대를 중심으로」, 서울대석사학위논문, 1985.
이배용, 「김활란, 여성교육 · 여성 활동에 새 지평을 열다」, 『한국사 시민강좌』 43, 일조각, 2008.
이배용, 「일제하 여성의 전문직 진출과 사회적 지위」, 『국사관논총』 8, 1999.
이소희, 「『9월 원숭이』에 나타난 자전적 서사 연구 : 신여성의 근대 체험을 중심으로」, 『미국학논집』 40-2, 2008.
이송희, 「1920년대 여성해방교육론에 관한 일고찰」, 『부산여대사학』 12, 1994.
이승만, 「승당 임영신의 교육사상 연구」, 중앙대석사학위논문, 1987.
이춘란, 「미국감리교 조선선교부의 종교교육운동」, 『한국문화연구원논총』 23, 1974.
이춘란, 「한국에 있어서의 미국 선교의료활동(1884~1934)」, 『이대사원』 10, 1972.
이혜정, 「식민지시기 김활란의 삶과 활동」, 서울대석사학위논문, 2004(「식민지 초기 기독교 여성교육」, 『교육사학연구』 16, 2006).
이혜정, 「일제시기 김활란의 일제협력 배경과 논리」, 『여성학논집』 21-2, 2004.
장규식, 「1920~1930년대 YMCA 농촌사업의 전개와 그 성격」, 『한국기독교와 역사』 4, 1995.

장규식, 「개항기 개화지식인의 서구체험과 근대인식 : 미국유학생을 중심으로」, 『한국근현대사연구』 28, 2004.

장규식, 「일제하 미국유학생의 근대지식 수용과 국민국가 구상」, 『한국근현대사연구』 34, 2005.

장규식, 「일제하 미국유학생의 서구 근대체험과 미국문명 인식」, 『한국사연구』 133, 2006.

정병준, 「일제하 한국여성의 미국유학과 근대경험」, 『이화사학연구』 39, 2009.

정소영, 「김활란 : 한국여성교육의 선구자」, 『기독교교육논총』 3, 1998.

정재철, 「승당 임영신의 민족정신과 창학정신」, 『교육연구』 29, 1995.

조경원, 「우월 김활란의 교육사상 연구」, 『교육철학』 10, 1992.

지연숙, 「고황경의 삶에 대한 심리전기적 분석」, 연세대석사학위논문, 2003.

최숙경 · 이배용 · 신영숙 · 안연선, 「한국여성사 정립을 위한 여성인물 유형연구 Ⅲ : 3 · 1운동 이후부터 해방까지」, 『여성학논집』 10, 1993.

한규무, 「1930년대 한국 기독교회의 농촌지도자양성기관에 관한 일고찰」, 『한국근현대사연구』 3, 1995.

홍선표, 「일제하 미국유학연구」, 『국사관논총』 96, 2001.

찾아보기

ㄱ

ㄴ

ㄷ

ㅁ

ㅂ

ㅅ

ㅇ

ㅈ

ㅊ

ㅌ

ㅍ

ㅎ

기타

김성은

대구한의대학교 기초교양대학 교수로 재직하고 있다. 이화여자대학교 사학과에서 학사 · 석사 학위를 받았으며, 서강대학교에서 한국사 전공으로 박사학위를 받았다. 한국여성사학회 총무이사, 『여성과 역사』 편집위원장, 한국근현대사학회 총무이사, 『한국근현대사연구』 편집위원, 독립기념관 한국독립운동사연구소 『한국독립운동사연구』 편집위원, 한국독립운동인명사전 편찬위원을 역임했다. 현재 한국기독교역사학회 이사, 부산여성문학인협회 출판국장, 영축문학회 집행위원장, 한국문인협회, 여기작가회원으로 활동하고 있다.

대학원에 진학해 한국여성교육에 관심을 가지고 연구하기 시작했다. 박사과정을 이수하며 조선시대와 신여성을 이어주는 고리가 누구이며 무엇일까라는 문제의식에서 출발해 서양 여선교사들의 여성교육활동에 관심을 가지고 연구를 진행했다.

박사학위과정에서 1920~30년대 미국유학 여성지식인을 연구하며 한국근대여성에 관한 논문을 다수 썼다. 근현대 여성과 여성단체의 사회활동, 독립운동, 민족운동, 생활사에 지속적인 관심을 가지고 글을 게재하고 있다.

저서로는 『아펜젤러, 한국 근대 여성 교육의 기틀을 다지다』(2011), 『김순애, 통일국가 수립을 위해 분투한 독립운동가』(2018), 『근대 한국 신여성의 성장과 미국유학』(2023), 『한국 근대 여성지식인』(2023), 『우리나라 여성들은 어떻게 살았을까 2』(공저, 1999), 『한국 근현대 대외관계사의 재조명』(공저, 2007), 『여성의 역사를 찾아서』(공저, 2012), 『이명박 대통령의 독도 방문과 언론의 보도 경향』(공저, 2014), 『한국 근대 여성 63인의 초상』(공저, 2015), 『안용복 : 희생과 고난으로 독도를 지킨 조선의 백성』(공저, 2016), 『대한민국을 세운 위대한 감리교인』(공저, 2016), 『한국 근대 여성의 미주지역 이주와 유학』(공저, 2018), 『대구여성 독립운동 인물사』(공저, 2019), 『아펜젤러의 생애와 사상』(공저, 2019), 『새롭게 쓴 한국독립운동사 강의』(공저, 2020), 『부산의 맛, 문학으로 만나다』(공저, 2021), 『영축문학 3』(공저, 2021), 『영축문학 4』(공저, 2022), 『서울 사람을 웃고 울린 스포츠』(공저, 2022), 『부산의 노래, 문학을 만나다』(공저, 2023) 등이 있다.